특수 교육학

도명애 김성화 박순길 박채진 서석진 서영란 이수진 임은주 정훈영 조재규 최성욱 공저

SPECIAL EDUCATION

양서원

▮ 머리말 ▮

특수교육의 패러다임 변화와 특수교육 수요자 중심의 개별화된 지원으로 장애학생의 자립과 사회적 통합을 목적으로 한다. 2007년 「장애인 등에 대한 특수교육법」이 제정되면서 특수교육은 커다란 전환점을 맞이하게 되었다. 유아기부터 고등학교까지 학령기 장애 학생들이 일반교육환경에서 비장애 학생들과 함께 교육을 받을 권리를 부여받게 되면서 특수교육의 개념이 점차 확대되어 일반교육과의 연계성을 강화하고 특수교육 서비스의 질적인 면에 대한 교육과정을 개선하는 변화가 생기기 시작하였다. 이러한 변화는 물리적인 환경 속에서 통합뿐만 아니라 사회적 통합 면에서 특수교육 교사와 일반교육 교사에 대한 이해와 협력이 필요한 계기가 되었다. 장애 학생의 사회적 통합을 강조하면서, 통합교육의 초점 또한 사회적 통합의 기반 확립에 무게를 두어 진정한 통합교육을 다루고 있다. 특수교육의 필요성은 모든 인간은 잠재력을 가지고 태어난다는 대전제에서 비롯된다고 볼 수 있다. 일반교육이든 특수교육이든 모두 '교육'에 같은 뿌리를 두고 있기에 양자 간의 차별이 아니라 차이(difference)에 초점을 둔 교육이라 할 수 있다.

즉 수요자 중심의 개별화된 지원을 제공하는 네트워크를 중시하면서 장애 학생의 교육적 요구를 어떻게 지원할 것인가에 관심을 집중하여, 지속적 제공자(특수교사, 일반교사, 관련 전문가, 가족, 친구 등)들이 하나의 지원 네트워크로 구축되어 제공하는 것을 강조한다. 이런 흐름에 부응하여 특수교육의 대상자는 모든 아동을 하나의 테두리 안에서 바라보며, 장애아동들 개개인의 특별한 교육적 요구를 반영하여 맞춤식 교육을 실행하는 것을 목표로 하고 지원하고자 의견들을 모아 몇 번의 검토를 거쳐 『특수교육학』이라는 제목으로 세상에 모습을 드러내게 되었다.

본 교재는 총 12장으로 구성되어 있다. 각 장의 내용과 저자는 다음과 같다.

제1장 특수교육과 특수아동의 이해(박채진), 제2장 통합교육과 개별화교육(최성욱), 제3장 지적장애(도명애), 제4장 학습장애(김성화), 제5장 정서·행동장애(정훈영), 제6장 의사소통장애(도명애), 제7장 자폐스펙트럼장애(조재규), 제8장 시각장애(도명애), 제9장 청각장애(서영란), 제10장 지체장애와 건강장애(박순길), 제11장 특수아동의 가족지원(임은주), 제12장 특수교육 이슈(서석진, 이수진)로 구성되었다.

예비교사들이 특수교육에 관련된 지식을 습득해 나가면서 통합교육현장의 낯섦으로 인한 장애에 대한 편견을 버리고 두려움을 덜 가졌으면 하는 마음으로 집필하였다. 인간의 존엄성에 대한 생각으로 장애보다 인간이 우선이길 바라며, 장애아동의 약점보다 강점을 먼저 볼 수 있어 '개성이 좀 강한 아이'로 인정할 수 있는 사회인식의 변화를 희망해 본다. 이러한 저자들의 생각이 책에 녹아 있기를 염원하면서 각 영역은 특수교육 분야에서 오랫동안 종사하면서 강의와 연구를 꾸준히 수행해 온 전문가들이 집필하였다. 아무쪼록 본 교재가 예비교사들과 현장에서 수고하시는 교사들에게 특수교육 전반을 이해하는 데 도움이 되길 기대해 보며, 이 책이 나오기까지 애써주신 교육현장에서 바쁜 가운데 도와주신 분들과 기획에서 출판까지 물심양면으로 아낌없는 지원을 보내주신 양서원 관계자 분들, 한분 한분께 진심으로 감사의 마음을 전한다.

2021년 8월

저자 일동

▎차례 ▎

Chapter

01

특수교육과 특수아동의 이해

1. 장애의 이해

많은 사람들은 특수교육을 인지적·언어적·사회적·신체적·심리적 등의 장애를 가진 학생들을 대상으로 그들의 특별한 교육적 요구를 지원하기 위해 이루어지는 교육이라고 생각한다. 즉, 장애를 가진 장애아동과 특수교육대상자, 즉 특수아동을 동일한 의미로 인식한다. 따라서 특수교육과 특수아동을 이해하기 위해서는 먼저 장애의 개념을 이해하는 것이 필요하다.

장애의 개념은 계속 변화하고 있다. 과거 1950년대에는 '질병'이나 '손상' 등에 의해 장애가 발생한다고 인식하였다면, 1970년대 이후에는 손상을 가진 개인과 그 개인을 둘러싸고 있는 태도나 환경들 사이의 상호작용의 결과로서 장애를 인식하였고, 2000년대에 들어와서는 장애를 장애 관련 제도와 사회적 지지 및 자원 등을 포괄하는 환경적 맥락에서 인식하고 있다(조윤화, 김태용, 2019).

우리나라의 장애에 대한 개념은 국립특수교육원에서의 정의와 「장애인복지법」에서의 정의가 있으며, 각각 〈표 1-1〉, 〈표 1-2〉와 같다.

표 1-1 국립특수교육원(2009)에서의 정의

질병이나 사고 등에 의해 지적·정신적·청각·시각·내장·골격·기형적인 면에 결함이 생겨, 이로 인해 정상적인 생활이 곤란하거나 불가능한 상태다. 결함은 신체의 특정 부위나 기관의 기능이 손실되었거나 감소한 것을 의미하므로 의료적 지원이 필요하며, 장애는 손상으로 인해 특정 영역(읽기, 보기, 걷기, 듣기 등)에 능력 저하가 생기는 경우로서 교육적·훈련적 지원이 필요하다.

표 1-2 「장애인복지법」 제2조에서의 정의

① '장애인'이란 신체적·정신적 장애로 오랫동안 일상생활이나 사회생활에서 상당한 제약을 받는 자를 말한다.

② 장애인은 다음의 어느 하나에 해당하는 장애가 있는 자로서 대통령령으로 정하는 장애의 종류 및 기준에 해당하는 자를 말한다.

1. "신체적 장애"란 주요 외부 신체 기능의 장애, 내부기관의 장애 등을 말한다.
2. "정신적 장애"란 발달장애 또는 정신 질환으로 발생하는 장애를 말한다.

국립특수교육원(2009)에서의 장애의 개념은 신체 기관을 언급하여 의료적 기준에 의해 분류된 것으로 볼 수 있으며, 「장애인복지법」에서의 장애의 개념은 신체적 장애와 정신적 장애로 분류한 것이다.

한편, 세계보건기구(WHO)에서는 1980년과 1997년에 국제장애분류(International Classification of Impairment, Disabilities and Handicaps: ICIDH)를 제시하였다. 여기에서는 장애에 대한 개념을 손상(Impairment), 능력장애(Disability), 사회적 불리(Handicap)의 관점에서 설명하고 있다.

- **손상**(Impairment): 신체나 내장 등 특정 부위가 상실되거나 그 기능이 감소된 기능장애를 말한다. 예를 들면 다리가 없는 경우를 말한다.
- **능력장애**(Disability): 손상이나 기능장애로 인해 특정 과제를 사람이 보편적으로 수행하는 방법으로 수행하기 어려운 상태를 말한다. 예를 들면 다리가 없어서 다른 사람들처럼 걸어서 이동하지 못하는 경우를 말한다.
- **사회적 불리**(Handicap): 손상이나 능력장애로 인해 환경과의 상호작용에서 문제나 불이익을 경험하게 되는 상태를 말한다. 예를 들면 다리가 없는 경우 휠체어를 사용하여 이동할 수 있지만 접근하고자 하는 건물에 경사로가 설치되어 있지 않다면 그 접근이 어려운 경우를 말한다.

2001년 세계보건기구는 국제 기능·장애·건강분류(International Classification of Functioning Disability and Health: ICF)를 발표하여 장애를 손상을 가진 개인과 그 개인을 둘러싼 태도·환경적 장벽들 사이의 상호작용의 결과로 보았다. 즉, 장애를 개인의 건강조건과 개인적·환경적 배경요인 간의 상호관계 측면에서 이해하는 것이다. 〈표 1-3〉은 2001년 세계보건기구에서 제시한 ICF의 장애 개념이다.

표 1-3 세계보건기구(WHO)에서 제시한 ICF 개념

<table>
<tr><th></th><th colspan="2">1부: 기능수행과 장애</th><th colspan="2">2부: 배경요인</th></tr>
<tr><th>구성요소</th><th>신체 기능과 구조</th><th>활동과 참여</th><th>환경요인</th><th>개인요인</th></tr>
<tr><td>영역</td><td>신체 기능
신체 구조</td><td>삶의 영역
(과제, 행위)</td><td>기능수행과 장애에 대한 외적 영향</td><td>기능수행과 장애에 대한 내적 영향</td></tr>
<tr><td>구성</td><td>신체 기능의 변화
(생리학적)
신체 구조의 변화
(해부학적)</td><td>표준 환경에서 과제를 실행하는 능력
현재 환경에서 과제를 실행하는 수행력</td><td>물리적, 사회적 및 태도적 측면에서 촉진하거나 저해하는 영향력</td><td>개인의 태도에 대한 영향력</td></tr>
<tr><td rowspan="2">긍정적 측면</td><td>기능과 구조의 통합</td><td>활동, 참여</td><td rowspan="2">촉진요인</td><td rowspan="2">적용 안 됨</td></tr>
<tr><td colspan="2">기능수행</td></tr>
<tr><td rowspan="2">부정적 측면</td><td>손상</td><td>활동 제한, 참여 제약</td><td rowspan="2">장해요인/저해요인</td><td rowspan="2">적용 안 됨</td></tr>
<tr><td colspan="2">장애</td></tr>
</table>

출처: World Health Organization(2016).

현재 「장애인복지법」에서 장애인의 개념과 분류는 기준에 따라 15개 영역으로 분류되는데, 크게 신체적 장애와 정신적 장애로 구분할 수 있다. 먼저 신체적 장애로는 지체장애, 뇌병변장애, 시각장애, 청각장애, 언어장애, 신장장애, 심장장애, 호흡기장애, 간장애, 안면장애, 장루·요루장애, 뇌전증장애가 포함된다. 정신적 장애로는 지적장애, 자폐성장애, 정신장애가 포함된다. 또한 2019년 7월 이후부터는 「장애인복지법」 개정으로 장애등급이 장애정도로 변경됨에 따라, 장애의 정도가 심한 장애인(종전 1~3급)과 장애의 정도가 심하지 않은 장애인(4~6급)으로 단순하게 구분된다. 또한 2021년 4월 이후 6개 장애 유형에 해당하는 10개 질환에 대해 장애인정기준 및 판정기준을 확대하였다. 「장애인복지법」에 따른 장애인 종류 및 기준에 대한 구체적인 내용은 〈표 1-4〉와 같다.

표 1-4 「장애인복지법」에서의 장애인 종류 및 기준(개정 2021. 4. 13)

종류		기준
신체적 장애	지체장애인	가) 신체의 일부를 잃은 사람, 나) 관절장애가 있는 사람, 다) 지체기능장애가 있는 사람 등은 장애의 정도가 심하거나 심하지 않은 것으로 나누며, 라) 신체에 변형 등의 장애가 있는 사람의 경우는 장애의 정도가 심하지 않은 장애인에 해당함
	뇌병변장애인	가. 장애의 정도가 심한 장애인 1) 보행 또는 일상생활동작이 상당히 제한된 사람 2) 보행이 경미하게 제한되고 섬세한 일상생활동작이 현저히 제한된 사람 나. 장애의 정도가 심하지 않은 장애인 보행 시 절뚝거림을 보이거나 섬세한 일상생활동작이 경미하게 제한된 사람
	시각장애인	가. 장애의 정도가 심한 장애인 1) 좋은 눈의 시력(공인된 시력표로 측정한 것을 말하며, 굴절이상이 있는 사람은 최대 교정시력을 기준으로 한다. 이하 같다)이 0.06 이하인 사람 2) 두 눈의 시야가 각각 모든 방향에서 5도 이하로 남은 사람 나. 장애의 정도가 심하지 않은 장애인 1) 좋은 눈의 시력이 0.2 이하인 사람 2) 두 눈의 시야가 각각 모든 방향에서 10도 이하로 남은 사람 3) 두 눈의 시야가 각각 정상시야의 50퍼센트 이상 감소한 사람 4) 나쁜 눈의 시력이 0.02 이하인 사람 5) 두 눈의 중심 시야에서 20도 이내에 겹보임[복시(複視)]이 있는 사람
	청각장애인	가. 청력을 잃은 사람 1) 장애의 정도가 심한 장애인: 두 귀의 청력을 각각 80데시벨 이상 잃은 사람(귀에 입을 대고 큰 소리로 말을 해도 듣지 못하는 사람) 2) 장애의 정도가 심하지 않은 장애인 가) 두 귀에 들리는 보통 말소리의 최대의 명료도가 50퍼센트 이하인 사람 나) 두 귀의 청력을 각각 60데시벨 이상 잃은 사람(40센티미터 이상의 거리에서 발성된 말소리를 듣지 못하는 사람) 다) 한 귀의 청력을 80데시벨 이상 잃고, 다른 귀의 청력을 40데시벨 이상 잃은 사람 나. 평형기능에 장애가 있는 사람 1) 장애의 정도가 심한 장애인: 양측 평형기능의 소실로 두 눈을 뜨고 직선으로 10미터 이상을 지속적으로 걸을 수 없는 사람 2) 장애의 정도가 심하지 않은 장애인: 평형기능의 감소로 두 눈을 뜨고 10미터 거리를 직선으로 걸을 때 중앙에서 60센티미터 이상 벗어나고, 복합적인 신체운동이 어려운 사람

종류		기준
신체적 장애	언어장애인	가. 장애의 정도가 심한 장애인: 음성기능이나 언어기능을 잃은 사람 나. 장애의 정도가 심하지 않은 장애인: 음성·언어만으로는 의사소통을 하기 곤란할 정도로 음성기능이나 언어기능에 현저한 장애가 있는 사람
	신장장애인	가. 장애의 정도가 심한 장애인: 만성신부전증으로 3개월 이상 혈액투석이나 복막투석을 받고 있는 사람 나. 장애의 정도가 심하지 않은 장애인: 신장을 이식받은 사람
	심장장애인	가. 장애의 정도가 심한 장애인: 심장기능의 장애가 지속되며, 가정에서 가벼운 활동은 할 수 있지만 그 이상의 활동을 하면 심부전증상이나 협심증증상 등이 나타나 정상적인 사회활동을 하기 어려운 사람 나. 장애의 정도가 심하지 않은 장애인: 심장을 이식받은 사람
	호흡기장애인	가. 장애의 정도가 심한 장애인 1) 만성호흡기 질환으로 기관절개관을 유지하고 24시간 인공호흡기로 생활하는 사람 2) 폐나 기관지 등 호흡기관의 만성적인 기능장애로 평지에서 보행해도 호흡곤란이 있고, 평상시의 폐환기 기능(1초시 강제날숨량) 또는 폐확산능(폐로 유입된 공기가 혈액 내로 녹아드는 정도)이 정상예측치의 40퍼센트 이하이거나 안정 시 자연호흡 상태에서의 동맥혈 산소분압이 65밀리미터 수은주(mmHg) 이하인 사람 나. 장애의 정도가 심하지 않은 장애인 1) 폐를 이식받은 사람 2) 늑막루가 있는 사람
	간장애인	가. 장애의 정도가 심한 장애인 1) 간경변증, 간세포암종 등 만성 간질환을 가진 것으로 진단받은 사람 중 잔여 간기능이 만성 간질환 평가척도(Child-Pugh score) 평가상 C등급인 사람 2) 간경변증, 간세포암종 등 만성 간질환을 가진 것으로 진단받은 사람 중 잔여 간기능이 만성 간질환 평가척도(Child-Pugh score) 평가상 B등급이면서 난치성 복수(腹水)가 있거나 간성뇌증 등의 합병증이 있는 사람 나. 장애의 정도가 심하지 않은 장애인: 간을 이식받은 사람
	안면장애인	가. 장애의 정도가 심한 장애인 1) 노출된 안면부의 75퍼센트 이상이 변형된 사람 2) 노출된 안면부의 50퍼센트 이상이 변형되고 코 형태의 3분의 2 이상이 없어진 사람

종류		기준
		나. 장애의 정도가 심하지 않은 장애인 1) 코 형태의 3분의 1 이상이 없어진 사람 2) 노출된 안면부의 45퍼센트 이상에 백반증(白斑症)이 있는 사람 3) 노출된 안면부의 30퍼센트 이상이 변형된 사람
신체적 장애	장루·요루 장애인	가. 장애의 정도가 심한 장애인 1) 배변을 위한 말단 공장루를 가지고 있는 사람 2) 장루와 함께 요루 또는 방광루를 가지고 있는 사람 3) 장루 또는 요루를 가지고 있으며, 합병증으로 장피누공 또는 배뇨기능 장애가 있는 사람 나. 장애의 정도가 심하지 않은 장애인 1) 장루 또는 요루를 가진 사람 2) 방광루를 가진 사람
	뇌전증장애인	가. 성인 뇌전증 1) 장애의 정도가 심한 장애인: 만성적인 뇌전증에 대한 적극적인 치료에도 불구하고 연 6회 이상의 발작(중증 발작은 월 5회 이상을 연 1회, 경증 발작은 월 10회 이상을 연 1회로 본다)이 있고, 발작으로 인한 호흡장애, 흡인성 폐렴, 심한 탈진, 두통, 구역질, 인지기능의 장애 등으로 요양관리가 필요하며, 일상생활 및 사회생활에서 보호와 관리가 수시로 필요한 사람 2) 장애의 정도가 심하지 않은 장애인: 만성적인 뇌전증에 대한 적극적인 치료에도 불구하고 연 3회 이상의 발작(중증 발작은 월 1회 이상을 연 1회, 경증 발작은 월 2회 이상을 연 1회로 본다)이 있고, 이에 따라 협조적인 대인관계가 곤란한 사람
		나. 소아청소년 뇌전증 1) 장애의 정도가 심한 장애인: 전신발작, 뇌전증성 뇌병증, 근간대(筋間代) 발작, 부분발작 등으로 요양관리가 필요하며, 일상생활 및 사회생활에서 보호와 관리가 수시로 필요한 사람 2) 장애의 정도가 심하지 않은 장애인: 전신발작, 뇌전증성 뇌병증, 근간대(筋間代) 발작, 부분발작 등으로 일상생활 및 사회생활에서 보호와 관리가 필요한 사람
정신적 장애	지적장애인	지능지수가 70 이하인 사람으로서 교육을 통한 사회적·직업적 재활이 가능한 사람
	자폐성장애인	제10차 국제질병사인분류(International Classification of Diseases, 10th Version)의 진단기준에 따른 전반성발달장애(자폐증)로 정상발달의 단계가 나타나지 않고, 기능 및 능력 장애로 일상생활이나 사회생활에 간헐적인 도움이 필요한 사람

종류		기준
	정신장애인	가. 장애의 정도가 심한 장애인 1) 조현병 또는 뇌의 신경학적 손상으로 인한 기질성 정신장애로 망상, 환청, 사고장애 및 기괴한 행동 등의 양성증상이 있으나, 인격변화나 퇴행은 심하지 않은 경우로서 기능 및 능력 장애로 일상생활이나 사회생활에 간헐적으로 도움이 필요한 사람 2) 양극성 정동장애(情動障碍, 여러 현실 상황에서 부적절한 정서 반응을 보이는 장애)에 따른 기분·의욕·행동 및 사고의 장애증상이 심하지는 않으나, 증상기가 지속되거나 자주 반복되는 경우로서 기능 및 능력 장애로 일상생활이나 사회생활에 간헐적으로 도움이 필요한 사람 3) 재발성 우울장애로 기분·의욕·행동 등에 대한 우울 증상기가 지속되거나 자주 반복되는 경우로서 기능 및 능력 장애로 일상생활이나 사회생활에 간헐적으로 도움이 필요한 사람 4) 조현정동장애(調絃情動障碍)로 1)부터 3)까지에 준하는 증상이 있는 사람 나. 장애의 정도가 심하지 않은 장애인 1) 조현병 또는 뇌의 신경학적 손상으로 인한 기질성 정신장애로 망상, 환청, 사고장애 및 기괴한 행동 등의 양성증상이 있으나, 인격변화나 퇴행은 심하지 않은 경우로서 기능 및 능력 장애로 일상생활이나 사회생활에 경미한 도움이 필요한 사람 2) 양극성 정동장애(情動障碍, 여러 현실 상황에서 부적절한 정서 반응을 보이는 장애)에 따른 기분 · 의욕 · 행동 및 사고의 장애증상이 심하지는 않으나, 증상기가 지속되거나 자주 반복되는 경우로서 기능 및 능력 장애로 일상생활이나 사회생활에 경미한 도움이 필요한 사람 3) 재발성 우울장애로 기분·의욕·행동 등에 대한 우울 증상기가 지속되거나 자주 반복되는 경우로서 기능 및 능력 장애로 일상생활이나 사회생활에 경미한 도움이 필요한 사람 4) 조현정동장애(調絃情動障碍)로 1)부터 3)까지에 준하는 증상이 있는 사람 5) 지속적인 치료에도 호전되지 않는 강박장애, 뚜렛 장애(Tourette's disorder) 또는 기면증으로 기분·의욕·행동 및 사고의 장애증상이 심한 경우로서 일상생활이나 사회생활에 수시로 도움이 필요한 사람

2. 특수교육의 이해

1) 특수교육의 정의

특수교육(special education)은 특수한 교육적 요구를 지닌 학생을 위해 계획된 교육을 하는 것을 말한다. 대부분의 사람들은 장애를 가진 아동 즉, 장애아동을 특수아동과 같은 의미로 인식하고 있다. 사실 대부분의 장애아동들에게는 그들의 요구에 맞는 특수교육이 필요하지만, 장애가 있다고 해서 반드시 특수교육대상자가 되는 것은 아니다. 반대로 장애가 없더라도 특수교육이 필요하기도 하다(도명애 외, 2016).

특수교육은 일반적으로 인지적·신체적 손상(impairment) 때문에 일반적인 교실 환경에서 학업과 생활 전반의 어려움을 보이거나, 특별한 요구(needs)를 가진 특수아동들을 지원하고자 교수적 수정을 통해 접근하려는 교육을 통칭하는 용어로 정의하고 있다(전헌선 외, 2012).

「장애인 등에 대한 특수교육법」에서 제시하고 있는 특수교육 관련 법적 정의는 〈표 1-5〉와 같다.

표 1-5 「장애인 등에 대한 특수교육법」 제2조에서의 정의

1. "특수교육"이란 특수교육대상자의 교육적 요구를 충족시키기 위하여 특성에 적합한 교육과정 및 제2호에 따른 특수교육 관련서비스 제공을 통하여 이루어지는 교육을 말한다.
2. "특수교육 관련서비스"란 특수교육대상자의 교육을 효율적으로 실시하기 위하여 필요한 인적·물적 자원을 제공하는 서비스로서 상담지원·가족지원·치료지원·보조인력지원·보조공학기기지원·학습보조기기지원·통학지원 및 정보접근지원 등을 말한다.
3. "특수교육대상자"란 제15조에 따라 특수교육을 필요로 하는 사람으로 선정된 사람을 말한다.
4. "특수교육교원"이란 「초·중등교육법」 제2조제4호에 따른 특수학교 교원자격증을 가진 자로서 특수교육대상자의 교육을 담당하는 교원을 말한다.
5. "보호자"란 친권자·후견인, 그 밖의 사람으로서 특수교육대상자를 사실상 보호하는 사람을 말한다.
6. "통합교육"이란 특수교육대상자가 일반학교에서 장애유형·장애정도에 따라 차별을 받지 아니하고 또래와 함께 개개인의 교육적 요구에 적합한 교육을 받는 것을 말한다.
7. "개별화교육"이란 각급학교의 장이 특수교육대상자 개인의 능력을 계발하기 위하여 장애유형 및 장애특성에 적합한 교육목표·교육방법·교육내용·특수교육 관련서비스 등이 포함된 계획을 수립하여 실

시하는 교육을 말한다.
8. "순회교육"이란 특수교육교원 및 특수교육 관련서비스 담당 인력이 각급학교나 의료기관, 가정 또는 복지시설(장애인복지시설, 아동복지시설 등을 말한다. 이하 같다) 등에 있는 특수교육대상자를 직접 방문하여 실시하는 교육을 말한다.
9. "진로 및 직업교육"이란 특수교육대상자의 학교에서 사회 등으로의 원활한 이동을 위하여 관련 기관의 협력을 통하여 직업재활훈련·자립생활훈련 등을 실시하는 것을 말한다.
10. "특수교육기관"이란 특수교육대상자에게 유치원·초등학교·중학교 또는 고등학교(전공과를 포함한다. 이하 같다)의 과정을 교육하는 특수학교 및 특수학급을 말한다.
11. "특수학급"이란 특수교육대상자의 통합교육을 실시하기 위하여 일반학교에 설치된 학급을 말한다.
12. "각급학교"란 「유아교육법」 제2조제2호에 따른 유치원 및 「초·중등교육법」 제2조에 따른 학교를 말한다.

우리나라 특수교육에 많은 영향을 미치고 있는 미국의 특수교육법인 2004년 미국 「장애인교육향상법(Individuals with Disabilities Education Act: IDEA)」의 규정을 살펴보면, 특수교육은 "교실, 가정, 병원, 시설 및 기타 환경에서의 수업과 체육 수업 등에서 부모에게 비용 부담 없이 자녀의 독특한 요구를 충족시키기 위해 특별히 계획된 교수를 의미한다"고 정의하고 있다(Tumbull 외, 2006; 강병일 외, 2012 재인용; https://sites.ed.gov/idea/).

또한 여러 학자들이 제시한 특수교육의 정의를 살펴보면, Smith(2004)는 "특별한 요구를 지닌 개별 아동에게 적절한 맞춤식의 개별화된 교육을 제공하는 것"으로 정의하였고, Heward(2009)는 "개별적으로 계획하고, 특별히 고안하며, 집중적으로 제공하는 목표지향적 성격의 교수"라고 정의하였다(도명애 외, 2016 재인용).

이와 같이 특수교육은 특수교육대상자가 가지는 개인적 요구를 충족시키기 위해 특수교육대상자에게 맞는 교수수정을 통해 특별히 계획되고 실행되는 교육이다.

2) 특수교육의 목적

교육의 목적은 교육을 받는 대상자의 소질을 파악하여 계발해 줌으로써 자아실현을 도울 뿐 아니라 사회의 구성원으로서 독립적인 삶을 살도록 하는 것에 있다. 특수교육 또한 일반교육의 목적과 크게 다르지 않다.

「장애인 등에 대한 특수교육법」 제1조에서는 "「교육기본법」 제18조에 따라 국가 및 지방자치단체가 장애인 및 특별한 교육적 요구가 있는 사람에게 통합된 교육환경을 제공하고 생애주기에 따라 장애유형·장애정도의 특성을 고려한 교육을 실시하여 이들이 자아실현과 사회통합을 하는 데 기여함을 목적으로 한다"고 특수교육의 목적을 밝히고 있다. 또한 「초·중등교육법」 제55조에서는 "특수학교는 신체적·정서적·지적 장애 등으로 인하여 특수교육이 필요한 사람에게 초등학교·중학교 또는 고등학교에 준하는 교육과 실생활에 필요한 지식·기능 및 사회적응 교육을 하는 것으로 목적으로 한다"고 밝히고 있다.

따라서 특수교육의 목적 역시 일반교육의 목적과 동일하게 특수아동의 교육적 요구를 충족시키기 위하여 그 특성에 적절한 교육을 통해 특수아동의 자아실현과 사회통합 및 사회적응을 돕는 데 목적이 있다.

3) 특수교육의 성격 및 목표

특수교육의 기본 성격을 몇 가지로 나누어 설명하면 다음과 같다(교육과학기술부, 2009).

첫째, 특수학교(급) 교육은 대상 학생을 위한 일반교육의 보편성을 근간으로 실천되는 교육이다.

둘째, 특수학교(급) 교육은 대상 학생을 위한 특수교육의 특수성을 반영하여 실천되는 교육이다.

셋째, 학습자의 요구와 필요에 부응하는 질적 운영체제를 통해 개별성과 공통성을 추구하는 교육이다.

특수교육은 일반교육이 추구하고 있는 국민 생활에 필요한 기초적이고 기본적인 교육으로서의 '초등학교' 교육, 학생의 학습과 일상생활에 필요한 기본 능력과 민주시민으로서의 자질을 함양하는 교육으로서의 '중학교' 교육, 학생의 적성과 소질에 맞는 진로개척 능력과 세계 시민으로서의 자질을 함양하는 교육으로서의 '고등학교' 교육의 기반 위에 이루어지는 교육이므로 일반교육의 보편성을 근간으로 실천되는 교육이라고 할 수 있다(강대옥 외, 2016).

특수교육은 다양한 교육적 요구를 가진 학생의 교육을 위해 일반교육의 보편성과 특수교육의 특수성의 조정을 통해 이루어지는 교육이다. 일반교육에서 추구하는 인간상, 교육의 목적과 목표, 내용 등이 특수교육대상자를 위한 교육에도 그대로 적용되지만, 다양한 교육적 요구를 지닌 학생의 효율적인 교육을 실시를 위해서는 교육과정, 교육내용, 교육방법과 교육매체 등에서 일반교육과 차별화된 특수성을 가진다.

개별성은 학생의 능력과 요구에 부응하는 교육을 통해 자아를 실현하고자 하는 학생의 욕구를 충족시켜 주어야 한다는 것이지만, 공통성은 어떤 개인차는 극복해야 하고 어떤 개인차는 무시해야 하는 측면에서 다른 사람들과 동일해지려는 노력도 필요하다는 것이다. 따라서 특수학교(급)는 질적 운영체제를 갖추어야 하는데, 이를 위해서는 개별성과 공통성이 적절하게 조화를 이루면서 다양성 속에서 통일성을 살려 나가도록 교육의 목적 및 계획, 교육활동 및 지원활동이 전개되어야 한다(강대옥 외, 2016).

3. 특수아동의 이해

1) 특수아동의 정의

모든 아동은 자신만의 특별하고 개별적인 특성을 가지고 있고, 장애 여부와 상관없이 서로 다른 신체적·사회적·학업적 특성을 보인다. 대부분의 아동들은 일반적인 교육방법으로 자신의 자아실현을 이루어 가는데, 개인의 특수성이 크게 부각되지 않는다. 반면에 특수아동은 일반아동과 달리 자신이 지닌 특수성으로 인해 일반적인 교육방법으로는 교육적 요구를 만족시키지 못하므로 개별적으로 고안된 특별한 교육과 함께 그와 관련된 서비스가 필요하다(도명애 외, 2016).

특수아동이란 특정 영역에서 일반아동과 다른 아동을 의미하며, 인간으로서의 자신이 가진 잠재력을 실현하기 위해서 특수교육 및 관련 서비스를 필요로 하는 아동을 말한다(Kauffman & Hallahan, 2005; 이소현, 박은혜, 2011 재인용). 즉 학습적 요구나 특성이 대부분의 아동과는 현저히 달라서 그들이 지닌 잠재 능력을 충분히 계발하기 위해 교육과정 및 교수의 수정이나 특별 교육을 필요로 하는 아동을 말하며, 장애나 영재 등을 가진 아동을 의미한다(정대영, 2011; 정대영, 2016 재인용). 여기에서 영재도 특수아동에 포함되는데, "특수"라는 의미는 평균 또는 전형성에서 일탈되어 있는 것으로, 이는 기준 이하의 기능을 갖는 장애나 기준보다 탁월하게 뛰어난 영재의 개념도 포함되기 때문이다.

2) 특수아동의 분류

특수아동은 특별한 교육적 요구가 필요한 아동으로, 특수교육대상자라고 할 수 있다. 「장애인 등에 대한 특수교육법」에서는 특수교육대상자를 제15조에 따라 "특수교육을 필요로 하는 사람으로 선정된 사람"으로 규정하고 있고, 「장애인 등에 대한 특수교육법 시행령」에서는 다음과 같이 11개 영역으로 규정하고 있다.

1. 시각장애
2. 청각장애
3. 지적장애
4. 지체장애
5. 정서·행동장애
6. 자폐성장애(이와 관련된 장애를 포함한다)
7. 의사소통장애
8. 학습장애
9. 건강장애
10. 발달지체
11. 그 밖에 대통령령으로 정하는 장애

특수교육대상자의 선정 기준은 〈표 1-6〉과 같이 「장애인 등에 대한 특수교육법 시행령」에 설명되어 있다.

표 1-6 「장애인 등에 대한 특수교육법」의 특수교육대상자 선정 기준

구분	선정 기준
시각장애	시각계의 손상이 심하여 시각기능을 전혀 이용하지 못하거나 보조공학기기의 지원을 받아야 시각적 과제를 수행할 수 있는 사람으로서 시각에 의한 학습이 곤란하여 특정의 광학기구·학습매체 등을 통하여 학습하거나 촉각 또는 청각을 학습의 주요 수단으로 사용하는 사람

구분	선정 기준
청각장애	청력 손실이 심하여 보청기를 착용해도 청각을 통한 의사소통이 불가능 또는 곤란한 상태이거나, 청력이 남아 있어도 보청기를 착용해야 청각을 통한 의사소통이 가능하여 청각에 의한 교육적 성취가 어려운 사람
지적장애	지적 기능과 적응행동상의 어려움이 함께 존재하여 교육적 성취에 어려움이 있는 사람
지체장애	기능·형태상 장애를 가지고 있거나 몸통을 지탱하거나 팔다리의 움직임 등에 어려움을 겪는 신체적 조건이나 상태로 인해 교육적 성취에 어려움이 있는 사람
정서·행동장애	장기간에 걸쳐 다음 각 목의 어느 하나에 해당하여, 특별한 교육적 조치가 필요한 사람 가. 지적·감각적·건강상의 이유로 설명할 수 없는 학습상의 어려움을 지닌 사람 나. 또래나 교사와의 대인관계에 어려움이 있어 학습에 어려움을 겪는 사람 다. 일반적인 상황에서 부적절한 행동이나 감정을 나타내어 학습에 어려움이 있는 사람 라. 전반적인 불행감이나 우울증을 나타내어 학습에 어려움이 있는 사람 마. 학교나 개인 문제에 관련된 신체적인 통증이나 공포를 나타내어 학습에 어려움이 있는 사람
자폐성장애	사회적 상호작용과 의사소통에 결함이 있고, 세한적이고 반복적인 관심과 활동을 보임으로써 교육적 성취 및 일상생활 적응에 도움이 필요한 사람
의사소통장애	다음 각 목의 어느 하나에 해당하여 특별한 교육적 조치가 필요한 사람 가. 언어의 수용 및 표현 능력이 인지능력에 비하여 현저하게 부족한 사람 나. 조음능력이 현저히 부족하여 의사소통이 어려운 사람 다. 말 유창성이 현저히 부족하여 의사소통이 어려운 사람 라. 기능적 음성장애가 있어 의사소통이 어려운 사람
학습장애	개인의 내적 요인으로 인하여 듣기, 말하기, 주의집중, 지각(知覺), 기억, 문제해결 등의 학습 기능이나 읽기, 쓰기, 수학 등 학업 성취 영역에서 현저하게 어려움이 있는 사람
건강장애	만성질환으로 인하여 3개월 이상의 장기입원 또는 통원치료 등 계속적인 의료적 지원이 필요하여 학교생활 및 학업 수행에 어려움이 있는 사람
발달지체	신체, 인지, 의사소통, 사회·정서, 적응행동 중 하나 이상의 발달이 또래에 비하여 현저하게 지체되어 특별한 교육적 조치가 필요한 영아 및 9세 미만의 아동

영재아동도 특수아동에 포함되지만, 「장애인 등에 대한 특수교육법」에서 제시한 특수교육대상자에는 포함되지 않는다.

미국 「장애인교육향상법(IDEA)」(2004)에서는 우리나라와는 달리 특수아동을 13개 영역으로 세분화하여 〈표 1-7〉과 같이 제시하고 있다.

표 1-7 미국 장애인교육향상법(IDEA)의 특수아동 분류

구분	선정 기준
자폐 (Autism)	일반적으로 3세 이전에 나타나 구어와 비구어 의사소통 및 사회적 상호작용에 심각한 영향을 미침으로써 교육적 성취에 부정적인 영향을 미치는 발달장애, 자폐와 자주 관련되는 기타 특성에는 반복적인 활동 및 상동적인 움직임, 환경적 변화나 일과 변화에 대한 저항, 감각 경험에 대한 독특한 반응이 포함됨 • 아동의 교육적 성취에 부정적인 영향을 미치는 주요 원인이 정서장애인 경우는 해당되지 않음 • 3세 이후에 자폐의 특성을 보이는 아동의 경우 앞의 기준에 해당된다면 자폐를 지닌 것으로 판별될 수 있음
농-맹 (Deaf-Blindness)	심각한 의사소통 및 기타 발달적 교육적 문제를 일으키는 청각과 시각의 동시 손상. 농이나 맹 중 한 가지만 지닌 아동을 위한 특수교육 프로그램에 맞지 않음
농 (Deafness)	보청기를 착용하거나 착용하지 않은 상태에서 청각을 통해 언어적 정보를 처리하지 못함으로써 교육적 성취에 부정적인 영향을 미치는 심각한 청각 손상
정서장애 (Emotional Disturbance)	다음 특성 중 하나 이상을 오랜 시간 동안 눈에 띌 정도로 나타냄으로써 교육적 성취에 부정적인 영향을 미치는 상태 • 지능, 감각, 건강상의 요소로는 설명할 수 없는 학습상의 무능력 • 또래 및 교사와 만족할 만한 상호적인 관계를 형성하고 유지하지 못함 • 정상적인 환경에서 나타나는 부적절한 형태의 행동이나 감정 • 일반적이고 전반적인 불행감이나 우울감 • 개인적인 또는 학교 문제와 관련해서 신체적 증상이나 두려움을 보이는 경향 정신분열증을 포함함. 사회적 부적응을 보이는 아동은 정서장애로 판별되지 않는 한 포함되지 않음
청각장애 (Hearing Impairment)	'농'의 정의에 해당되지 않으면서 교육적 성취에 부정적인 영향을 미치는 영구적이거나 변동적인 청각의 손상
정신지체 (Mental Retardation)	발달시기에 나타나 교육적 성취에 부정적인 영향을 미치는 적응행동상의 결함과 동시에 나타나는 심각한 평균 이하의 지적 기능
중복장애 (Multiple Disabilities)	한 가지 이상의 장애가 중복되어 나타나 한 가지 장애를 지닌 아동을 위한 특수교육 프로그램으로는 중재가 어려운 심각한 문제를 지닌 경우(예: 정신지체-맹, 정신지체-지체장애)
지체장애 (Orthopedic impairment)	교육적 성취에 부정적인 영향을 미치는 심각한 정형외과적인 손상. 선천적 기형(예: 내반족, 신체 일부의 결손), 질병에 의한 손상(예: 소아마비, 골결핵), 기타 원인에 의한 손상(예: 뇌성마비, 절단, 근육이나 힘줄을 손상시키는 골절이나 화상)을 포함

구분	선정 기준
기타 건강장애 (Other Health Impairment)	심장 상태, 결핵, 류머티즘성 열병, 신장염, 천식, 겸상적혈구빈혈증, 혈우병, 간질, 납중독, 백혈병, 당뇨병 등과 같은 만성 또는 급성 건강 문제로 인해서 약화된 강도, 체력, 민첩성
특정 학습장애 (Specific Learning Disability)	듣기, 생각하기, 말하기, 읽기, 쓰기, 철자법, 수학 계산을 수행하는 불완전한 능력으로 나타날 수도 있는, 말이나 글로 표현된 언어를 이해하거나 사용하는 데 포함되는 기본적인 심리적 과정에 있어서 한 가지 이상의 장애 지각장애, 뇌 손상, 미세뇌기능이상, 난독증, 발달적 실어증과 같은 상태를 포함 시각, 청각, 운동기능상의 장애 또는 정신지체, 정서장애, 환경적·문화적·경제적 불이익이 주원인인 학습문제를 보이는 아동은 포함하지 않음
말/언어장애 (speech or Language Impairment)	교육적 성취에 부정적인 영향을 미치는 말더듬, 조음장애, 언어장애, 음성장애 등과 같은 의사소통장애
외상성 뇌손상 (Traumatic Brain Injury)	교육적 성취에 부정적인 영향을 미치는 전반적 또는 부분적인 기능장애나 심리사회적 손상을 초래하는 외부적인 물리적 힘에 의해서 발생하는 뇌 손상, 인지, 언어, 기억, 주의집중, 논리, 추상적 사고, 판단, 문제해결, 감각, 지각, 운동기능, 심리사회적 행동, 신체 기능, 정보처리, 말과 같은 영역 중 한 가지 이상의 영역에서의 손상을 초래하는 개방형 또는 폐쇄형 머리 손상을 포함. 선천적이거나 퇴행성 또는 출생 중에 발생한 뇌 손상은 포함되지 않음
시각장애 (Visual Impairment)	교정을 한 후에도 교육적 성취에 부정적인 영향을 미치는 맹을 포함하는 시각손상, 저시력과 맹을 모두 포함

출처: 이소현, 박은혜(2011).

우리나라의 「장애인 등에 대한 특수교육법」과 미국의 「장애인교육향상법(IDEA, 2004)」을 비교하면, 미국은 청각장애와 지체장애를 한국보다 좀 더 상세하게 분류하고 있다. 우리나라에서는 청각장애로만 분류하고 있는 것을 미국은 농(deaf)과 청각장애(hearing impairment)로 분류하고, 지체장애를 미국은 지체장애와 외상성 뇌손상(traumatic brain injury)으로 분류하고 있다. 그리고 우리나라에서는 분류되지 않은 중복장애와 농-맹(deaf-blindness)을 미국에서는 세분화하고 있다. 발달지체와 관련해서 우리나라는 장애인으로 등록을 하지 않지만 특수교육대상자로 인정하여 조기중재를 받을 수 있고, 미국에서도 발달지연으로 판별되면 특수교육대상자로 인정하여 특수교육 및 관련 서비스를 받을 수 있다.

특수교육과 관련하여 앞에서 살펴본 「장애인 등에 대한 특수교육법」, 장애인을 대상으로 하는 「장애인복지법」과 미국의 「장애인교육향상법(IDEA)」의 장애분류 체계를 비교하면 〈표 1-8〉과 같다.

표 1-8 특수교육 관련법의 장애영역 분류 비교

장애인 등에 대한 특수교육법 (2007)	장애인복지법 (2007)	미국 장애인교육향상법 (IDEA, 2004)
시각장애	시각장애	시각장애(Visual Impairment)
청각장애	청각장애	농(Deafness)
		청각장애(Hearing Impairment)
지적장애(2016)	지적장애	정신지체(Mental Retardation)
지체장애	지체장애	지체장애(Orthopedic impairment)
	뇌병변장애	외상성 뇌손상(Traumatic Brain Injury)
정서·행동장애		정서장애(Emotional Disturbance)
자폐성장애	자폐성장애	자폐(Autism)
의사소통장애	언어장애	말/언어장애(speech or Language Impairment)
학습장애	-	특정학습장애(Specific Learning Disability)
건강장애	신장장애인, 심장장애인, 호흡기장애인, 간장애인, 안면장애인, 장루 및 요루 장애인, 뇌전증장애인	기타 건강장애 (Other Health Impairment)
발달지체	-	-
그 밖에 대통령령으로 정하는 장애	-	-
-	정신장애	
-	-	농-맹(Deaf-Blindness)
-	-	중복장애(Multiple Disabilities)
11개 영역	15개 영역	13개 영역

출처: 강대옥 외(2016). 재구성.

3) 특수아동의 특성

특수아동은 인지적, 사회 적응적, 학업적 및 신체적 특성 등에서 평균으로부터 차이가 있는 아동이라고 할 수 있고, 이들은 아동 개인이 지닌 장애에 따라 다양한 특성을 보인다. 발달의 영역에 따라 인지, 정의, 신체 및 운동의 세 가지 관점에서 그 특성을 살펴보고자 한다.

(1) 인지적 특성

인지적 영역의 특성은 지적 능력, 학업성취, 사고력 등을 말하며, 인지적 특성을 이해하기 위해서는 정보처리과정을 이해해야 한다. 인간의 대뇌는 마치 컴퓨터와 같아서 인간의 정보처리과정은 외부 환경에서 감각기관을 통해 자극을 인식하는 지각을 거친 후 감각기억, 단기기억, 작업기억을 거쳐 장기기억에 저장하게 된다. 그리고 필요에 따라 저장된 정보를 다시 인출하여 사용된다.

특수아동들 중에는 자신이 지닌 장애로 인해 정보 투입에서 인출에 이르기까지 정보처리과정에서 다양한 어려움이 존재할 수 있다. 무엇보다도 감각기관에 손상을 지닌 아동의 경우 정보를 투입하는 과정에서 정확한 형상의 정립 및 개념 확립에 어려움이 있을 가능성이 크다. 특히, 지적장애 아동의 경우는 선택적 주의집중 및 지각, 기억에도 어려움을 동반하게 된다(도명애 외, 2016).

(2) 정의적 특성

정의적 특성은 인간의 마음과 정신기능에 관련된 특성으로, 욕구, 동기, 자아개념, 포부수준, 성격, 인성, 도덕성 등을 말한다. 특수아동은 자신이 가진 장애로 인해 장애의 중적·심화과정이 나타나기 쉽고 이로 인해 갈등 및 스트레스가 쌓이게 된다. 이런 사회·심리적 발달을 저해시키는 원인으로 아동 개인이 가지는 장애 자체, 부모의 과보호와 사회인의 천시를 제시하였다(전헌선 외, 2012). 이것은 장애 자체와 부모의 과보호, 그리고 사회인의 천시가 장애의 중적·심화과정의 첫 단계가 되고 이로 인해 두 번째 단계인 정서불안 증상으로 발전하며, 세 번째 단계에서 열등감을 갖게 되고, 네 번째 단계에서는 특수아동의 비사회적 행동으로 나아가며, 마지막 다섯 번째 단계에서는 특수아동의 반사회적 행동이 나타날 수 있다(도명애 외, 2016)는 것을 의미한다.

(3) 신체 및 운동 특성

특수아동은 자신이 가지는 장애로 인해 운동 및 기능적 발달에 개인차가 심하게 나타난다. 따라서 특수아동은 유연성, 근력, 순발력, 민첩성, 평형성, 지구력과 같은 운동기능도 일반아동에 비해 그 기능이 낮을 수 있다. 특히 뇌성마비 아동의 경우 뇌손상으로 인해 신체 부자유와 운동장애 그리고 생리적 자기조절기능의 문제를 가지게 되는 등 다양하게 나타난다(안병즙, 1978; 박순길, 2006; 도명애 외, 2016 재인용).

4. 특수교육의 현황

1) 특수교육대상자 현황

다음은 최근 5년간 우리나라의 특수교육대상자의 장애영역별 현황을 〈표 1-9〉로 정리한 것이다. 특수교육대상자 중 지적장애 학생의 수가 50% 이상을 차지하여 가장 많고, 지체장애, 자폐성장애, 발달지체 학생 순으로 많음을 알 수 있다. 특히 발달지체 특수교육대상자 수는 꾸준히 계속 증가하고 있다. 그렇지만 특수교육대상자의 지속적 증가와 함께 자폐성장애와 발달지체 학생의 수는 증가하는 데 비해 학습장애 학생의 수는 감소하고 있음을 볼 수 있다.

표 1-9 특수교육대상자 연도별 장애영역별 현황 (단위: 명, %)

영역 년도	시각장애	청각장애	지적장애	지체장애	정서행동장애	자폐성장애	의사소통장애	학습장애	건강장애	발달지체	전체
2016	2,035 (2.3)	3,401 (3.9)	47,258 (53.7)	11,016 (12.5)	2,221 (2.5)	10,985 (12.5)	2,089 (2.4)	2,327 (2.7)	1,675 (1.9)	4,940 (5.6)	87,950 (100)
2017	2,026 (2.3)	3,358 (3.8)	48,084 (53.8)	10,777 (12.0)	2,269 (2.5)	11,422 (12.8)	2,038 (2.3)	2,040 (2.3)	1,626 (1.8)	5,713 (6.4)	89,353 (100)
2018	1,981 (2.2)	3,268 (3.6)	48,747 (53.7)	10,439 (11.5)	2,221 (2.4)	12,156 (13.4)	2,081 (2.3)	1,627 (1.8)	1,758 (1.9)	6,502 (7.2)	90,780 (100)
2019	1,937 (2.1)	3,225 (3.5)	49,624 (53.4)	10,200 (11.0)	2,182 (2.3)	13,105 (14.1)	2,204 (2.4)	1,409 (1.5)	1,763 (1.9)	7,309 (7.8)	92,958 (100)
2020	1,908 (2.0)	3,132 (3.3)	50,693 (53.1)	9,928 (10.4)	1,993 (2.1)	13,917 (14.6)	2,404 (2.5)	1,226 (1.3)	1,785 (1.9)	8,434 (8.8)	95,420 (100)

출처: 교육부(2020b).

특수교육대상자의 장애영역별 및 학교과정별 배치현황은 〈표 1-10〉에 제시하였다.

표 1-10 특수교육대상자 장애영역별 및 학교과정별 배치현황 (2020. 4. 1 기준)

배치별			특수학교	일반학교		특수교육 지원센터	계
				특수학급	일반학급 (전일제 통합학급)		
특수교육대상자 수			26,299	52,744	16,061	316	95,420
학생 수	장애영역별	시각장애	1,188	253	464	4	1,909
		청각장애	647	710	1,760	15	3,132
		지적장애	14,230	31,880	4,561	22	50,693
		지체장애	3,751	3,649	2,432	96	9,928
		정서·행동장애	69	1,317	607	-	1,993
		자폐성장애	5,727	7,302	887	1	13,917
		의사소통장애	148	1,350	904	2	2,404
		학습장애	12	783	431	-	1,226
		건강장애	13	117	1,655	-	1,785
		발달지체	514	5,384	2,360	176	8,434
		계	26,299	52,744	16,061	316	95,420
	학교과정별	장애영아	123	-	-	316	439
		유치원	918	3,866	1,752	-	6,536
		초등학교	8,143	27,713	7,349	-	43,205
		중학교	5,430	10,327	3,383	-	19,140
		고등학교	6,453	10,625	3,577	-	20,655
		전공과	5,232	213	-	-	5,445
		계	26,299	52,744	16,061	316	95,420
학교 및 센터 수			182	8,523	7,830	197	11,927
				11,548			
학급 수			4,968	11,661	15,314	50	31,993
특수학교(급) 교원 수			9,161	12,079	-	905	22,145
특수교육 보조인력 수			4,856	8,590	282	-	13,728

출처: 교육부(2020a).

2) 장애영역별 배치 현황

[그림 1-1]은 2020년 장애영역별 현황이다. 지적장애, 지체장애, 자폐성장애 3개 영역의 특수교육대상자 비율이 전체 대상자 수 중 78.1%로 가장 많이 배치되어 있다.

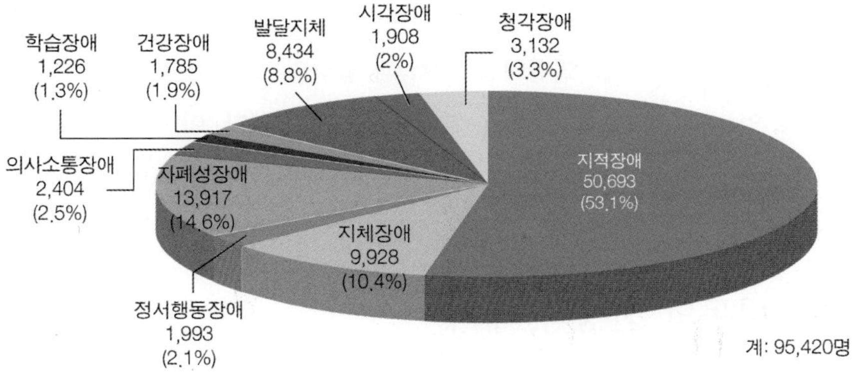

그림 1-1 장애영역별 특수교육대상자 현황

출처: 교육부(2020a).

3) 학교과정 및 기관별 배치 현황

[학교과정별 특수교육대상자 현황]

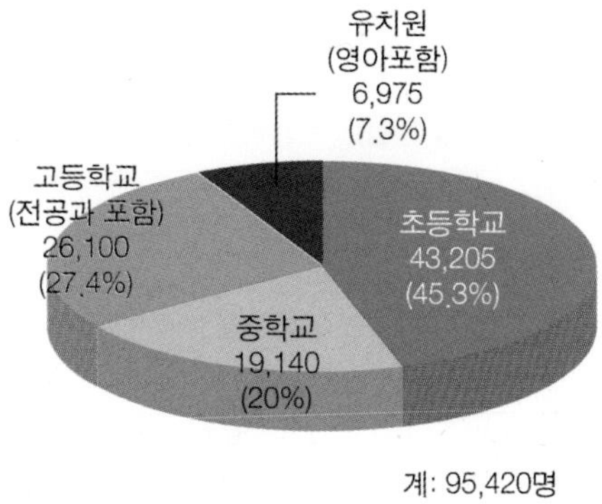

[교육기관별 특수교육대상자 현황]

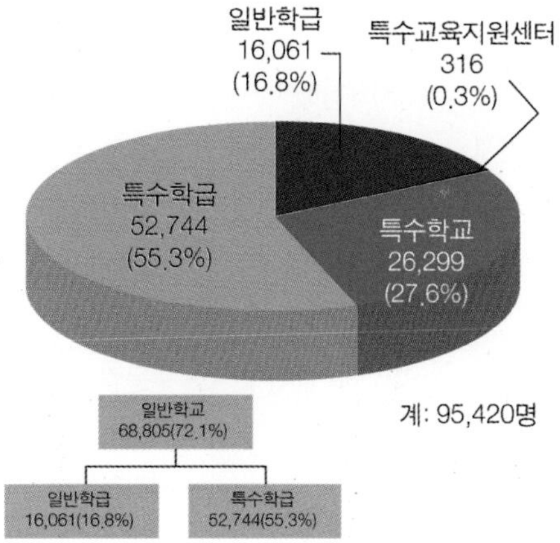

(단위: 명, %)

특수학교	일반학교			특수교육 지원센터	전체학생 수
	특수학급	일반학급	소계		
26.299 (27.6%)	52,744 (55.3%)	16,061 (16.8%)	68,805 (72.1%)	316 (0.3%)	95,452 (100)

그림 1-2 학교과정별 및 교육기관별 특수교육대상자 현황

출처: 교육부(2020a).

[그림 1－2]에서 보듯이 2020년 현재 특수교육대상자가 가장 많이 배치되어 있는 곳은 일반학교 특수학급(55.3%)이고, 일반학급(16.8%)과 합하면 72.1%가 되어 일반학교에서 통합교육을 받고 있는 특수교육대상자의 수가 많음을 알 수 있다. 이 사실과 더불어 특수학교는 장애의 정도가 심한 중도나 중복 장애 학생이 배치됨을 나타낸다.

5. 특수아동의 선정과 배치

특수아동의 진단 및 평가를 위한 선별 및 진단평가는 「장애인 등에 대한 특수교육법」 제14조 1항에 따라 〈표 1－11〉과 같이 구성되어 있다.

표 1-11 특수교육대상자 선별검사 및 진단·평가 영역

구분		영역		
장애조기발견을 위한 선별검사		• 사회성숙도검사	• 적응행동검사	• 영유아발달검사
진단 및 평가 영역	시각장애, 청각장애, 지체장애	• 기초학습기능검사 • 시기능검사 및 촉기능검사(시각장애 한함)		• 시력검사 • 청력검사(청각장애 한함)
	지적장애	• 지능검사 • 기초학습검사	• 사회성숙도검사 • 운동능력검사	• 적응행동검사
	정서·행동장애, 자폐성장애	• 적응행동검사 • 학습준비도검사	• 성격진단검사	• 행동발달평가
	의사소통장애	• 구문검사	• 음운검사	• 언어발달검사
	학습장애	• 지능검사 • 시지각발달검사	• 기초학습기능검사 • 지각운동발달검사	• 학습준비도검사 • 시각운동통합발달검사

특수아동, 즉 특수교육대상자 선정 및 배치는 「장애인 등에 대한 특수교육법」에서 정하는 절차와 함께 장애의 특성과 교육적 요구를 고려하여 이루어져야 한다. 「장애인 등에 대한 특수교육법」 제16조(특수교육대상자의 선정절차 및 교육지원 내용의 결정)에 따라 특수교육대상자의 선정 절차는 [그림 1－3]과 같다.

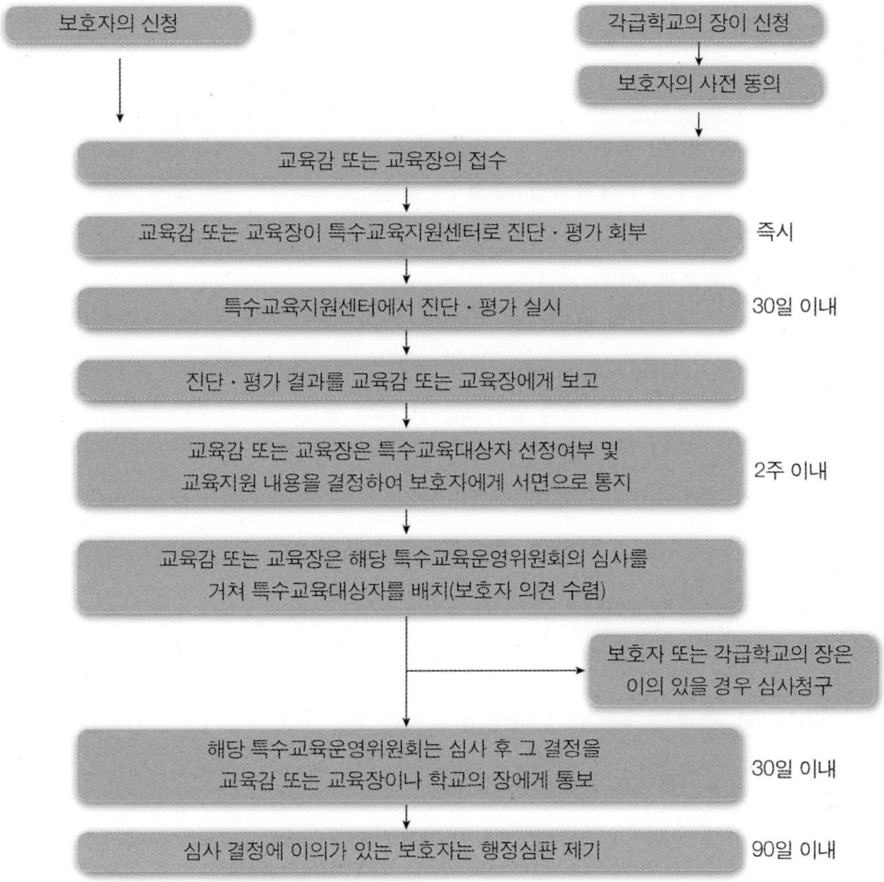

그림 1-3 특수교육대상자의 선정 및 배치 절차

출처: 교육과학기술부(2008).

특수교육대상자 선정과정에 있어 부모나 보호자 또는 각급학교의 장은 장애를 가지고 있거나 장애를 가지고 있다고 의심되는 영유아 및 학생을 발견했을 때 교육장 또는 교육감에게 진단·평가를 의뢰하여야 한다. 각급학교의 장이 진단·평가를 의뢰하는 경우에서는 반드시 부모나 보호자의 사전동의를 받아야 한다. 또한 선정 과정에 대해 부모나 보호자는 자녀교육에 있어 충분히 의견을 낼 수 있고, 선정배치 결과를 통보 받은 후에도 진단·평가에 대한 결과에 만족하지 못할 경우에 재심을 청구하여 절차에 대한 권리를 보장받을 수 있다.

참고문헌

강대옥, 강병일, 김기주, 김남진, 김창평(2012). **특수교육학개론 제2판**. 서울: 학지사.

교육과학기술부(2008). 장애인 등에 대한 특수교육법령 설명회. 서울: 교육과학기술부.

교육과학기술부(2009). **특수교육 교육과정 해설(Ⅰ): 총론**. 교육과학기술부 고시 제2008-3호.

교육부(2020a). **특수교육 연차보고서**. 세종: 교육부.

교육부(2020b). **특수교육통계**. 세종: 교육부.

국립특수교육원(2003). **특수교육학 용어사전**. 서울: 하우.

도명애, 서석진, 최성욱, 김성화, 박순길, 윤치연, 양경애, 조규영(2016). **특수아동의 이해**. 서울: 창지사.

박순길(2006). 뇌성마비아의 시지각능력과 언어학습기능과의 관계 연구. **특수아동교육연구, 8**(1), 45-67.

안병즙(1978). **지체부자유아교육.** 대구: 대구대학교출판부.

이소현, 박은혜(2011). **특수아동교육 제3판**. 서울: 학지사.

전헌선, 윤치연, 공나영, 김성화, 도명애, 박순길, 서석진, 서영란, 송호준, 양경애, 이수진, 이정남, 최성(2012). **특수교육학개론**. 경기: 양서원.

정대영(2011). **특수교육학**. 서울: 창지사.

정대영(2016). **특수아동 교육: 0세부터 8세까지**. 서울: 창지사.

조윤화, 김태용(2019). **한국 장애출현율 개편방안에 관한 연구: ICF 장애개념을 기반으로**. 서울: 한국장애인개발원.

Kauffman, M., & Hallahan, D. P.(2005). *Special education: What it is and why we need it.* Boston: Allyn and Bacon.

Heward, W. L.(2009). *Exceptional children: An introduction to special education*(9th ed.). Upper Saddle River, NJ: Merrill/Prentice-Hall.

Smith, D. D.(2004). *Introduction to Special Education: Teaching in an age of opportunity*(5th ed.). Boston: Allyn and Bacon.

Tumbull, R., Huerta, N., & Stowe, M.(2006). *The individuals with disabilities education act as amended in 2004.* New Jersey: Pearson Education.

World Health Organization(2016). **국제 기능 · 장애 · 건강 분류 한글번역본 제2차 개정판**(사회보장정보원 역). 서울: 사회보장정보원.(원서출판 2001)

미국 교육부의 장애인 법(The U.S. Department of Education's Individuals with Disabilities Education Act website) https://sites.ed.gov/idea/regs/b/a/300.39

익힘문제

1. 장애의 정의는 무엇이며, 한국의 「장애인복지법」에서 제시하는 장애의 유형은 무엇인지 각각 제시하시오.

2. 특수교육의 정의와 목적을 설명하시오.

3. 한국의 「장애인 등에 대한 특수교육법」에서 제시하는 특수교육대상자의 유형을 설명하시오.

Chapter

02

통합교육과 개별화교육

1. 통합교육

1) 통합교육의 개념

통합교육이란 특수교육대상자가 일반학교에서 장애여부와 상관없이 또래와 함께 개개인의 교육적 요구에 적합한 교육을 받는 것을 말한다. 이는 단순히 장면적인 통합만을 지칭하는 것이 아니라 특수교육을 필요로 하는 학생에게 적합한 교육이 이루어질 수 있도록 교육과정, 교육환경 등 제반 자원들의 수정을 수반하는 용어라고 보면 된다. 통합교육과 관련된 법적 정의를 살펴보면 다음과 같다.

표 2-1 통합교육의 법적 정의

● 「초·중등교육법」 제59조(통합교육)

국가와 지방자치단체는 특수교육이 필요한 사람이 초등학교·중학교 및 고등학교와 이에 준하는 각종학교에서 교육을 받으려는 경우에는 따로 입학절차, 교육과정 등을 마련하는 등 통합교육을 하는 데에 필요한 시책을 마련하여야 한다. [전문개정 2012. 3. 21.]

● 「장애인 등에 대한 특수교육법」 제2조(정의)

6. '통합교육'이란 특수교육대상자가 일반학교에서 장애유형·장애정도에 따라 차별을 받지 아니하고 또래와 함께 개개인의 교육적 요구에 적합한 교육을 받는 것을 말한다.

● 「장애인 등에 대한 특수교육법」 제21조(통합교육)

① 각급학교의 장은 교육에 관한 각종 시책을 시행함에 있어서 통합교육의 이념을 실현하기 위하여 노력하여야 한다.<개정 2021. 3. 23>

② 제17조에 따라 특수교육대상자를 배치받은 일반학교의 장은 교육과정의 조정, 보조인력의 지원, 학습보조기기의 지원, 교원연수 등을 포함한 통합교육계획을 수립·시행하여야 한다.

③ 일반학교의 장은 제2항에 따라 통합교육을 실시하는 경우에는 제27조의 기준에 따라 특수학급을 설치·운영하고, 대통령령으로 정하는 시설·설비 및 교재·교구를 갖추어야 한다.

● 「장애인 등에 대한 특수교육법」 시행령 제16조(통합교육을 위한 시설·설비 등)

① 일반학교의 장은 법 제21조제2항에 따라 통합교육을 실시하는 경우에는 특수교육대상자의 교내 이동이 쉽고, 세면장·화장실 등과 가까운 곳에 위치한 66제곱미터 이상의 교실에 특수학급을 설치하여야 한다. 다만, 배치된 특수교육대상자의 수 및 그 학교의 여건 등을 고려하여 시·도 조례로 정하는 바

에 따라 44제곱미터 이상의 교실에 학급을 설치할 수 있다.

② 일반학교의 장은 법 제21조제2항에 따라 통합교육을 실시하는 경우에는 배치된 특수교육대상자의 성별, 연령, 장애의 유형·정도 및 교육활동 등에 맞도록 정보 접근을 위한 기기, 의사소통을 위한 보완·대체기구 등의 교재·교구를 갖추어야 한다.

● 「장애인차별금지 및 권리구제 등에 관한 법률」 제13조(차별금지)

① 교육책임자는 장애인의 입학 지원 및 입학을 거부할 수 없고, 전학을 강요할 수 없으며, 「영유아보육법」에 따른 어린이집, 「유아교육법」 및 「초·중등교육법」에 따른 각급 학교는 장애인이 당해 교육기관으로 전학하는 것을 거절하여서는 아니 된다. <개정 2011. 6. 7.>

② 제1항에 따른 교육기관의 장은 「장애인 등에 대한 특수교육법」 제17조를 준수하여야 한다. <개정 2010. 5. 11.>

③ 교육책임자는 당해 교육기관에 재학 중인 장애인 및 그 보호자가 제14조제1항 각 호의 편의 제공을 요청할 때 정당한 사유 없이 이를 거절하여서는 아니 된다.

④ 교육책임자는 특정 수업이나 실험·실습, 현장견학, 수학여행 등 학습을 포함한 모든 교내외 활동에서 장애를 이유로 장애인의 참여를 제한, 배제, 거부하여서는 아니 된다.

⑤ 교육책임자는 취업 및 진로교육, 정보제공에 있어서 장애인의 능력과 특성에 맞는 진로교육 및 정보를 제공하여야 한다.

⑥ 교육책임자 및 교직원은 교육기관에 재학 중인 장애인 및 장애인 관련자, 특수교육 교원, 특수교육보조원, 장애인 관련 업무 담당자를 모욕하거나 비하하여서는 아니 된다.

⑦ 교육책임자는 장애인의 입학 지원 시 장애인 아닌 지원자와 달리 추가 서류, 별도의 양식에 의한 지원 서류 등을 요구하거나, 장애인만을 대상으로 한 별도의 면접이나 신체검사, 추가시험 등(이하 "추가서류 등"이라 한다)을 요구하여서는 아니 된다. 다만, 추가서류 등의 요구가 장애인의 특성을 고려한 교육시행을 목적으로 함이 명백한 경우에는 그러하지 아니하다.

⑧ 국가 및 지방자치단체는 장애인에게 「장애인 등에 대한 특수교육법」 제3조제1항에 따른 교육을 실시하는 경우, 정당한 사유 없이 해당 교육과정에 정한 학업시수를 위반하여서는 아니 된다. <개정 2010. 5. 11.>

● 「장애인차별금지 및 권리구제 등에 관한 법률」 제14조(정당한 편의제공 의무)

① 교육책임자는 당해 교육기관에 재학 중인 장애인의 교육활동에 불이익이 없도록 다음 각 호의 수단을 적극적으로 강구하고 제공하여야 한다. <개정 2014. 1. 28., 2016. 2. 3., 2017. 12. 19.>

1. 장애인의 통학 및 교육기관 내에서의 이동 및 접근에 불이익이 없도록 하기 위한 각종 이동용 보장구의 대여 및 수리
2. 장애인 및 장애인 관련자가 필요로 하는 경우 교육보조인력의 배치
3. 장애로 인한 학습 참여의 불이익을 해소하기 위한 확대 독서기, 보청기기, 높낮이 조절용 책상, 각종 보완·대체 의사소통 도구 등의 대여 및 보조견의 배치나 휠체어의 접근을 위한 여유 공간 확보

4. 시·청각 장애인의 교육에 필요한 한국수어 통역, 문자통역(속기), 점자자료 및 인쇄물 접근성바코드(음성변환용 코드 등 대통령령으로 정하는 전자적 표시를 말한다. 이하 같다)가 삽입된 자료, 자막, 큰 문자자료, 화면낭독·확대프로그램, 보청기기, 무지점자단말기, 인쇄물음성변환출력기를 포함한 각종 장애인보조기구 등 의사소통 수단

5. 교육과정을 적용함에 있어서 학습진단을 통한 적절한 교육 및 평가방법의 제공

6. 그 밖에 장애인의 교육활동에 불이익이 없도록 하는 데 필요한 사항으로서 대통령령으로 정하는 사항

② 교육책임자는 제1항 각 호의 수단을 제공하는 데 필요한 업무를 수행하기 위하여 장애학생지원부서 또는 담당자를 두어야 한다.

③ 제1항을 적용함에 있어서 그 적용대상 교육기관의 단계적 범위와 제2항에 따른 장애학생지원부서 및 담당자의 설치 및 배치, 관리·감독 등에 필요한 사항은 대통령령으로 정한다.

2) 통합교육의 현황 및 필요성

(1) 통합교육의 현황

「장애인 등에 대한 특수교육법」 제17조(특수교육대상자의 배치 및 교육)에 의하면 "특수교육대상자로 선정된 자는 일반학교의 일반학급, 일반학교의 특수학급, 특수학교 등에 배치하여 교육하여야 한다"고 규정하고 있다. 이에 특수교육대상자로 선정된 자는 위 각 호의 하나에 배치되어야 하며, '2020 특수교육통계' 〈표 2-2〉, [그림 2-1]에도 나타나듯이 점차 특수학교에 비해 일반학교에 배치되는 학생 수가 증가하고 있음을 알 수 있다.

① 특수교육대상자 배치 현황

표 2-2 특수교육대상자 배치 현황 (2020. 4. 1.자 특수교육통계 기준)

연도	특수학교(특수교육지원센터)		일반학교		계
	학생 수(명)	비율(%)	학생 수(명)	비율(%)	
2016	25,956	29.6	61,987	70.4	87,943
2017	26,200	29.3	63,154	70.7	89,354
2018	26,337	29.0	64,438	71.1	90,775
2019	26,459	28.5	66,499	71.5	92,958
2020	26,615	27.9	68,805	72.1	95,420

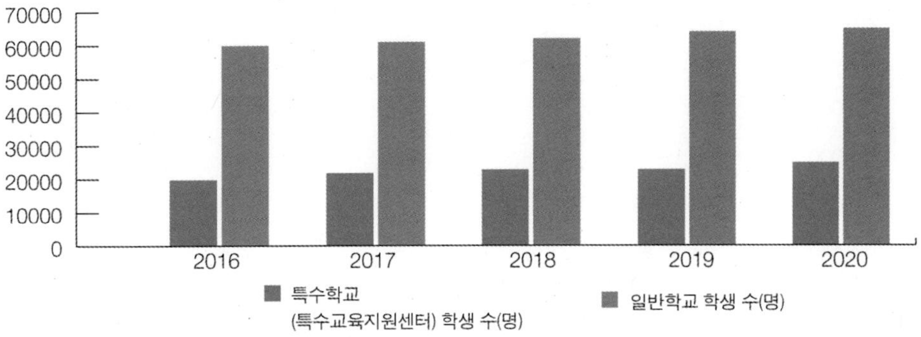

그림 2-1 2016~2020년 연도별 배치 현황

② 장애유형별 특수교육대상자 현황

'2020 특수교육통계'의 장애유형별 특수교육대상자 현황을 살펴보면, 장애유형별로 지적장애, 지체장애, 발달지체 순으로 많이 배치되어 있는 것으로 나타났다. 이는 전체 장애인의 비율을 볼 때 지체장애의 비중이 높은 데 반해 학령기 학생의 경우는 발달장애 영역에 치우쳐 있는 경향이 두드러짐을 알 수 있다. 구체적인 내용은 〈표 2-3〉, [그림 2-2]와 같다.

표 2-3 장애유형별 특수교육대상자 현황

유형	특수학교	일반학교		특수교육지원센터	계
		특수학급	일반학급		
시각장애	1,188	252	464	4	1,908
청각장애	647	710	1,760	15	3,132
지적장애	14,230	31,880	4,561	22	50,693
지체장애	3,751	3,649	2,432	96	9,928
정서·행동장애	69	1,317	607		1,993
자폐성장애	5,727	7,302	887	1	13,917
의사소통장애	148	1,350	904	2	2,404
학습장애	12	783	431		1,226
건강장애	13	117	1,655		1,785
발달지체	514	5,384	2,360	176	8,434
계	26,299	52,744	16,061	316	95,420

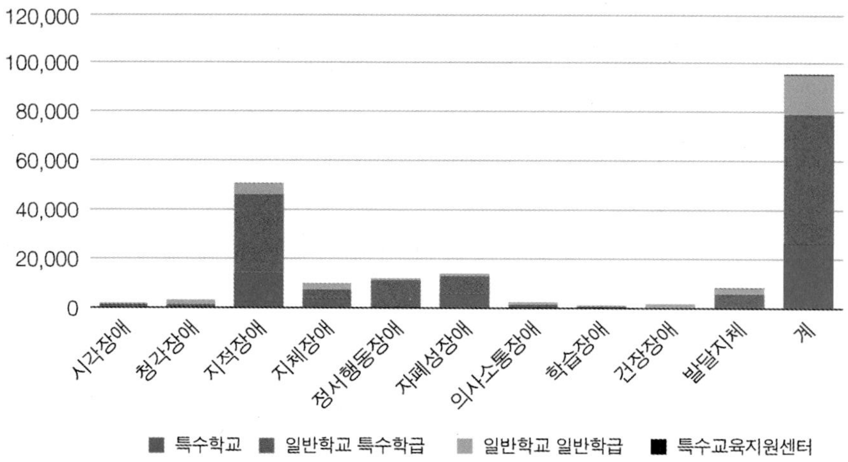

그림 2-2 장애유형별 특수교육대상자 현황

'2020 특수교육통계'에 비추어 볼 때, 전체 특수교육대상자의 72.1%가 일반학교에 배치되어 있음을 알 수 있다. 이는 통합교육이 점차 확대되고 있는 교육 흐름을 반영한 결과로 보인다. 앞서 언급한 통합교육의 흐름과는 상반되게 물적·인적 자원 등 통합교육 환경에 필요한 자원들이 충분히 갖추어져 있지 못한 것으로 보고되고 있기도 하다(김삼섭, 박은혜, 김기룡, 2014; 이현수, 2014; 김기룡, 김삼섭, 2016 재인용).

이는 성공적인 통합교육이 이루어지기 위해서 장애학생이 통합교육 장면에서 비장애학생과 함께 과제를 수행하고, 특수학급 교사 및 통합학급 교사가 협력하여 학생들을 지원하는 등 학교 구성원의 노력이 선행되어야 함을 역설적으로 제기하는 것으로 보인다(김기룡, 김삼섭, 2016 재인용).

이를 위해 통합교육의 흐름 속에서 장애학생들이 소외되지 않고 효율적인 학교 환경에 통합될 수 있도록 통합교육에 대한 물적·인적 자원 확충 방안 모색이 절실하다.

(2) 통합교육의 필요성

장애학생 및 비장애학생에게도 통합교육이 주는 효과는 크며, 장애학생과 비장애학생 모두 통합교육이 필요한 이유에 대하여 〈표 2-4〉에 제시하였다.

표 2-4 통합교육의 필요성

① 장애학생에게 주는 효과

1) 비장애학생의 행동을 관찰하고 모방하며 비장애학생들과 바람직한 상호작용을 통해 바람직하지 못한 행동을 감소시키고 사회적으로 수용될 수 있는 다양한 행동을 배울 수 있다.
2) 다양한 어휘와 바른 언어표현 방식 등 언어적 능력 향상을 꾀할 수 있다.
3) 일반학급에서 비장애학생과 어울리는 과정에서 장애 학생의 숨겨진 잠재능력을 발견하고 이를 발휘할 기회를 가질 수 있다.
4) 또래와 함께 공부한다는 자긍심을 가지게 함으로써 자아 존중감 발달에 긍정적인 영향을 끼치게 된다.

② 비장애학생에게 주는 효과

1) 인간의 다양성과 존엄성을 배울 수 있다.
2) 다른 사람을 배려하는 마음과 태도 발달에 도움이 된다.
3) 장애인에 대한 두려움이나 오해가 감소되어 장애인을 자연스럽게 대할 수 있게 된다.
4) 다른 사람을 도울 기회 및 경험을 통해 개인의 인격적 성장을 가져온다.

출처: 부산광역시교육청(2021). 재인용.

3) 통합교육을 위한 협력교수 유형

협력교수는 특수학급 교사와 통합학급 교사가 협력하여 학생을 지도한다는 것을 의미한다. 간혹 특수학급 교사가 보조역할만을 수행하는 교수개념으로 오인되기도 하나, 이는 모든 참여자가 동등한 관계에서 효율적인 교수방법을 모색한다는 데 의의가 있는 것이다. 효율적인 협력교수가 이루어지기 위해서는 〈표 2-5〉에 제시하는 몇 가지 특성이 선행될 필요가 있다(김자경, 최승숙, 2011).

표 2-5 협력교수를 위한 6가지 선행 요인

① 협력은 자발적인 것이다.
② 협력은 모든 참여자의 동등함을 요구한다.
③ 협력은 공동 목표에 기초한다.
④ 협력은 참여와 의사결정을 위한 책임감을 공유하는 것에 달려 있다.
⑤ 협력자는 자원을 공유한다.
⑥ 협력자는 결과에 대한 책무성을 공유한다.

출처: 김자경, 최승숙(2011). 재인용.

협력교수의 유형 및 각 유형에 따른 구체적인 설명은 〈표 2-6〉과 같다.

표 2-6 협력교수의 유형

구분	내용
일인 교수, 일인 관찰 (one teaching, one observing)	보통 목표가 우려되는 행동을 보이는 학생, 소집단 학생, 전체 학급을 관찰하는 방법으로 대개는 특수교사가 지원 역할을 수행한다.
일인 교수, 일인 지원 (one teaching, one drifting)	일인 교수, 일인 관찰과 유사하나 한 교사가 교실을 돌며 도움이 필요한 학생을 지원하는 것이 차이점이다.
스테이션 교수 (station teaching)	교수 내용을 나눠 학급 내 소집단을 교수한다. 장애학생을 따로 분리하지 않는다는 장점이 있는 반면에 다른 집단으로 이동하는 데 시간이 많이 소요된다는 단점이 있다.
평행교수 (parallel teaching)	함께 계획하지만 학급을 두 개의 이질적인 집단으로 나눠 각 집단을 독립적으로 교수한다. 평행교수는 종종 반복과 연습, 평가 복습, 교사의 많은 감독이 필요한 프로젝트에 사용된다.
대안교수 (alternative teaching)	대집단 학생과는 다른 방법으로 지도해야 할 소집단 학생들이 있는 경우 사용된다. 일부 학생이 심각한 행동문제를 보일 경우 이를 통해 이익을 얻을 수 있으나 소집된 학생에 계속 선택된 학생의 경우 낙인을 받을 가능성이 있다는 단점이 있다.
팀티칭 (team teaching)	두 교사가 모든 학생의 교수와 계획을 공유한다. 각자 필요한 경우 역할 교대를 통해 다른 접근을 적용할 수 있다. 교수형태뿐만 아니라 상호 간 신뢰와 책임을 요구한다.

출처: 김자경, 최승숙(2011). 재인용.

4) 통합교육 시 고려사항

통합교육이 원활하게 이루어지기 위해서 학생, 교사, 부모가 각각 고려되어야 하는 사항들이 있으며, 이는 〈표 2-7〉과 같다.

표 2-7 통합교육 시 고려사항

① 장애학생

장애학생들이 일반학급에 배치되어 비장애학생으로부터 때로는 거부되거나 따돌림을 당하고 놀림의 대상이 되는 현상은 장애학생에 대한 교사나 비장애학생의 잘못된 태도나 정보 부족으로 인해 발생하기도 하지만 장애학생 자신의 사회적 기술의 결함으로 생길 수도 있다.

교사는 장애학생에게 필요한 사회적인 기술들을 습득할 수 있게 인사하기, 다른 사람의 활동을 방해하지 않기, 큰 소리로 떠들지 않기, 공통적인 주제에 관심 가지기 등을 적극적으로 지도하여 사회적 기술의 결함으로 인해 학생이 소외되거나 불이익을 받지 않도록 지도해야 한다.

② 비장애학생

장애학생이 일반학급에 배치되기 전에 비장애학생들에게 적절한 오리엔테이션을 실시함으로써 비장애학생들이 장애학생들을 수용할 수 있는 태도와 인식을 가져야 한다. 장애학생이 가지고 있는 문제점뿐만 아니라 장점 및 비장애학생과의 공통점 등을 인식시켜 장애학생이 나와 동일한 인간이며 장애를 단지 개인적인 능력 차이의 연장선으로 볼 수 있는 관점을 가르치는 것이 가장 중요한 기초인 것이다. 적극적인 삶을 살아온 장애인들의 모습을 알아보게 하거나 장애학생을 소개하는 책이나 TV, 비디오 등의 시청각 자료를 통해 장애에 대한 사전 지식과 정보를 제공하고 이해하게 한다. 또는 모의 장애 체험이나 장애인 초청 강연, 혹은 특수학교, 특수학급 등의 견학을 통해 장애를 접하게 할 수도 있다. 장애학생이 일반학급에 들어온 후에는 비장애학생과 함께 협력 학습을 하고 비장애학생이 동료교사 혹은 자원봉사자 등의 역할을 함으로써 장애인에 대한 긍정적인 태도와 인격적인 수용태도를 함양할 수 있을 것이다.

③ 교사

통합교육에 있어서 장애학생을 대하는 교사의 태도와 역할은 비장애학생의 장애학생에 대한 태도 형성에 직접적인 영향을 미치며 궁극적으로 통합교육의 성패를 좌우할 만큼 매우 중요한 의미를 가진다.

장애학생의 교육을 담당하는 교사의 역할 및 태도를 살펴보면, 우선 적절한 개별화교육 프로그램을 개발·적용하고, 학교 행사 등 학교의 전체 프로그램에 장애학생의 참여를 촉진하며, 통합학급에서 장애학생이 학급 구성원으로 받아들여져 생활할 수 있도록 지원하고, 또한 그들이 통합학급의 수업에 의미 있게 참여할 수 있도록 지원한다. 그리고 장애학생과 비장애학생의 상호작용이 잘 이루어질 수 있도록 지원하여 비장애학생과 장애학생이 상호 간에 올바른 인식과 태도로 대할 수 있도록 지도한다. 일반교사에게 통합교육의 의의와 장애학생의 특성, 지도방법을 자문하며, 통합학급 교사와 지속적으로 협력하는 것이 무엇보다도 중요하다.

통합학급 교사는 통합학급에서 장애학생을 동등한 학급 구성원으로 인정하고 긍정적으로 수용되도록 지도하며, 통합학급에서 장애학생이 수업에 의미 있게 적극적으로 참여할 수 있도록 지도한다. 또한 장애학생과 비장애학생의 사회적 상호작용도 잘 이루어질 수 있도록 지도하며, 특수교사와 지속적으로 협력한다. 이처럼 교사의 측면에서는 일반교사와 특수교사 간의 협력이 중요한데, 특히 상호존중 및 공동 책임의식이 전제되어야 할 것이다.

④ 부모

비장애학생이 장애학생들을 받아들이는 데 결정적인 역할을 하는 것은 교사의 역할이기도 하지만 부모의 태도 역시 매우 중요한 요인이 된다. 따라서 장애학생 부모뿐만 아니라 비장애학생 부모의 인식과 태도가 결정적인 영향을 미치기도 한다. 따라서 장애학생의 부모뿐만 아니라 비장애학생의 부모를 대상으로 하는 다양한 연수나 초청강연을 통해 통합교육의 필요성을 인식하게 하며, 장애학생에 대한 지식과 정보를 제공함으로써 이해를 돕는 것도 중요하다. 또는 장애학생과 비장애학생의 부모 간의 모임을 통하여 서로 이해를 갖게 하는 것도 통합교육에 중요한 변수로 작용할 수 있는 것이다.

출처: 부산광역시교육청(2021). 재인용.

2. 개별화교육

1) 개별화교육의 개념

개별화교육이란 「장애인 등에 대한 특수교육법」에서도 제시하고 있듯이 특수교육대상자 개인의 능력을 계발하기 위하여 장애유형 및 장애특성에 적합한 계획을 수립하여 실시하는 교육을 말한다. 즉, 개별화교육이란 해당 학년도에 적용되는 학교(급) 교육과정을 장애학생의 특성에 맞게 계획하고 실행하고 평가하고 기록하는 일련의 과정을 일컫는다. 이를 단순히 장애학생이기 때문에 개별화교육이 필요하다고 여기게 되면 당해 연도 학교 교육계획 내에서 수행되는 교육과정과 별개의 개념으로 오해할 수도 있으므로, 이 점에 유의할 필요가 있다. 개별화교육에 대한 법적 정의를 살펴보면 〈표 2-8〉과 같다.

표 2-8 개별화교육의 법적 정의

● 「장애인 등에 대한 특수교육법」 제2조(정의)

7. "개별화교육"이란 각급학교의 장이 특수교육대상자 개인의 능력을 계발하기 위하여 장애유형 및 장애특성에 적합한 교육목표·교육방법·교육내용·특수교육 관련서비스 등이 포함된 계획을 수립하여 실시하는 교육을 말한다.

● 「장애인 등에 대한 특수교육법」 제22조(개별화교육)

① 각급학교의 장은 특수교육대상자의 교육적 요구에 적합한 교육을 제공하기 위하여 보호자, 특수교육

교원, 일반교육교원, 진로 및 직업교육 담당 교원, 특수교육 관련서비스 담당 인력 등으로 개별화교육지원팀을 구성한다.

② 개별화교육지원팀은 매 학기마다 특수교육대상자에 대한 개별화교육계획을 작성하여야 한다.

③ 특수교육대상자가 다른 학교로 전학할 경우 또는 상급학교로 진학할 경우에는 전출학교는 전입학교에 개별화교육계획을 14일 이내에 송부하여야 한다.

④ 특수교육교원은 제1항부터 제3항까지의 규정에 따른 업무를 수행하기 위하여 각 업무를 지원하고 조정한다.

⑤ 제1항에 따른 개별화교육지원팀의 구성, 제2항에 따른 개별화교육계획의 수립·실시 등에 관하여 필요한 사항은 교육부령으로 정한다. 〈개정 2008. 2. 29., 2013. 3. 23.〉

● 「장애인 등에 대한 특수교육법」 시행규칙 제4조(개별화교육지원팀의 구성 등)

① 각급학교의 장은 법 제22조제1항에 따라 매 학년의 시작일부터 2주 이내에 각각의 특수교육대상자에 대한 개별화교육지원팀을 구성하여야 한다.

② 개별화교육지원팀은 매 학기의 시작일부터 30일 이내에 개별화교육계획을 작성하여야 한다.

③ 개별화교육계획에는 특수교육대상자의 인적사항과 특별한 교육지원이 필요한 영역의 현재 학습수행 수준, 교육목표, 교육내용, 교육방법, 평가계획 및 제공할 특수교육 관련서비스의 내용과 방법 등이 포함되어야 한다.

④ 각급학교의 장은 매 학기마다 개별화교육계획에 따른 각각의 특수교육대상자의 학업성취도 평가를 실시하고, 그 결과를 특수교육대상자 또는 그 보호자에게 통보하여야 한다.

2) 개별화교육지원팀

「장애인 등에 대한 특수교육법」에서는 "각급학교의 장은 개별화교육계획을 작성하기 위해서는 매 학년의 시작일로부터 2주 이내에 각각의 특수교육대상자에 대한 개별화교육지원팀을 구성하여야 한다"고 규정하고 있다. 여기서 「장애인 등에 대한 특수교육법 시행규칙」에서는 개별화교육지원팀 구성 시, 보호자, 특수교육교원, 일반교육교원, 진로 및 직업교육 담당 교원, 특수교육 관련서비스 담당 인력 등을 포함하여야 한다고 규정하고 있으나, 학교(급)에 따라 교육환경에 맞게 탄력적으로 구성하는 경우가 일반적이다.

(1) 개별화교육지원팀의 역할

개별화교육지원팀의 역할과 개별화교육지원팀 구성원의 역할을 정리하면 〈표 2-9〉,

〈표 2-10〉과 같다.

표 2-9 개별화교육지원팀의 역할

① 특수교육대상자의 교육적 요구에 부합하는 개별화교육계획 유형 결정
② 학생의 교육적 요구, 교사 및 학교의 여건 등을 고려하여 교과와 생활 지원 영역 및 수립 과목(영역) 수 결정
③ 특수교육대상 학생에게 필요한 특수교육 관련서비스 영역을 검토하고 조정
④ 각 구성원에게 부여된 역할에 따라 개별화교육계획의 실행 및 평가에 관한 점검
⑤ 개별화교육계획 수립 및 실행에 관한 구성원의 공평한 참여 보장
⑥ 개별화교육계획의 수정 및 보완
⑦ 기타 개별화교육계획 수립 및 운영에 관한 사항의 협의

출처: 국립특수교육원(2019). 재인용.

표 2-10 개별화교육지원팀 구성원의 역할

구분	역할
개별화교육지원팀장	개별화교육지원팀의 운영, 개별화교육계획 수립 및 실행에 관한 책임자
특수교육교원	전년도 개별화교육계획, 새로운 개별화교육계획 양식 준비, 특수교육대상자에 대한 진단·평가 결과 및 교육지원 내용 등
일반교육교원	학년 교육과정, 학급 운영계획 등
보호자	학생과 관련된 정보(가정 및 지역사회 환경에서의 수행수준, 강점, 재능, 흥미, 보호자가 바라는 교육목표 우선순위 등)
진로 및 직업교육 담당 교원	직업재활훈련과 자립생활훈련 등에 대한 평가 결과 및 교육지원 내용 등
특수교육 관련 서비스 담당 인력	특수교육 관련서비스 영역 평가 결과, 전년도 특수교육 관련서비스 지원 정보, 특수교육대상자에 대한 특수교육 관련서비스 내용과 방법 등

출처: 부산광역시교육청(2021). 국립특수교육원(2019). 재인용.

(2) 개별화교육지원팀의 구성

일반적인 경우 개별화교육지원팀은 교감을 팀장으로 하여 보호자, 통합학급 교사, 특수학급 교사, 보건교사 등으로 구성하는 것이 일반적인 경우이지만, 학생의 효율적인

교육 지원을 목적으로 하는 만큼 법에서 명시한 전문인력으로 구성이 여의치 않을 시에는 학교의 실정에 맞게 탄력적으로 구성하면 된다. 개별화교육지원팀의 구성에 대한 구체적인 내용은 〈표 2-11〉과 같다.

표 2-11 개별화교육지원팀 구성

<table>
<tr><th colspan="2">유형</th><th>기본 구성원</th><th>선택 구성원</th></tr>
<tr><td rowspan="6">교육적 배치에 따른 구분</td><td>특수학급 설치학교</td><td>• 개별화교육지원팀장
• 특수교육 교원
• 일반교육 교원
• 보호자</td><td rowspan="2">• 부담임교사
• 교과전담교사
• 보건교사
• 상담교사
• 영양교사
• 학교의
• 진로·직업교육 담당 교원(전문가)
• 행정실장</td></tr>
<tr><td>특수학급 설치학교 (순회교육 대상자)</td><td>• 개별화교육지원팀장
• 특수교육 교원
• 일반교육 교원
• 순회교사
• 보호자</td></tr>
<tr><td>특수학급 설치학교 (순회학급 설치학교)</td><td>• 개별화교육지원팀장
• 특수교육 교원(순회학급 교사)
• 일반교육 교원(담임교사/교과담당교사)
• 보호자</td><td rowspan="4">• 특수교육 관련서비스 담당인력
• 시군구 주민센터 사회복지사
• 학생의 기타 가족
• 교육(지원)청 특수교육 담당자
• 방과후 교실 강사
• 돌봄교실 강사
• 학교 담당 경찰관</td></tr>
<tr><td>특수학급 미설치교 (순회교육 대상자)</td><td>• 개별화교육지원팀장
• 순회교사
• 특수교육 업무 담당 일반교육교원
• 일반교육 교원(담임교사/교과담당교사)
• 보호자</td></tr>
<tr><td>특수학급 미설치교</td><td>• 개별화교육지원팀장
• 특수교육 업무 담당 일반교육교원
• 일반교육 교원(담임교사)
• 보호자</td></tr>
<tr><td>특수학교</td><td>• 개별화교육지원팀장
• 특수교육교원
• 보호자</td></tr>
</table>

출처: 국립특수교육원(2019). 재인용

(3) 개별화교육지원팀 구성 절차 및 역할

개별화교육지원팀의 구성절차 및 역할에 대해서는 [그림 2-3]과 같이 제시할 수 있다.

개별화교육지원팀 구성	• 학교장은 매 학년의 시작일로부터 2주 이내에 특수교육대상학생별로 기본구성원을 중심으로 한 개별화교육지원팀을 구성한다.
선택 구성원 조성 및 회의 준비	• 개별화교육지원팀 구성 및 운영 담당자는 기본구성원과 협의하여 선택 구성원을 조정하고 결정한다. • 개별화교육지원팀 회의를 준비한다.
사전 정보 수집 및 구성원 간 사전 의견 조율	• 개별화교육계획 수립 담당자는 학부모와의 상담, 전년도 평가 결과 등을 검토하여 사전정보를 수집한다. • 개별화교육계획 수립 담당자는 사전 정보 수집 결과를 바탕으로 구성원 간에 사전에 의견을 조율하여 개별화교육계획 수립 방안을 마련한다. • 특수학급 설치학교의 순회교육대상자의 경우 해당 학교의 특수교육교원이 구성원 간의 의견을 조율하여 개별화교육계획 수립 방안을 마련한다. • 단, 순회교육대상학생의 개별화교육계획의 작성 내용 중 교육목표, 교육내용, 교육방법, 평가는 담당 순회교사가 수립방안을 마련한다. 개별화교육지원팀의 회의운영방식(개별형 또는 집단형 회의)을 결정한다.
개별화교육지원팀 회의 (개별형/집단형) 개최	• 개별화교육계획의 유형을 결정한다. • 개별화교육계획 수립 교과목(영역)을 선정한다. • 특수교육 관련 서비스 지원 방안을 협의한다. • 기타 학교 차원의 지원 방안을 협의한다.
개별화교육계획의 작성	• 개별화교육계획 수립 담당자는 회의 결과를 토대로 개별화교육계획을 작성한다. • 순회교육대상학생의 개별화교육계획의 경우 작성 내용 중 교육목표, 교육내용, 교육방법, 평가는 담당 순회교사가 작성한다.
개별화교육계획의 승인 및 확정	• 개별화교육계획 수립 담당자는 최종적으로 결정된 개별화교육계획의 승인을 위해 구성원의 서명을 받는다. • 서명한 개별화교육계획을 학교장이 결재한다.(매학기 시작일로부터 30일 이내)

그림 2-3 개별화교육지원팀 구성절차 및 역할

3) 개별화교육의 구성요소

「장애인 등에 대한 특수교육법」에서는 "특수교육대상자의 인적사항과 특별한 교육지원이 필요한 영역의 현재 학습수행수준, 교육목표, 교육내용, 교육방법, 평가계획 및 제공할 특수교육 관련서비스의 내용과 방법 등이 포함되어야 한다"고 규정하고 있다. 국립특수교육원에서 개발·보급한 『개별화교육계획 운영 가이드북(2019)』의 내용에 근거하여 구체적인 내용을 제시하면 다음과 같다.

(1) 인적사항

인적사항은 학생의 학교생활에 필요한 기본적인 정보로서, 학교생활기록에서 관리되고 있는 사항 이외에도 다음의 사항 등을 포함하여 작성하는 것이 일반적이다.

- 이름, 성별, 생년월일, 학교급, 배정학급 구분, 학년-반, 주소, 전화번호
- 보호자명, 주양육자, 학생과의 관계
- 장애유형 및 정도, 특성
- 개별화교육계획의 시작일과 종료일
- 장애인 등록여부, 통학수단, 통학시간, 순회교육 지원 여부
- 학생의 흥미 및 강점, 약점 내용, 보호자의 희망사항, 기타사항
- 진단평가 영역, 도구명, 검사결과, 평가자

(2) 현행학습수준

현행학습수준은 인적사항에 파악된 기본정보를 바탕으로 하여 수립되어야 하는 교과목 또는 생활지원 영역에 관한 평가 정보, 학생이 나타내고 있는 행동 특성을 파악하여 기술하여야 한다. 해당 정보는 학생의 진전도를 파악하는 데 기준이 되므로, 교육목표 등과 연계하여 작성할 필요가 있다.

(3) 교육목표

교육목표는 현행학습수준에서 제시된 내용을 바탕으로 교과별, 학기 단위로 장기목

표와 단기목표로 나눠 작성하는 교육계획이라고 보면 된다. 장기목표가 해당 학기 동안 교수·학습해야 하는 일반적인 내용을 제시한 것이라면, 단기목표는 월별, 주별로 제시되는 내용을 구체적인 내용으로 제시한 것이다. 정주영(2008)은 교육목표 우선순위 선정 기준을 〈표 2-12〉와 같이 제시하였다(국립특수교육원, 2019 재인용).

표 2-12 개별화교육 작성 시 교육목표 우선순위 선정 기준

• 이상적 목표 달성의 선수학습요소로서 영향력이 큰 과제일수록 우선적으로 선정

기대하는 이상적 목표와 현재 학습 수행 수준 간의 차이는 크지 않지만, 학생이 도달해야 할 미래의 이상적인 목표에 도달하기 위해 우선적으로 획득해야 하는 선행학습요소로서 영향력이 크다면 우선적으로 선정할 수 있다.

• 학생이 이상적인 목표에 도달할 수 있는 현실적 가능성이 클수록 우선적으로 선정

학교 수업 시수, 목표 달성에 소요되는 전체 기간 등 학생이 이상적인 교육 목표에 도달하기 위한 현실적 가능성을 고려하여 실현 가능성이 높은 목표를 우선적으로 선정할 수 있다. 혹시 교육목표에 도달하는 데 아주 오랜 시간이 소요되는 경우에는 별도의 수업시간을 정해서 지원할 수 있다.

• 학생이 도달해야 할 이상적 수준과 현재 학습 수행 수준 간의 크기에 따라 결정

학생이 도달해야 할 이상적 기대 수준과 현재 학습 수행 수준 간의 크기가 클수록 우선적 과제로 선정할 수 있다.

• 학급 내의 구성원들이 공통적으로 지닌 요구를 우선적으로 선정

이상적 수준과 현재 학습 수행 수준 간의 차이나 실현가능성 등을 충분히 고려하면서 학급 내의 다수의 구성원들이 공통적으로 지닌 요구를 반영한 목표를 우선적으로 선정할 수 있다.

• 학생 미래의 포부와 꿈을 현실화하기 위해 필요한 목표일수록 우선적으로 선정

특수교육대상 학생과 부모 등 이해 당사자들이 학생의 미래의 포부와 진로를 계획하고 현실화하기 위해 필요성이 높은 과제를 우선적으로 선정할 수 있다.

출처: 국립특수교육원(2019). 재인용.

(4) 교육내용 및 교육방법

교육내용 및 교육방법은 앞서 설정한 학기별 교육계획을 바탕으로 수업 시 제시되는 자료 및 교수·학습 전략 등이 포함되어야 한다. 적절한 교육내용의 개발을 위해서는 인적사항, 현행학습수준, 교육목표 등이 종합적으로 고려될 필요가 있다.

(5) 평가계획

평가계획은 해당 학기에 제시된 교육목표, 교육내용, 교육방법 등을 통해 학생의 진전도를 파악할 수 있도록 평가초점 및 평가준거를 설정하는 단계이다. 평가를 통해 학생의 성취 정도를 파악 가능하며, 다음 학기 개별화교육계획 수립 시에도 영향을 미치게 된다. 구체적인 내용은 〈표 2-13〉과 같다.

표 2-13 수업 평가의 기능

기능	내용
학습 촉진	수업 평가를 통해 학습 결과를 학습자에게 알려 주는 일은 학습 의욕을 높이는 결과를 가져오게 함
학습지도 개선	수업 평가를 통해 어떤 특별한 결함이 있는지, 부족한 면이 있는지 확인하고 수업 방법을 개선할 수 있음
생활지도	교과지도뿐만 아니라, 태도와 가치관 습득, 정서적 안정, 성격적인 통정 등 정의적인 발달을 기해야 하며 적절한 생활지도에 의해 가능
교육 정치	학생들의 능력에 부합되는 교육적인 배치를 하고, 개별화 학습을 요구하는 현재의 상황에서 학생을 개인적인 특성에 적합하도록 배치하는 일이 중요

출처: 권택환 외(2010). 재인용.

(6) 특수교육 관련서비스

「장애인 등에 대한 특수교육법」에서는 "특수교육 관련서비스를 특수교육대상자의 교육을 효율적으로 실시하기 위하여 제공하는 서비스로 상담지원·가족지원·치료지원·보조인력지원·보조공학기기지원·학습보조기기지원·통학지원 및 정보접근지원 등을 말한다"고 하였다. 즉, 학생의 효율적인 교육 지원을 위해 제공하는 인적·물적 자원 내용을 기술하면 된다.

● 「장애인 등에 대한 특수교육법」 제2조(정의)

2. "특수교육 관련서비스"란 특수교육대상자의 교육을 효율적으로 실시하기 위하여 필요한 인적·물적 자원을 제공하는 서비스로서 상담지원·가족지원·치료지원·보조인력지원·보조공학기기지원·학습보조기기지원·통학지원 및 정보접근지원 등을 말한다.

● 「장애인 등에 대한 특수교육법」 제28조(특수교육 관련서비스)

① 교육감은 특수교육대상자와 그 가족에 대하여 가족상담, 부모교육 등 가족지원을 제공하여야 한다. 〈개정 2019. 12. 10.〉

② 교육감은 특수교육대상자가 필요로 하는 경우에는 물리치료, 작업치료 등 치료지원을 제공하여야 한다. 〈개정 2021. 3. 23.〉

③ 각급학교의 장은 특수교육대상자를 위하여 보조인력을 제공하여야 한다.

④ 각급학교의 장은 특수교육대상자의 교육을 위하여 필요한 장애인용 각종 교구, 각종 학습보조기, 보조공학기기 등의 설비를 제공하여야 한다.

⑤ 각급학교의 장은 특수교육대상자의 취학 편의를 위하여 통학차량 지원, 통학비 지원, 통학 보조인력의 지원 등 통학 지원 대책을 마련하여야 한다.

⑥ 각급학교의 장은 특수교육대상자의 생활지도 및 보호를 위하여 기숙사를 설치·운영할 수 있다. 기숙사를 설치·운영하는 특수학교에는 특수교육대상자의 생활지도 및 보호를 위하여 교육부령으로 정하는 자격이 있는 생활지도원을 두는 외에 간호사 또는 간호조무사를 두어야 한다. 〈개정 2008. 2. 29., 2013. 3. 23., 2013. 4. 5.〉

⑦ 제6항의 생활지도원과 간호사 또는 간호조무사의 배치기준은 국립학교의 경우 교육부령으로, 공립 및 사립 학교의 경우에는 시·도 교육규칙으로 각각 정한다. 〈신설 2013. 4. 5.〉

⑧ 각급학교의 장은 각급학교에서 제공하는 각종 정보(교육기관에서 운영하는 인터넷 홈페이지를 포함한다)를 특수교육대상자에게 제공하는 경우 특수교육대상자의 장애유형에 적합한 방식으로 제공하여야 한다. 〈개정 2013. 4. 5.〉

⑨ 제1항부터 제8항까지의 규정에 따른 특수교육 관련서비스의 제공을 위하여 필요한 사항은 대통령령으로 정한다. 〈개정 2013. 4. 5.〉

4) 개별화교육계획의 작성 절차

(1) 한국의 경우

한국의 경우 개별화교육지원팀은 매 학기의 시작일로부터 30일 이내에 개별화교육계획을 작성하도록 규정하고 있다. 이에 따른 일반적인 절차는 〈표 2-14〉, [그림 2-4]와 같다.

표 2-14 개별화교육계획 작성 절차

초안 작성	개별화교육지원팀의 구성원은 회의 전에 각자 영역에 대한 초안을 작성하여 회의에 참석한다.
↓	
협의 및 결정	회의를 통하여 교육 목표, 교육 내용, 교육 방법, 평가 계획 및 특수교육 관련서비스 내용 및 방법을 협의하여 결정한다.
↓	
작성	결정된 사항을 종합하여 나이스에 개별화교육계획을 작성하고, 승인(결재)을 받는다.

출처: 부산광역시교육청(2021). 재인용.

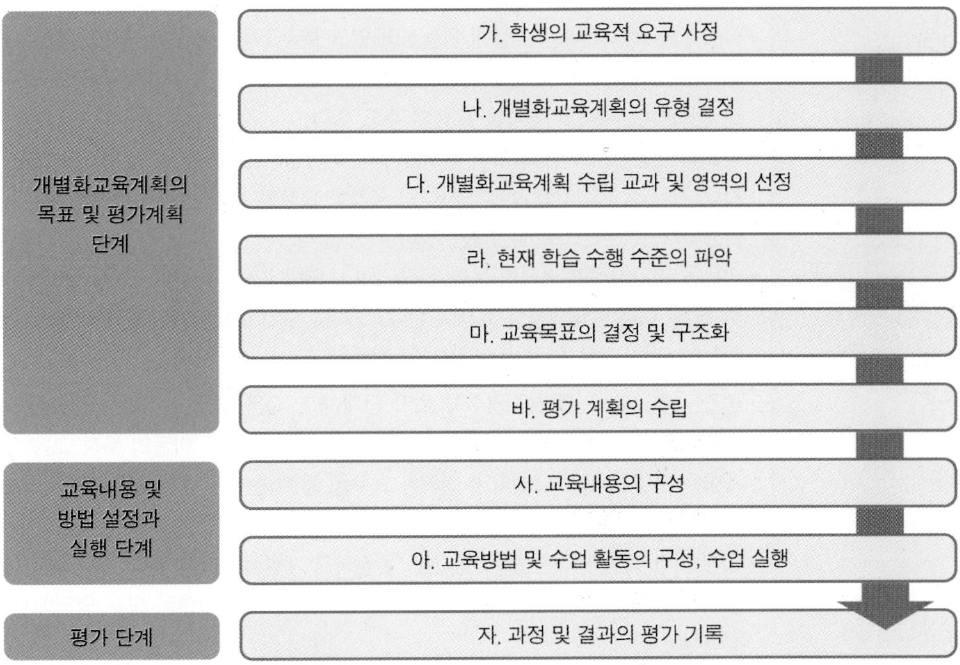

그림 2-4 개별화교육계획의 일반적 작성 절차

출처: 국립특수교육원(2020). 재인용.

(2) 미국의 경우

미국의 경우는 IDEA(2004)의 6가지 주요 원리에 개별 장애학생을 위해 개별화교육프로그램이 개발되고, 검토되고, 수정되어야 한다는 내용을 포함하고 있다. 이에 따른 일반적인 절차는 〈표 2-15〉와 같다.

표 2-15 개별화교육프로그램 작성 절차

단계	정의
1단계 특수교육과 관련서비스 요구 아동 파악	• 특수교육과 관련서비스가 필요하다고 확인하기 위한 두 가지 주요 방안이 있다. Child Find로 알려진 시스템(각 주별로 작동되고 있음)과 학부모 또는 학교 직원의 의뢰이다. • 각 주는 IDEA에 의거, 특수교육과 관련서비스가 필요한 모든 장애아동을 확인하고 찾아서 평가해야 한다. 이를 위해 주(state)에서는 Child Find 활동으로 알려진 업무를 수행한다. • Child Find에서 아동이 장애 가능성이 있고 특수교육이 필요한 것으로 확인되면, 부모는 자녀 평가에 대한 허가를 요청할 수 있다. 부모는 또한 Child Find 사무실로 전화하여 자녀의 평가를 요청할 수도 있다. • 학교의 전문가는 아동의 장애 여부를 위해 평가를 요청할 수 있다. 학부모 또한 교사나 기타 학교의 전문가에게 자녀의 평가를 요청할 수 있다. 이 요청은 구두로도 가능하지만, 서면으로 작성하는 것이 가장 좋다. • 아동을 평가하려면 부모의 동의가 필요하다. 연방 IDEA 규정에 따라 부모의 동의 후 60일 이내에 평가를 완료해야 한다. 그러나 주의 IDEA 규정에 따라 평가 완료 일정이 다른 경우 해당 주의 일정이 적용된다.
2단계 아동 평가	• 평가는 특수교육 절차상 필수적 초기 단계이다. 다음 질문이 주어진다. 아동에게 특수교육 및 관련 서비스 제공이 필요한 장애가 있습니까? 아동의 특정 교육 요구 사항은 무엇입니까? 그렇다면 이러한 요구를 해결하는 데 어떤 특수교육 서비스와 관련서비스가 적절합니까? • 법에 따라 아동에 대한 초기 평가는 "완전하고 개별적"이어야 한다. 즉, 해당 아동에게만 집중해야 한다. 평가는 아동의 의심되는 장애와 관련된 모든 영역에서 이루어져야 한다. • 평가 결과는 특수교육 및 관련서비스에 대한 아동의 적격성을 결정하고 아동을 위한 적절한 교육 프로그램에 대한 결정을 내리는 데 사용된다. • 부모가 평가에 동의하지 않는 경우, 아동을 Independent Educational Evaluation (IEE)에 데려 갈 권리가 있다. 이 경우 교육당국이 IEE에 비용을 지불하도록 요청할 수 있다.

단계	정의
3단계 적격성 결정	• 자격을 갖춘 전문가와 부모가 아동의 평가 결과를 확인한다. IDEA에서 정의한 대로 아동이 '장애아동'인지 여부를 결정한다. 부모가 적격성 결정에 동의하지 않는다면, 부모는 결정에 이의를 제기하기 위해 청문을 요청할 수 있다.
4단계 특수교육대상자 선정	• IDEA에서 정의한 대로 해당 아동이 장애가 있는 것으로 판명되면, 아동은 특수교육 및 관련서비스를 받을 자격이 있다. 결정 이후 30일 이내에 학교의 전문가들과 학부모가 개별화교육프로그램(IEP)을 작성을 위해 회의를 개최해야 한다.
5단계 개별화교육 프로그램 회의 계획	• 학교행정은 IEP 회의를 계획하고 실시한다. 학교의 담당자는 학부모를 포함하여 참석자들에게 연락한다. 부모가 참석할 수 있도록 사전에 부모에게 통지한다. 학부모와 학교가 동의할 수 있는 시간과 장소에서 회의 일정을 잡는다. 학부모에게 회의의 목적, 시간 및 장소, 참석자를 알린다. 부모에게 자녀에 대한 지식이나 특별한 전문 지식이 있는 사람을 회의에 참석시킬 수 있음을 알린다.
6단계 개별화교육 프로그램 회의 개최 및 개별화교육 프로그램 작성	• IEP팀이 아동의 필요 사항에 대해 논의하고 IEP를 작성한다. 학부모와 학생(적절할 경우)은 IEP팀에 참여하는 정식 구성원이다. 아동의 배치(즉, 아동이 특수교육 및 관련서비스를 받을 장소)가 다른 그룹에 의해 결정되는 경우, 부모도 해당 그룹에 속해야 한다. • 아동이 최초의 특수교육 및 관련서비스를 제공받기 전에 부모의 동의가 필요하다. IEP가 작성되고 동의가 끝나면, 아동은 가능한 한 빨리 서비스를 받기 시작한다. • 부모가 IEP 및 배치에 동의하지 않는 경우, IEP팀의 다른 구성원과 우려 사항을 논의하고 합의를 시도할 수 있다. 그래도 동의하지 않는 경우, 학부모는 중재를 요청하거나 학교에서 중재할 수 있다. 학부모는 주(state)의 교육기관에 불만을 제기하거나 적법 절차 이의를 제기할 수 있고, 청문회를 요청할 수 있다.
7단계 특수교육서비스 제공	• 학교는 아동의 IEP가 작성된 대로 실행되도록 한다. 학부모에게는 IEP 사본이 제공된다. 각 아동의 교사와 관련서비스 제공 담당자는 IEP에 접근할 수 있고 IEP 수행을 위한 각자의 특정 책임을 알고 있다. 여기에는 IEP에 따라 아동에게 제공되어야 하는 편의, 수정 및 지원이 포함된다.
8단계 진전도 측정 및 보호자 통보	• IEP에 명시된 대로 연간목표 달성을 위한 아동의 진전도가 측정된다. 학부모에게는 아동의 진전도와 그것이 학기말까지 목표 달성에 충분한지 여부가 통지된다. 이러한 진행 상황 보고서는 일반아동의 성적 통지와 최소한 동일한 수준으로 제공되어야 한다.

단계	정의
9단계 개별화교육 프로그램 검토	• IEP팀은 최소 1년에 한 번 또는 학부모나 학교가 검토를 요청하는 경우 더 자주 아동의 IEP를 검토한다. 필요한 경우, IEP는 수정된다. IEP팀의 구성원으로서 학부모는 회의에 참석해야 한다. 학부모는 변경 사항을 제안하고, IEP에 동의하거나 동의하지 않을 수 있으며, 배치에 동의하거나 동의하지 않을 수 있다. • 부모가 IEP 및 배치에 동의하지 않는 경우 IEP팀의 다른 구성원과 우려 사항을 논의하고 합의를 시도할 수 있다. 추가 검사, 독립 평가, 중재 요청 또는 적법절차 청문을 포함하여 여러 옵션이 있고, 주교육기관에 이의를 제기할 수도 있다.
10단계 아동 재평가 실시	• 최소한 3년마다 아동은 재평가를 받아야 하고, 이는 '삼년제'라고 일컬어진다. 그 목적은 IDEA에서 정의한 대로 아동의 장애가 계속되는지, 아동의 교육적 필요가 무엇인지 확인하는 것이다. 그러나 필요한 상황이거나, 아동의 부모나 교사가 새로운 평가를 요청하는 경우 더 자주 재평가를 실시할 수 있다.

출처: 국립특수교육원(2020). 재인용.

5) 실제 개별화교육계획 작성 사례

개별화교육계획 서식(나이스 서식)은 다음과 같다. 이는 기본적으로 포함되어야 하는 사항을 중심으로 제시한 것으로 참고 바란다.

① 학생 인적사항

성명		성별		보호자명	
생년월일		학번		전화번호	
학교명		주양육자		관계	
학교급		학년 반		연락처	
주소					
개별화교육계획	1학기	시작일		종료일	
	2학기	시작일		종료일	
장애유형 및 정도, 특성	장애유형 및 정도(등급 포함)				
	특이사항				

진단평가	영역	도구명	검사일자	검사결과	평가자

진단 평가 요약 내용

학생 흥미 및 강점	
약점 내용	
보호자의 희망사항	
기타사항	

② 연간 개별화교육계획

이름		과정/학년반		담임	

구분 / 과목	현재수준	연간목표	평가

③ 학기별 개별화교육계획

이름		과정/학년반		담임	

구분 / 과목	학기목표	교육내용	교육방법	평가

④ 월별 개별화교육계획

과목		이름		과정/학년반		담임	

구분 월	교육목표	교육내용 및 방법	평가
3월			
4월			
5월			
6월			
7월			

⑤ 특수교육 관련서비스

제공서비스	시작일	종료일	장소	참여요일 및 시간	특기사항

출처: 부산광역시교육청(2021). 재인용.

위 서식을 바탕으로 작성한 예시는 다음과 같다.

(1) 월별 작성 예시

<table>
<tr><th rowspan="2">월</th><th rowspan="2">주</th><th rowspan="2">제재 및 학습목표</th><th colspan="2">주요 학습 내용</th></tr>
<tr><th>월, 수</th><th>화, 목</th></tr>
<tr><td rowspan="2">3</td><td>1~3</td><td colspan="3">• 학년 초 적응기간</td></tr>
<tr><td>4</td><td rowspan="6">• 몇 십 읽기:
10의 개념을 이해하고, 몇 십을 세고 읽고 쓸 수 있다.
• 규칙알기:
규칙을 이해하고 예상되는 규칙을 표현한다.</td><td rowspan="6">10 만들기
몇 십 세기
몇 십 읽고 쓰기</td><td rowspan="6">반복되는 규칙 찾기
소리, 동작 규칙 따라하기
소리나 동작 규칙을 그림으로 표현하기
규칙 이해하고 표현하기</td></tr>
<tr><td rowspan="5">4</td><td>5</td></tr>
<tr><td>6</td></tr>
<tr><td>7</td></tr>
<tr><td>8</td></tr>
<tr><td>9</td></tr>
<tr><td rowspan="4">5</td><td>10</td><td rowspan="4">• 두 자리 수 나타내기:
10개의 묶음과 낱개의 수를 두 자리 수로 나타낼 수 있다.</td><td colspan="2" rowspan="4">구체물로 두 자리 수로 나타내기
수모형 등을 두 자리 수로 나타내기
두 자리 수를 구체물이나 수모형으로 나타내기
두 자리 수를 수모형으로 나타내기</td></tr>
<tr><td>11</td></tr>
<tr><td>12</td></tr>
<tr><td>13</td></tr>
<tr><td rowspan="4">6</td><td>14</td><td rowspan="7">• 두 자리 수의 크기 비교하기:
두 자리 수의 계열을 이해하고, 수의 크기를 비교할 수 있다.
• 가르기와 모으기:
5개 이하의 구체물 모임을 두 개의 모임으로 가른다.</td><td rowspan="7">앞 뒤 수 알아보기
몇 십의 수 크기 비교하기
두 수의 크기 비교하기</td><td rowspan="7">가르기와 모으기
여러 가지 구체물 모으기와 가르기
수 칸 가르고 모으기
수 가르고 모으기</td></tr>
<tr><td>15</td></tr>
<tr><td>16</td></tr>
<tr><td>17</td></tr>
<tr><td rowspan="3">7</td><td>18</td></tr>
<tr><td>19</td></tr>
<tr><td>20</td></tr>
</table>

교과서 단원 계획에 따른 교과 중심 개별화교육계획의 월별 개별화교육계획 작성의 예

<table>
<tr><th>순서</th><td>1</td><th>월</th><td>8-9</td></tr>
<tr><th>교육목표</th><td colspan="3">• 명절과 관련된 행사, 음식, 놀이 등을 체험한다.</td></tr>
<tr><th>교육내용</th><td colspan="3">초등학교 5~6학년군 사회(나)
11. 우리나라 명절</td></tr>
<tr><th>교육방법</th><td colspan="3">• 그림, 사진, 동영상 등의 다양한 매체를 활용하여 명절의 특징을 살펴보고, 한복 입기, 명절 음식을 만들고 먹어보기, 친구들과 전래 놀이하기 등 명절과 관련된 활동을 직접 체험해 봄으로써 명절의 의미를 이해할 수 있도록 지도한다.</td></tr>
</table>

평가준거(등록)	• 평가방법: 관찰 및 누가기록 • 평가초점 - 명절과 관련된 행사, 음식, 놀이를 아는가? - 명절과 관련된 체험 활동에 참여하는가?
평가	우리나라 5대 명절 중에서 '세배해요, 송편 먹어요' 등과 같이 설날, 추석과 관련된 것을 떠올려 말함. 송편 만들기와 맛보기 활동에 적극적으로 참여하나 햇과일 맛보기는 거부함. 명절에 입는 옷으로 한복을 찾고, 친구들이 한복을 입은 모습에 관심을 보이나 직접 입어 보는 활동에는 참여하지 않음. 강강술래, 돼지 씨름 등의 놀이에 친구들과 즐겁게 참여함.

순서	2	월	10
교육목표	• 우리 지역에 있는 박물관이나 문화 유적을 관람 예절을 지키며 견학한다. • 우리 동네에서 도움을 주는 지역 사회 기관과 역할을 설명한다.		
교육내용	초등학교 5~6학년군 사회(나) 12. 소중한 문화유산 13. 우리 생활과 지역 사회 기관		

(2) 나이스 작성 예시

☐	순서	월	교육목표	교육내용	교육방법	평가준거	평가	마감
			-1부터 9까[생략...]	은 것과 더 [생략...]	도하기 위해[생략...]	-[생략...]	구체물을[생략...]	
☐	2	6-7	네모, 세모, 동그라미 모양을 찾고, 비슷한 모양끼리 분류하며 여러 가지 평면도형으로 다양한 모양을 만든다	-네모, 세모, 동그라미 모양 탐색하기 -교실이나 생활 주변에서 볼 수 있는 사물에서 네[생략...]	-학생들에게 다양한 자료를 제시하여 사물의 모양에 대한 탐색 활동을 충분히 경험하게 하고,[생략...]	*평가방법: 관찰 및 누가기록 *평가초점 -여러 가지 사물에서 네모, 세모, 동그라미 [생략...]	교실에 있는 여러 가지 사물에서 네모 모양과 동그라미 모양을 찾을 수 있으나 입체적인 모양[생략...]	미마감

순서	2	월	6-7
교육목표	여러 가지 사물에서 네모, 세모, 동그라미 모양을 찾고, 비슷한 모양끼리 분류하며 여러 가지 평면도형으로 다양한 모양을 만든다.		
교육내용	-네모, 세모, 동그라미 모양 탐색하기 -교실이나 생활 주변에서 볼 수 있는 사물에서 네모, 세모, 동그라미 모양 찾기 -네모, 세모, 동그라미 모양을 비슷한 모양끼리 분류하기 -여러 가지 평면도형의 모양을 이용하여 다양한 모양 만들기		
교육방법	-학생들에게 다양한 자료를 제시하여 사물의 모양에 대한 탐색 활동을 충분히 경험하게 하고, 교사의 시범과 연습을 통해 모양의 특징을 직관적으로 파악하여 분류할 수 있도록 한다. 여러 가지 평면도형의 모양을 이용하여 만든 다양한 모양의 예시 작품을 제공하여 모양 만들기에 참고할 수 있도록 한다.		
평가준거	*평가방법: 관찰 및 누가기록 *평가초점 -여러 가지 사물에서 네모, 세모, 동그라미 모양을 찾는가? -평면도형을 비슷한 모양끼리 분류하는가? -여러 가지 평면도형으로 다양한 모양을 만드는가?		
평가	교실에 있는 여러 가지 사물에서 네모 모양과 동그라미 모양을 찾을 수 있으나 입체적인 모양의 사물에서 세모 모양을 찾는 것은 어려워함. 네모, 세모, 동그라미 모양을 비슷한 모양끼리 분류할 수 있으며 네모, 세모, 동그라미 모양을 사용하여 집, 로봇, 동물 모양을 만들 수 있음.		

번호	1	이름	이	마감	미마감
현행수준	-받아 올림(내림)이 없는 한 자리 수 덧셈, 뺄셈이 가능함. -뺄셈을 덧셈으로 계산하여 틀리는 경우가 종종 있음. -두 자리 수를 세고 씀. -위, 아래, 앞, 뒤, 옆의 개념은 알고 있지만 오른쪽, 왼쪽을 헷갈려하며 중간의 개념은 알고 있지 않음. -공간에서의 사물의 위치를 말하는데 어려움. -전자시계를 볼 수 있고 바늘시계를 시간 단위로 읽음.				
학기목표	-수와 연산: 받아 올림(내림)이 없는 몇 십 몇 ± 몇의 계산을 한다. *관련성취기준 [9수학01-05]받아 올림(내림)이 있는 두 자리 수의 덧셈과 뺄셈이 이루어지는 실생활 장면에서 덧셈과 뺄셈의 의미를 이해한다. [9수학01-06]19 이하의 받아 올림(내림)이 있는 덧셈과 뺄셈을 한다. [9수학01-07]받아 올림(내림)이 있는 두 자리 수의 범위에서 두 수나 세 수의 덧셈과 뺄셈을 한다. *대체성취기준 [6수학01-04]받아 올림(내림)이 없는 두 자리 수의 덧셈과 뺄셈이 이루어지는 실생활 장면에서 덧셈과 뺄셈의 의미를 이해한다. [6수학01-07]받아 올림(내림)이 없는 두 자리 수의 범위에서 두 수나 세 수의 덧셈과 뺄셈을 한다. -도형: 공간을 구성하고 있는 사물들 사이의 위치와 방향, 거리를 표현한다. 동일한 물건을 분류하고 쌓아 공간을 정리한다. *관련성취기준 [9수학02-07]쌓기 나무로 만든 입체 모양을 보고 똑같이 쌓는다. [9수학02-08]쌓기 나무로 만든 입체 모양에 사용된 쌓기 나무의 개수를 센다. [9수학02-09]주어진 조건에 맞게 쌓기 나무를 이용하여 입체 모양을 만든다. *대체성취기준 [6수학02-05]공간을 구성하고 있는 사물들 사이의 위치와 방향, 거리를 표현한다. [6수학02-06]동일한 물건을 분류하고 쌓아 공간을 정리한다. [6수학02-07]물건을 이동시키거나 쌓아 자유롭게 공간을 구성한다. -측정: 시계를 보고 시각을 몇 시 몇 분(5분 단위)으로 읽는다. *관련성취기준 [9수학03-04]시계를 보고, 시각을 '몇 시 몇 분'으로 읽는다. -규칙성 및 자료와 가능성: 여러 가지 규칙에 따라 세 가지 물체를 분류한 것을 표로 나타낸다. *관련성취기준 [9수학04-01]생활 주변의 물체, 무늬, 수 등의 배열에서 규칙이 있는 것을 찾는다. [9수학04-02]자신이 정한 규칙에 따라 물체, 무늬, 수 등을 배열한다. [9수학05-01]사진, 그림 등을 이용하여 그래프로 나타낸다. *대체성취기준 [6수학04-01]생활 주변의 세 가지 물체 배열에서 규칙이 있는 것을 찾는다. [6수학04-02]여러 가지 규칙에 따라 세 가지 물체를 배열한다. [6수학05-03]여러 가지 기준으로 분류한 것을 표로 나타낸다. <평가계획> -월별 평가준거 참조				
평가	처음에는 블럭을 가지고 10개를 묶고 낱개를 세어 수를 만들고 식에 맞춰 더하거나 빼서 계산함. 손가락을 사용하거나 그림을 그려 계산하기도 하였으나 점차 사라짐. 수직선에서 오른쪽, 왼쪽 방향으로 이동하는 것이 더하기와 빼기를 의미하는 것을 이해함. 받아 올림이 없는 몇 십 몇 ± 몇의 계산을 정확하게 잘 계산함. 문제 중간에 받아 올림이 있는 몇 십 몇 + 몇을 해보았는데 십의 자리 수가 2, 3일 경우는 잘 해결하였으나 5, 6으로 수가 올라가면 어려워하였음. 빼기 기호에 대한 오류는 줄어들었음. 교실 책상에서 자신의 책상을 기준으로 앞, 뒤, 좌, 우의 친구들이 누구인지 말함. 가운데 개념은 아직 어려움이 있음. 기준점이라는 개념을 어려워 함. 학교의 교실과 특별실을 층과 몇 번째로 말함. 5×5 칸이 있는 보드게임 판의 숫자를 위치 주사위와 숫자 주사위를 돌려 이동하고 계산하는 게임을 함. 같은 색, 같은 크기, 같은 모양대로 물체를 분류함. 두 가지의 그림이 반복되는 패턴, 세 가지의 그림이 반복되는 패턴은 쉽게 찾는데 같은 그림 두 번, 다른 그림 한 번 같이 나오는 패턴은 찾기 어려워함.(예: ○○●○○●, ○●○○●○). 시가 바뀌기 얼마 전의 시계읽기에서 시간을 바뀐 시간으로 읽기도 함(예:11시 55분을 12시 55분으로 읽음). 보이는 숫자와 분이 달라 바로 정확하게 말하지 못하고 5, 10, 15로 차례대로 세어가며 느리지만 정확하게 시각을 말함. 한 자리 수의 규칙일 경우 찾아 계산할 수 있지만 배열된 수가 두 자리 일 경우 규칙을 찾는데 어려움. 섞여있는 물건을 자신이 세운 기준으로 분류하고 그 이유를 설명함. 여러 장의 그림카드를 보고 친구와 상의하여 기준을 세워 분류하나 어려움. 규칙을 보고 정리하거나 분류할 수 있지만 자신이 기준을 정해야 할 때는 어려워 함. 표를 만드는 방법을 이해함.				

출처: 국립특수교육원(2019). 재인용.

참고문헌

국립특수교육원(2019). 개별화교육계획 운영 가이드북.

국립특수교육원(2020). 장애인 등에 대한 특수교육법 개정 방안 연구보고서.

권택환 외(2010). **특수교육 교과교육론**. 경기: 양서원.

김기룡, 김삼섭(2016). 통합교육 지원 변인과 성과 변인 간의 인권침해 경험의 조절효과. **특수교육연구,** 23(2), 71-98.

김삼섭, 박은혜, 김기룡(2014). 장애학생 교육권 증진을 위한 실태조사: 통합교육 현장의 교육권 침해를 중심으로. 서울: 국가인권위원회.

김자경, 최승숙(2011). **경도·중등도 장애 학생을 위한 교수전략**. 서울: 학지사.

부산광역시교육청(2021). 특수학급 운영 매뉴얼.

이현수(2014). 장애아 교육권에 관한 연구. **장애아동인권연구,** 5(2), 1-15.

Individuals with Disabilities Education Act, 20 U.S.C. § 140 et seq.

Turnbull, H. H., Stowe, M., & Huerta, N.(2007). *Free appropriate public education: The law and students with disabilities*. Denver, CO: Love Publishing.

https://www.parentcenterhub.org/steps/

익힘문제

1. 「장애인 등에 대한 특수교육법」에서 제시하고 있는 통합교육의 정의는 무엇인지 설명하시오.
2. 「장애인 등에 대한 특수교육법」에서 제시하고 있는 개별화교육의 정의는 무엇인지 설명하시오.
3. 협력교수의 형태는 어떤 것들이 있는지 설명하시오.
4. 개별화교육지원팀의 구성 시기, 구성원, 역할 등에 대해 설명하시오.
5. 통합교육의 필요성 및 장점은 무엇인지 설명하시오.

Chapter

03

지적장애

지적장애는 바보, 멍청이, 무능한, 얼간이를 비롯한 백치, 치우, 우둔, 천치, 박약 등의 사적 변화를 거쳐 1950년대까지는 주로 정신박약(Feeble-minded)과 정신결함(Mental Deficiency), 1960년대에는 정신지체 등 다양한 용어로 불리어 왔다. 1970년대 이후 지적장애인에 대한 공교육 체제가 변화되었으며, 1977년 제정된 「특수교육진흥법」에는 정신 박약아로, 「장애인복지법」에서는 2007년에 지적장애로 변경하였다. 세계적인 흐름을 반영하여 우리나라도 2016년부터 「장애인 등에 대한 특수교육법 시행령」에서 지적장애로 변경하였다. 이러한 용어의 변화는 장애인에 대한 태도나 관점이 변화하여 장애를 지칭하는 용어들이 점점 순화되기 때문이다.

1. 지적장애의 정의 및 원인

1) 지적장애의 정의

지적장애(intellectual disability)라는 용어의 사용은 세계적 추세이다. 기존의 지체(retardation)란 용어가 정신적인 능력의 발달이 느리거나 발달이 거의 없는 것으로 이해하던 시대의 산물이라는 인식 때문이다. 그리고 정신지체라는 용어는 장애가 개인 내의 결함이라고 보는 관점을 유지하지만, 지적장애라는 용어 속에는 장애가 개인의 잠재 능력과 개인이 기능하는 맥락이라는 두 가지 사이에 존재한다고 보기 때문이다(Wehmeyer et al., 2008).

미국 지적장애 및 발달장애협회도 이러한 의견을 반영하여 2010년 지적장애 11차 정의를 제시하면서 지적장애로 용어를 변경하였다. 우리나라에서도 「장애인 등에 대한 특수교육법 시행령」에서 용어를 변경하였다. 지적장애라는 용어를 선호하는 여러 원인들이 있지만 그중 다섯 가지 이유는 다음과 같다(Schalock et al., 2010).

① 지적장애는 ADHD와 같은 세계보건기구(Word Health Organization: WHO)에서 기술하고 있는 변화된 장애 개념을 반영한다.

② 지적장애는 기능적 행동들과 상황적(맥락적) 요인 모두에 초점을 두고 있는 현재의 전문적 임상 실제와 더 일치한다.

③ 지적장애는 생태학적 구조에 기반을 두기 때문에 개별화된 지원 제공을 위한 근거를 논리적으로 제시한다.

④ 지적장애는 장애인들에게 덜 불쾌한 용어다.

⑤ 지적장애는 국제적인 용어와 일관성이 더 높다.

그러나 용어의 변화와 상관없이 일반적으로 지적장애는 지능이 낮은 것으로 단순하게 생각되는 경우가 많다. 지능뿐만 아니라 연령에 적절한 적응 행동의 발달에 있어서 문제를 보일 때 지적장애로 말할 수 있다. 우리나라와 미국 지적장애 및 발달장애협회, 『정신장애 진단 및 통계편람(DSM-5)』에서 〈표 3-1〉과 같이 지적장애를 정의하고 있다(American Psychiatric Association, 2013).

표 3-1 지적장애의 정의

관련법	용어	정의
「장애인 등에 대한 특수교육법 시행령」(2016)	지적장애	지적 기능과 적응 행동상의 어려움이 함께 존재하여 교육적 성취에 어려움이 있는 사람
「장애인복지법 시행령」(2014)	지적장애인	정신 발육이 항구적으로 지체되어 지적능력의 발달이 불충분하거나 불완전하고 자신의 일을 처리하는 것과 사회생활에 적응하는 것이 상당히 곤란한 사람
미국 지적장애 및 발달장애협회(2010)	지적장애	지적장애는 지적 기능과 개념적·사회적·실제적 적응기술로 표현되는 적응 행동에 있어서 심각한 제한으로 특징지어지며, 18세 이전에 나타난다. 이러한 정의를 적용하기 위해서는 다음의 다섯 가지 가정이 반드시(필수적) 전제되어야 한다. • 현재 기능상의 제한은 나이가 같은 또래 및 문화의 전형적인 지역사회 환경의 맥락 내에서 고려되어야 함 • 타당한 진단을 통해 의사소통 및 감각, 운동기능, 행동적인 요소들에서의 차이뿐만 아니라 문화적·언어적 다양성도 함께 고려됨 • 개인 내적으로 한 개인은 제한점과 강점을 함께 가짐

관련법	용어	정의
		• 제한점을 기술하는 가장 중요한 목적은 필요한 지원을 파악하기 위함 • 적절한 개별 지원이 지속적으로 제공된다면 지적장애인의 삶의 기능은 일반적으로 향상될 수 있음
정신장애 진단 및 통계편람 (DSM-5: APA, 2013)	지적장애	지적장애(지적 발달장애)란 발달 경과 동안 지적 기능 및 적응 기능 모두에서 개념적·사회적·실제적인 영역의 결함을 보이는 장애를 일컬으며, 다음의 세 가지 준거를 충족시켜야만 한다. • 추론 능력, 문제해결 능력, 계획 능력, 추상적 사고력, 판단력, 학업 습득 능력, 경험을 통한 학습 능력과 같은 지적 기능에서의 결함이 임상 평가와 표준화된 개인 지능 검사 모두를 통해 확인되어야 함 • 적응 기능에서의 결함으로 개인의 독립성, 사회적 책임성과 관련해 발달적 기준과 사회문화적 기준에 도달하지 못한다. 지속적인 지지 없이는 적응적 결함으로 인해 다음과 같은 일생생활 활동에서 한 가지 이상 기능상의 제한이 초래된다 : 의사소통, 사회 활동 참여 및 가정, 학교, 직장과 지역 사회 등 다양한 영역에서 독립적인 생활 • 지적 결함과 적응 기능에서의 결함이 발달 경과 동안 발병

출처: 임경옥, 박경화, 조현정(2017)

이와 같은 지적장애 정의를 살펴보면 필수적인 전제조건은 지적 결함과 적응 행동의 문제가 동시에 존재해야 하며, 이러한 두 가지가 18세 이전에 일어난 경우여야 한다는 것이다. 다시 말하면 18세 이후에 신경학적 또는 뇌 손상을 입어 지적능력과 적응능력에 결함을 갖게 된 경우에는 지적장애로 간주하지 않는다는 것을 의미한다.

(1) 지적기능의 제한

지적기능의 제한에 대한 기준은 주로 지능검사를 통해 획득한 IQ에 의해 결정된다. 지능이란 일반적인 정신 능력을 말하는 것으로서 지능에는 추리, 계획, 문제해결, 추상적 사고, 복잡한 아이디어의 이해, 학습의 신속성, 경험을 통한 학습이 포함된다고 정의하고 있다(AAMR, 2002). 그리고 경험으로부터 학습하는 능력과 환경에 적응하는 능력으로 정의하고 있다(Stemberg, Williams, 김정섭 외 공역, 2010).

한편 미국의 IDEA(2004)는 지적장애의 정의를 "일반적 지적기능이 유의하게 평균 이하이고, 동시에 적응행동에 결함을 보이며, 발달기 동안에 나타나 아동의 교육적 수행성에 역효과를 미친다"고 한다. 다시 말하면 지적장애 진단에 세 가지 준거가 적용한다. 첫째, 지능이 유의미하게 평균 이하여야 한다. 즉, 유의미하다는 것은 표준화된 지능검사 결과 IQ 지수가 −2 표준편차(대략 IQ 70) 이하를 의미한다. 둘째, 지적기능과 적응행동이 동시에 평균 이하여야 한다. 셋째, 다른 장애와 구분하기 위해 지적기능과 적응행동의 결함은 발달기에 발생되어야 한다. 교육적 수행에 역효과를 미친다는 조건은 지적기능과 적응행동에 제약을 보이면 자동적으로 충족된다.

		지적기능	
		낮음	높음
적응행동	낮음	지적장애	지적장애 아님
	높음	지적장애 아님	지적장애 아님

그림 3-1 지적장애의 지적기능과 적응행동 조언

이러한 지적장애 정의로 판별 받은 아동의 실제 비율은 1~1.5% 정도로 나타나고 있다. 연구자들은 지적장애의 진단을 위한 지적능력으로서 지능지수보다는 지능에 대한 좀 더 광범한 정의나 혹은 적응행동을 고려해서 학령인구를 추정하기 때문에 이와 같이 낮은 출현율을 보일 수 있다. 아울러 IQ 70 정도인 아동일 경우 부모나 교직원들은 지적장애로 판별 받는 것보다는 학습장애로 판별 받기를 선호하는 경향이 있기 때문일 수도 있다(Hallahan & Kauffman, 2003).

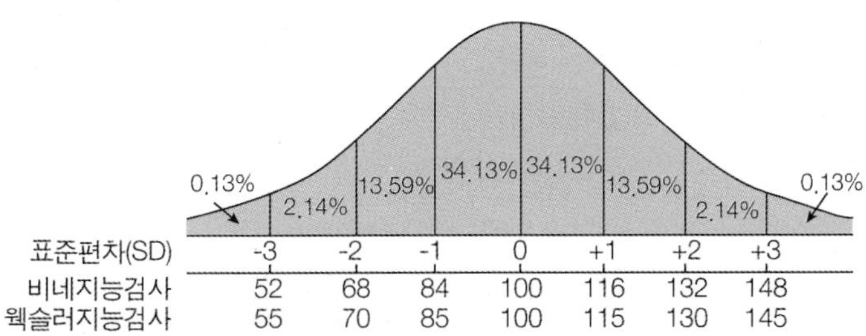

그림 3-2 지능의 정상분포 곡선

(2) 적응행동의 제한

적응행동은 한 개인이 가정 및 사회·학교생활 등의 일상생활을 하는 데 필요한 기술을 총칭하는 말로, 삶의 변화와 환경적 요구에 대처할 수 있는 능력을 포함한다(송준만 외, 2016). 이러한 적응행동에 대한 측정은 표준화된 검사 도구에 의해 시행되며, 검사 도구에 의해 적응행동의 제한이 확인되어야 지적장애로 판단할 수 있다.

표준화된 측정에서의 적응 행동의 심각한 제한을 결정하게 해 주는 조작의 정의는

첫째, 개념적·사회적·실제적 적응 행동 중 하나이다.

둘째, 개념적·사회적·실제적 기술을 포함하는 표준화된 측정의 전체 점수 중 하나가 평균 이하 표준편차 2 이하로 나타나는 것이다(Schalock et al., 2010).

특히 적응행동에 대한 정의는 다음 두 가지 특성을 기반으로 한다(신진숙, 2010).

첫째, 어떤 영역에서 적응기술이 제한되어 있다 해도 다른 영역의 적응기술은 잘 할 수 있다.

둘째, 개인의 적응기술의 제한성과 강점은 또래와의 전형적인 문화적 환경의 맥락 안에서 상세히 기록되어야 하며, 이러한 강점과 제한성은 그 개인의 지원 요구와 연관되어야 한다.

AAIDD(2010)는 개념적·사회적·실제적 적응 행동에 대한 세 가지를 〈표 3-2〉와 같이 제시하였다.

표 3-2 개념적·사회적·실제적 적응행동

적응행동 영역	대표적 기술
개념적	수용 및 표현언어, 문해 기술(읽기, 쓰기), 금전개념, 시간 관리, 수에 대한 개념, 자기 지시
사회적	대인관계, 책임감, 자아존중감, 순수함, 규칙 준수, 준법 준수, 속기 쉬움, 희생 모면
실제적	일상생활 활동, 직업기술, 안전한 환경 유지 도구적인 일상 생활(금전 관리, 여행/대중교통 이용, 일과 계획, 전화 사용)

개념적·사회적·실제적인 적응기술의 정의는 다음 다섯 가지 기본적 가정을 전제로 한다.

첫째, 개인이 현재 나타내고 있는 기능상의 제한성은 그 개인의 동년배 문화에 전형적인 지역사회 환경 맥락에서 고려되어야 한다.

둘째, 타당한 진단평가를 위해서는 개인의 의사소통·감각·운동 및 행동 요인의 차이뿐만 아니라 문화적·언어적 다양성이 고려되어야 한다.

셋째, 개인이 보이는 특정 능력의 제한성은 종종 역량과 함께 공존한다.

넷째, 개인의 제한성을 기술하는 주목적은 필요한 지원유형을 개발하기 위한 것이다.

다섯째, 개별화된 적절한 지원이 장기간 제공되면 이들의 생활기능은 일반적으로 향상될 것이다.

(3) 장애 발생의 시기

장애의 발생 시기에 대하여 기준을 마련한 목적은 발달기 이후, 즉 18세 이후에 발생하는 다른 장애와 구분하기 위해서다. 미국의 경우 일관성 있게 지적장애의 발생 시기를 18세로 적용하고 있는데 그 이유는 다음과 같다(AAIDD, 2010).

첫째, 21세로 발생 시기를 확장하게 되면 진단받을 수 있는 대상에 변화를 가져오게 되고, 이것이 다른 인지적 장애(외상성 뇌손상과 정신질환과 같은)가 있는 사람들을 포함할 수 있기 때문에 발생률에 영향을 미친다.

둘째, 대개의 경우 한 개인이 어떻게 기능하고 있는가를 평가하는 데 있어 평가 당시의 학교 기록을 참고하기 때문에, 21세로 확장하는 것은 18세 이전에 진단된 적이 없는 경우 정확하게 진단하는 데 도움이 되지 않는다.

셋째, 18세를 유지하는 것은 여러 나라의 진단 양식과 일치한다.

넷째, 18세 이전의 발생 시기라는 현재 기준을 유지하는 것은 지적장애에 대한 정확한 진단이 신경학적인 뇌의 발달기 동안 이루어지지 않아도, 회고적 진단이 어떤 경우에는 필요할 수도 있다는 가능성을 남겨 둔다.

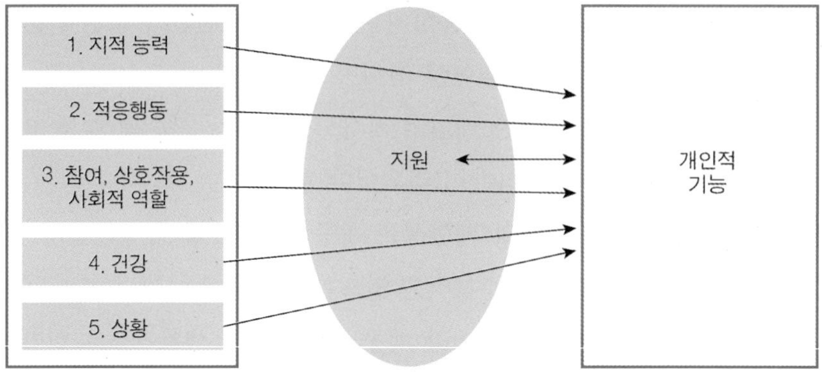

그림 3-3 지적장애의 개념적 정의의 본질적 요소가 되는 기본 가정

출처: AAMR(2002).

[그림 3-3]과 같이 제시된 이론적 모델이 기초하고 있다. 그림 왼쪽에 다섯 가지 요인이 제시되어 있고 그림 중앙과 오른쪽은 지적장애의 다차원적 측면과 개인의 기능 사이의 역할을 지원하는 중요한 중재적 역할이다. 미국 지적장애 및 발달장애협회 AAIDD는 지원을 "개인의 발달, 교육, 관심, 안녕을 촉진하고, 개인적 기능을 향상시키는 자원과 전략"으로 정의하고 있으며, 지적장애 아동의 지원은 다섯 가지 차원에 맞게 개별화 교육과정에 의하여 다학문적으로 지원해야 한다.

2) 지적장애의 원인

지적장애의 원인을 밝혀내기는 불가능하다. 전통적인 생의학적·심리학적 측면부터 최근의 다원인적 접근으로 이해하면서 현재까지 밝혀진 지적장애 원인은 100가지가 넘는다고 한다. 즉 단일 원인은 없고 거의 복합적인 원인 등의 상호작용에 의해 발생된다(Taylor et al., 2005). AAMR(2002)은 지적장애 원인을 세 가지 시기로 분류하였다.

첫째, 태아기 원인으로 어머니의 대사 문제, 염색체 손상이나 결함, 발달성 뇌장애, 식이요법, 환경적 영향 등이 포함된다.

둘째, 주산기(임신 20주째부터 분만 후 28일째까지) 원인으로 신생아 장애, 뇌 장애, 저체중 등이 포함된다.

셋째, 출생 후 원인으로 아동학대, 소홀 또는 무관심, 사고, 감염 및 독성에 노출 등이 포함된다.

표 3-3 지적장애의 원인

시기	생물의학적	사회적	행동적	교육적
출생 전	1. 염색체 이상 2. 단일 유전자장애 3. 증후군 4. 대사장애 5. 뇌발육 부진 6. 산모 질환 7. 부모의 연령	1. 가난(빈곤) 2. 산모의 영양실조 3. 가정폭력 4. 출생 전 관리 부족	1. 부모의 약물 사용 2. 부모의 음주 3. 부모의 흡연 4. 부모의 미성숙	1. 부모의 인지적 장애 2. 부모가 될 준비 부족
출생 중	1. 조산(미숙) 2. 출산시 손상 3. 신생아 장애	1. 출생 관리 결여	1. 부모의 양육거부 2. 부모의 자식 포기	1. 중재 서비스를 위한 의료적 의뢰 부족
출생 후	1. 외상성 뇌손상 2. 영양실조 3. 뇌막염 4. 발작 장애 5. 퇴행성 장애	1. 장애를 가진 양육자 2. 적절한 자극 부족 3. 가정의 빈곤 4. 가족의 만성질환 5. 시설수용	1. 아동학대 및 방임 2. 가정폭력 3. 적절한 안전조치 4. 사회적 박탈 5. 아동의 문제행동	1. 문제의 양육기능 2. 진단 지체 3. 부적절한 조기중재 서비스 4. 부적절한 특수교육 서비스 5. 부적절한 가족지원 서비스

출처: AAMR(2002).

지적장애의 위험 원인을 발생하는 시기별로 나누어 제시한 내용은 〈표 3-3〉과 같다. 원인은 임신 중, 출산 과정, 발달 과정 중 어느 때나 다양하다는 것을 알 수 있으며, 이는 인지적 손상을 나타내는 경우이며, 시간에 걸쳐서 원인 간 상호작용하고 있음을 나타내주고 있다.

(1) 출생 전 원인

염색체는 23쌍, 즉 46개의 염색체로 이루어져 있다. 그중 여러 가지 요인으로 인하여 염색체 수가 46개보다 많거나 적을 때, 또한 염색체 이상 즉 구조에 문제가 있는 경우라고 들 수 있다. 염색체 이상과 관련된 증후군별 원인과 특성은 〈표 3-4〉와 같다.

표 3-4 염색체 이상으로 인한 원인과 특성

증후군	원인	특성
다운증후군 (Down's Syndrome)	21번 염색체 이상 (21번 염색체가 2개인 다른 정상 염색체보다 1개가 더 많은 3개로 형성)	• 독특한 신체적 특징, 즉 코가 전체적으로 낮고, 두개골이 작고 납작하거나, 혀가 커서 튀어나와 보이고, 키가 작음 • 외모가 몽고인과 비슷해서 '몽고리즘'이라 부르기도 함 • 산모의 나이가 많은 경우 출생률이 높게 나타남 • 표현언어 능력보다 수용언어 능력이 상대적으로 우수함 • 명랑하고 사람을 잘 따름 • 심장질환, 백혈병, 치매, 소화기관의 미숙 등을 동반하는 경우가 많음 • 21번 염색체는 치매와 밀접한 관계가 있는 것으로 추정
묘성 증후군 (Cat cry syndrome)	5번 염색체 (5번 염색체 단완의 부분 결실)	• 후두 결함으로 고양이 울음소리를 내나 영아기 후반에는 사라짐 • 과잉행동 및 자기자극 행동 및 자해행동을 나타냄 • 소두증, 낮게 자리 잡은 귀, 넓은 콧등, 양안 격리증 등의 신체적인 이상소견을 보임 • 심한 지적장애를 보임
윌리엄스 증후군 (Williams syndrome)	7번 염색체 (7번 염색체 장완의 미세결실)	• 긴 인중, 큰 입, 두툼한 입술 등의 신체적 특성 • 소리에 매우 민감 • 매우 사교적이며, 또래보다 어른들과 더 친숙하려는 경향을 보임 • 형광동소보합법(Fluorescence In Situ Hydridization: FISH)을 이용하여 98% 이상 발견 가능
프레더윌리 증후군 (Prader-Willi syndrome)	15번 염색체 이상 (아버지로부터 물려받은 15번 염색체의 장완 부분의 결손)	• 과도한 식탐과 유아기부터 중증 비만 증상이 나타남 • 중증 비만으로 인해 당뇨, 고혈압, 수면장애 등 여러 가지 합병증 유발 • 짧은 신장, 성기 발달 부전 증상을 보임 • 운동발달 지연
안젤만 증후군 (Angelman syndrome)	15번 염색체 (어머니로부터 물려받은 15번 염색체의 이상)	• 생후 6~12개월에 발달지연 및 언어장애가 나타남 • 표현언어 기술보다 수용언어 기술이 더 뛰어남 • 상황과 관련 없이 부적절한 웃음발작을 보임 • 과잉행동 및 수면장애를 보임
취약X증후군 (fragile X syndrome)	성염색체 이상 (23번의 X 염색체의 장완 끝부분이 끊어져 발생)	• 유전됨 • 외형적인 특징은 고환이 크고, 얼굴이 길고, 귀가 큼 • 주의 집중력 결핍, 부주의, 과잉행동, 반향어 사용 등 자폐 스펙트럼 장애와 유사한 습성을 보임

증후군	원인	특성
클라인펠터 증후군 (Klinefelter syndrome)	성염색체 이상 (남성이 XXY의 염색체 모형)	• 남성에게 발생하며, 남성 성기관의 발달 미숙 • 빈약한 체모와 고음, 여성형 유방증, 무정자증 • 운동 및 언어 발달 지연, 읽기 장애 발생
터너 증후군 (Turner syndrome)	성염색체 이상 (여성이 X 염색체 하나만 있는 모형)	• 여성에게 발생, 2차 성징이 발달되지 않거나 미약 • 골다공증, 갑상선 기능 저하증에 취약 • 사회성 결여 동반

출처: 임경옥, 박경화, 조현정(2017).

신진대사 이상은 지방, 단백질, 탄수화물 등과 관련이 있으며, 페닐케톤뇨증(phenylketonuria: PKU)과 갈락토스혈증(Galactosemia)이 대표적이다. 신진대사 장애는 출생 후 일주일 이내에 병원에서 혈액검사를 통해 발견될 수 있으며 그 원인과 특성은 〈표 3-5〉와 같다.

표 3-5 신진대사 이상으로 인한 원인과 특성

명칭	원인	특성
페닐케톤뇨증 (phenylketonuria: PKU)	상염색체 열성으로 유전됨. 만약 부모가 이 유전자를 가지고 있다면 자녀 4명 중 1명은 PKU가 될 수 있음	• 조기진단으로 지적장애 예방 가능 • 치료하지 않으면 대부분의 영아는 아주 심한 지적장애를 보이게 됨 • 발작(seizures), 과다행동, 공격적인 행동, 정신과적 장애 등과 같은 여러 가지 증상 동반 가능
갈락토스혈증 (Galactosemia)	모유와 일반 우유에 포함되어 있는 당분인 갈락토스를 포도당으로 전환시키는 능력이 손상되어 나타나는 열성 유전질환에 해당하는 탄수화물 대사 장애	• 지적장애, 백내장, 행동적인 문제들이 발생할 가능성이 있음 • 조기발견으로 유제품을 제외한 식이요법을 하면 정상으로 성장

출처: 임경옥, 박경화, 조현정(2017).

모체의 감염 이상은 감염과 중독, 임신 중 감염 및 약물 복용 등이며 구체적인 특성은 〈표 3-6〉과 같다.

표 3-6 모체의 감염 이상으로 인한 원인과 특성

명칭	원인	특성
풍진	산모의 풍진감염	• 감염된 태아의 30~60%에서 심한 뇌성마비 및 지적장애, 심장질환, 청각장애 등 유발
매독과 에이즈	산모의 감염	• 지적장애 및 여러 가지 장애 수반
약물과 흡연	산모의 약물복용과 흡연	• 조산의 가능성 및 지적장애 유발 가능성
태아 알코올 증후군 (fetal alcohol syndrome: FAS)	부모의 알코올 남용 또는 중독	• 지능저하, 얼굴기형, 심장결함, 저체중, 소두증 가능성

출처: 임경옥, 박경화, 조현정(2017).

(2) 출생 시 원인

출생 시(출생 중)에는 조산(미숙) 및 무산소증과 질식(출산 시 충분한 산소를 공급받지 못하는 상태), 저체중, 분만 중 손상(탯줄 사고, 뇌 외상) 등이 있으며 구체적인 내용은 <표 3-7>과 같다.

표 3-7 출생 시 원인과 특성

명칭	원인	특성
조산 (37주가 되기 전 출산)	쌍생아 임신, 임산부의 저체중, 산모의 나이, 흡연, 전치태반 등	낮은 지능지수 및 뇌성마비, 주의집중력 결핍, 기타 신경학적·의학적 문제 유발
저체중 (체중이 2.5kg 미만)	태아에게 산소와 영양을 공급하는 혈액순환과 태반의 기능 문제 및 산모의 흡연 또는 약물 복용, 바이러스 감염 등	낮은 지능지수 및 뇌성마비, 주의집중력 결핍, 기타 신경학적·의학적 문제 유발
질식 (무산소증)	산모의 혈압이 떨어지는 경우, 태아가 태반으로부터 너무 빨리 분리되는 경우 등	지적장애나 뇌성마비, 시각장애 등 다양한 유형의 장애 유발
분만 중 손상	태아의 머리나 몸이 산모의 골반 크기에 비해 너무 크거나 태아의 위치 부적절	두개골 손상 및 두뇌 손상 등

출처: 임경옥, 박경화, 조현정(2017).

(3) 출생 후 원인

출생 후에도 사고가 생기거나 질병 및 감염, 중독, 외상성 뇌 손상, 영양 결핍, 환경

박탈 등을 들 수 있으며 원인과 특성은 〈표 3-8〉과 같다.

표 3-8 출생 후의 원인과 특성

명칭	원인	특성
질병 및 감염	고열, 홍역, 수두, 뇌막염, 뇌염 등	정상적인 성장과 발달 방해
중독	납, 수은 등	지적장애, 시각장애, 경련장애, 뇌손상 등
외상성 뇌손상	자동차 사고, 화재 사고 등	지적장애 및 다양한 유형의 장애 유발
영양 결핍	영양 불량 및 영양 결핍 등	운동기능 협응과 소뇌에 영향
환경 박탈	가족 내의 불안정성, 부적절한 보살핌, 산모의 육아 교육에 대한 이해 부족과 그로 인한 부적절한 양육환경 등	직접적 요인은 아니지만 다른 요소들과 복합적으로 작용하여 장애 유발 기능

출처: 임경옥, 박경화, 조현정(2017).

그 외 다중위험 요인이 있는 가정 출신의 아동들이 특히 발생률이 높다. 다중위험 환경으로부터 받는 스트레스, 스트레스에 대처하는 가족원, 이러한 요인을 공유하는 아동, 아동의 지적·사회적 능력과 관련된 부모의 양육태도 등이 원인이다. 지적장애 중 뇌손상이 일어나는 시기 및 원인은 [그림 3-4]와 같다.

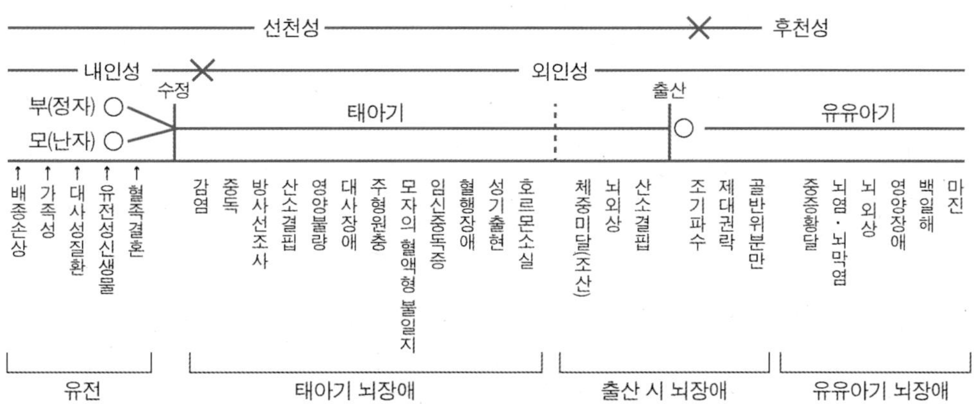

그림 3-4 뇌손상 시기별 원인

이상과 같이 제시된 지적장애의 원인을 중요하게 다루어야 하는 이유는 다음과 같다.

- **생물학적 원인**: 염색체 이상 증후군(다운증후군, 클라인펠터 증후군, 터너 증후군, 에드워드 증후군), 단일 유전자 이상(결절성 경화증), 선천성 대사 이상(페닐케톤뇨증, 테이삭스병, 고셔병, 크라베병, 니만 피크병, 갈락토스 혈증, 윌슨병, 호모시스테인증, 당원병) 들과 관련 원인들.
- **환경적 원인**: 초기 태아발달 이상(태아손상, 태아 알코올 증후군), 임신 및 주산기 장애(산전 및 산후 뇌감염, 태아의 영양 실조, 조산 및 미숙아, 출산시 저산소증 및 뇌손상, 핵황달) 등과 관련된 원인들.
- **사회경제적 원인**: 양육자의 교육 정도가 낮아 아이에게 적절한 자극을 주지 못하는 경우, 절대 빈곤층 또는 사회경제적으로 낮고 불우한 계층에서 경험 부족, 아동학대 및 방임의 장기간 경험과 관련된 요인들.

2. 지적장애의 분류 및 특성

1) 지적장애의 분류

미국 지적장애 및 발달장애 협회(American Association on Intellectual and Developmental Disabilities: AAIDD)의 지적장애 분류에서 가장 많이 사용하고 있는 분류는 경도(mild), 중등도(moderate), 중도(severe), 최중도(profound)로 1973년에 4수준으로 분류하여 사용하고 있다. 그리고 지적장애를 규정하기 위해 정상분포곡선(종형곡선)의 평균으로부터 2 표준편차 이하로 절충점을 제시하였다. 일반적으로 많이 사용하는 장애 정도의 따른 분류기준은 IQ 검사 결과에 기초된다. 지적장애는 IQ 점수가 55~70은 경도, 40~55는 중등도, 25~40은 중도, 25 미만은 최중도이다. 경도는 수행 능력이 높고 최중도는 수행성이 가장 낮음을 의미한다. 〈표 3-9〉와 같이 지적 정도(경도, 중등도, 중도, 최중도)에 따른 분류의 특성을 알 수 있다.

표 3-9 지적 정도에 따른 분류의 특성

지적 정도	IQ 점수범위	특성
경도 (가벼운 정도)	50-55~ 70	• 일상 대화를 나눌 정도의 언어 구사 및 언어 이해 가능 • 일상적 활동은 연령에 기대하는 수준에 근접하는 정도로 수행 가능 • 최소한의 감독 또는 약간의 도움이 제공될 경우 직업 유지 가능 • 성인기에 이르면 대략 초등학교 6학년 수준의 학업 기술 습득
중등도 (중간 정도)	35-40~ 50-55	• 사회적 행동이나 의사소통에서도 상당한 지장 초래 • 읽기, 쓰기, 산술 능력, 시간 개념이나 돈에 대한 개념의 습득이 매우 더딤 • 숙련을 요하지 않는 작업 또는 반숙련 작업 수행 가능 • 초등학교 저학년 수준을 넘어서기는 어려움
중도 (심한 정도)	20-25~ 35-40	• 유아기에서부터 학령전기까지 일상적 의사소통에 필요한 언어 습득이 매우 제한적이거나 또는 언어를 전혀 습득하지 못함 • 감각-운동기능의 결함이 흔히 나타남 • 일상생활에서의 기본적인 판단 및 의사결정 불가능 • 성인이 되어서도 밀착된 지도 감독과 상당량의 지속적인 도움 필요
최중도 (아주 심한 정도)	20-25 미만	• 유아기와 아동기 동안 언어능력은 물론이고 감각-운동 기능 및 여타 신체 기능에서 상당한 결함 • 언어적 의사소통은 거의 불가능하며 관습적 수준의 제스처 사용이 일부 가능 • 형태, 크기, 색상과 같이 사물의 물리적인 속성에 근거해 대상을 구별하는 경우가 있기는 하지만 매우 한정됨 • 전적으로 지속적인 보호, 밀착된 지도 감독 필요

미국 지적장애협회(AAIDD)는 개인에게 필요한 지원 프로파일에 따라 지적장애를 기능적으로 분류할 수 있는 개념적 및 절차적 권고안을 제시하였다. 이는 개인의 학교, 가정, 사회, 지역사회 및 작업환경에서 기능을 향상시키기 위해 필요한 지원 강도에 기초하는 방법이다. 수준에 기초한 종류와 강도에 따라 〈표 3-10〉과 같이 간헐적 지원, 제한적 지원, 확장적 지원, 전반적 지원의 네 단계로 설명한다.

표 3-10 지원 정도에 따라 요구되는 지원 및 특성

요구되는 지원	특성
간헐적 지원	'필요할 때'에 기초한 지원으로 일회적 지원을 의미한다. 인생의 전환기에 단기간의 지원이 필요함(예: 실직, 심각한 의료적 위기)
제한적 지원	일정한 시간 동안 일관성 있게 지원이 필요하며 지원시간은 제한적임(예: 시간 제한적인 고용 훈련, 학교에서 성인기로서의 전이 지원 제공 등)
확장적 지원	적어도 일부 환경(직장 또는 가정)에서 정기적으로(매일) 지원을 제공함. 시간에 제한적이지 않은(예: 장기간의 가정생활 지원) 수준임
전반적 지원	항구성과 지속성이 높은 고강도의 지원으로 전반적인 모든 환경에서 제공되며 잠재적으로 삶을 유지하는 데 필요한 주요 지원의 성격의 특성을 가짐 확장적 및 시간 제한적 지원보다 더 많은 수의 요원을 필요로 하며, 개인에게는 더 개입적일 수 있는 지원을 포함함

한편, 2002년 미국의 새로운 분류체제는 이러한 분류형식을 배제하고 다음의 다섯 영역, 즉 지적능력, 적응 행동, 참여·사회작용·사회역할, 건강(육체적 건강, 정신적 건강, 병인학) 및 맥락(환경, 문화, 기회) 중심의 지원 강도에 따른 복합적 분류를 특징으로 한다. 다시 말해서, 분류의 주요 목적은 서비스 제공에 필요한 비용 산출, 재정 확보, 서비스 종류 및 일정한 특성에 따라 집단을 편성하는 데 있다. 이를 위해 지원의 강도측정, 지능지수의 범위나 수준, 특수교육의 범위, 환경평가, 병인의 위험성 체계, 적응행동의 수준, 정신건강 측정치, 재정 수준 및 효과 범위 등의 측정요소들을 포함한다. 이러한 측정치들을 고려하여 개인을 위한 지원계획을 수립할 목적으로 분류한다.

2) 지적장애의 특성

지적장애 아동들은 일반적으로 다양한 상황에서 적절히 활동할 수 있다. 그러나 그들은 환경적 요구에 대처하는 데 어려움이 있을 때가 많으며 특히 학교에서 가장 많은 어려움을 겪고 있다. 이들의 특성을 알아보기 전에 먼저 세 가지 중요한 일반적 사항들을 이해할 필요가 있다. 여기에서는 주로 경도 지적장애에 관해서 언급하고자 한다(중도 및 최중도 지적장애는 중도·중복장애를 참고 바람).

첫째, 지적장애 아동은 일반인과 똑같은 기본 생리적·사회적·정서적 요구를 가지고 있다.

둘째, 지적장애 아동은 여러 면에서 그들 간에도 많은 개인차가 있다.

셋째, 지적장애 아동 주변의 교육여건 변화 때문에 이들 집단과 연관된 전통적 특성들을 계속 추적하여 재고해야 할 필요가 있다.

지적장애 아동 모두 지적·학습적, 사회·정서적, 심리 운동적 특성이 같지는 않다. 지적장애 아동을 올바르게 교육하려면 그들의 행동특성이나 요구를 정확하게 이해할 필요가 있으며, 교육적 틀을 제공할 수 있는 일반화된 행동특성을 이해하고자 노력해야 한다. 지적장애 특성의 이해는 어디까지나 개인차의 관점에서 이루어져야 하며, 본질적인 지적 결함과 이에 따라 파생된 이차적 장애에 대한 이해가 이루어져야 그들의 교육적 요구를 잘 파악할 수 있다.

지적장애의 일반적 특성은 ① 우호적 적대적 환경에 대한 비상한 감수성 ② 지적 활동이나 수행 훈련 등에 반응이 늦음 ③ 짧은 주의 집중시간 ④ 언어의 제약성 ⑤ 계획성의 결여 ⑥ 상상력의 한계 ⑦ 흥미의 범위 협소 ⑧ 경계의식의 부재 ⑨ 선악의 구별이 안 됨 ⑩ 정서안정이 안 됨 ⑪ 윗사람에 대한 충실성 ⑫ 강한 고집성 등이다.

(1) 신체 및 운동 특성

경도 지적장애는 신체 건강상 특징을 일반아동과 비교해도 크게 다르지 않다. 사회심리적으로 혜택을 받지 못하는 경도 지적장애 아동 사이에서 뚜렷한 신체 건강상의 특징은 보이지 않는다. 일반적으로 그들의 성취수준은 특히 운동기능에서 신경학적인 장애인이 중복장애인보다 훨씬 높다. 그러나 그들의 장애조건 자체 때문에 일반인들과 신체적으로 다르게 된다. 전반적으로 신체적 능력과 건강에 있어 경도 지적장애인과 일반인의 차이점에 대해 몇 가지 일반적인 것을 지적할 수 있다.

① **신체발달**: 경도 지적장애인들은 일반인에 비해 키, 몸무게, 골격의 성숙이 비교적 평균 이하이다.

② **운동발달**: 경도 지적장애에 대한 연구에서 보면 모든 운동 분야에서 또래의 일반

인보다 상당히 저조하게 성취된다.

③ **신체적 손상**: 어떤 지적장애아들은 대개 중복 장애나 신경학적 손상－뇌성마비, 발작적인 이상, 감각 손상, 그리고 어린이 학대에서 오는 상해와 같은 신체적 문제를 동시에 보인다.

④ 부적절하고 불균형적인 식사, 병에 감염되기 쉬움, 부적당한 건강관리, 그리고 치아의 이상 등의 건강문제들이 지적장애아동의 일반적 특징으로 알려져 왔다.

(2) 심리 및 사회적 행동 특성

낮은 사회인지로 대인관계가 원만하지 못하고 여러 상황에서 적절하게 대처하지 못하는 것은 그들의 적응능력이 부족하기 때문이며, 이로 인해 실패에 대한 예상, 낮은 학습 동기, 학습된 무력감을 볼 수 있다. 사회적 인식으로는 공유하기, 순서 지키기, 미소짓기, 주목하기, 지시 따르기 등이 포함된다. 정상 아동들이 학문적 무능력보다 행동의 부적절성을 더 의식하는 데에서 비롯된다고 볼 수 있다. 지적장애아들의 심리 및 사회적 행동 특성은 장애 통합교육에 중요한 역할이 된다.

① 실패에 대한 예상

인지적 결함 및 사회적 능력의 부족으로 지적장애아들이 초기 학교학습에 자주 실패를 경험하기 때문에 그들은 실패를 미리 예상한다. 실패의 쓰라린 경험에서 도피하기 위해 그들은 실패를 야기하는 과제 상황을 피하는 경향이 있고, 결과적으로 낮은 성취 기대와 목표를 설정하게 된다. 이는 결국 동기유발에 부정적인 영향을 미친다.

② 낮은 학습 동기

일반적으로 외적 통제소, 외부 지향적인 성격, 낮은 자기효능감, 부정적인 자아개념 등의 특성을 보인다. 통제소란 한 개인이 자신이 한 행동과 결과를 지각하는 방식을 말하는 것으로서 지적장애 아동은 많은 실패의 경험으로 인해 외적 통제소의 특성을 더 많이 보인다(Clark & Kolstore, 1995). 부정적 특성은 부정적인 경험의 축적으로 나타날 수 있으므로 보다 긍정적인 경험을 많이 할 수 있도록 환경적 배려를 해 줄 필요가 있다

(Zigler, 1993). 즉, 실패의 원인을 운명이나 요행, 타인 등과 같은 외부적인 요인으로 돌리는 것을 의미한다. 이로 인해 "나는 이것을 못해요" 하거나 "이것은 너무 어려워요"라고 하는데, 대부분 이런 유형의 반응들은 선생님이나, 또래 친구들의 보조가 필요한 의존 경향으로 문제를 해결하려는 외부 지향성을 보이게 되는 것이다. 일반적으로 대부분의 사람들은 성숙하면서 내적 통제소를 갖게 되지만 지적장애 아동은 여전히 외적 통제소의 상태에 머물러 있는 경향이 있다(신종호 외 공역, 2008). 이러한 심리 정서적 특성으로 인해 지적장애 아동은 성취 경험이 중요한 학습에 있어서 낮은 학습 동기를 가질 수밖에 없다.

③ 학습된 무력함

지적장애 아동은 학급에서 잦은 실패를 경험하게 된다. 그래서 누군가가 주위에서 많은 것을 대신해 주기도 한다. 이로 인해 지적장애 아동은 외적 통제소를 가지게 됨으로써 하고자 하는 의욕 상실로 학습된 무력감(learned helplessness)을 가지게 된다. 학습된 무력감이란 새롭거나 어려운 과제를 받았을 때 쉽게 포기하거나 문제를 전혀 해결하려고 시도하지 않는 것을 말한다. 원인과 상관없이 학습된 무력감은 개인이 유년기에서부터 성인의 삶에 적응할 때 강한 영향력을 미치게 된다(신종호 외 공역, 2008).

(3) 지적 특성

① 정보의 투입 및 처리

정보처리 과정은 지각, 중앙처리 과정, 표현의 단계로 나누어진다. 지적장애 아동은 대체로 자극을 지각하고 정보를 조직하고 표현하는 정보처리 과정에 어려움이 있다. 즉, 지각에 있어서의 결함이나 저장된 것을 상황에 맞게 적용하는 판단 능력에서 부족함이 있다. 특히 처리 단계에서는 문제를 정확하게 파악하는 능력의 결핍, 필요한 자극이나 정보를 선택할 수 있는 능력의 부족, 정보를 비교할 수 있는 능력의 결핍, 자료를 종합하여 평가할 수 있는 능력의 결핍, 추론 능력과 가설검증 능력의 결핍 등의 특성을 보인다. 그리고 많은 연구에 따르면, IQ 수준이 50 이하인 아동 중 대다수는 정보처리

과정을 매우 어렵게 만드는 신경학적 손상을 가지고 있다.

② 감각수용과 주의집중력

감각적으로 자극이 무뎌 주의를 기울이는 능력이 결여되어 예민성이 떨어진다. 즉 지적장애 아동은 주의집중이 곤란하고 지속력이 약하여 세 가지 주요 구성요소인 주의집중 지속시간(일에 대한 시간의 길이), 주의집중의 범위와 초점(산만한 자극이 억제 및 한 자극에 집중하기), 그리고 선택적 주의(주요자극 특성은 변별)에 심한 어려움을 갖는다. 지적장애 아동의 개인 특성에 맞게 과제를 제시하고 학습 자극으로 자연스럽게 과제를 수정할 수 있도록 한다. 주의집중 행동에 대한 적절한 보상을 제공함으로써 학습에 성공적인 도움을 주도록 한다.

③ 기억

인간의 기억 처리 과정을 컴퓨터의 데이터 처리 과정에 착안하여 만든 정보 처리모형(Information processing theory)은 모든 학습의 주요소가 된다. 일반적으로 지적장애 아동은 단기기억(short term memory) 혹은 작동기억(working memory) 분야에 어려움을 가지고 있다는 증거가 많이 있지만, 그들의 장기기억(long term memory)은 일반아동에 비교할 때 심한 차이가 나타나지 않는다(Belmont, 1996).

비연속적인 과제를 포함한 기억문제는 중재 전략의 자발적인 사용의 결함과 관련되어 있다. 대부분의 아동들은 기억을 돕기 위해 기억할 내용을 회상할 수 있을 때까지 일련의 단어를 반복하는 "시연전략"을 사용한다. 그러나 지적장애 아동은 단기기억 능력이 제한되어 있을 뿐만 아니라 정보의 시연을 통한 재인·재생 능력이 제한되어 있어 학습에 어려움을 보인다. 또한, 정보처리 모형의 구성요소인 실행통제와 초인지에서 지적장애 아동은 보통 실행통제 과정을 자발적으로 이용하지는 못하지만, 효과적으로 활용하도록 가르칠 수 있다는 시사를 하고 있다(Merrill, 1990). 그러므로 반복적인 학습 및 기억을 증진시킬 수 있는 다양한 전략을 사용하여 단기기억을 장기기억으로 전환시켜 주어야 한다.

④ 학습의 전이와 일반화 및 추상화

전이(transfer)란 이전에 학습한 내용과 경험을 가지고 새로운 학습에 영향을 주는 현상이며, 일반화(generalization)는 다른 상황에 적용하여도 동일한 반응을 보이는 것을 말한다. 지적장애 아동은 선행경험과 내용을 가지고 미래의 비슷한 상황이나 문제를 해결하는 것에 어려움을 가진다. 즉, 대부분의 비장애아동은 배운 지식을 비슷한 과제나 다른 상황에 활용할 수 있어 학습의 전이와 일반화가 가능하지만, 지적장애 아동은 이러한 전이와 일반화에 많은 어려움을 겪는다. 그리고 우발학습 능력도 부족하며, 추상적으로 사고하는 능력이나 추상적 자료를 사용하여 일하는 능력 및 상징적 사고가 제한되어 있다.

(4) 언어 특성

지적장애 아동은 의사소통을 하는 데 많은 어려움을 겪고 있다(Mire & Chisholm, 1990). 말과 언어의 발달이 지적 발달과 밀접하게 연관되어 있기 때문이며, 비장애아동보다 말과 언어에 있어서 더 많은 문제를 보인다. 그래서 지적장애 아동은 언어의 구조와 내용이 빈약할 뿐만 아니라 복문의 사용과 주제의 세련됨에서도 큰 결함을 보인다. 그리고 조음장애 및 구어 발달의 지연과 제한된 어휘, 발음의 문제, 부적절한 문법사용 등이 나타난다. 중등도 지적장애의 언어발달 문제는 훨씬 더 심각한 경향이 보이며, 통합교육을 받기 위해서 극복해야 하는 가장 큰 방해 요소 중 하나라고 할 수 있다. 지적장애 아동의 언어발달 특성을 정리하면 〈표 3-11〉과 같다.

표 3-11 지적장애 아동의 언어발달 특성

화용론	• 요구하기 제스처의 지체 • 제스처 발달과 의도발달 양상은 일반아동과 유사 • 명료화 기술은 정신연령이 동일한 일반아동과 비교 시 차이 없음 • 대화 역할이 주도적이지 않음
의미론	• 덜 구체적인 의미의 단어 사용 • 어휘 증가량이 적음 • 다양한 의미론적 단위를 잘 사용하지 못함 • 다운증후군 아동은 정신연령이 동일한 일반아동처럼 문맥에서의 노출에 따라 단어 의미를 학습할 수 있음

구문론/형태론	• 학령 전 일반아동과 유사한 문장 길이와 복잡성 • 일반아동과 동일한 문장 발달 과정 • 정신연령이 동일한 일반아동보다 주어를 정교화하거나 비교하는 절이 더 적고 더 짧으며, 덜 복잡한 문장 사용 • 단어 관계보다는 문자 내 단어 순서를 우선시함 • 자신의 가능성보다는 더 낮은 수준의 형태에 의존 • 학령 전 일반아동과 동일한 순서의 형태소 발달
음운론	• 학령 전 일반아동과 유사한 음운 규칙을 보임 • 자신의 가능성보다는 더 낮고 덜 성숙한 형태에 의존
이해	• 다운증후군 아동은 정신연령이 동일한 일반아동보다 수용언어 기술이 더 열악함 • 정신연령이 동일한 또래보다 문장 상기 능력이 열악함 • 의미를 추출하기 위하여 문맥에 더 많이 의존

출처: 황보면, 김경신(2010)

3. 지적장애의 진단 및 판별

1) 지적장애의 진단

진단평가의 일반적 과정은 ① 아동 발견, ② 선별검사, ③ 진단, ④ 교육적 사정, ⑤ 수행능력 점검, ⑥ 프로그램의 평가 순으로 진행된다.

아동이 지적장애를 가지고 있다는 증거를 확보하기 위해서는 지적장애의 진단 준거에 따라 다양한 관점에서 아동을 진단하여야 한다. 평가는 크게 표준화 검사와 비표준화 평가 절차로 나누어 볼 수 있다. 표준화 검사는 일반적으로 장애를 진단하기 위해 수행되는데 또래의 평균에서 어느 정도 이탈되어 있는지 또는 대상 아동의 또래에 비추어 보아 상대적으로 발달 수준이 어느 위치에 있는지를 진단하기 위한 검사이다. 검사 결과는 장애 여부를 진단하고 장애의 특성을 알아볼 수 있으며, 때로는 아동의 발달 영역별 장단점을 파악하는 데도 도움을 줄 수 있다. 지적장애를 진단하기 위한 대표적인 표준화 검사도구는 다음과 같다.

- **지능검사**: 지적장애는 개별 지능검사를 통하여 평균 이하의 지적 기능을 보여야 하며, 대체로 70~75 이하의 지능지수(IQ)를 나타낸다. 우리나라에서 많이 사용하고 있는 지능검사 도구로는 K-WISC-Ⅳ(곽금주, 오상우, 김정택, 2011), K-ABC(문수백, 변창진, 1997)가 있다. 한국 웩슬러 지능검사는 전체 검사 IQ를 산출하고, 언어이해지표, 지각 추론지표, 작업기억지표, 처리속도지표 등의 점수를 제공하여 분리된 인지기능을 파악할 수 있게 해준다. 점수는 모두 평균이 100이고, 표준편차가 15이다. 한국판 K-ABC는 순차처리속도, 동시처리속도, 인지처리속도, 습득도 척도, 비언어성 척도 등 5개의 종합적 영역과 16개의 하위 검사로 구성되어 있다.
- **적응행동검사**: 의사소통, 가정생활, 자기 지시, 여가 등의 적응 행동 영역에서 두 가지 이상의 영역에서 의미 있는 낮은 점수를 보인다. 우리나라에서 자주 사용하는 적응행동검사는 KISE-SAB(정인숙 외, 2003) 사회성숙도 검사(김승국, 김옥기, 1995)와 적응행동검사 (김승국, 1997), 한국판 적응행동검사(백은희 외, 2007) 등이 있다.

2) 지적장애의 판별

지적장애 아동을 판별하는 작업은 대단히 어려운 과업이다. 인간의 심리 현상은 직접 측정이 거의 불가능하고 대부분 간접측정에 의존하고 있다. 지적장애 아동을 판별하는 것이 치료에 목적이 있기보다는 판별에 의한 교육적 조치에 그 목적이 있기 때문이다. 따라서 판별은 지적장애 아동의 교육에 개별적으로 행해져야 하고 과학적 연구가 판별의 기초가 되어야 한다.

지적장애 아동을 올바로 판별하기 위해서는 형식적·비형식적 검사, 면접, 관찰 누가 기록 등 다양한 기법들을 통해 광범위한 정보의 수집이 필요하다. 정보수집 과정에서 지적 기능, 학업성적, 사회적(생육력, 병력, 가정환경조사)·정서적 행동과 차원, 적응행동, 의학적 상태, 언어발달 등을 조사한다.

지적장애 아동을 판별하는 작업은 ① 대상 아동이 지적장애이냐 아니냐를 알아내는 일 ② 지적장애라면 어떤 유형이며 ③ 지적장애의 정도는 어떠하며 ④ 지적장애에 수반해서 일어나는 여러 기능의 결함 ⑤ 어떤 결함이 치료가 가능한지 또 가능하다면 그 방향은 어떻게 해야 할지 등 다섯 가지 측면을 고려하여야 한다.

(1) 판별 과정

지적장애의 정의에는 지적 기능과 적응행동 두 가지를 동시에 고려하도록 규정하고 있지만 아직도 지적 기능에 초점을 두고 적응행동평가를 가볍게 여기는 경향이 있다. 반면 일부의 교사들은 아동들의 IQ 점수를 가볍게 여기고 임상적인 판단에 의해서 지적장애나 학습장애로 판단하는 경우도 있다. 교사가 분류한 대부분의 지적장애 아동은 낮은 학업 성취도와 심각한 문제행동으로 판단하는 경우가 종종 있다.

지적장애 아동의 사정은 어떠한 경우라도 차별을 받지 않도록 하여야 하며, 이를 위한 절차는 다음과 같다.

첫째, 아동을 직접적으로 관찰하여 지적장애 가능성을 확인하여야 한다. 우선 의학적인 관점에서 관찰하여야 하는데 아동이 또래에 비추어 적절한 발달 기준에 도달하고 있는지 알아보거나 지적장애와 연관된 특정 증후군의 특징을 가지고 있는지 확인하여야 한다. 다음은 교사와 부모관찰이 필요하다. 교사와 부모는 아동이 지적장애로 진단받지는 않았지만 그 가능성을 알아보는 경우, 그 아동이 또래와 마찬가지로 학습에 어려움이 있는지, 학습된 기술이 일반화에 어려움이 있는지, 또래 아동보다 적응행동에 더 많은 어려움이 있는지 확인하여야 한다.

둘째, 학교에 입학하기 이전 지적장애 가능성이 있는지를 알아보기 위해 의학적 전문가를 통해 다양한 발달 선별검사를 받는다. 그리고 일반적인 교실학습에 어려움이 있는지를 알아보기 위해 읽기 이해, 수학적 추리·적용에 제한을 받는지 평가해 보거나, 집단지능검사나 집단성취도 검사를 통하여 읽기 능력을 알아본다. 그리고 시각 및 청력 선별검사를 통하여 그로 인한 문제인지 확인한다.

셋째, 만일 아동이 이상의 테스트를 통하여 교과학습에 지속적인 문제를 보이거나 적응행동에 문제가 있다고 판단되면 학교에서 평가팀을 구성하여 구체적인 진단평가를 의뢰하여야 한다.

(2) 교육적 평가

교육적 평가는 앞에서 제시한 진단을 위한 표준화 검사 이후에 실시하게 된다. 즉 아동의 장애 여부를 확인하려고 하는 것이 아니라 앞으로의 교육을 위하여 아동에 대한 더 구체적인 정보와 특성을 파악하고자 하는 것이다. 평가 결과는 앞으로 아동을 위한 개별화 교육계획에 기초 자료로 사용하게 된다. 아동에 대한 정보는 규준지향검사와 교육과정 중심 평가 그리고 일화 기록 등 직접관찰로 정보를 얻을 수 있다. 그러나 우리나라에서는 준거 지향적인 교육적 검사가 거의 없기 때문에 교육과정 중심 평가나 직접관찰을 통한 평가가 바람직하다고 생각된다.

교육과정 중심 평가는 관점에 따라 차이는 있지만 공통적으로 운영하고 있는 교육과정이나 프로그램을 아동 개개인이 어느 정도 수준까지 성취하고 있는지를 알아보는 것이다. 따라서 교육과정 중심 평가는 준거지향검사의 형태로 이루어진다. 즉, 교육과정의 여러 하위 영역별 목표에 어느 정도 도달하고 있는지를 평가하여 개인의 영역별 교육목표를 설정하는 데 영향을 받는다. 평가는 자주 하고 그 결과를 도표화하기도 한다. 또 아동의 일상생활 활동에 대한 일화 기록을 하여 목표에 대한 도달 정도를 알아볼 수 있는데, 대부분 직접검사에 의한 관찰 결과로 이루어진다. 직접검사의 방법은 질문에 말이나 글로 답하기, 모델링하기, 올바른 답을 선택하기, 틀린 것 찾아내기 등으로 이루어진다. 때로는 과제 수행과정에 대한 관찰 결과를 기술하여 성취 여부를 알아볼 수도 있다. 그리고 직접관찰을 통해 아동이 일반적인 교실 상황에서 어떤 어려움을 겪거나 좌절 경험이 있는지를 알아볼 수 있다.

(3) 적절한 교육적 배치

이상과 같은 사정 절차에 따라 지적장애로 판별되면 그에 적절한 특수교육과 관련 서비스가 제공되어야 한다. 아동이 지적장애가 있다고 해서 곧 특수학교나 특수학급에 배치한다는 의미가 아니라 아동의 능력에 적합한 교육적 상황에 배치하여야 한다는 의미이다. 사정의 의미는 지적장애라는 명칭을 붙이기 위해서가 아니라 그 아동에 적절한 특수교육과 관련서비스를 제공하기 위함이다. 이를 위해서는 교육과정을 중심으로 한 구체적인 평가가 이루어져야 하며, 아동이 주변 환경에 잘 적응할 수 있도록 하기 위한 행동 관찰 및 행동 분석이 뒤따라야 한다. 결국 지적장애 아동에게 가장 적합한 학습환경을 어떻게 조성해주어야 할 것인지를 고려하여야 하며, 특별한 사유가 없는 한 일반학교에 배치하여 공부할 수 있도록 배려하여야 한다. 아울러 현 교육상황에서 어떠한 방법으로 지원해 주어야 할 것인지에 대한 전략을 마련하여야 한다.

4. 지적장애의 교육적 지원

학령기 지적장애 아동을 위한 프로그램은 대상 아동 개개인의 요구와 적성에 알맞은 학업수행을 위해서 교육과정에 따른 교육적 배치, 교육 방법상 선택의 다양성을 갖는 것이 필요하다. 따라서 개인 및 집단에 대한 서비스의 다양성과 현존하는 서비스의 유효성이라는 두 가지 측면을 고려하여 유연하게 교육적 조치를 취할 수 있도록 올바른 제도가 운영되어야 한다. 기본적으로 지적장애 아동의 교육적 조치를 위해서는 아동의 요구에 따라 최소로 제한된 환경에 배치해야 하며, 상황이 변하면 다른 환경으로 옮겨갈 수 있도록 배치에 융통성이 허용되어야 한다.

1) 연령 단계에 따른 교육적 조치

(1) 학령전기

「장애인 등에 대한 특수교육법」에서 만 3세 미만의 장애영아교육은 무상으로 하며 유치원 교육은 의무교육을 받도록 규정하고 있다(특수교육법 제3조). 그리고 장애의 조기발견, 교원양성, 교육시설·설비의 확충 등 조기 특수교육에 필요한 시책을 강구하도록 규정하고 있다. 그러나 대부분의 경도 지적장애 유아들은 초등학교에 들어가 일정 기간의 교육을 받기 전까지 판별되지 않은 상태에서 교육을 받을 수 있다. 조기에 판별된 유아들일지라도 일반 어린이집이나 장애 전문 어린이집, 일반유치원의 특수학급, 일반학교 병설유치원의 특수학급에 배치되어 통합교육을 받을 수도 있고, 특수학교 병설 유치원 및 특수학교에 배치되어 교육받을 수도 있다. 이와 같이 다양한 유아교육 프로그램에서 서비스를 제공받게 되는데, 그 프로그램 중에는 특수교육과 관련이 없을 수도 있다. 연구 결과에 의하면 초기 교육적 조치는 경도 지적장애 아동들의 후기 성장과 발달에 지대한 영향을 미칠 수 있다고 한다(Lemer et al., 2003). 그러나 분리 특수교육과 통합교육 중 어떤 유형의 조기교육 프로그램이 더 효과적인가에 대해서는 아직 논란이 많다. 조기 특수교육 프로그램에 등록된 아동들의 초기 효과를 유지시키기 위해 실시한 사후지도 평가에서 조기교육이 아동발달에 보다 더 큰 효과가 있다는 증거도 있다.

(2) 학령기

학령기 모든 특수교육 대상자(유치원, 초등학교, 중등학교)는 의무교육을 하고 전공과 교육은 무상으로 하게 되어 있다(특수교육법 제3조).

경도 지적장애 아동들을 위한 학교교육 체제는 다양한 프로그램을 선택할 기회를 제공해 준다. 가장 일반적인 교육배치는 일반학급 배치, 몇 시간만 특수교육환경에서 보내는 학습 도움실(resource room)서비스, 대부분 또는 전시간 특수교육 서비스를 제공받는 독립된 특수학급, 그리고 특수학교 프로그램이 그것이다. 그리고 많은 지적장애 아동들은 관련 서비스도 받을 수 있다. 현재의 경향은 장애 정도에 관계없이 지적장애 아동들을 일반교육환경에 통합시켜 특수교육 서비스를 제공하는 경향이다. 좀 높은 기능을 가진 경도 지적장애 아동들은 학습장애로 재분류되어 일반학급 또는 학습 도움실에 배치되어 교육받고 있는 경우도 많다(Lerner, 2003).

(3) 중등학교

경도 지적장애 아동들은 일반학급, 학습 도움실, 특수학급 등에 배치되어 교육받을 수 있으며, 중도나 중증 지적장애 아동들은 학습 도움실, 특수학급, 또는 특수학교에 배치되는 경우가 많으며, 중증·중복장애 아동들은 병원이나 가정에서 순회교육 서비스를 받는 경우도 있다. 초등학교 수준의 교육과는 달리 중등학교 프로그램은 보통 기능적 교과교육보다는 학교 졸업 후의 사회적응을 위한 진로지도나 직업교육 중심의 전환 교육에 치중하는 경향이다. 전환(transition)이란 협의의 개념으로 일정한 조건이나 장소로부터 다른 조건이나 장소로 이행하는 과정을 의미한다. 전환 교육은 장애아동이 학교 교육을 마치고 가능한 한 생산적이고 자립적인 성인 생활을 할 수 있도록 학령기 동안 필요한 교육 프로그램과 지원서비스를 제공하는 것을 의미한다(조인수, 2007). 일반 아동들은 비교적 큰 어려움 없이 전환하여 새로운 조건에 적응하지만, 지적장애 아동의 경우 특히 개별화 교육에 익숙하므로 일반아동에 비해 전환으로 인한 적응의 문제가 매우 심각할 수 있기 때문에 전환을 맞는 중등학교 아동들의 담당교사들은 이에 대해 각별한 관심을 가지고 지도에 임할 필요가 있다. 모든 지적장애 아동들이 학교를 졸업한 후에 생활과 사회에 성공적으로 적응하는 것은 아니다. 어떤 사람들은 부가적 서비스가 요구되며, 일상생활에 적응하기 위해서나 새로운 직업적 기술을 발달시키기 위해 평생 교육적인 차원에서 교육을 계속해야 할 필요가 있다. 과학과 기술의 변화에 따라 복잡해지는 사회에서 경도 지적장애 아동의 직업은 과학기술에 의해 대치될지도 모르기 때문에 재훈련이 필요하게 된다. 이러한 사람들은 지역사회 자원이나 서비스를 개발하여 이용하는 데 특수교육보조원까지 필요할지 모른다. 지역사회에 생활하고 있는 지적장애 성인들은 ① 생계유지 ② 성의 관리, 성행위, 결혼 ③ 여가활용 등 일상생활의 주요 영역에 특히 문제가 있는 것으로 알려졌다. 지적장애인들은 집을 구입하여 유지하고, 공적 승인을 받고 다른 사람들과 의미 있는 관계를 맺는 데 어려움이 있다.

지적장애 성인들을 위한 계속적인 교육의 목적은 직업적·경제적 안정에 있다. 지원이 필요한 경도 지적장애 성인들은 직업적 재활 서비스에 첨가할 수 있다. 재활상담원들은 그러한 서비스를 확대하여 직업선택의 기회를 확충시키는 역할을 한다. 지적장애 성인을 위한 서비스와 훈련 기회는 사회의 많은 곳에 존재하지만 선택의 폭이 좁고 오래 기다려야 한다. 지역사회 대학의 사회교육원에서 경도 지적장애 성인들에게 직업보장을 위한 여러 가지 혁신적인 프로그램을 개발할 수 있는데 아직 관심이 부족한 형편이다. 우리나라에서는 더욱 많은 교육적·제도적 배려가 필요하다. 지적장애 정도에 따른 교육 조치 내용은 [그림 3-5]와 같다.

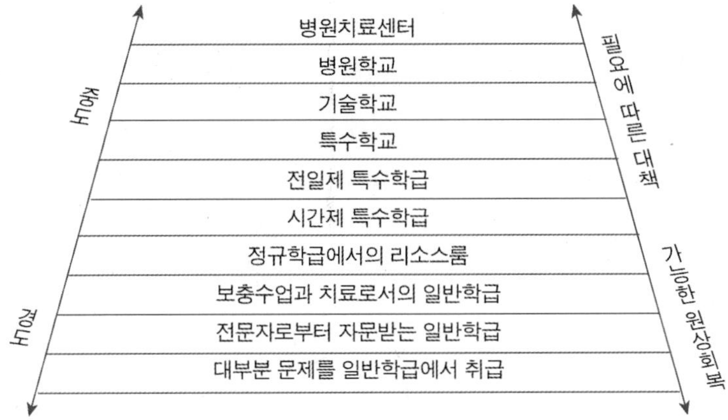

그림 3-5 지적장애 정도에 따른 교육 조치

2) 교육과정

교육과정이란 교사의 교수활동과 아동의 학습활동을 안내해주는 목표 활동, 자료의 총체로서 대치적으로 "의도적 교육기관인 학교가 명확한 의도 아래 가치 있는 교육내용을 선정하여 의도적인 교육환경 속에서 계획적이고 조직적으로 실천하는 교육계획의 총화"라고 정의할 수 있다.

지적장애 아동은 일반아동과는 달리 일상적인 생활경험을 통해 습득한 지식이나 전략을 다른 맥락에서 사용하는 능력이 상당히 뒤떨어지기 때문에 학교에서 의도적인 수업활동을 통하여 실생활에 필요한 지식이나 전략을 습득시킬 필요가 있다. 그러므로 지적장애 아동이 학습할 내용은 성공적인 지역사회 생활과 활동에 필요한 지식과 전략을 역동적으로 사용할 수 있도록 구성해야 하며, 아동이 그 지식과 기능을 습득하고 유지하기 위해서는 교육적 맥락이 학습자에게 의미가 있어야 한다(Stainback et al., 1996). 다시 말하면, 지적장애 아동의 학습내용과 교육적 맥락은 학교를 졸업한 후 성인이 되어 지역사회 실생활에 필요한 내용이어야 할 뿐만 아니라 지적장애 아동의 교육적 요구를 적절히 반영해야 한다는 것을 의미한다. 그렇기 때문에 Smith 등(1994)은 지적장애 아동을 위한 교육과정은 임상적 명칭, 철학적 논점 및 일반교육 주도와 관계없이 아동 개인의 요구에 맞게 구성되어야 하며, 그 내용은 일반교육과정과는 달리 생활기술, 지역사회 중심의 교수 및 개인의 장애 정도에 알맞은 교육계획이 되어야 한다고 주장하였다. 또한, Thomas(1996)도 일반학급의 통합, 분리 여부에 관계없이 지적장애 아동을 위한 효과적인 교육과정을 계획하고 실시하기 위해서는 가능한 한 성인 생활을 준비할 수 있도록 개인의 독특한 학습특성과 능력, 정신연령과 생활연령을 적절히 고려한 지역사회 중심의 기능적 교육과정을 구성해야 한다고 주장하고 있다.

(1) 특수학급 교육과정의 운영

교육과정의 운영에 있어 아동의 능력과 특성 및 학부모의 요구를 바탕으로 개별화교육계획(IEP)을 작성하여 지도하도록 하고 있으며, 그 운영 방법은 아동의 능력과 특성에 따라 학습 도움실, 시간제, 전일제 등 다양한 형태로 운영하도록 규정하고 있다. 학급편성에 있어서는 학교 실정을 고려하여 동일연령 및 혼합연령, 그리고 무학제 능력별 집단으로 편성하도록 하고 있으며, 학년 배치에 있어서는 입학 당시의 학령, 학력, 능력 등을 고려하여 특수교육운영위원회의 심의로 결정하도록 하고 있다. 특히, 순회교육 대상 아동에 대해서는 특수교사의 방문지도 학습과 과제학습으로 하고 있다. 아동평가는 아동의 능력과 특성을 고려한 개별화 교육계획을 중심으로 평가하도록 하고 있으며, 이러한 평가는 아동의 목표 도달도의 확인과 지도계획의 작성자료로 활용하도록 규정하고 있다. 그리고 학교와 지역교육청은 특수학급 교육과정 편성과 운영실태를 정기적으로 파악하고 효율적인 교육과정의 운영과 개선 및 질 관리에 필요한 적절한 지도 조언 및 행·재정적 지원을 하도록 하고 있다. 평가방법에 있어서 교육내용의 계획 및 진행과정의 분석, 관찰, 일화 기록, 면담, 자기평가 등 다양한 방법으로 실시하도록 하고 있다. 이 평가에 있어 표준화 검사에 의한 평가보다는 매 지도시간에서의 지도내용의 도입, 전개, 종결 과정에서의 단계별 평가가 이루어지도록 하며, 평가 결과는 다음 시간을 위한 지도계획 작성의 자료로 활용하도록 하고 있다. 그리고 평가 결과의 기록은 아동 개인별 성취목표 달성 여부를 평가하는 목표 지향적 평가가 되도록 하고, 그 결과는 서술식으로 기술하도록 하고 있다.

이상의 시·도교육청의 특수학급 교육과정 운영지침의 대부분은 교육부 교육과정 편성·운영지침에 제시된 내용을 정리하여 재진술하고 있을 뿐 지역의 특수성을 살리지 못하고 있어 학급현장의 실제적인 지침이 되지 못하고 있다. 특히, 특수학급의 설치목적이 통합교육을 위한 것임에도 불구하고 분리된 특수학급을 중심으로 진술되어 있고 통합교육의 질적인 실행을 위한 일반 학교 교육 및 환경의 변화를 요구하는 지침이나 정책을 제시하지 못하고 있다. 그리고 통합교육 장면에서의 교육과정 수정과 적용에 대한 구체적인 내용도 거의 전무한 상태라고 할 수 있다.

(2) 개별화 교육계획

① 기본방향

개별화 교육계획(IEP)은 아동 개인의 연간지도계획으로서 일종의 개인 수준 교육과정이라고 할 수 있다(그럼에도 교육방법으로 오해하는 경우가 있음). 학교현장에서는 다양한 장애유형과 장애의 정도 및 학습 특성을 지닌 아동들을 교육해야 하기 때문에 먼저 학교교육과정이 작성되어야 하며, 그에 근거하여 개별화 교육계획이 구안되어야 한다. 이것을 구안하는 데 있어 기본적으로 고려할 사항은 첫째, 선행 연구된 여러 관련이론과 실천 사례를 참고하여 우리 실정에 적합한 개별화 교육계획을 구안해야 한다. 둘째, 특수교육법 등 관련 법규들에 근거하여 구안하도록 한다. 셋째, 학교교육과정과 연계하여 지도할 수 있도록 구안한다. 넷째, 실제 수업시간에 활용될 수 있도록 교수·학습지도안을 통합된 형태로 개발한다. 다섯째, 장애 유형별로 통합하여 적용할 수 있도록 한다. 여섯째, 현재의 교육여건을 감안하여 교사가 심리적·시간적으로 큰 부담을 느끼지 않는 범위에서 수립·실천 하도록 한다. 일곱째, 가능한 현재 학교에서 사용하고 있는 제 양식들을 최대한 활용할 수 있도록 구안한다.

② 개별화 교육계획의 구성요소

개별화 교육계획에 포함되어야 할 내용은 장애유형과 특성에 따라 다소 다를 수 있지만, 법적으로 제시된 내용 조건들은 반드시 포함되어야 한다. 미국은 2004년 개정된 「장애아동 교육법」에서 3~5세 장애유아에게 동 서비스를 확대 활용할 수 있도록 규정하고 있으며, 적어도 16세 이전에 장애아동을 위한 전환 교육을 강화하기 위해, 개별화 전환 교육계획(ITP)을 구안하여 실시하도록 의무화하였다. 우리나라 「특수교육법 시행규칙」 제4조 제3항에서 규정하고 있는 개별화 교육계획의 구성요소를 보면, ① 대상 아동의 인적사항, ② 현재의 학습수행 수준, ③ 교육목표 ④ 교육내용, ⑤ 교육방법, ⑥ 평가계획 및 제공할 특수교육 관련서비스의 내용과 방법 등을 포함시킬 것을 규정하고 있다.

한편 미국의 경우 개별화 교육계획에 포함되어야 할 구성요소는 ① 아동의 현재 학습수행 수준, ② 세부적 단기 교육목표를 포함한 연간 교육목표, ③ 아동에게 제공해야 할 특정 교육서비스와 일반교육에 참여할 시간과 범위, ④ 특정 교육서비스의 시작 시기와 종결 시기, ⑤ 연간 교육목표에 따른 단기 교육목표 성취정도의 평가기준, ⑥ 평가방법 및 계획 등으로 규정하고 있다. 여기에서 미국이 우리나라와 다른 요소는 특수교육 관련서비스(예: 언어치료, 보조 공학 서비스, 작업치료, 물리치료, 부모교육 등)와 장애아동의 일반교육에 참여할 시간과 범위를 개별화 교육계획에 포함하도록 규정하는 것이다. 따라서 우리도 특수학급에 배치된 장애아동들에게 필요한 특정 교육서비스를 제공할 방안이 강구되어야 하며, 학교나 학급에 따라 통합·교류교육을 추진하고 있다면, 이러한 요소도 반드시 고려하여야 할 것으로 본다. 그리고 최근 관심이 집중되고 있는 전환 교육에 대한 내용을 반드시 개별화 교육계획에 포함시키는 방안을 강구할 필요가 있다.

③ 개별화 교육계획의 절차

장애아동을 위한 개별화 교육계획의 작성은 결코 쉬운 일이 아니다. 따라서 아동의 장애 상태에 대한 이해는 물론 교육이 행해지는 제반 영역에 대한 충분한 지식을 갖추고 있어야 한다. 먼저 개별화 교육계획을 작성하기 위해서는 그 구성요소를 알아야 하며, 이들 요소에 대한 이해에 기초하여 일련의 체계적인 접근 절차를 밟아야 한다. 개별화 교육계획을 작성하기 위해서는 가장 먼저 아동에 대한 객관적이고 정확한 평가가 이루어져야 한다. 이를 위해서는 전 학년도에 아동 교육에 중심적 역할을 해 온 담임교사와 새학기에 아동을 담당할 교사가 협력하여 프로그램을 구안하여야 한다. 그리고 아동의 교육을 담당한 관련 교사와 협의를 거쳐야 하며, 특히 학교교육과 가정교육과의 연계 및 부모의 적극적인 참여를 위하여 부모에게 의견을 제시할 수 있는 기회를 반드시 주어야 한다. 그리고 평가 결과에 나타난 아동의 교육적 요구에 맞게 장기 교육목표를 달성을 위한 단기 교육목표를 학교 교육과정에 기초하여 구체화하여야 한다. 또한 아동에게 필요한 특수교육 및 관련 교육활동을 선정하고, 개별화 교육계획에 대한 평가를 실시하여 이에 기초해서 프로그램을 수정하여 [그림 3-6]과 같은 절차를 거치게 된다.

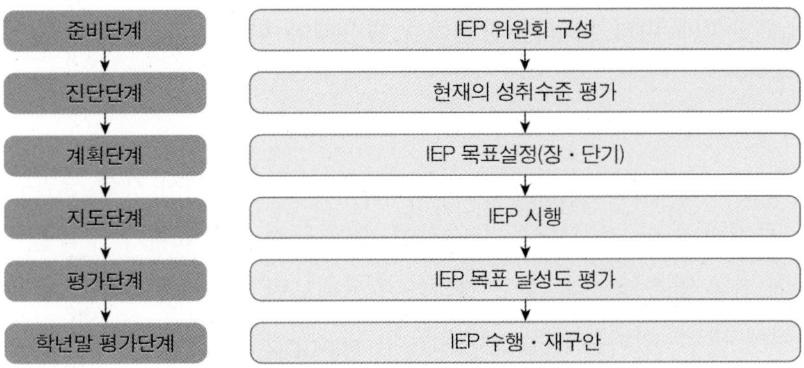

그림 3-6 개별화 교육계획(IEP) 실행 절차

④ 개별화 교육계획 실행에 따른 문제

개별화 교육계획을 실행하는 것은 당연히 해야 할 의무사항이 되었지만, 이를 효율적으로 실천하기 위한 충분한 준비를 계획하지 못한 현실적 여건 때문에 현장에서는 많은 혼란을 겪고 있다. 현장에서 나타난 문제점을 요약하면 다음과 같다.

- 「특수교육법」에 제시된 개별화 교육계획의 내용과 방법에 구체성이 부족하다.
- 교육행정가, 학교 경영자 및 교사들이 개별화 교육계획의 작성과 수행에 대한 이해가 부족하다.
- 개별적인 진단평가가 적절히 이루어지지 않고 있다.
- 시행과정을 고려하지 않고 이것을 무리하게 작성하도록 요구하고 있다.
- 개별화 교육계획에 대한 학부모의 협력을 기대하기 어렵다.

그렇지만 이상의 문제들은 교사들의 노력에 의해 상당 부분 극복될 수 있다. 따라서 특수교육 요구 아동 개개인의 잠재 능력을 극대화시키기 위해 이제 개별화 교육계획을 보다 효율적으로 실시할 방법을 모색하고 실천해야 한다.

3) 교육방법

지적장애 아동들에게 사용할 수 있는 교육방법은 다양하다. 교사는 교수학습 변인(능력, 과제, 책략 변인)에 따라 다양한 방법들을 활용해야 한다.

(1) 또래 교수법

또래 교수(Peer tutoring)는 최근 지적장애 아동의 교육 분야에서 가장 광범위하게 활용되고 있는 중재법의 한 가지로서 그 결과에 대한 긍정적인 효과가 주목을 받고 있다. 또래 교수에 관한 많은 문헌과 연구 결과를 검토해보면 학습수행능력을 개선시키는 데 강력한 도구가 될 수 있다는 것을 알 수 있다(Topping & Ehly, 1998). 예컨대, 통합학급에서 지적장애 아동을 가르치기 위해 지도력이 있는 우수한 아동을 짝지어 주고, 그 짝으로부터 보충설명과 피드백을 받도록 하는 방법이다. King-Sears와 Cummings(1996)는 또래 교수의 이점을 다음과 같이 제시하고 있다.

- 주어진 과제에 반응하고 연습할 기회를 증가시킨다.
- 아동들이 학습과제에 참석하는 시간을 증가한다.
- 자신의 학업성취에 대한 피드백을 수시로 받을 수 있다.
- 과제이탈 및 과잉행동 등의 문제가 감소한다.
- 아동들이 기초 학습기술을 용이하게 습득시킬 수 있다.
- 아동들의 정확한 반응이 증가한다.

① 또래 교수 프로그램의 유형

또래 교수 프로그램은 주의깊게 계획되고 체계적으로 실시하면 큰 교육효과를 거둘 수 있는 교수 방법이다. 또래 교수는 연령에 따라 '혼합 연령 교수(cross-age tutoring)'와 '동일 연령 교수(same-age tutoring)'로 나눌 수 있다.

- **혼합연령 또래 교수**: 혼합연령 또래 교수에서는 나이 많은 아동이 나이 어린 아동이나 기능적으로 낮은 수준의 지적장애 아동을 위해 교사로서의 역할을 한다. 가르치는 아동과 배우는 아동의 역할은 명확히 구분되어야 하고, 서로 역할을 교대할 수 없다. 예컨대, 고등학교 자원봉사 아동이 가까운 초등학교에 있는 지적장애 아동을 지도하는 경우가 그것이다. 고등학교 지원봉사 아동은 가르치는 사람으로서, 초등학교 아동을 배정받아 그들의 시간계획을 세울 수 있고, 그의 역할과 책임에 관해 담임교사로부터 위임받을 수 있다. 또한 교수자가 각 회기에 대한 상세한 날치와 시간, 가르칠 때 사용할 자료들, 가르칠 아동의 진도표 등을 만들 수 있다. 이때 지적장애 아동은 아동교사로부터 더 많은 것을 배울 수 있는 한편, 교사 아동은 장래 직업으로 교육분야나 아동보육 분야를 고려할 수 있다면 이것이 소중한 경험이 될 수 있는 것이다.
- **동일 연령 또래 교수**: 동일 연령의 아동교사가 동급반 아동을 가르치는 경우로서 특수학교나 특수학급 또는 통합학급에서 다양하게 활용할 수 있다. 동일 연령 또래 교수의 경우, 특정 영역에 좀 더 높은 기술을 익힌 아동들이 수준이 낮은 아동을 가르칠 수 있다. 또 다른 경우에 아동이 짝을 이루어 교대로 역할을 바꾸어 가르칠 수도 있다. 이러한 상호교대 역할의 교수법은 글자나 그림카드를 가지고 다른 것을 심화학습 할 때 특히 효과가 있을 수 있다. 이와 같은 방법에서는 카드 뒷면의 정답 때문에 가르치는 아동이 대답을 교정하는 방법에 대해 알아야 할 필요는 없다.

또래 교수 프로그램의 계획과 수행에 관한 절차는 다음과 같다.

첫째, 동료 교수의 가치를 부여한다.
둘째, 동료 교수의 절차를 소개한다.
셋째, 성공적인 동료 교수에 필요한 의사소통 기술과 교수단계를 시범 보여야 한다.
넷째, 특수교육을 필요로 하는 아동의 진전과정을 반드시 기록한다.
다섯째, 동료 교수 학습프로그램의 성과에 관한 토론을 한다.
여섯째, 동료 교사를 위한 보상체제를 마련한다.

(2) 협력학습(협동학습)

협력학습(cooperative learning) 전략은 다양한 학습자들의 통합교육을 촉진하는 교수·학습 방법으로, 지금까지 학교학습에서 광범하게 권장되었다. 협력학습은 일련의 아동들이 공통된 목적을 달성하기 위해 함께 학습하는 방법으로서 상호협력과 책임이 전체 집단 구성원들에게 요구된다(Meese, 1994). 교사는 집단의 다양한 구성원에게 다양한 책임을 부여하거나 아동이 특정 역할(기록자, 보고자, 조사자, 격려하는 사람)을 하도록 요구할 수 있다. 집단수업에서 아동들이 또래와 상호작용 하는 방법을 배우고, 또래들로부터 배우므로 교사의 노력에서 경제적이기 때문에 1 대 1 수업보다 더 많은 장점이 있다. 협력학습을 통해 학습자들의 학업성취 수준이 크게 증진되었고, 학습과제에 대한 학습자들의 태도가 많이 개선되었다는 연구가 축적되어 있다(Slavin & Karweit, 1991). 협력학습에서, 아동들은 소집단에 배정되고 전체적으로 집단 활동에서 협력적으로 활동을 하게 된다. 협력학습 프로그램은 다양한 방법으로 구성되어 사용될 수 있다. Johnson(1991)은 협력학습 프로그램을 시행할 때 중요한 다섯 가지 사항들을 〈표 3-12〉와 같이 제시하고 있다.

표 3-12 협력 학습의 다섯 가지 주요전략

- 학습할 주제를 명확하게 기록한다.
- 학습을 시작하기 전에 학습집단에 배정될 인원수를 결정한다.
- 아동들에게 과제와 긍정적인 상호의존성, 그리고 학습활동에 관해 정확하게 설명한다.
- 교사는 집단의 협력학습 효과를 관리하고, 질문에 대답하고, 과제를 수행하는 기술을 가르치는 등의 과제수행 절차를 제시해 주거나 아동들의 대인관계 및 집단활동 기술을 증가시키기 위한 중재를 한다.
- 아동들의 성취도를 평가하고, 아동들이 각자 서로 어떻게 협력을 잘 했는지를 토론하도록 조력한다.

① 협력학습의 유형

협력학습 활동은 다양한 방법과 과제 유형에 적용될 수 있다. 협력학습의 집단배열과 활동에 관해 몇 가지 유형을 제시하면 능력별 팀학습, 팀보조 개별학습, 읽기·작문의 통합 협력학습, 집단조사 등이 있다. 그리고 교사가 협력학습 집단 활동을 시작할 때 유용한 몇 가지 사항들을 제시하면 다음과 같다(Johnson et al., 1991).

첫째, 3분에서 5분 정도 옆에 있는 친구와 단원에 대해 질문하고 확인하고 토의하도록 한다.

둘째, 자료를 읽고 질문에 답하는 대표자, 기록자, 점검자의 역할을 세 명의 아동에게 부여한다.

셋째, 아동들이 숙제를 점검하고 어떤 질문에 대해 서로 다른 대답들이 나오도록 토의하고 문제를 해결하는 데 알맞은 소집단을 구성하도록 한다.

넷째, 아동들이 집단 활동에서 각자 다른 종이에 학습한 내용을 고치고 비판하도록 하고, 고친 내용에 대해 다시 정정하도록 한다.

다섯째, 아동들이 특정한 시험을 준비할 때 소집단으로 하도록 한다.

② 지적장애 아동을 위한 협력학습

일반아동들은 집단점수나 집단보상이 주어지는 협력학습 활동에서 지적장애 아동이 통합되어 있을 경우, 때때로 자신들의 집단이 성공할 수 있는 기회에 지적장애 아동이 걸림돌이 된다고 걱정한다. 이러한 경우, 구성원들의 기준을 서로 다른 차이가 있는 아동들로 집단을 만들도록 하거나 아동 수만큼 자료를 준비하여 아동들이 각자 나름대로 학습과제를 달성하도록 할 수 있다. 예를 들면, 한 집단에서 글쓰기 활동을 한다면, 지적장애 아동은 그 글자들의 목록 중에서 좀 더 쉬운 단어만을 학습하도록 과제를 제한해서 부과해 줄 수 있다. 이때 학습활동에 대한 평가는, 지적장애 아동이 그 활동을 통해 얼마나 많은 단어를 학습했느냐보다는 그 활동을 하기 전과 비교해서 협력학습 후에 얼마나 개선되었는가를 고려하여 평가를 할 수 있다.

협력학습 활동에 지적장애 아동을 통합시키기 위해서는 준비가 필요하다. 사전 준비가 이루어지지 않으면 원만한 협력학습 효과를 거두기가 어려울 수도 있다. 이에 "지적장애 아동의 준비"와 "일반아동의 준비"에 대해 언급하고자 한다.

가. 지적장애 아동의 준비

협력학습은 아동들이 집단에 기여하기도 하지만, 지적장애 아동이 또래들로부터 추가적인 관심과 도움을 받을 수 있기 때문에 통합교육을 위한 중요한 전략으로써 자주 거론되었다(Scruggs & Mastropieri, 1994). 그러나 일반아동들이 협력학습 집단의 구성원으로 지적장애 아동이 들어오는 것에 대해 싫어하거나 회피하는 경우가 있다. 그러한 경우에는 교사의 주의 깊은 설명이 중요한데, 교사가 사전에 일반아동들에게 협력학습의 절차와 역할에 대해 설명을 하면 일반아동들이 예상을 하고 이해를 하게 된다. 협력학습 활동을 시작하기 전에 역할 놀이를 통해 아동들이 가정된 자신의 역할을 수행해 봄으로써 협력학습 활동에 도움이 될 수 있다. 이때 아동들이 집단 상황에서 맡게 되는 역할은 그들의 현재 기술적 수준에 적합해야 한다. 예를 들면, 지적장애 아동이 그 학년의 수준에 맞게 읽기를 잘 하지 못한다면, 그 아동은 협력 학습한 활동의 내용을 요약해서 이야기하도록 하거나, 다른 친구들이 보고한 내용이 무엇이었는지를 다시 이야기하도록 하는 역할을 부여할 수도 있다. 만일 지적장애 아동이 집단에서 기능하는 데 중요한 특정 사회적 기술이나 학습기술이 부족하다면, 그 아동을 집단에 배정하기 전 특수교사가 그러한 기술들의 부분을 가르칠 수도 있다.

나. 일반아동의 준비

교실에서 또래들은 통합교육 장면에서 지적장애 아동이나 다른 장애 영역의 아동들의 통합을 완전하게 하는 역할을 한다고 하겠다. 이때 일반아동들은 지적장애 아동이나 다른 장애 영역의 아동과 어떻게 적절히 상호작용을 해야 하는지를 배워야 하고, 학습할 때 나타나는 개인의 차이를 어떻게 받아들일 것인가에 대해서도 배워야 한다.

(3) 협동교수법(협력교수)

협동교수법(co-teaching)은 종래의 팀티칭과 유사한 교수형태로서 통합된 장애아동의 학습과 사회적 기술의 증강을 돕기 위한 교수형태이다. 이 같은 교수모형은 협동하는 형태에 따라 여러 유형으로 나눌 수 있다.

- **협동교수 모형**: 전형적인 모형으로서 특수교사가 일반교사와 함께 교수하는 형태
- **공동 교수**: 특수교사가 일반학급의 한쪽에서 소집단의 특수교육 대상 아동들을 가르치는 형태로 완전통합학급에서 흔히 활용하는 방법

- **교수자문 모형**: 특수교사는 일반교사가 통합학급의 모든 아동을 가르칠 수 있도록 조력을 제공하는 형태
- **팀티칭 모형**: 특수교사와 2~3명의 일반교사가 협동팀을 형성하고 통합학급의 모든 아동들에 대해 공동책임을 지는 형태 특별학습실
- **교사모형**: 일반학급에 통합된 장애아동을 맡고 있는 특수교사가 일반교사와 함께 직접교수를 제공하고, 시범을 보이고, 자문을 하는 형태
- **복수자격증 교사**: 특수교사와 일반교사 자격증을 모두 갖추고 있는 교사가 통합학급 전 아동을 가르치는 형태

(4) 예술활동을 통한 교육

음악, 춤, 그림 그리기 등은 지적장애 아동의 감정과 생각을 표현하고 의사소통과 함께 할 수 있는 강력한 수단을 제공한다. 예술은 교사들에게도 소중한 교수재료이다. 일부 아동들은 말로 설명하기보다는 그림이나 사진으로 보여주면 훨씬 더 잘 이해할 수 있다. 예술을 통해서 아동들은 또한 자기결정을 실천하고 경험할 수 있다. 학습에 제한을 지닌 지적장애를 가진 아동들은 여러 예술활동을 통해서 자신 나름대로 자기 계발의 특별한 기회를 찾을지도 모른다.

연극은 중등도 장애를 가진 아동들이 일반아동들과 상호작용을 할 수 있는 또 다른 강력한 기회를 제공한다. 지적장애 아동은 상징적인 역할을 수행할 수 있는 능력을 지니고 있으며, 연극은 집단 활동에 참여하는 데 내포된 위험을 배제할 수 있다(Miller et al., 1993). 가상을 통해, 아동들은 공부에서 자아의식을 촉진시킬 수 있고, 실수에 대한 두려움을 제거할 수 있으며, 가상의 역할에 자신을 몰입시킬 수가 있다. 역할 놀이는 새로운 개념을 표현하는 데 자주 사용되는 기술이고 지적장애 아동으로 하여금 새로운 시도를 해보고 새로운 기술을 완성하도록 해준다. 성공적인 역할 놀이를 가능하게 하는 아동의 능력은 다른 연극이나 가상 상황에 적용될 수 있고 모든 아동들이 함께 웃고 통합된 지역사회 삶을 위한 토대를 제공하는 관계망을 만들 수 있다(Crane, 2002).

4) 지적장애아교육의 이슈

진정한 통합교육의 실현, 다양한 교수 방법의 실천, 전환교육의 실천, 자기결정과 자기 권리 주장, 통합적 진로교육 등을 중심으로 살펴본다.

(1) 진정한 통합교육의 실현

통합교육이란 용어는 일찍이 Integration이라는 말을 사용한 이래 Normalization 혹은 Mainstreaming 또는 Least Restrictive Environment 라는 용어를 써오다 1990년대에 와서는 가능한 한 중증장애아동도 일반 학교에 통합시키고자 하는 적극적 의미로 REI (Regular Education Initiative)가 사용되었다. 최근에는 완전통합교육(Full Inclusion)이라는 용어가 주로 사용되고 있다.

학자들마다 통합교육의 개념을 다양하게 정의하고 있지만 종합해 보면 "장애아동의 특수한 욕구가 충족될 수 있도록 교육환경을 조성하여 주되 가능한 일반아동과의 환경적·교수적·사회적으로 통합할 수 있는 조치를 강구하는 것"이라고 할 수 있다.

결국 장애아동이나 비장애아동 간의 일원화된 체계의 교육이 되어야 완전통합교육이 이루어졌다고 볼 수 있다. 미국 「장애아 교육법(PL 105-17, IDEA)」은 지적장애 아동에게 최소로 제한된 환경에서 무상의 적절한 공교육을 받을 권리를 부여했다. 결과적으로 장애아들에게 교육적 기회를 제공한 것이다.

진정한 통합교육 실천을 하기 위해서는 ① 통합교육의 철학적 이념을 구현, ② 분리교육 대 통합교육의 대립에 대한 적절한 타협과 조치, ③ 지역사회 실질적 통합을 위한 실천조치 강구, ④ 통합교육 내실화를 위한 과제 실천(조인수, 2005) 등의 특단의 노력이 필요하다.

특히 통합교육의 내실화를 위한 과제로는 ① 지적장애인의 독특한 요구 이해와 진정한 통합의 필요성 인식, ② 법적 제도적 뒷받침과 실천 의지, ③ 특수교육 서비스 체계의 개선과 확립, ④ 일반학급 규모의 적정화, ⑤ 특수학교의 역할 변화에 대한 대비, ⑥ 교육과정과 프로그램의 다원화, ⑦ 특수학급 운영의 내실화와 전환 교육 강화 ⑧ 통합교육환경 구축을 위한 시설·설비 확충 ⑨ 부모－전문가의 협력 등을 들 수 있다.

(2) 다양한 교수 방법의 실천

앞서 교육방법에서 또래 교수법, 협력학습 등을 언급하였지만 교수·학습의 재구조화에 따른 능력, 과제, 책략 변인에 따른 다양한 교수전략이 아동의 특성에 따라 제공되어야 한다.

특히, 특수교육공학적 접근으로 컴퓨터 보조수업, 초학문적 실천, 직접 교수 기법, 적응교수, 예능을 통한 교육, 다중접근법을 이용한 새로운 아이디어를 창출하여 아동의 학업성취에 대한 교사 자신들의 노력 결과를 평가해야 한다.

(3) 전환교육의 실천

지적장애 아동들의 결과 중심 전환교육 없이는 교육의 극대화를 기대할 수 없다. 전환교육은 지적장애 아동의 실질적인 사회통합을 의미하여 종합적인 전환서비스를 제공해 줄 수 있는 총체적인 진로교육체제로 간주된다.

이들에게 효율적인 전환교육 실천을 위해서는 먼저 개별전환 교육계획(ITP)이 수립되어 지원 중심의 훈련, 배치 등 연속적 서비스 활동들이 고용, 이동, 자기 결정, 사회적 기술 영역과 내용에 맞게 추진되어야 한다.

올바른 전환교육 실천을 위해서는 ① 학제적 접근으로 초학문적 지원 체제의 팀 협력방식이 필요하고 ② 기관 간 협력을 통한 서비스 전달 간의 간 학문적 협력 인적 전문가들의 협력, ③ 기관 간 협력 정보의 공유, ④ 자료수집 및 평가의 협력 등이 매우 중요하다.

전환교육의 실천적 과제는 ① 전환교육의 이념 증진, ② 전문인력 구축, ③ 생활기능 중심 교육과정의 개발, ④ 학교와 관련 기관 및 전문가의 협력 구축, ⑤ 장애아동부모와 아동의 적극적인 참여, ⑥ 진단평가를 포함한 전환교육계획 훈련, 배치 및 사후서비스에 이르기까지 결과 중심의 과정적 구조화, ⑦ 전환교육 중도 탈락자에 대한 대안 교육서비스 제공대책 등이 필요하다.

(4) 자기 결정과 자기권리 주장

자기 결정 문제는 지적장애인 결과 중심 교육의 핵심과제이자 자기 주도적인 질적 삶의 핵심요소이다. 최근 들어 지적장애인들의 자기 결정 기술 함양을 위한 교수방략들이(조인수, 이응훈, 2008) 소개되고 있다. 지적장애인들에게도 의도적이고 체계화된 방략들을 제공하면 자기 결정 능력(자율성, 자기규칙, 심리적 역량, 자아실현)을 함양할 수 있다.

최근 들어 지적장애인들에게 자기권리 주장(Self-advocacy) 능력을 배양하자는 운동이 이슈화되고 있다. 이들의 질적인 삶을 배가하고 자신이 주체가 되어 스스로 의사를 표현하고 권리를 주장·획득할 수 있게 하며, 의무를 실천할 수 있게 하자는 운동이 전 세계적으로 확산되고 있는 것이다. 우리나라에서는 '더불어 사는 국민'이란 단체 명칭으로 자기권리 주장운동이 활발히 전개되고 있다.

(5) 통합적 진로교육

① 직업지도와 준비, ② 개인사회적 기술, ③ 일생생활기술 등 지역사회 생활 적응을 위한 실질적 '사회적 적응기술'을 배양하는 것이 지적장애아 교육의 핵심적 과제라고 해도 과언이 아니다.

사회적 기술은 개념적·사회적·실천적 기술 16개 하위영역 과제들의 습득이 지적장애인들 결과 중심의 전환교육 목표이기도 하다. 또한 통합적 진로교육의 핵심요소는 중도 지적장애인들을 위한 독립생활기술 교수와 교육과정의 구조화가 체계적으로 이루어져야 하고 지역사회 중심 교수를 통한 지적장애 아동들의 적응행동기술 향상을 꾸준히 시스템화해 나가는 것이다.

참고문헌

국립특수교육원(2003). **KISE-SAB**. 경기: 동원.

곽금주, 오상우, 김정택(2011). **한국 웩슬러 아동지능검사(K-WISC-Ⅳ)**. 서울: 학지사.

교육과학기술부(2008). 특수교육 연차보고서 2008년 정기국회 보고자료.

김승국(1990). **적응행동검사**. 서울: 중앙적성출판사.

김승국, 김옥기(1995). **사회성숙도검사**. 서울: 도서출판특수교육.

김정섭 외 공역(2010). **스턴버그의 교육 심리학 제2판**. 서울: 시그마프레스.

도명애, 서석진, 최성욱, 김성화, 박순길, 윤치연, 양경애, 조규영(2016). **특수아동의 이해**. 서울: 창지사.

문수백, 변창진(1997). **K-ABC**. 서울: 학지사.

미국정신의학회(1994). **정신장애의 진단 및 통계 편람(DSM-Ⅳ)**.

신진숙(2010). **지적장애아 교육**. 경기: 양서원.

신종호 외 공역(2008). **정신지체 제7판**. 서울: 시그마프레스.

임경옥, 박경화, 조현정(2017). **특수교육개론**. 서울: 학지사.

조인수(2002). **장애인의 삶의 질 향상을 위한 전환교육과 서비스**. 대구: 대구대학교 출판부.

조인수(2005). **정신지체아교육**. 대구: 대구대학교 출판부.

조인수, 이응훈(2008). **지적발달장애인을 위한 자기결정교수방략**. 대구: 대구대학교 출판부.

조윤경, 김수진(2019). **유아교사를 위한 특수아동의 이해 제2판**. 경기: 공동체.

정대영(2013). **특수교육학**. 서울: 창지사.

황보면, 김경신(2010). **지적장애아동 언어치료**. 서울: 학지사.

AAMR(1992). *Mental retardation: Definition, classification and system of supports*(9th ed.). Washington, DC: Author.

AAMR(2002). *Mental retardation: Definition, classification, and systems of supports*(10th ed.). Washington, DC: Author.

Belmont, J. M.(1996). Long-term memory in mental retardation. *International Review of Research in Mental Retardation*(Vol. 17, pp.193-217). San Diego, CA: Academic Press.

Clark, G. M., & Kolstoe, O. P.(1995). *Career development and transition education for adolescents with disabilities*(2nd ed.). Boston: Allyn & Bacon.

Clein, N. K., Pasch, M., & Frew, T. W.(1978). *Curriculum analysis and design for retarded Iearners.* CoIumbus: Charles E. Merrill Publishing Co.

Crane, L. L.(2002). *Mental Retardation: A Community integration Approach.* Adsworth/Thomson Learning.

Developmental Principles of the Luckasson et al.(1992). AAMR Definition of Mental Retardation: A Retrospective.

Hallahan, D. P., & Kauffman, J. M.(2003). *Exceptional learners: Introduction to special education*(9th ed.). Boston: Allyn & Bacon.

Johnson, D. W., & Johnson, R. T.(1986). Mainstreaming and cooperative learning strategies. *Exceptional Children, 52*, 553-561.

Johnson, D. W., Johnson, R. T., & Holubec, E. J.(1991). *Cooperation in the classroom*. Edina, MN: Interaction Book Company.

King-Sears, M. E., & Cummings, C. S.(1996). Inclusive practices of classroom teachers. *Remedial and Special Education, 17*, 217-225.

Lerner, J.(2003). *Learning(disabilities: Theories. diagnosis, and teaching strategies)*. Boston: Houghton Mifflin Co.

Lerner, J., Lowenthal, B., & Egan, R.(2003). *Preschool children with special needs: Children at risk and children with disabilites*. Needham Hights, MA: Allyn & Bacon.

Meese, R. L.(1994). *Teaching learners with mild disabilities: Integrating research and practice.* Belmont, CA: Wadsworth.

Merrill, E. C.(1990). Attentional resource allocation and mental retardation. In N. W. Bray(Ed.), *International review of research in mental retardation*(Vol. 16, pp.51-88). San Diego, CA: Academic Press.

Miller, H., Rynders, J. E., & Schleien, S. J.(1993). Drama: A medium to enhance social interaction between students with and without mental retardation. *Mental Retardation, 31*(4), 228-233.

Scruggs, T. E., & Mastropieri, M. A.(1994d). Successful mainstreaming in elementary science classes: A qualitative investigation of three reputational cases. *American Educational Research Journal, 31,* 785-811.

Schalock, R. L., Gardner, J. F., & Bradley, V. J.(2007). *Quality of life: Applications for people with in intellectual and developmental disabilities*. Washington, DC: American Association on Intellectual and Developmental Disabilities.

Slavin, R. E., & Karweit, N. L.(1991). Effects of whole class, ability grouped, and individualized instruction on mathematics achievement. *American Educational Research Journal,* 22, 351-267.

Smith, T. E. C., & Hilton, A.(1994). Program design for students with mental retardation. *Education and Training in Mental Retardation Developmental Disabilities, 29*(1), 3-8.

Stainback, S., & Stainback, W.(Eds.)(1996). *Inclusion: A Guide for educators*(2nd ed.). Baltimore: Brookes.

Taylor, S. J.(2005). Caught in the continuum: A critical analysis of the principle of the least restrictive environment. *Research and Practice for Persons with Severe Disabilities, 30*, 218-230.

Thomas, G. E.(1996). *Teaching students with mental retardation: A life goal curriculum planning approach.* Englewood Cliffs, NJ: Prentice Hall.

Topping, K., & Ehly, S.(Eds.)(1998). *Peer-assisted learning*. Mahwah, NJ: Routledge.

Wehmeyer, M. L., Sands, D. J., Konwlton, H. E., & Kozleski, E. B.(2002). *Teaching students with mental retardation: Proving access to th general curriculum.* Baltimore, MD: Paul H. Brookes.

Zigler, E.(1999). The individual with mental retardation as a whole person. In E. Zigler & D. Bennett-Gates(Eds.), *Personality development in individuals with mental retardation*(pp.1-16). Cambridge: Cambridge University Press.

익힘문제

1. 지적장애의 정의를 설명하시오.
2. 지적장애 아동의 영역별 특성을 설명하시오.
3. 지적장애 아동의 판별을 위한 절차 및 검사도구를 설명하시오.
4. 지적장애 아동의 교육방법을 제시하시오.

Chapter

04

학습장애

학습장애는 보편적으로 아동의 나이와 학교교육, 개인의 지능지수를 고려했을 때 읽기나 쓰기, 산수 등의 학습적 능력이 기대수준에 미치지 못하여 학업이나 일상생활에 장애를 나타내는 경우를 말한다. 즉, 아동이 평균적인 지능을 지니고 있으면서도 특정 학습기술인 읽기, 쓰기, 셈하기 기술의 학습에 심각한 문제를 보이는 것이라 할 수 있다.

역사적 배경을 살펴보면 학습장애는 1800년대 유럽에서 시작하여 지속적으로 소개되었다. 1900년대에는 지각이나 주의집중능력을 결함을 보이는 뇌손상 성인과 읽기 및 언어 결함을 보이는 아동들을 대상으로 연구가 활발히 이루어졌다. 이 당시 학습장애를 나타내기 위하여 사용된 용어는 90개가 넘었으며 가장 많이 사용된 용어는 미세 뇌기능이상(minimal brain dyfunction: MBD), 뇌손상 언어지체, 중앙정보처리기능 이상 등으로 불리다가 1960년대 Kirk(1962)가 학습장애라는 용어를 처음 제안했다. 이후 정의에 대한 논의가 지속되고 있으며, 현재까지도 학습장애의 정의가 명확히 제시되지 않고 있다. 1975년 「미국 전장애아교육법」의 통과 이후 특수교육 서비스를 제공 받는 특수아동의 수는 급격히 늘어났으며, 전체 특수아동 가운데 학습장애 아동의 비중이 크게 증가하였다(윤광보 외, 2006). 학습장애 아동이 증가하는 이유는 학습장애에 대한 일반인이나 학부모들의 의식 확산, 장애영역 가운데 학습장애에 대한 사람들과 장애부모의 용어 선호, 학습장애에 대한 진단평가도구의 발전 등을 들고 있다(Lerner & Kline, 2006).

학습장애 아동은 지적능력에는 문제가 없기 때문에 일부 학습영역에서 다소 지체를 보이더라도 좀 더 좋아질 것이라고 생각하며 중재할 시기를 놓쳐 버릴 때가 많다. 학습에서의 늦은 중재로 인해 학습문제를 학교에 들어가고 난 후 바로 잡으려 들면 아동은 학습에서의 누적된 실패경험과 또래 관계에서의 문제 등으로 학습에서의 문제뿐만 아니라 심리적인 고통으로 자존감 또한 손상 받는 경우가 많다. 따라서 학습장애를 조기에 발견해서 적절한 교육적 조치를 지원해 주면 충분히 극복하고 더 나은 성취를 보일 수 있을 것이다.

이 장에서는 학습장애 아동을 이해하기 위해서 학습장애의 정의와 원인에 대해 살펴보고 학습장애의 특성과 이들을 진단하고 분류하기 위해서는 어떠한 기준으로 진단하고 평가하는가에 대하여 살펴보고자 한다.

1. 학습장애의 정의 및 원인

학습장애의 정의는 이질적인 다양한 장애집단으로 구성되어 있기 때문에 명확하고 널리 수용될 수 있는 정의를 제시하기는 어렵다(변찬석, 2011). 그래서 학습장애의 정의는 학습장애란 용어가 사용되기 시작한 이래 여러 가지가 제시되었으며, 아직까지도 논의가 지속되고 있다(박소현, 2011). 본 절에서는 학습장애의 정의와 관련하여 가장 많이 언급되고 있는 미국의 「장애인 교육법(IDEA, 2004)」과 학습장애공동협회(National Joint Committee on Learnig Disabilities: NJCLD), 그리고 우리나라 「장애인 등에 대한 특수교육법」에서의 정의를 살펴보고자 한다.

1) 학습장애의 정의

(1) 미국 「장애인 교육법(IDEA)」의 정의

- 일반적 규정: 특정학습장애(Specific learning disabilities)라는 용어는 언어, 즉 구어나 문어로 표현된 언어를 이해하거나 사용하는 것과 관련된 한 가지 혹은 그 이상의 기본적인 심리적 과정에서의 장애를 의미하는 것으로, 듣기, 생각하기, 말하기, 읽기, 철자 쓰기 혹은 수학 계산 등에서 불완전한 능력으로 나타날 수 있다.
- 포함된 장애: 특정학습장애는 지각장애, 뇌손상, 미세 뇌기능 이상, 난독증, 발달적 실어증 등과 같은 상태를 포함한다.
- 포함되지 않는 장애: 특정학습장애는 시각장애, 청각장애, 운동장애, 정신지체, 정서장애 또는 환경적 문화적 경제적 불이익으로 초래된 결과가 일차적으로 작용함으로써 발생된 학습상의 문제는 포함하지 않는다.

학습장애 아동은 학업 수행에 있어서 영역 간 불균형한 성취를 보이는데, 특정 영역의 결함을 보이는 아동을 지칭하기 위해서 특정학습장애(Specific learning disabilities)라는 용어를 사용하고 있다.

(2) 미국 학습장애공동협회(NJCLD)의 정의

학습장애는 듣기, 말하기, 읽기, 쓰기, 추론하기나 수학능력을 획득하고 사용함에 있어 상당한 어려움을 나타내는 이질적인 장애 집단을 일컫는 일반적인 용어다. 이러한 장애들은 개인 내적으로 발생하며, 중추신경계 기능 이상에 따른 것으로 추정되고 있고, 전 생애에 걸쳐 나타날 수 있다. 자기조절 행동, 사회적 지각이나 사회적 상호작용에서의 문제들이 학습장애와 함께 나타날 수 있지만, 이러한 문제만으로는 학습장애로 판별되지 않는다. 학습장애가 다른 장애(예: 감각장애, 지적장애, 심각한 정서장애)나 외부적인 영향(예: 문화적 차이, 불충분하거나 부적절한 교수)과 함께 발생할 수 있지만, 이러한 장애나 영향의 직접적인 결과로 발생하는 것은 아니다.

IDEA와 NJCLD 의 정의에는 몇 가지 차이점이 있다. IDEA는 학습장애를 기본적 심리과정에서의 장애로 보고 있는 반면, NJCLD는 오늘날 많은 학자들이 따르고 있는 중추신경계장애를 학습장애의 원인으로 보고 있다(강종구 외, 2010).

(3) 국내의 정의

우리나라 「장애인 등에 대한 특수교육법 시행령」(2020) 제10조에서는 학습장애를 다음과 같이 정의하고 있다.

개인의 내적 요인으로 인하여 듣기, 말하기, 주의집중, 지각, 기억, 문제해결 등의 학습기능이나 읽기, 쓰기, 수학 등 학업성취 영역에서의 현저하게 어려움이 있는 사람

1977년 「특수교육진흥법」이 제정된 당시에는 학습장애가 장애범주에 포함되어 있지 않았으나, 1994년 「특수교육진흥법」이 개정되면서 학습장애가 특정 장애범주의 하나로 추가되었으며, 2007년 「장애인 등에 대한 특수교육법」에서 좀 더 구체적으로 정의되었다.

다음은 한국 특수교육학회(2008)에서 제시하는 정의이다.

학습장애란 개인 내적 원인으로 인하여 일생 동안 발달적 학습(듣기, 말하기, 주의집중, 지각, 기억, 문제해결 등)이나 학업적 학습(읽기, 쓰기, 수학 등) 영역들 중 하나 이상에서 심각한 어려움을 겪는 것을 말한다. 이 장애는 다른 장애조건(감각장애, 정신지체, 정서장애 등)이나 화경실조(문화적 요인, 경제적 요인, 교수적 요인 등)와 함께 나타날 수 있으나 이러한 조건이 직접적인 원인이 되어 나타난 것은 아니다.

대부분의 학습장애의 정의에서 공통적으로 포함하고 있는 내용은 학습의 실패, 심리적 과정상의 결손, 기대치와 성취도의 불일치, 다른 장애와 환경적 결손의 직접적인 결과가 아니라는 제외요소 등을 포함하고 있다.

특수교육연차보고서(2019)를 살펴보면, 학습장애는 2013년 4.7%의 비율로 학습장애의 출현율이 높았는데, 2018년에는 1.8%로 낮아졌으며, 2019년에는 1.5%로 낮아졌다. 이는 다른 장애 영역의 비중이 증가하여 학습장애가 줄어든 것이 아니라 학습장애 정의의 모호성, 진단평가에서의 어려움 등으로 학습장애로의 진단이 어려워 출현율이 낮아지고 있는 것은 아닌지 살펴보아야 할 현상이다.

2) 학습장애의 원인

학습장애의 원인을 정확하게 알아내는 것은 매우 힘들다. 학습장애의 원인이 무엇인지 규명하려는 연구는 의학, 심리학, 교육학 등 다양한 분야에서 오랫동안 해 왔지만 아직까지도 명확하게 합의된 원인이 제시되지 않고 있다. 이 절에서는 이러한 학습장애의 명확한 원인은 제시할 수 없지만 신경학적·유전적·환경적 측면에서 원인을 모색하고자 한다.

(1) 신경학적 요인

많은 의학 전문가들은 학습장애 아동이 중추신경계의 기능 이상을 지니고 있는 것(Hallahan et al., 2009)으로 간주하고 있으며, 뇌의 활동을 좀 더 정확하게 진단할 수 있는 컴퓨터 단층촬영(CAT), 자기공명촬영(MRI), 기능성 자기공명촬영(fMRI), 양전기 방출단층촬영(PET-scan) 등의 의학기기들의 발달은 학습장애가 신경학적 요인이 있음을 뒷받침하고 있다. 후천성 신경계통 손상은 임신 중이나 출산기에 생길 수도 있고, 출생 후에 생길 수도 있는데 출생 전 요인은 다른 유전적 요인보다 어머니의 영양 결핍 문제와 태아에 영향을 미치는 질병과 관련이 있다. 임신 중에는 알코올이나 약물이 손상의 원인이 될 수 있고 출산기에는 미숙, 산소결핍증, 분만, 의학적 기구, 출산 합병증 등이 손상의 원인이 될 수 있으며, 출산 후에는 사고나 질병이 손상의 원인이 될 수 있다고 한다(김원경 외, 2009).

(2) 유전적 요인

연구에 의하면, 읽기장애를 가진 부모들의 자녀에서 읽기 능력에 어려움을 보일 가능성이 많고, 난독증을 가진 경우 부모나 형제에서 난독증을 보일 가능성이 더 높은 것으로 나타났다(Schulte-Korne et al., 2006). Hallgren(1950)은 스웨덴에서 가계연구에서 난독증으로 진단을 받은 사람의 친척 중에 읽기, 쓰기, 철자장애의 상태가 유전된다고 할 수 있을 정도로 많았으며, Herman(1959)은 일란성 쌍생아와 이란성 쌍생아를 비교 연구하였는데, 일란성 쌍생아 중 한쪽이 난독증을 가지고 있었으나 이란성 쌍생아 중에서는 1/3만이 양쪽 모두 난독증을 가지고 있는 것으로 밝혔다.

(3) 환경적 요인

장애로 인하여 특별한 교육적 요구를 가진 아동들은 장애 원인에서 환경적 요인을 간과할 수 없다. 학습장애 아동을 둘러싼 환경은 그들이 가지고 있는 학업적 수행을 더 악화시킬 수도 있고, 극복하도록 도와줄 수도 있다. 학습장애 아동의 환경적 요인으로는 부모의 낮은 사회적 경제적 지위로 발생할 수도 있고, 빈곤한 환경, 영양결핍, 열악한 교육환경, 심리적 자극의 결핍 등이 지적되고 있으며, 이러한 환경에서 학습상의 문제가 나타날 확률이 크다고 한다. 또한, 학습장애 아동의 환경적 원인으로 교사의 질적인 문제로 교사의 부적절한 교수가 학습장애를 일으킬 위험에 처할 수 있다고 한다(Hallahan et al., 2005).

2. 학습장애의 분류 및 특성

학습장애 아동은 인지, 학습, 정서·행동 및 사회성 영역에서 다양한 특성을 보이는데, 이러한 특성들은 공통적인 패턴을 보이기도 하지만 한 가지 이상의 복합적 특성을 보이는 경우가 많다. 이러한 현상은 학습장애 아동의 정해져 있는 체계에 따라 이루어지는 것이 아니라 개인에 따라 유형과 정도가 다양하다(Hallahan, Kauffman, & Lloyd, 1999). 따라서 부모나 교사들은 학습장애 아동을 교육할 때 아동이 지니는 공통적 특성 혹은 다양한 특성을 이해하여야 하며, 이러한 특성들이 동일하게 나타나는 것이 아니라는 사실을 인지하여 교육해야 한다. 이 절에서는 학습장애 아동의 특성을 이해하기 위해서 인지적인 측면과 인지적 특성에서 발생되는 학습특성, 정서·행동적인 특성과 사회적 특성에 대하여 살펴보고자 한다.

1) 학습장애의 분류

(1) 학습장애 발현 시점(한국특수교육학회, 2008)

① 발달적 학습장애

학령 전기 아동들 중 학습과 관련된 기본적 심리과정에 현저한 어려움을 보이는 아동으로 구어장애, 주의집중장애, 지각장애, 기억장애, 사고장애로 분류한다.

② 학업적 학습장애

학령기 이후 학업과 관련된 영역에서 현저한 어려움을 보이는 장애로 읽기장애, 쓰기장애, 수학장애로 분류한다.

③ 언어성 비언어적 학습장애

언어성 학습장애(Verbal Learning Disabilities)는 언어영역, 말하기, 듣기, 읽기, 쓰기 영역의 한 가지 이상의 문제가 있어 학습에 결함을 보이는 것을 말하며, 비언어성 학습장애(Nonverbal Learning Disabilities)는 언어능력에는 강점을 보이나 운동 기능장애, 시각 공간 조직화 기능장애, 사회성 기능장애, 감각 기능장애 등의 기술과 같은 비언어적 능력에서 결함을 보인다.

(2) 학습부진, 학습지진, 학습장애 아동의 구분

① 학습부진 아동(underachiever)

정상지능을 가지고 있으며, 신경계에 이상은 없으나 정서 문제나 사회 환경적인 원인들 때문에 학업성취도가 떨어지는 아동으로, 이들은 그런 환경요인이 제거되거나 치료적 개입을 통해 교정되면 정상 학습능력과 성취도를 보일 수 있다.

② 학습지진 아동(slow learner)

선천적 지적능력의 결핍으로 인해 학습능력이 떨어지는 아동으로, 일반아동 집단의 하위 15~20%에 해당하며, 경도 지적장애 아동과 비슷한 학습상 문제를 가지나 그 정도가 가볍다.

③ 학습장애 아동(learning disabilities)

정상 또는 정상 이상의 지능을 가지고 있으며, 정서 및 사회 환경적인 문제 등의 원인이 없음에도 불구하고 학업성취도가 떨어지는 아동으로, 대개 신경학적 기능장애로 인하여 유발되는 것으로 추정한다.

2) 학습장애의 특성

(1) 인지적 특성

학습장애 아동은 기억, 주의, 지각, 및 개념 형성 등 기초적인 인지처리 과정에서 결함을 보이는 경우가 많다. 이러한 인지적 특성을 밝히는 것은 아동을 이해하여 교육하는데 매우 중요하다. 이들은 대부분 실제 평균 이상의 지적 능력을 지니고 있음에도 다양한 영역에서의 인지처리 과정이나 주의집중력, 기억 등에서 결함을 나타내며(Swanson 1994), 초인지전략 사용에서의 융통성이 부족하여 문제를 해결할 때 깊이 사고하지 않고 행동하는 특징이 있다(Dickman, 1990). 또한, 학습장애 아동은 나이가 어리거나 미숙한 아동의 기억과 유사한 형태를 나타낸다고 한다(Swanson, 1994). 기억은 읽기, 쓰기, 수학, 언어, 학습, 조직기술, 과학, 사회 등 여러 교과목에서 중요한 역할을 하는데(Mastropieri & Scruggs, 1997; Scruggs, & Mastropieri, 1993), 기억에서의 결함은 학습영역과 밀접하게 관련되어 있어 학업에서의 성취율이 낮을 수밖에 없다. Hallahan 등(1985)은 학습장애 아동이 기억에 있어서 어려움을 보이는 것은 암기를 위한 전략을 사용하지 못하기 때문인데, 이것은 단어들을 암기할 때 단어의 종류별로 모아서 외우는 전략을 사용하지 못하기 때문에 전략을 사용하는 일반아동에 비해서 암기력이 떨어질 수밖에 없다고 한다.

학습장애 아동은 정보를 받아들이는 데 있어서 정보의 부호화 및 자동화에서의 문제와 주의집중의 부족으로 문제를 해결하는 데 또래보다 불안이 크다고 한다(Mckeachie, et al., 1985). 일반아동은 자동적으로 진행되는 정보처리가 학습장애 아동의 경우에는 의식적으로 주의를 집중하여야 하기 때문에 과제수행에 더 많은 장애를 보이게 된다(Sternberg & Wagner, 1982). 또한, 이들은 시·청 지각에 대한 학습과제에서도 결함이 보고되고 있다(Mazer, McIntyre, Murray, Till & Blackwell, 1983). 지각에서의 결핍은 교통신호, 위험신호, 방향표시, 단어, 그림 등을 인지, 변별하고 해석하는 데 어려움이 있을 수 있으며, 시지각과 청지각에 대한 학습과제에서 반응속도가 느리다. 예를 들면, 그림이나 숫자의 의미에 따라 반응하고 그림 속에서 모순을 이해하는 속도가 느리다.

(2) 학습특성

학습장애 아동은 이들이 가지는 인지적 문제들로 인하여 학습에서도 여러 가지 어려움을 가져온다. 학습장애 아동들이 학습에서의 어려움을 보이는 대표적인 영역은 읽기, 쓰기, 말하기, 셈하기 등이다. 이들 영역 중 한두 영역에서 문제를 보이기도 하지만 종종 여러 영역에서 함께 결함을 보이는 아동도 있다.

① 읽기

읽기장애는 학습장애의 하위영역 중에서 가장 높은 비율을 차지하는 장애로서 학습장애 아동들의 약 80%가 읽기장애로 분류된다고 한다(Lerner, 2003). 읽기문제의 경우 문장을 읽을 때 단어나 단어의 일부분을 빠뜨리고 읽는 생략, 제시된 문장에 없는 단어나 문장을 추가해서 읽는 첨가, 문자나 단어의 좌우를 바꾸어 읽는 도치, 단어와 문장을 반복하여 읽는 것 등과 같은 특성을 보이며, 유창성에 문제가 있는 경우에는 글을 읽고도 그 뜻을 잘 요약하거나 설명할 수 없는 어려움을 보인다. 또한, 비슷한 단어를 혼동하여 읽기도 하고 개별 단어 읽기와 문장 읽기에서 어려움을 보이기도 한다. 어떤 아동들은 단어를 하나씩 천천히 읽기도 하고, 읽을 수 없는 단어들은 빠뜨리고 빨리 읽어 문장 해독은 유창하지만 독해력이 부족한 경우도 많다.

② 쓰기

쓰기에서는 필기구를 잡는 방법과 각도 및 자세가 어색하고 철자 쓰는 획순을 틀리는 경우가 많다. 또한, 전반적으로 글자의 크기와 칸이 일정하지 않으며, 글자 모양이 왜곡되어 있는 경우가 많다. 이들은 받아쓰기를 할 때 받침이 있는 단어의 연음관계를 이해하지 못해서 소리 나는 대로 쓰는 경우가 많고, 모음 'ㅏ'와 'ㅓ', 'ㅐ'와 'ㅔ'를 구별해서 쓰지 못하며, 자음에서는 'ㄷ'이나 'ㄹ'의 방향을 잘못 쓰거나 'ㅁ', 'ㅂ', 'ㅍ'의 글자를 구분 못하는 경우도 많다. 또한, 글자를 옮겨 쓸 때 칠판과 책에 있는 글자를 옮겨 쓰는 속도가 느리고, 단어의 철자를 빼고 쓰는 경우도 많으며, 읽기에서와 마찬가지로 비슷한 글자로 대치하여 쓰는 경우도 있다.

작문할 때에는 구두점, 맞춤법 등과 같은 기술적인 측면이 부족하며, 부적절한 접속사를 많이 쓰며 빈약한 어휘로 산출하는 단어 수가 적기 때문에 문장의 길이가 짧다. 작문한 문장에서 논리적 연결과 구성에서 빈약하며, 띄어쓰기 등 맞춤법에서도 문제를 보이며 문장부호를 부적절하게 사용한다.

③ 말하기

말하기에서는 일상적인 대화에서 알맞은 단어 사용과 적절한 속도와 크기로 표현하는데 어려움을 보이며, 조음 장애와 같은 발달적 언어장애를 보이는 경우가 많다. 대화 상대의 말을 듣고 이해하는 능력도 또래에 비해 늦으며 타인의 감정을 고려하지 않고 일방적으로 대화하는 경우가 많다.

④ 셈하기

셈하기 영역에서는 기초적인 수학적 지식인 수의 개념, 숫자, 수식 등이 부족하고 정보처리상의 문제로 장기기억 속에 저장되어 있는 연산지식을 적절하게 인출하지 못하는 문제를 지니고 있다(Bley & Thornton, 1995). 연산과정에서 효과적인 전략보다 상대적으로 비효과적인 전략을 사용하여(Geary, 2003), 또래 아동보다 연산문제를 해결하는 속도와 정확성이 낮다. 두드러진 특징 중 숫자를 시·공간적으로 조직화하는 능력이 부족하여 자리 값에 따른 숫자의 배열에 어려움을 느끼며, 6과 9, 18과 81 등의 비슷한 글자를 혼동하는 경우가 많다. 또한, 연산속도가 느리고 연산에 대한 정확성이 부족하며 올림이나 내림에서 방향을 고려하지 않고 연산하는 경우와 올림과 내림을 생략하는 등 편리한 방법으로 연산해서 오류를 범하는 경우가 많다. 또한, 두 가지 이상의 정보를 동시에 처리해야 하는 문제에서는 한 가지 정보만으로 답을 유출하는 경우가 많다. Fletcher 등(2002)은 수학교과 학습에 있어서 단어인지에 어려움을 가지는 아동과 수학적 계산에 어려움을 가지는 아동으로 구분하여 이해해야 한다고 하였다.

(3) 정서·행동 특성

Heath(1992)는 학습장애 아동의 우울증에 관한 연구에서 학습장애 아동은 비장애 학생들보다 높은 수준의 우울로 위협받고 있으며, 자신의 실패에 대해서 능력의 결핍과 자신의 노력보다는 다른 사람의 조력 부족으로 생각하는 경향이 많다고 한다(Cohen, 1992).

학습장애 아동은 습득된 지식의 부족으로 학년이 올라갈수록 점점 더 장애가 심화될 뿐만 아니라, 누적된 학습 실패로 인한 절망감과 자신감의 결여, 학습에서의 사기 저하와 같은 낮은 학습자아개념을 보인다. 이러한 낮은 학습자아개념은 학습에서의 저성취는 물론 학습동기에서 흥미와 의욕 상실, 자신감 상실로 다음 학습에서 더 큰 실패를 가져오게 되어 이로 인한 심한 좌절감과 의욕 및 흥미 상실 등을 가져오는 악순환을 이루게 된다.

학습장애 아동은 인내심이 약하고 쉽게 좌절하는 경향이 많으며, 다른 사람의 감정을 이해하고 민첩하게 반응하지 못하는 경향으로 또래 집단 속에서 상호작용에 어려움을 보이는 경우도 많다. 학습장애 아동의 사회적 기술 부족은 상대방으로부터 받는 거부와 부정적인 반응에 충동적으로 반응하기도 하며, 공격적인 행동을 보이는 경향이 많다. 또한, 정서적으로 우울하거나 사회적으로 위축되어 있다. 학습장애 아동은 사회적 상황을 이해하고 자신의 의사를 표현하는 데 어려움을 보이는 특성 때문에 평균수준 이상의 지능을 가지고 있음에도 부모나 교사, 또래들에게 행동이 잘못 전달될 수 있다.

학습장애와 관련된 행동 특성으로 주의집중 문제와 과잉행동이 지적된다. 이들은 과제처리 속도가 느리고 시작이 어렵고 과제를 끝까지 완수할 정도로 과제에 주의를 집중하지 못하는 모습을 보인다. 학습과 관련된 것과 관련되지 않는 자극을 잘 구별하지 못하여 학습과제 수행의 효율성이 낮다. 또한, 사고의 경직성이 있어서 한 가지 자극에서 다른 자극으로 주의를 이동시키는 데 어려움을 가지고 있으며, 연속된 학습과제에 주의를 지속적으로 기울이지 못하여 학습과제를 끝까지 수행하지 못하는 경우가 많다. 학습장애 아동의 주의집중 문제는 학습 시 아동을 더욱 산만하게 하고 학습하기에 충분할 만큼 오랫동안 주의를 지속하지 못하여 학업성취에 어려움을 보이게 하는 경우가 많다.

(4) 사회성

학습장애 아동은 사회적 능력에서도 어려움을 가진다(Gresham, et al., 2001). 학습장애의 75%가 사회적 기술결함을 가지고 사회적으로 고립되어 있으며, 또래에게 인기가 없다(Kaval & Forness, 1996). 학습장애 아동은 상대방의 감정을 이해하는 기술이 부족하기 때문에 대인관계가 원만하지 못하고 상황에 맞지 않는 행위를 하거나 자신의 행위 결과를 인식하지 못한다. 또한, 또래들 간에 사회적 또는 비구어적 단어를 잘못 해석하는 경우가 많아서 또래들로부터 무시를 당하기도 한다. Kuhne와 Wiener(2000)의 연구에서도 학습장애 아동은 전반적으로 사회적 호감이 낮고, 또래로부터 사회적으로 거부될 가능성이 높다고 보고한다. 그 밖에도 어른과 친구에게 인사하는 것, 놀이에 참여하는 법 등 사회적 상호작용의 예민한 단서를 놓치거나 무시할 수 있으며(Ozlos & Rourke, 1985), 이들은 사회적 예절에 민감하지 못하며 정서가 우울하거나 사회적으로 위축되는 성향이 강하고 모든 면에서 의존적이다.

3. 학습장애의 진단 및 판별

학습장애아동의 진단이나 판별은 일치된 정의의 부재로 인하여 구체적인 절차와 방법에서 논란이 되고 있으며 그동안 학습장애 아동을 판별하기 위해서 학습 잠재력과 학업성취 수준 간의 불일치 모델(ability achievement discrepancy)이 많이 이용되어 왔다. 최근에는 불일치 모델의 문제점을 제시하며 중재반응 모델(response to intervention: RTI)이 제기되고 있다. 본 절에서는 학습장애를 판별하는 데 있어서 불일치 모델과 중재반응 모델을 살펴보고 학습장애를 진단하는 도구에 대해 살펴보고자 한다.

1) 학습장애의 진단

(1) 학습 잠재력과 학업성취 수준 간 불일치 모델

학습 잠재력과 학업성취 수준 간 불일치 모델은 표준화된 지능검사에서 측정되는 잠재력과 실제로 나타나는 성취도 사이에 현저한 차이가 있는 것이다(Mercer et al., 1996). 즉, 지능검사와 학업성취도 검사에서 심각한 불일치가 존재하면 학습장애로 진단되는 것이다. 불일치를 결정하는 방법으로는 학년 수준의 편차, 학년 및 연령점수에 기초한 불일치, 표준점수 비교에 기초한 불일치, 회귀분석을 통한 방법도 있다(Lerner & Kline, 2006). 불일치를 계산하는 다양한 방법들이 있는데 지금까지 가장 많이 소개된 방법들은 학년 수준 불일치 모델, 기대 불일치 모델, 표준점수 비교 모델, 회귀 불일치 모델의 네 가지다(홍성두, 2006). 학년 수준 불일치 모델은 학생들의 현재 학년과 성취점수 간의 차이에 의해 학습장애를 판별하는 방법이며, 기대 불일치 모델은 학년 수준 불일치 모델에서 학령기 이전의 기간에 대한 차이를 인정하지 않은 문제를 해결하기 위한 방법이다. 표준점수 불일치 모델은 능력을 지능지수(IQ)로 나타내고 성취도의 차이점수를 사용하여 판별하는 방법이다. 지능과 성취점수는 각각 평균 100, 표준편차 15로 나타낼 수 있어야 한다는 전제하에 두 가지 점수의 차이가 최소 15점일 때를 심각한 불일치 준거로 설정한다는 점이다(Kavale, 2002). 회귀 불일치 모델을 IQ 점수가 평균으로 회귀하려는 통계적 흐름을 고정시켜 학생이 성취점수가 IQ 점수와 관련하여 합리적인 것으로 고려되는 범위에 있는지를 조절하여 불일치를 계산하는 방법이다(Reynolds, 1984).

그러나 불일치 모델의 문제점으로 Fushs 등(2004)은 차이점수에 대한 낮은 신뢰성, 불일치 공식과 검사도구의 다양성에 따른 비일관성(Shepard et al., 1983), 불일치 유무에 상관없이 읽기 곤란을 겪는 학생들은 기본적인 장애의 측면에서 비슷하다는 점(Fletcher et al., 1998)을 들고 있다. 국내에서는 불일치 모델의 문제점으로 김동일(2003)이 표준화된 지능검사에서 특정된 지능지수로서 해당 아동의 잠재적 지적능력을 추정하고 적절한 학업성취 수준을 추론하는 방법에 문제가 있음을 지적했으며, 지능지수가 아동의 잠재력을 측정하는 데의 한계와 불일치 공식은 어린 아동들의 학습장애를 판별하지 못함(김용욱 외, 2002)을 지적했다. 또한, 학습장애를 진단하는 데 통계적 기준과 임상적 판단 간의 충돌과 학습장애 아동의 능력 수준이 감소하고 성취도는 그대로 낮은 수준에 있다면 불일치는 존재하지 않게 되나 아동에게는 학습상의 어려움이 나타난다는 것이다. 불일치 기준을 사용할 경우 초등학교 학년 초기에 학습장애를 진단하기가 매우 어렵다(허승준, 2005)는 것을 문제점으로 지적하고 있다.

(2) 중재반응 모델

학습장애를 진단하는 데 가장 기준이 되었던 불일치 모델이 학습장애를 진단하는 데 유일한 기준이 되어서는 안 된다는 주장과 함께 여러 가지 대안적인 방법들이 연구되어 왔다. 그 가운데 하나가 중재반응 모델(response to intervention: RTI)이다. 중재반응 모델은 효과적인 수업에 아동이 얼마나 반응하는가 하는 정도로 학습장애 여부를 판단하는 접근법이다. 미국의 「장애인교육법」(2004)에서는 불일치 모델의 적용을 지양하고 중재반응 모델을 사용하도록 권장하고 있다. 불일치 모델은 표준화 검사도구를 활용하여 학습장애 학생의 내적 결함을 확인한 후 교육적 측면을 고려한 모델인 반면, 중재반응 모델(RTI)은 학습에서의 어려움을 보이는 학생을 조기에 선별하여 중재를 제공하고 이러한 중재에 대한 반응 정도가 낮은 학생을 나중에 학습장애로 진단하는 모델이다. 즉 RTI는 효과적인 교수를 통해 학습 곤란을 겪는 아동을 조기에 발견하고 진단하기 위한 개별적이고 포괄적인 평가과정이라 할 수 있다(Fuchs et al., 2008).

표 4-1 중재반응 모델에 의한 학습장애 판별절차

단계	선별 및 진단활동 내용	결정기준
1단계	모든 학생 대상 국어와 수학을 중심으로 표준화된 학력평가 실시, 또래에 비해 심각하게 낮은 성정(하위 25% 혹은 평균 1.5표준편차 미만) 소지자 판별	또래에 비해 심각하게 낮은 성적인가?
2단계	교과 영역(주로 국어와 수학)에서 평상시의 통합교육에 각 학생들이 어떻게 반응하는지를 교육과정중심측정(CBM)을 통해 점검	또래에 비해 심각하게 낮은 반응을 보이는가?
2단계	소집단 중심의 효과적인 수업을 일정 기간(보통 10-15주 정도) 체계적이고 집중적으로 투입하면서 역시 그 반응도를 교육과정중심측정(CBM) 방법을 사용하여 추적	또래에 비해 심각하게 낮은 반응을 보이는가?
3단계	1-2단계를 통과한 학생은 잠재적으로 학습장애로 규정하고 다학문적 평가팀에 장애 정도 및 특수교육대상자 여부 확인을 위한 정밀 판별절차 의뢰	배제요인 제외

중재반응 모델을 불일치 모델과 비교해보면, 학생을 이미 나타난 결함을 판별하기보다는 장애 위험이 포착되는 시점에서 추적할 수 있다는 점이다. 그러므로 학습장애 학생을 조기에 판별해 낼 수 있고 평가과정이나 절차에 상관없이 일단 효과적인 교육을 재고할 수 있다. 또한, 잘못 판별할 수 있는 가능성을 줄일 수도 있고, 수업이나 교육과정의 질이 학습문제의 원인이 아니라는 점을 확인할 수 있다. 판별을 위한 평가와 교수계획, 성취도 점검 등을 서로 유기적으로 연결시킬 수 있다. 단점으로는 전통적으로 학습장애는 중추신경 계통상의 결함으로 인한 심리 과정상의 기능결함이 일차적인 원인으로 지목되어 왔음에도 그에 관한 어떠한 정보도 제시할 수 없고, 어느 것이 효과적인 교육방법인가, 그에 대한 반응도를 어떻게 타당하고 신뢰롭게 측정할 것인가에 관해 합의를 도출하기 어렵다(허승준, 2005)는 것이다.

2) 학습장애 사정 방법

(1) 학습장애 판별기준(한국특수교육학회, 2008)

다음 두 가지 기준에서 한 가지를 충족하는 경우 학습장애로 판별한다.

첫째, 개인의 표준화 학력검사 또는 표준화 발달검사의 결과가 동일 학년 집단이나 연령 집단에 비해 -2표준편차 이하에 속한 경우 또는 -2~-1표준편차 사이에 속하면서 전문가에 의해 학습장의 문제가 심각하다고 판정되는 경우이다.

둘째, 개인 내적 요인으로 인하여 듣기, 말하기, 주의집중, 지각, 기억 문제해결 등의 기본적 심리과정이나 읽기, 쓰기, 수학 등 학업성취 영역에서 현저하게 어려움이 나타나고 이러한 문제가 6개월 정도의 집중적인 교육에도 해결되지 않는 경우이다.

(2) 판별도구

학습장애 아동의 판별을 위한 검사도구는 〈표 4-2〉와 같다.

표 4-2 학습장애 판별검사도구

검사명	평가도구명	저자	출판사/출판연도	특징
지능검사	K-WPPI	박혜원 곽금주 박광배	특수교육 (1996)	만 3세 0개월~만 7세 3개월 아동 대상
	K-WISC III	곽금주 박혜원 김청택	특수교육 (1996)	6세 0개월~16세 11개월 사이 아동을 대상으로 함
개별학력검사	기초학습기능검사	박경숙 윤점룡 박효정	한국교육개발원 (1989)	아동의 학습수준이 정상과 어느 정도 떨어지는가를 알아보거나, 학습 집단 배치에서 어느 정도 수준의 집단에 들어가야 하는가를 결정하기 위해서 사용함
	KISE기초학력검사도구(BAAT)	박경숙 김계옥 송영준 정동영 정인숙	국립특수교육원 (2005)	학습, 특히 국어와 수학에서 부진을 나타내는 아동을 선별 또는 진단하고 이들의 부진을 나타내는 영역과 수준을 파악하기 위해 사용함

검사명	평가도구명	저자	출판사/ 출판연도	특징
	기초학습기능 수행평가 (BASA: 읽기검사)	김동일	학지사 (2008)	읽기능력을 진단하고, 형성평가로 활용이 가능하며, 읽기능력을 직접 측정할 수 있음
	기초학습기능 수행평가 (BASA: 수학검사)	김동일	학지사 (2008)	학습부진아동이나 측수교육 대상자의 수학 수행수준을 진단, 평가할 수 있음
	기초학습기능 수행평가 (BASA: 쓰기검사)	김동일	학지사 (2008)	학습부진아동이나 특수교육 대상자의 쓰기 표현 능력을 진단하고, 형성평가로 활용이 가능하며, 쓰기 능력을 직접측정 할 수 있음
평정 척도	KISE학습장애 선별척도	정대영 정동영	국립특수 교육원 (1996)	교육현장에서 학습부진으로 여겨짐으로써 교육적 조치를 받지 못하는 학습장애 학생들을 간단히 선별해 낼 수 있음

「장애인 등에 대한 특수교육법」에서는 학습장애 아동의 진단 및 평가를 위해서 지능검사, 기초학습기능검사, 학습준비도 검사, 시·지각 발달검사, 지각운동발달검사, 시각운동 통합발달검사 등을 사용하도록 규정하고 있지만 구제척인 방법과 판별기준은 제시되지 않고 있다.

4. 학습장애의 교육적 지원

1) 교수적 접근

(1) 인지훈련

인지훈련은 아동의 사고 과정에 영향을 미침으로써 수행으로 나타나는 관찰 가능한 행동에 영향을 미치고자 하는 다양한 교수방법을 총칭하는 용어로(Hallahan et al., 2009), 학습장애 아동들이 경험하는 여러 가지 형태의 학업 성취상의 어려움을 극복하도록 도와주는 데 효과적이다(Hallahan et al., 2007).

인지훈련 방식의 주요 특성으로는 첫째, 한 번에 약간의 전략만을 가르친다. 둘째, 여러 가지 점검 기법을 가르친다. 셋째, 언제, 어디서 그 전략을 사용할 것인지를 가르친다. 넷째, 학생의 동기를 유지하도록 한다. 다섯째, 맥락 안에서 가르친다. 여섯째, 비전략적 지식기반을 무시하지 않는다. 일곱째, 직접교수를 사용한다. 여덟째, 인지훈련을 장기적인 것으로 여긴다.

(2) 직접교수

직접교수는 학습자의 특성보다는 가르쳐야 할 교수의 내용에 초점을 맞추는 접근으로 특정 학업 영역의 기술을 성취하게 하는 목적을 지닌다. 직접교수법은 교사주도적인 교수법이며 행동주의적 접근을 따른다. 인지훈련이 아동주도적 특성을 지니는 것과는 달리 직접교수는 교사가 미리 준비한 교안에 따라 진행되는 교사주도의 연습과 훈련을 중요시한다(김동일 외, 2009).

직접교수법은 첫째, 과제들을 작은 단계들로 나누기, 둘째, 조사 실시하기, 셋째, 피드백을 제공하기, 넷째, 이해를 향상시키기 위해서 도표들과 그림들을 제공하기, 다섯째, 충분한 독자적 연습을 제공하기와 같은 과정을 통해 아동의 학습을 지원할 수 있다(Lerner & Kline, 2006).

(3) 또래교수

또래교수는 일반학급에서 한 아동이 교사로서의 역할을 담당하는 것을 말한다. 학급 전체를 대상으로 하는 학급 차원의 또래교수(Mattette & Harper, 2006)와 성취수준이 높은 아동과 낮은 아동이 일대일 짝짓기를 통하여 이루어지는 또래 보조학습전략이 있다(Fuchs & Fuchs, 2006).

또래교수의 장점은 또래교사(tutor)는 가르치면서 내용을 보다 확실하게 파악하게 되고 또래학습자(tutee)는 성인보다는 사고과정이 더욱 비슷한 또래로부터 더욱 효과적으로 배울 수 있다(Anderson, 2007)는 것이다. 또한, 또래교수를 받음으로써 학습장애 아동이 학급에서 사회적 관계를 수립하는 기회를 제공하게 된다. 또래교수가 성공적으로 이루어지기 위해서는 교사의 주의 깊은 계획과 실행이 필요하다.

2) 학습 영역별 교수 지원법

학습장애 아동의 학습 영역별 교수 지원법은 〈표 4-3〉과 같다.

표 4-3 학습장애 학생을 위한 학습전략

구분	학습전략
학령 전기	• 언어적 지시를 짧고 단순하게 한다. • 내용 수준을 학생의 발달수준에 맞춘다. • 의미를 분명히 하기 위해 여러 가지 예제를 준다. • 재료가 새로운 것인 경우, 평상시보다 연습을 더 많이 하게 한다.
학령기	• 언어적 지시를 짧고 단순하게 한다. • 아동이 이해했는지 지시를 반복하게 한다. • 아동에게 외우는 방법을 가르치기 위해 지도할 때 상위 인지 전략을 사용한다. • 핵심 내용들은 여러 번 반복한다. • 학습과 연습을 위해 추가시간을 제공한다(필요하면 재교육).
청소년기와 전환기	• 아동이 자기교시 훈련 전략을 가르치고 익히게 한다. • 새로운 재료는 아동이 이미 가지고 있는 지식과 연결시킨다. • 아동이 외적 기억전략이나 대안 공학기기들을 사용하도록 가르친다.

출처: Hardman & Drew & Egan(2005).

(1) 읽기

읽기장애를 가진 아동을 위한 전략으로는 단어인식능력 향상시키기, 유창성 형성하기, 읽기이해 증진시키기, 특별한 재활적 접근 사용하기, 특별한 읽기문제 다루기, 읽기 지도를 위한 컴퓨터 활용하기 등을 들고 있다(Lerner, 2003). 읽기에서 가장 중요한 하위 기술은 단어 재인과 이해력이다. 읽기기술을 가르치는 방법은 부호 중심 접근법과 의미 중심 접근법으로 구분할 수 있다. 부호 중심 접근법은 부호를 해석하는 방법을 먼저 가르치고 난 다음 이해력을 가르치며, 부호를 해석하는 방법을 가르칠 때는 낱글자와 소리 간의 관계를 강조하면서 가르친다(Mercer & Mercer, 2010). 〈표 4-4〉는 읽기기술을 향상시키기 위한 구체적인 방법이다.

표 4-4 읽기기술을 향상시키기 위한 구체적인 방법

방법	내 용
단서 사용	• 해독하기 어려운 단어 해독을 돕기 위해서 단서를 사용한다(예: 아동이 읽기 어려워하는 글자/낱자를 붉은색으로 표시하거나 점을 찍어 표시한다.).
줄 따라가기	• 읽기 도중 줄을 놓치는 아동을 위해서 손가락으로 따라 갈 수 있는 선을 문장 밑에 긋는다.
내용 미리 알려주기	• 읽기의 목적과 읽은 후에 무엇을 할 것인지를 미리 알도록 한다(예: 주요 등장인물과 사건 순서를 알기 위하여 이야기책을 읽거나 중요한 내용을 학습하기 위하여 교과서의 한 장을 읽을 때 내용을 미리 점검하는 것은 읽기 이해력을 증진시키는 효과적인 전략일 수 있다. 읽을 내용을 미리 안내해 주는 일련의 질문들과 답을 찾을 수 있는 쪽수를 미리 제공해주는 것도 좋은 방법).
또래교수	• 일견 단어 연습을 위하여 또래 교수자나 자원 봉사자를 활용한다.
교재의 난이도 및 흥미도 조절	• 내용은 흥미롭지만 어휘는 쉬운 읽기 교재를 사용하면 특히 소리내지 않고 읽는 연습을 할 때 도움이 된다.
녹음교재 사용	• 녹음교재를 이용하여 단어의 정확한 발음과 문장의 흐름을 들으면서 읽게 한다.
컴퓨터 활용	• 기초읽기 기술의 교수를 위하여 컴퓨터를 사용한다(예: 컴퓨터 프로그램을 통하여 일견 단어를 읽고 들으면서 학습).
반복읽기	• 유창하게 읽게 하기 위하여 문단을 여러 번 반복해서 읽게 한다. • 반복읽기는 읽는 속도와 정확도를 증진시키기 때문에 좀 더 어려운 문단으로 넘어가는 데 도움을 준다.
읽기 이해력 연습을 위한 교재	• 읽기 이해력을 연습할 수 있도록 구성된 교재를 사용한다. 본문에서 단서를 찾아 활용하기, 질문에 대한 답 찾기, 지시 따르기, 주제 찾기, 결론 찾기 등을 할 수 있도록 교재에 다양한 활동 포함시켜 읽기 이해력을 연습시킨다.
이해력 증진을 위한 전략	• 읽기 이해력 증진을 위해서 특정 전략을 사용한다(예: 각 문단을 읽을 때마다 "가장 중한 사람 이름대기"와 중요한 사건 이야기하기를 하도록 한다.).
대화를 사용한 상호교육적 교수	• 교사와 아동이 대화를 통하여 상호 교류적으로 교수한다. 내용을 읽고 난 후에 교사는 문단의 내용 요약, 주제 질문하기, 이해하기 어려운 부분 찾기, 다음에 일어날 사건 예측하기의 네 가지 단계로 나누어 대화를 통하여 아동의 이해력을 증진시킨다.

방법	내 용
SQ3R방법	• 내용 중심 교과의 설명문으로 구성된 교재를 읽을 때 도움이 되는 방법으로 SQ3R(조사(survey), 질문(question), 읽기(read), 암송(recite), 검토(review)) 방법을 사용한다.

출처: Lrwis & Doorlag(2011), 이소현, 박은혜(2011). 재구성.

(2) 쓰기

글쓰기의 구성요소는 글씨쓰기, 철자쓰기, 작문으로 나누어 볼 수 있는데 글씨쓰기의 선행기술로는 근육운동 조정이 가능해야 하며, 눈과 손의 협응력도 있어야 한다. 따라서 근육운동을 조정하기 위해서 세분화된 가위질, 색칠하기, 칠판이나 큰 종이에 글씨쓰기 등의 훈련이 선행되어야 한다. 김승국(1998)은 필기문제의 중재법으로 직접교수와 개별화 교수를 들고 있는데, 아동 개개인의 요구에 부응하는 다양한 방법으로 일주일에 몇 시간씩 자주 지도하고 교사나 학부모가 글씨쓰기의 모델이 되어주고 글씨쓰기 기술들은 따로 과잉학습하며, 쓰기 맥락 속에서 적용하며 정기적으로 점검하는 것이 좋다고 한다.

표 4-5 쓰기 기술을 향상시키기 위한 구체적인 방법

방법	내용
교사나 부모의 시범과 연습	• 교사나 부모의 모델링 • 아동이 베껴 쓴 문자의 이름 교수 → 아동의 독립적인 연습 번호가 매겨진 화살표 단서를 보고 글자 따라 쓰기 → 단서 없이 글자 따라 쓰기, 단어쓰기, 쓰기 유창성을 향상시키기 위하여 문장 빨리 베껴 쓰기
강화	• 아동이 목표로 정한 문자, 숫자, 또는 단어를 정확하게 쓸 때 강화한다. 틀리게 쓴 경우 아동이 고치도록 한다.
자기 교수 훈련	• 자기 교수와 자기 기록과 같은 인지행동수정 기술 사용

(3) 셈하기

수학은 연계성이 강한 학문이기 때문에 수학적 기본 개념을 익히지 못하면 다음 과제로 넘어가기 어렵다. 따라서 학습장애 아동은 기본적인 수학 개념이나 수 세기, 연산과 같은 기초학습기술능력을 충분히 익힐 수 있도록 지도해야 한다.

기본적인 수학개념을 이해하기 위해서는 일반적으로 구체물(Concrete)–반구체물(Semiconcrete)–추상물(Avstract) 등의 CSA순서에 따라 보조교재나 교구 또는 구체물을 사용하는 것이 효과적이다. 산만한 학습장애 아동은 구체물보다 반구체물이 효과적인 경우도 있다.

수학 기술 향상을 위한 구체적 방법들은 〈표 4–6〉과 같다.

표 4-6 수학 기술을 향상시키기 위한 구체적인 방법들

방법	내 용
시각적 촉진	• 계산 문제를 푸는 데 도움이 되는 시각적 촉진을 제공한다.
네모 칸 또는 보조선 이용	• 계산 문제를 풀 때 자릿수를 잘 맞추지 못하는 아동을 위하여 네모 칸이나 보조선을 이용하여 쉽게 자리를 잡을 수 있게 해 준다.
문제의 수 조절	• 한 면에 동시에 제시되는 여러 개의 문제로 혼돈스러워하는 아동을 위하여 한 면에 2~3개의 문제만 제시한다.
자동 암산	• 아동이 더 이상 셈하기 전략에 의존하지 않게 될 때 자동적인 암산을 할 수 있게 된다. 이를 위하여 한 번에 두세 개를 넘지 않는 연산을 제시하고, 질문하면 즉시 말하도록 연습시킨다.
자가-채점교재	• 연습문제를 푼 후에 스스로 답을 교정할 수 있는 자가-채점이 가능한 교재를 활용한다.
구체물 조작	• 아동에 따라서 기본적인 수 개념 및 관계를 학습하기 위하여 구체적인 조작물을 사용하는 것이 도움이 된다(예: 콘, 플록, 나무젓가락, Q라대, 바둑알, 껌, 사탕 등).
언어적 촉진	• 직접 말로 계산을 도와주는 방법으로 언어적으로 촉진한다(예: "곱셈이지?", "먼저 오른쪽 수끼리 곱해야지", "자리 수 잘 맞춰야 하는 것 잊지 말자~!" 등).
실제 상황 활용	• 문제해결 계산 문제에서 실제 상황을 활용하여 아동의 이해를 돕는다(예: 아동의 이름, 나이, 시험점수, 친구 이름 등).
단서적 단어 인식	• 문장제에서 자주 사용되는 주요 단어들은 단서로 이용하게 한다.

출처: Lrwis & Doorlag(2011), 이소현, 박은혜(2011). 재구성.

참고문헌

강종구(2010). **특수교육학 개론**. 서울: 학지사.

교육부(2019). 2019 특수교육연차보고서.

김동일, 이일화(2003). 일반교사와 특수교사가 인식하는 학습장애 요인: 명시적 지식과 묵시적 지식을 중심으로. **열린교육연구** 11(1). pp.63-79.

김동일, 이대식, 신종호(2009). **학습장애아동의 이해와 교육**. 서울: 학지사.

김승국(1998). **장애학생의 통합교육**. 서울: 교육과학사.

김용욱, 윤광보, 권혁철(2002). 장애학생의 학습을 위한 보편적 설계의 실행방안. **특수교육학연구** 37(3). pp.263-282.

김원경, 김일명, 조홍중, 허승준, 추연구, 윤치연, 박중휘, 이필상, 문장원, 서은정, 유은정, 김자경, 이근민, 김미숙, 김종인, 이신동(2009). **최신 특수교육학**. 서울: 학지사.

변찬석 (2011). 협력교수에 대한 초등학교 일반교사와 특수교사의 인식. **시각장애연구** 27(1) pp.211-229.

윤광보, 우정한, 김성애, 정희섭(2006). 통합교육 효율화를 위한 웹기반 교사교육 프로그램 및 콘텐츠 개발을 위한 기초연구. **특수교육저널: 이론과 실천** 7(2). pp.127-153.

이소현. 박은혜(2011). **특수아동교육: 통합학급 교사들을 위한 특수교육 지침서**. 서울: 학지사.

장애인 등에 대한 특수교육법 시행령(2020). 법률 제 31219호.

허승준(2005). 학습장애의 진단 및 평가: 기존 모델의 문제점과 시사점. **학습장애연구,** 2(2), 31-53.

홍성두(2006). 학습장애 진단을 위한 불일치 모형의 효율성 비교. 서울대학교 대학원 박사학위 청구논문.

Anderson, D. R.(2007). *Model based inference in the life sciences: a primer on evidence*.

Cohen, J.(1985). Learning disabilities and adolescence: Development considerations. In S. C. Feinstein (Ed.), *Adolescent psychiatry, development and clinical studies* (Vol. 12 pp. 177-195). Chicago: University of Chicago.

Fletcher, J. M., Lyon, G. R., Bames, M., Stuebing, K. K., Francis, D. J., Olson, R. K., & Shaywitz, S. E.(2002). Chapter III. Classification of Learning disabilities: an evudence-based evaluation. In Nradley, R, Danielson, L., & Hallahan, D. P.(2002). *Identification of learning disabilities: Research to practice*. Lawrence Erlbaum Associates, Inc.

Fletcher, J., Francis, D., Shaywitz, S., Lyon, G., Foorman, B., Stubbing, K., & Shaywitz, B.(1998). Intelligence resting and the discrepancy modl for children with learning disabilities. *Learning*

Disabilities Research & Fractice, 13(4), 186-203.

Fuchs, L. S.(2004). The past, present, and future of curriculum-based measurement research. *School Psychology Review, 33*(2), 188-192. Fuchs & Fuchs, 2006.

Fuchs, J., Jovtchev, G., and Schubert, I.(2008). The chromosomal distribution of histone methylation marks in gymnosperms differs from that of angiosperms. *Chromosome Research, 16*(6), 891-898.

Geary, D. C.(2003). Learning disabilities in arithmetic: Problem solving differences and cognitive deficits. In H. L. Swanson, K. Harris, & S. Graham (Eds.), *Handbook of learning disabilities*(pp. 199-212). New York: Guilford Publishers.

Gresham, F. M., Sugai, G., & Horner, R. H.(2001). Interpreting outcomes of social skills training for students with high-incidence disabilities. *Exceptional Children, 67*, 331-344.

Gresham, F. M. & Elliott, S. N.(1989). Social skills assessment technologyfor LD students. *Learning Disability Quarterly 12*, 141 152.

Hallahan, D. P., Lloyd, J. W., Kauffman, J. M., Weiss, M. P., and Martinez, E. A.(2005). Learning disabilities: Foundations, characteristics, and effective teaching. *Person Education, 686*, 195-221.

Hallahan, D. P., & Kauffman,. M., & Lloyd, J.W.(1999). *Introduction to learning disabilities*. Needham Heights, Massachusetts: Allyn & Bacon.

Kavale, A. K., & Formess, S. R.(1996). Social skilldeficits and learning disabilities: A meta-analysis. *Journal of Learning Disabilities, 29*, 226-237.

Kavale, K. A.(2002). Chpter V. Discrepancy models in the identification of learning disability. In Bardley, R., Danielson, L., & Hallahan, D. P.(2002). *Identification of learning disabilities: Research to practice*. Lawrence Erlbaum Associates, Inc.

Kuhne, M., Wiener, J.(2000). Stability of social status of children with and without Learning disabilities. *Learning Disability Quarterly, 23*(4), 64-75.

Kirk, S.A.(1962). *Behavioral diagnosis and remediation of learning disabilities*. In proceedings of the Conference on the Exploration into the Problems of the Perceptually Handicapped child. Evanston, IL: Fund for the Perceptually Handicapped Child.

Lerner, j. W.,(2000). *Learning disabilities: Theories, Diagnosis, and teaching strategies*. Boston, MA: Houghton Mifflin.

Mastropieri, M.A., & Scruggs, T. E.(1997). Best practices in promoting reading comprehension in students with learning disabilities. *Remedial and Special Education, 18*, 197-213.

Mercer, C., Jordan, L., Allsopp, D., & Mercer, A.(1996). Learning disabilities definitions and criteria used by the state education departments. *learning Disability Quarterly, 19*(2). 217-232.

Mercer, C. D., & Mercer, A. R.(1993). *Teaching students with learning problems* (4th ed.). New York: MacMillan.

Ozoles, E. J. & Rourke, B. P.(1985). Dimensions of social sensitivity in two types of learning disabled children. In B. P. Rourke (Ed.). *Neuropsychology of Learning Disabilities*. NY: Guilford Press.

Reynolds, C.(1984). Critical measurement issues in Learning disabilities. *Journal of Special Education, 18*, 451-475.

Scruggs, T. E., & Mastropieri, M. A.(1993). Special education for the twenty-first century: Ontegrating learning strategies and thinking skills. *Journal of Learning Disabilities, 26*, 392-398.

Shepard, L.(1980). An evaluation of the regression discrepancy method for identifying children with learning disabilities. *Journal of Special Education, 14*(1), 79-91.

Swanson, H. L.(1994). Short-term memory and working memory: Doboth contribute to our understanding of academic achievement in children and adults with learning disabilities. *Journal of Learning Disabilities, 27*, 34-50.

익힘문제

1. 「장애인 등에 대한 특수교육법」에서 제시하는 학습장애의 정의를 서술하시오.
2. 학습장애와 학습장애 관련 유사개념의 차이점을 제시하시오.
3. 학습장애 아동의 영역별 특성을 설명하시오.
4. 학습장애 아동의 읽기, 쓰기, 수학 지도전략을 설명하시오.

Chapter

05

정서 · 행동장애

1. 정서·행동장애의 정의 및 원인

1) 정서·행동장애의 정의

정서·행동장애는 학자들의 관점에 따라 다양한 견해를 보이며 정의 사용에 대한 목적, 개념 모델 등의 다양성으로 인해 정의를 통일성 있게 내리기에는 많은 어려움이 있다.

우리나라에서는 1977년 12월 31일에 법률 제3053호로 제정·공포된 「특수교육진흥법」에서 처음으로 '정서장애자'로 명명하였고 이듬해 「특수교육진흥법 시행규칙」에서는 정서장애자 판별기준에 대해 다음과 같이 정의하였다.

〈특수교육진흥법에서의 정서장애자 정의〉
정서적, 감정적인 혼란으로 인하여 이상행동을 하는 자로서 특수교육을 필요로 하는 자

당시 정의에서는 정서장애자로 판별되기 위해서는 이상행동을 보여야 함을 알 수 있다. 이후 1994년 1월 「특수교육진흥법」이 전면 개정되면서 정서장애아는 정서장애(자폐성을 포함한다)를 가진 특수교육대상자로 변경되었으며 판별기준은 다음의 여섯 가지로 세분화되었다.

〈개정 특수교육진흥법에서의 정서장애 정의〉
가. 지적·신체적 또는 지각적인 면에 이상이 없음에도 학습 성적이 극히 부진한 자
나. 친구나 교사들과의 대인 관계에 부정적인 문제를 지니는 자
다. 정상적인 환경 하에서 부적절한 행동이나 감정을 나타내는 자
라. 늘 불안해하고 우울한 기분으로 생활하는 자
마. 학교나 개인 문제에 관련된 정서적인 장애로 인하여 신체적인 통증이나 공포를 느끼는 자
바. 감각적 자극에 대한 반응·언어·인지 능력 또는 대인 관계에 결함이 있는 자

1994년 전면 개정된 「특수교육진흥법」에서의 정서장애의 판별기준은 사실 1975년 미국 의회에서 제정된 「전장애아 교육법(Education for All Handicapped Children Act: EHA)」인 공법(Public Law) 94-142를 1990년에 개정한 법률인 미국 「장애인 교육법(Individuals with Disabilities Education Improvement Act: IDEA)」의 내용과 거의 흡사하다.

개정 「특수교육진흥법」에서 제시한 '가'~'마' 항은 IDEA의 항목을 거의 차용하였으나 '바' 항을 추가하여 자폐성장애를 포함하고 IDEA에서 제시한 (ii)항은 포함하지 않았다.

「특수교육진흥법」은 1994년에 전면적인 개정이 이후 모두 9차례에 개정되었으며 2007년 5월 25일 「장애인 등에 대한 특수교육법」이 법률 제8483호로 공포됨으로서 폐지되었다.

〈IDEA에서의 정서장애(emotional disturbance) 정의〉

(i) 이 용어는 다음의 다섯 가지 특성 중 하나 이상을 교육적 수행에 불리한 영향을 줄 만큼 장기간에 걸쳐 현저한 정도로 보이는 상태

A. 지적, 감각적, 건강상의 요인에 의해 설명할 수 없는 학습 문제
B. 또래 및 교사와 만족할 만한 대인관계를 형성, 유지하지 못함
C. 정상적 상황에서 부적절한 행동이나 감정을 나타냄
D. 늘 불행해 하고 우울해 함
E. 개인적 혹은 학교 문제와 관련하여 신체적 증상, 통증, 두려움을 나타냄

(ii) 조현병을 포함하며, 정서장애라고 판명되지 않는 한 사회부적응 아동은 포함하지 않음

「장애인 등에 대한 특수교육법」에서는 정서장애아를 '정서 · 행동장애'로 명칭을 변경하고 자폐성 장애를 판별하던 '바' 항을 삭제하여 '정서 · 행동장애'와 '자폐성 장애'가 분리되었다.

이 법이 시행된 지 10여 년이 지나면서 정서 · 행동장애 정의에 대한 학계와 교육현장에서 여러 문제점이 지적되고 있다.

첫째, 정서 · 행동장애에 대한 기간 설정이 장기간이라는 애매모호성을 가지고 있으며 빈도나 심각 정도 등도 가늠하기가 어렵다. 이후 개정에서는 DSM-5에서의 진단기준처럼 구체적인 기간, 빈도 및 심각 정도를 명시하는 것에 대해서도 고려해 보아야 할 것이다.

둘째, '나'~'마' 항에 학습상의 어려움을 지닌 사람으로 규정함으로써 내면적 정서장애나 외현적 행동장애가 있더라도 학습에 어려움이 없는 사람은 특수교육 서비스를 받

지 못한다. 작금의 교육 현장에서는 학습에 어려움이 없더라도 다양한 정서·행동의 문제를 가지고 있는 학생들이 많다. 이후 개정에서는 이런 학생들까지 특수교육 서비스를 조기에 적절하게 받을 수 있게 수정해야 할 것이다.

셋째, 조현병이나 품행장애 등 사회부적응과 최근 학교에서 큰 문제로 대두되고 있는 집단 따돌림 등에 대한 정의도 포함하여 적절한 특수교육 서비스와 조치를 받아 학교교육에서 낙오되지 않도록 해야 할 것이다.

〈장애인 등에 대한 특수교육법에서의 정서·행동장애 정의〉

장기간에 걸쳐 다음 각 목의 어느 하나에 해당하며, 특별한 교육적 조치가 필요한 사람

가. 지적·감각적·건강상의 이유로 설명할 수 없는 학습상의 어려움을 지닌 사람

나. 또래나 교사와의 대인관계에 어려움이 있어 학습에 어려움을 겪는 사람

다. 일반적인 상황에서 부적절한 행동이나 감정을 나타내어 학습에 어려움이 있는 사람

라. 전반적인 불행감이나 우울증을 나타내어 학습에 어려움이 있는 사람

마. 학교나 개인 문제에 관련된 신체적인 통증이나 공포를 나타내어 학습에 어려움이 있는 사람

한편 「장애인복지법」에서는 정신장애인(장애의 정도가 심한 장애인에 해당함)으로 분류하여 조현병, 양극성 정동장애, 재발성 우울장애, 조현정동장애로 정의하고 있다.

2) 정서·행동장애의 원인

일반적으로 정서·행동장애의 원인에 관해서는 많은 논쟁과 불확실성이 전제되어 있다. 감각장애로 분류되는 시각장애, 청각장애, 지체장애, 건강장애 등은 단일 인자의 명확한 원인이 규명될 수 있지만 정신장애로 분류되는 정서·행동장애, 자폐성장애 등은 단일 인자만으로는 원인을 규명하기에는 무리가 있음을 기억해야 한다.

(1) 유전적 요인

① 가족력

Barkley(2003)에 의하면 일란성 쌍둥이의 경우 한 명이 ADHD이면 다른 한 명이 67~

81% 확률로 ADHD가 나타난다고 보고했으며, Biederman 등(1992)도 가족 중에 한 명이 ADHD이면 아이에게 ADHD가 나타날 확률이 5배 정도 높다고 했다.

또한 질병에 대한 가족력이 있을 때 역시 정서·행동에 다양한 위험 요소로 작용될 수 있어 생물학적 소인이 상속될 수 있다. Gershon 등(1990)의 연구에 따르면, 기분장애를 가진 친척을 가진 사람들은 그렇지 않은 사람들보다 기분장애 발생 확률이 2~3배 정도 높은 것으로 보고되었다.

② 뇌의 기능 이상

Kauffman & Landrum(2006)은 뇌의 비정상 크기, 뇌의 특정 부위 손상 등으로 인해 정서·행동장애를 야기할 수 있다고 했다. 우리가 잘 알고 있는 영화 〈레인맨(Rain Man)〉의 실제 주인공인 킴픽(Kim Peek) 역시 좌뇌와 우뇌를 연결하는 뇌량이 없고 일부 뇌 부위에 손상이 있었다.

(2) 생화학적 요인

뇌의 생화학적 요인은 신경 전달 물질, 내분비 시스템, 수면 리듬 등을 의미한다. 생화학적 요인은 특히 우울장애에 영향을 미치는 것으로 알려졌다.

① 신경 전달 물질

우울증을 가진 사람들은 일반 사람들에 비해 세로토닌(Serotonin)의 수치가 낮은 것으로 알려져 있다. 세로토닌의 주요 기능은 우리의 감정적인 반응을 조절하는 것인데, 세로토닌 수치가 낮을 때 더 불안정하고 공격적이게 된다.

② 내분비 시스템

우울증과 코르티솔(Cortisol) 사이의 관계를 알아보는 연구에서 우울증 환자들에게서 코르티솔 수치가 일반인들에 비해 상대적으로 높은 것으로 나타났다. 코르티솔은 흔히 스트레스 호르몬이라고 하는데 스트레스 상황에서 증가한다. 우울증 환자들의 높은 코르티솔 수치는 스트레스가 높음을 방증한다.

③ 수면 리듬

Ohayon & Roth(2001)에 의하면 우울증 환자들은 잠들기 시작하여 숙면을 하는 시간이 매우 짧다. 우울증 환자들의 수면 파장은 가장 깊게 잠들 때 나타나는 완만한 수면 파장이 매우 짧은 것으로 나타난다. 즉 잠자기 시작해서 깊게 자는 시간까지 아주 짧아서 긴 잠을 자지 못하는 경우가 많다. 수면 리듬과 관련해서 수면을 유도하는 멜라토닌(Melatonin)은 우울증과 깊은 관련이 있음을 알 수 있다.

(3) 성격 요인

부정적인 생각 패턴, 낮은 자존감, 과도한 걱정, 예민한 성격을 지닌 사람들은 불안, 위축, 우울증 등의 정서적 고통을 받을 가능성이 더 높다.

부정적인 생각 패턴은 일반적으로 유년기 또는 사춘기에 확립되는데, 이러한 생각 패턴이 시간이 지남에 따라 성인기까지 미쳐 일상적인 무기력감, 불안, 우울 등을 초래할 수 있다.

(4) 환경적 요인

① 가정

가족의 분리 또는 사별, 부모의 이혼, 어린 시절의 외상은 정신병과 정신 분열증의 위험 요소인 것으로 밝혀졌으며(Varese et al., 2012), 가정에서의 방치와 어린 시절의 신체적 학대, 성적 학대 경험은 정서적 문제를 야기하게 된다(심민정, 최지영, 2015).

② 학교

학교에서의 또래 친구들과의 관계에서의 실패, 집단 따돌림, 학업 성취의 실패 등은 아이들에게 정서적으로 심각한 불안 또는 위축을 주는 요인들로 조기에 적절한 서비스를 받지 못하거나 중재되지 않으면 반사회적 행동, 자살 등의 심각한 문제로 이어질 수 있다.

③ 지역사회와 문화

최근 급변하는 사회와 문화는 자라나는 청소년뿐만 아니라 성인들에게도 부정적인 영향을 미치고 있다. 미디어의 초고속 발달로 TV나 인터넷 등에 노출되는 연령이 점점 더 낮아지고 의존하는 시간도 점점 늘어나고 있다. 미디어의 발달은 정보를 쉽게 얻을 수 있다는 긍정적인 면을 가지고 있지만 반대로 음란물, 폭력물, 게임 중독 등의 부정적인 영향도 가지고 있다.

특히나 음란물, 폭력물 등의 노출은 모방 범죄 또는 유사 일탈 행동 등의 모델링이 되고 있으며, 소셜네트워크(social network service: SNS)의 의존 성향은 게임 중독과 대인관계 능력 결여 등의 심각한 문제를 야기한다(박순주 외, 2014).

2. 정서·행동장애의 분류

정서·행동장애의 분류는 정의와 마찬가지로 학자와 개념적 모델에 따라 여러 형태로 나눠진다. 이 장에서는 정서·행동장애의 다양한 분류 중 가장 보편적으로 사용되는 정신의학적 분류와 교육적 분류로 나누어 살펴보겠다.

1) 정신의학적 분류

정신의학적 분류는 미국정신의학회(American Psychiatric Association: APA)에서 2013년 발간한 『정신질환의 진단 및 통계 편람 제5판(Diagnostic and Statistical Manual of Mental Disorders Fifth Edition: DSM-5)』의 분류 체제를 일반적으로 사용하고 있다. 미국정신의학회의 정신질환의 진단 및 통계 편람은 정신질환의 신뢰할 만한 진단이 가능하도록 고안된 관련 기준들을 통칭하는 분류법이다.

DSM-5는 최우선적으로 실제 임상에서 유용한 지침서로 고안되었지만 공식명칭으로서 다양한 상황에 널리 적용될 수 있다.

DSM-5는 Ⅰ편 기본 요소, Ⅱ편 진단기준과 부호, Ⅲ편 새로 개발된 평가치와 모델의 세 가지 세션으로 구성되어 있는데 Ⅱ편 진단기준과 부호에서 정신질환을 22개의 상위 범주로 나누고 그 하위 범주로 300여 개 이상의 질환으로 분류하고 있다. 구체적인 분류는 〈표 5-1〉과 같다.

표 5-1 DSM-5 진단기준

① 신경발달장애	⑫ 수면 - 각성장애
② 조현병 스펙트럼 및 기타 정신병적 장애	⑬ 성기능부전
③ 양극성 및 관련 장애	⑭ 성별 불쾌감
④ 우울장애	⑮ 파괴적, 충동조절 및 품행장애
⑤ 불안장애	⑯ 물질관련 및 중독 장애
⑥ 강박 및 관련 장애	⑰ 신경인지장애
⑦ 외상 및 스트레스 관련 장애	⑱ 성격장애
⑧ 해리장애	⑲ 변태 정신질환
⑨ 신체증상 및 관련 장애	⑳ 기타 정신질환
⑩ 급식 및 섭식장애	㉑ 약물치료로 유발된 운동장애 및 약물치료의 기타 부작용
⑪ 배설장애	㉒ 임상적 주의의 초점이 될 수 있는 기타의 상태

DSM-5 진단기준 상위 범주 22개 중 첫 번째인 신경발달장애(Neurodevelopmental Disorders)는 하위 범주로 지적장애, 의사소통장애, 자폐스펙트럼장애, 주의력결핍 과잉행동장애, 특정학습장애, 운동장애(하위 범주-틱장애), 기타 신경발달장애로 분류하고 있어 특히 특수교육 전문가들에게 자주 인용되고 있다.

2) 교육적 분류

이상복(2008)은 정서·행동장애를 분류함에 있어 그 교육적 수혜자가 정서·행동장애 학생이므로 의료진이 아닌 교육 현장의 전문가들에 의한 진단과 분류 그리고 중재가 명시되어야 한다고 했다. 또한 정서·행동장애의 정의, 진단, 분류에 있어 문제점을 보완하고 체계화해야 함이 지속적으로 지적되면서(이상훈, 2013; 이승희, 2012) 정신의학적 분류를 보완한 교육 현장에 적용 가능한 분류체계가 강조되었다.

정서·행동장애의 교육적 분류는 주로 아동·청소년 행동평가척도(Child Behavior Checklist. CBCL)와 Quay & Pterson의 분류를 사용하고 있다. 구체적인 분류는 〈표 5-2〉와 같다.

표 5-2 CBCL과 Quay & Peterson의 정서·행동장애 분류

	1.5-5	6-18
CBCL	• 내재화(정서적반응성, 불안/우울, 신체증상, 위축) • 외현화(주의집중문제, 공격행동) • 수면문제, 기타 문제	• 내재화(불안/우울, 위축/우울, 신체증상) • 외현화(규칙위반, 공격행동) • 사회적 미성숙 • 사고문제 • 주의집중문제 • 기타문제
Quay & Peterson	• 품행장애(매우 산만하고, 타인의 관심을 끌려는 행동을 많이 하고 짜증냄) • 사회화된 공격성(일반적 가치와 사회적 가치를 무시하고 또래집단의 가치와 규칙을 수용하고, 태만, 무단결석, 마약 사용을 함) • 불안/위축(극단적인 자의식, 일반화된 공포, 높은 불안, 극도의 우울, 지나친 민감성, 쉽게 부끄러워함) • 주의집중 문제/미성숙(주의집중 시간이 매우 짧고, 집중력이 약하며, 금방 산만해지고 충동적임) • 지나친 운동(끊임없이 움직이려 하고 쉬지 않으며, 매우 긴장해 있고, 말을 많이 함) • 정신 이상행동(이상한 생각을 표현하고, 반복적으로 말이 안 되는 이야기를 하며 괴상한 행동을 함)	

출처: 이효신, 신윤희(2013).

3. 정서·행동장애의 진단 및 특성

1) 주의력결핍 과잉행동장애(Attention-Deficit/Hyperactivity Disorder)

DSM-5의 진단기준
A. 기능 또는 발달을 저해하는 지속적인 부주의 및 과잉행동-충동성이 (1) 그리고/또는 (2)의 특징을 갖는다. 1. **부주의**: 다음 9개 증상 가운데 6개 이상이 적어도 6개월 동안 발달 수준에 적합하지 않고 사회적·학업적/직업적 활동에 직접적으로 부정적인 영향을 미칠 정도로 지속됨 **주의점**: 이러한 증상은 단지 방항적 행동, 적대감 또는 과제나 지시 이해의 실패로 인한 양상이 아니어야 한다. 후기 청소년이나 성인(17세 이상)의 경우에는 적어도 5가지의 증상을 만족해야 한다. a. 종종 세부적인 면에 대해 면밀한 주의를 기울이지 못하거나, 학업, 직업 또는 다른 활동에서 부

주의한 실수를 저지름(예, 세부적인 것을 못 보고 넘어가거나 놓침, 작업이 부정확함)

b. 종종 과제를 하거나 놀이를 할 때 지속적으로 주의집중을 할 수 없음(예, 강의, 대화 또는 긴 글을 읽을 때 계속해서 집중하기가 어려움)

c. 종종 다른 사람이 직접 말을 할 때 경청하지 않는 것처럼 보임(예, 명백하게 주의집중을 방해하는 것이 없는데도 마음이 다른 곳에 있는 것처럼 보임)

d. 종종 지시를 완수하지 못하고, 학업, 잡일 또는 작업장에서의 임무를 수행하지 못함(예, 과제를 시작하지만 빨리 주의를 잃고 쉽게 곁길로 샘)

f. 종종 지속적인 정신적 노력을 요구하는 과제에 참여하기를 기피하고, 싫어하거나 저항함(예, 학업 또는 숙제, 후기 청소년이나 성인의 경우에는 보고서 준비하기, 서류 작성하기, 긴 서류 검토하기)

g. 과제나 활동에 꼭 필요한 물건들(예, 학습 과제, 연필, 책, 도구, 지갑, 열쇠, 서류 작업, 안경, 휴대폰)을 자주 잃어버림

h. 종종 외부 자극(후기 청소년과 성인의 경우에는 관련이 없는 생각들이 포함될 수 있음)에 의해 쉽게 만만해짐

i. 종종 일상적인 활동을 잊어버림(예, 잡일하기, 심부름하기, 후기 청소년과 성인의 경우에는 전화 회답하기, 청구서 지불하기, 약속 지키기)

2. **과잉행동-충동성**: 다음 9개 증상 가운데 6개 이상이 적어도 6개월 동안 발달 수준에 적합하지 않고 사회적·학업적·직업적 활동에 직접적으로 부정적인 영향을 미칠 정도로 지속됨

주의점: 이러한 증상은 단지 반항적 행동, 적대감 또는 과제나 지시 이해의 실패로 인한 양상이 아니어야 한다. 후기 청소년이나 성인(17세 이상)의 경우, 적어도 5가지의 증상을 만족해야 한다.

a. 종종 손발을 만지작거리며 가만두지 못하거나 의자에 앉아서도 몸을 꿈틀거림

b. 종종 앉아 있도록 요구되는 교실이나 다른 상황에서 자리를 떠남(예, 교실이나 사무실 또는 다른 업무 현장, 또는 자리를 지키는 게 요구되는 상황에서 자리를 이탈)

c. 종종 부적절하게 지나치게 뛰어다니거나 기어오름(주의점: 청소년 또는 성인에게서는 주관적으로 좌불안석을 경험하는 것에 국한될 수 있다)

d. 종종 조용히 여가 활동에 참여하거나 놀지 못함

e. 종종 "끊임없이 활동하거나" 마치 "태엽 풀린 자동차처럼" 행동함(예, 음식점이나 회의실에 장시간 동안 가만히 있을 수 없거나 불편해함, 다른 사람에게 가만히 있지 못하는 것처럼 보이거나 가만히 있기가 어려워 보일 수 있음)

h. 종종 자신의 차례를 기다리기(예, 줄 서 있는 동안)

i. 종종 다른 사람의 활동을 방해하거나 침해함(예, 대화나 게임, 활동에 참견함, 다른 사람에게 묻거나 허락을 받지 않고 다른 사람의 물건을 사용하기도 함, 청소년이나 성인의 경우 다른 사람이 하는 일을 침해하거나 꿰찰 수 있음)

B. 몇 가지의 부주의 또는 과잉행동-충동성 증상이 12세 이전에 나타난다.

C. 몇 가지의 부주의 또는 과잉행동-충동성 증상이 2가지 또는 그 이상의 환경에서 존재한다(예, 가정, 학교나 직장, 친구들 또는 친척들과의 관계, 다른 활동에서).

D. 증상이 사회적·학업적 또는 직업적 기능의 질을 방해하거나 감소시킨다는 명확한 증거가 있다.

E. 증상이 조현병 또는 기타 정신병적 장애의 경과 중에만 발생되지는 않으며, 다른 정신질환(예, 기분장애, 불안장애, 해리장애, 성격장애, 물질 중독 또는 금단)으로 더 잘 설명되지 않는다.

다음 중 하나를 명시할 것:

- **314.01(F90.2) 복합형**: 지난 6개월 동안 진단기준 A1(부주의)과 진단기준 A2(과잉행동-충동성)를 모두 충족한다.
- **314.00(F90.0) 주의력결핍 우세형**: 지난 6개월 동안 진단기준 A1(부주의)은 충족하지만 A2(과잉행동-충동성)는 충족하지만 A1(부주의) 충족하지 않는다.
- **314.01(F90.1) 과잉행동/충동 우세형**: 지난 6개월 동안 진단기준 A2(과잉행동-충동성)는 충족하지만 A1(부주의)은 충족하지 않는다.

다음의 경우 명시할 것:

- **부분 관해 상태**: 과거에 완전한 진단기준을 충족하였고, 지난 6개월 동안에는 완전한 진단기준을 충족하지는 않지만 여전히 증상이 사회적, 학업적 또는 직업적 기능에 손상을 일으키는 상태다.

현재의 심각도를 명시할 것:

- **경도**: 현재 진단을 충족하는 수준을 초과하는 증상은 거의 없으며, 증상으로 인한 사회적, 학업적 또는 직업적 기능의 손상은 경미한 수준을 넘지 않는다.
- **중등도**: 증상 또는 기능적 손상이 "경도"와 "고도" 사이에 있다.
- **고도**: 진단을 충족하는 수준을 초과하는 다양한 증상 또는 특히 심각한 몇 가지 증상이 있다. 혹은 증상이 사회적 또는 직업적 기능에 뚜렷한 손상을 야기한다.

① 진단적 특징

ADHD 필수 증상은 기능 또는 발달을 저해하는 지속적인 양상의 부주의 또는 과잉행동-충동성이다. 부주의는 ADHD의 행동적 측면에서 과제를 수행하지 않고 돌아다니기, 인내심 부족, 지속적인 집중이 어려움, 무질서함과 같은 모습으로 발현되며, 이는 반항이나 이해의 부족에 기인한 것이 아니다. 과잉행동은 적절하지 않은 상황에서 과도한 운동 활동(아이들이 여기저기 뛰어다니는 것과 같은)이나 과도하게 꼼지락거리거나 두드리는 행동 또는 수다스러운 말과 연관이 있다. 성인에서 과잉행동은 과도한 좌불안석이나 그들의 행동으로 인해 다른 사람을 지치게 하는 식으로 나타날 수 있다. 충동성은 심사

숙고 없이 순간적으로 일어나는 성급한 행동과 연관이 있으며, 이러한 행동은 타인에게 해를 끼칠 가능성이 높다(예: 주위를 둘러보지 않고 차도로 뛰어들기). 충동성은 즉각적인 보상 욕구나 만족을 지연시키지 못하는 것에 영향을 준다. 충동적 행동은 사회적 참견(예: 타인에 대한 지나친 방해)과 장기적 결과를 고려하지 않고 중요한 결정을 내리는 것(예: 적절한 정보 없이 취직하기)과 같은 양상으로 나타날 수 있다.

ADHD는 아동기에 시작된다. 몇 가지 증상이 12세 이전에 나타나야 한다는 요건은 아동기 동안 상당한 임상적 증상이 나타나는 것에 대한 중요성을 말하는 것이다. 동시에 조기 발병에 대해서는 명시하지 않는데, 이는 후향적으로는 정확한 발병 시기에 대해 입증하기 어렵기 때문이다. 성인의 경우에는 아동기의 증상을 기억해 내는 것은 신뢰도가 떨어질 수 있으므로 보조적인 정보를 얻는 것이 좋다.

장애의 발현은 한 가지 이상의 환경에서 나타나야 한다(예: 가정, 학교, 직장). 다양한 환경에서 증상이 나타나는지 정확히 확인하기 위해서는 이러한 환경에서 개인을 관찰하는 사람에게 자문을 구해야 한다. 증상은 보통 주어진 환경적 특성에 따라 다양한 모습을 보인다. 장애의 징후는 적절한 행동에 대한 빈번한 보상을 받을 때, 세심한 감독하에 있을 때, 새로운 환경에 있을 때, 특별히 흥미로운 활동에 참여할 때, 지속적인 외부 자극이 있을 때(예: 전자식 화면), 혹은 일대일 상황에 있을 때(예: 임상의의 진료실) 최소한으로 나타나거나 나타나지 않을 수 있다.

② 발달과 경과

많은 부모가 걸음마기에 처음으로 과도한 운동 활동을 관찰하지만, 4세 이전에는 정상적인 행동과 이를 구별해 내기는 어렵다. ADHD는 초등학교 기간 동안에 가장 흔히 식별되며, 부주의가 더욱 뚜렷해지고 손상을 유발하게 된다. 장애는 초기 청소년기를 지나면서 상대적으로 안정되나, 일부의 경우에는 반사회적 행동이 새로이 나타나면서 경과가 악화될 수 있다. 대부분의 경우에 과잉행동 증상은 청소년기와 성인기 동안에 약해지지만 좌불안석, 부주의, 계획성 부족과 충동성은 지속된다. 상당수의 ADHD 아동은 성인기까지 상대적인 손상을 갖는다.

학령전기에 보이는 주요 발현 양상은 과잉행동이다. 부주의는 초등학생 시기에 더욱 두드러진다. 청소년기에는 과잉행동의 징후(예: 뛰기, 기어오르기)는 덜 흔하게 나타나며, 만지작거림이나 내적인 신경과민, 좌불안석 또는 참을성 부족과 같은 증상으로 한정된다. 성인기에 과잉행동은 감소되나, 부주의와 좌불안석에 더불어 충동성이 문제가 된다.

2) 우울장애(Depressive Disorders)

우울장애는 파괴적 기분조절부전장애, 주요 우울장애(주요우울 삽화 포함), 지속성 우울장애(기분 저하증), 월경전불쾌감장애, 물질/약물치료로 유발된 우울장애, 다른 의학적 상태로 의한 우울장애, 달리 명시된 우울장애, 명시되지 않은 우울장애를 포함한다.

(1) 파괴적 기분조절부전장애(Disruptive Mood Dysregulation Disorder)

DSM-5의 진단기준 296.99(F34.8)

A. 고도의 재발성 분노발작이 언어적(예: 폭언) 또는 행동적(예: 사람이나 사물에 대한 물리적 공격성)으로 나타나며, 상황이나 도발 자극에 비해 그 강도나 지속 시간이 극도로 비정상적이다.
B. 분노발작이 발달 수준에 부합하지 않는다.
C. 분노발작이 평균적으로 일주일에 3회 이상 발생한다.
D. 분노발작 사이의 기분이 지속적으로 과민하거나 거의 매일, 하루 중 대부분의 시간 동안 화가 나 있으며 이것이 객관적으로 관찰될 수 있다(예: 부모, 선생님, 또래 집단).
E. 진단기준 A~D가 12개월 이상 지속되며, 진단기준 A~D에 해당하는 모든 증상이 없는 기간이 연속 3개월 이상 되지 않는다.
F. 진단기준 A와 D가 세 환경(예: 가정, 학교, 또래 집단) 중 최소 두 군데 이상에서 나타나며, 최소 한 군데에서는 고도의 증상을 보인다.
G. 이 진단은 6세 이전 또는 18세 이후에 처음으로 진단될 수 없다.
H. 과거력 또는 객관적인 관찰에 의하면, 진단기준 A~E의 발생이 10세 이전이다.
I. 진단기준 A를 만족하는 기간을 제외하고 양극성장애의 조증 또는 경조증 삽화의 모든 진단기준을 만족하는 뚜렷한 기간이 1일 이상 있지 않아야 한다.
주의점: 매우 긍정적인 사건 또는 이에 대한 기대로 인해 전후 맥락에 맞게, 발달적으로 적절한 기분의 고조는 조증 또는 경조증의 증상으로 고려되지 않아야 한다.
J. 이러한 행동이 주요우울 삽화 중에만 나타나서는 안 되며, 다른 정신질환(예: 자폐스펙트럼장애, 외상후

스트레스장애, 분리불안장애, 지속성 우울장애[기분저하증])으로 더 잘 설명되지 않는다.

주의점: 이 진단은 적대적 반항장애, 간헐적 폭발장애 또는 양극성장애와 동반이환 할 수 없으나, 주요 우울장애, 주의력결핍 과잉행동장애, 품행장애, 물질사용장애와는 동반이환 할 수 있다. 파괴적 기분조절부전장애와 적대적 반항장애의 진단기준을 모두 만족시키는 증상을 가진 경우 파괴적 기분조절부전장애만 진단을 내려야 한다. 만일 조증 또는 경조증 삽화를 경험했다면 파괴적 기분조절부전장애의 진단을 내려서는 안 된다.

K. 증상이 물질의 생리적 효과나 다른 의학적 또는 신경학적 상태로 인한 것이 아니다.

① 진단적 특징

파괴적 기분조절부전장애의 주요 특징은 만성적인 고도의 지속적 과민성이다. 이러한 고도의 과민한 기분은 두 가지 두드러진 임상적 징후를 보인다. 첫째, 빈번한 분노발작이다. 이는 전형적으로 좌절에 대한 반응으로 나타나며 언어적일 수도 있고 행동적일 수도 있다(후자의 경우 사물, 자신 타인에 대한 공격성의 형태로 나타난다). 이 증상들은 반드시 빈번하게(예: 평균적으로 일주일에 3회 이상, 진단기준 C) 발생하여야 하며, 가정 및 학교와 같이 두 가지 이상의 환경에서 최소한 1년 이상(진단기준 E와 F) 발생하고, 발달적으로 부적절해야 한다(진단기준 B). 둘째, 분노발작 사이에 만성적이고 지속적으로 과민한, 또는 화가 난 기분이 존재하는 것이다. 과민하거나 화가 난 기분이 이 장애를 가진 아동에서 특징적으로, 거의 매일, 하루의 대부분 시간 동안 나타나며 객관적으로 관찰할 수 있어야 한다(진단기준 D).

② 발달과 경과

파괴적 기분조절부전장애의 시작은 10세 이전이어야 하며 이 진단은 발달연령이 6세 미만인 아이에게 적용되어서는 안 된다. 이 장애가 이러한 연령에 한정되어 발생하는지 알 수 없다. 파괴적 기분조절부전장애의 증상은 아동이 성장하면서 가변적인 것으로 생각되므로, 이 진단은 타당성이 입증된 연령대(7~8세)와 유사한 연령 집단에만 한정된다. 만성적인 고도의 과민성을 가진 아동의 약 반수가 1년 뒤에도 해당 질환의 진단 기준을 지속적으로 만족시킬 것이다. 심각한 비삽화성 과민성이 양극성장애로 전환되는 비율은 낮다. 대신에 만성적인 과민성을 가진 아동은 성인기에 단극성 우울장애 및 불안장애로 이행될 위험이 높다.

연령에 따른 다양성도 전형적인 양극성장애와 파괴적 기분조절부전장애를 구분하는 기준이 된다. 양극성장애의 비율은 사춘기 이전에는 일반적으로 매우 낮으며(<1%), 성인기 초기가 되면서 점차 증가한다(1~2%). 파괴적 기분조절부전장애는 사춘기 이전에는 양극성장애보다 더 흔하며, 증상은 아동기에서 성인기로 이행되면서 일반적으로 점차 덜해지게 된다.

(2) 주요 우울장애(Major Depressive Disorder)

① 진단적 특징

주요 우울장애의 핵심 증상들은 체중 변화와 자살 사고를 제외하고는 거의 매일 존재해야 한다. 우울 기분이 하루 중 거의 대부분, 거의 매일 존재해야 한다. 흔히 불면이나 피로를 자주 호소하는 경우 동반되는 우울 증상을 놓치기 쉽다. 초반에는 슬픈 기분에 대해 부인할 수 있으나 면담 과정에서 드러나거나 표정과 태도를 통해 추측할 수 있다. 피로와 수면 교란은 높은 비율에서 나타난다. 정신운동 장애는 흔하지 않지만 망상적 혹은 망상에 가까운 죄책감이 있는 경우처럼 심각한 증상임을 의미한다.

흔히 주요 우울 삽화에서 기분은 우울하고 슬프고 희망이 없으며 실망스럽거나 의기소침하다고 기술된다(진단기준 A1).

흥미나 즐거움의 상실이 거의 항상 나타난다. 취미에 대한 흥미가 감소되거나 더 이상 관심을 갖지 않거나, 이전에는 즐겁게 했던 활동에 대해 어떤 즐거움도 느낄 수 없게 된다(진단기준 A2).

식욕은 감소되거나 증가한다. 어떤 이들은 억지로 먹어야 한다고 보고하기도 하고 다른 이들은 식욕이 증가되거나 특정한 음식을 갈망하기도 한다(예: 달콤한 음식이나 기타 탄수화물). 식욕 변화가 심할 때(어떤 쪽으로든) 체중이 심하게 감소하거나 증가한다. 아동의 경우 예상된 체중 증가가 나타나지 않기도 한다(진단기준 A3).

수면 교란은 불면이나 과다수면으로 나타난다(진단기준 A4). 불면 증상이 있는 경우 전형적으로 중기 불면증(즉, 밤에 깨고 나면 다시 잠들 수 없다) 또는 말기 불면증(즉, 너무 일찍

깨고 다시 잠들 수 없다)으로 나타난다.

정신운동 변화는 초조(예: 계속 앉아 있지 못함, 걷기, 꽉 쥐기, 피부, 옷 또는 다른 물건을 잡아당기거나 문지르기) 또는 지연을 포함한다(예: 말·사고·몸의 느린 움직임, 대답하기 전 침묵하는 시간이 길어짐, 음량, 음조, 양의 감소, 말의 내용이 다양하지 못함. 또는 말이 없음)(진단기준 A5).

흔히 에너지가 저하되고 피곤하며 나른하다(진단기준 A6). 어떤 이들은 신체적 운동을 하지 않는데도 계속 피곤하다고 호소한다.

주요 우울 삽화와 연관된 무가치감 또는 죄책감은 자신의 가치에 대한 비현실적인 부정적 평가 또는 과거에 실패했던 사소한 일에 대한 질책이나 반추를 포함할 수 있다(진단기준 A7). 이런 경우 중립적이거나 사소한 일상적인 사건들을 자신이 결함이 있는 증거라 잘못 해석하고 예상치 못한 사건에 대해서도 과도한 책임감을 느낀다.

많은 이는 생각하고, 집중하고, 사소한 결정을 내리는 능력마저 손상되어 있음을 보고한다(진단기준 A8). 이들은 정신이 쉽게 산만해지거나 기억력이 떨어진다고 호소한다.

죽음에 대한 생각, 자살 사고 또는 자살 시도가 흔하다(진단기준 A9). 이러한 생각은 아침에 일어나고 싶지 않다는 소극적인 소망 또는 자신이 죽는 것이 다른 이들에게 더 나을 것이라는 믿음에서부터 순간적이지만 반복적인 자살 시도에 대한 생각, 또는 자살 방법에 대한 구체적인 계획에 이르기까지 범위가 다양하다.

② 발달과 경과

주요 우울장애는 어느 연령대에도 발병할 수 있지만 특히 사춘기에 발생 가능성이 매우 높다. 주요 우울장애의 경과는 매우 다양하여 일부는 두 삽화 사이에 거의 증상이 없는 상태로 수년 동안 지내기도 하고, 일부에서는 관해(2개월 이상 증상이 없거나 경도 이하의 증상이 한두 가지 있는 경우)를 경험하기도 한다. 만성 우울증의 악화로 치료가 필요한 경우와 최근 증상이 발생한 경우를 구별하는 것이 중요하다.

회복은 일반적으로 주요 우울장애 환자들 중 2/5에서 발병 후 3개월 이내, 4/5에서 발병 후 1년 이내에 시작된다.

대부분의 양극성 질환은 1회 이상 우울 삽화로 시작하며, 주요 우울장애로 진단받은 사람들 중 상당수가 추후에 양극성 장애로 진단된다.

자살 시도는 중년과 말년에 줄어들지만 자살 완수는 줄어들지 않는다. 낮은 연령에 발병한 우울증은 가족력이 있거나 성격장애와 관련될 가능성이 높다. 주요 우울장애의 경과는 일반적으로 나이가 들어도 바뀌지 않는다. 평균 회복 기간은 오랫동안 안정적으로 고정되어 있으며, 삽화의 가능성은 일반적으로 시간이 경과하여도 증가하거나 감소하지 않는다.

DSM-5의 진단기준

A. 다음의 증상 가운데 5가지(또는 그 이상)의 증상이 2주 연속으로 지속되며 이전의 기능 상태와 비교할 때 변화를 보이는 경우, 증상 가운데 적어도 하나는 (1) 우울 기분이거나 (2) 흥미나 즐거움의 상실이어야 한다.

주의점: 명백한 다른 의학적 상태로 인한 증상은 포함되지 않아야 한다.

1. 하루 중 대부분, 그리고 거의 매일 지속되는 우울한 가분에 대해 주관적으로 보고(예: 슬픔, 공허감 또는 절망감)하거나 객관적으로 관찰됨(예: 눈물 흘림)

   주의점: 아동, 청소년의 경우는 과민한 기분으로 나타나기도 함
2. 거의 매일, 하루 중 대부분, 거의 또는 모든 일상 활동에 대해 흥미나 즐거움이 뚜렷하게 저하됨
3. 체중 조절을 하고 있지 않은 상태에서 의미 있는 체중의 감소(예: 1개월 동안 5퍼센트 이상의 체중 변화)나 체중의 증가, 거의 매일 나타나는 식욕의 감소나 증가가 있음

   주의점: 아동에서는 체중 증가가 기대치에 미달되는 경우
4. 거의 매일 나타나는 불면이나 과다 수면
5. 거의 매일 나타나는 정신운동 초조나 지연(객관적으로 관찰 가능함, 단지 주관적인 좌불안석 또는 처지는 느낌뿐만이 아님)
6. 거의 매일 나타나는 피로나 활력의 상실
7. 거의 매일 무가치감 또는 과도하거나 부적절한 죄책감(망상적일 수도 있는)을 느낌(단순히 병이 있다는 데 대한 자책이나 죄책감이 아님)
8. 거의 매일 나타나는 사고력이나 집중력의 감소 또는 우유부단함(주관적인 호소나 객관적인 관찰 가능함)
9. 반복적인 죽음에 대한 생각(단지 죽음에 대한 두려움이 아닌), 구체적인 계획 없이 반복되는 자살 사고, 또는 자살 시도나 자살 수행에 대한 구체적인 계획

B. 증상이 사회적, 직업적, 또는 다른 중요한 기능 영역에서 임상적으로 현저한 고통이나 손상을 초래한다.

C. 삽화가 물질의 생리적 효과나 다른 의학적 상태로 인한 것은 아니다.

주의점: 진단기준 A부터 C까지는 주요 우울 삽화를 구성하고 있다.

주의점: 중요한 상실(예: 사별, 재정적 파탄, 자연재해로 인한 상실, 심각한 질병이나 장애)에 대한 반

응으로 진단 기준 A에 기술된 극도의 슬픔, 상실에 대한 반추, 불면, 식용 저하 그리고 체중 감소가 나타날 수 있고 이는 우울 삽화와 유사하다. 비록 그러한 증상이 이해될 만하고 상실에 대해 적절하다고 판단된다 할지라도 정상적인 상실 반응 동안에 주요 우울 삽화가 존재한다면 이는 주의깊게 다루어져야 한다. 이러한 결정을 하기 위해서는 개인의 과거력과 상실의 고통을 표현하는 각 문화적 특징을 근거로 한 임상적인 판단이 필요하다.

D. 주요 우울 삽화가 조현장동장애, 조현병, 조현양상장애, 망상장애, 달리 명시된 또는 명시되지 않은 조현병 스펙트럼 및 기타 정신병적 장애로 더 잘 설명되지 않는다.

E. 조증 삽화 혹은 경조증 삽화가 존재한 적이 없다.

주의점: 조증 유사 혹은 경조증 유사 삽화가 물질로 인한 것이거나 다른 의학적 상태의 직업적인 생리적 효과로 인한 경우라면 이 제외 기준을 적용하지 않는다.

(3) 지속성 우울장애(기분 저하증, Persistent Depressive Disorder)

DSM-5의 진단기준

이 장애는 DSM-IV에서 정의된 만성 주요 우울장애와 기분부전장애를 통합한 것이다.

A. 적어도 2년 동안, 하루의 대부분 우울한 기분이 있고, 우울한 기분이 없는 날보다 있는 날이 더 많으며, 이는 주관적으로 보고하거나 객관적으로 관찰된다.

주의점: 아동·청소년에서는 기분이 과민한 상태로 나타나기도 하며, 기간은 적어도 1년이 되어야 한다.

B. 우울한 기간 동안 다음 2가지(또는 그 이상)의 증상이 나타난다.

1. 식욕부진 또는 과식
2. 불면 또는 과다수면
3. 기력의 저하 또는 피로감
4. 자존감 저하
5. 집중력 감소 또는 우유부단
6. 절망감

C. 장애가 있는 2년 동안(아동·청소년에서는 1년) 연속적으로 2개월 이상, 진단기준 A와 B의 증상이 존재하지 않았던 경우가 없었다.

D. 주요 우울장애의 진단기준을 만족하는 증상이 2년간 지속적으로 나타날 수 있다.

E. 조증, 경조증 삽화가 없어야 하고, 순환성 장애의 진단기준을 충족하지 않아야 한다.

F. 장애가 지속적인 조현정동장애, 조현병, 망상장애, 달리 명시된 또는 명시되지 않는 조현병 스펙트럼 및 기타 정신병적 장애와 겹쳐져서 나타나는 것이 아니다.

G. 증상이 물질의 생리적 효과나, 다른 의학적 상태로 인한 것이 아니다.

H. 증상이 사회적, 직업적 또는 다른 중요한 기능 영역에서 임상적으로 현저한 고통이나 손상을 초래한다.

주의점: 주요 우울 삽화의 진단기준은 지속적 우울장애(기분 저하증)에는 없는 4가지 증상이 포함되어 있기 때문에, 극소수가 2년 이상 지속되는 우울증상들을 가지게 되며, 지속성 우울장애의 진단기준을 만족하지 못한다. 만약 질환의 현 삽화기간 동안 어느 시점에서든 주요 우울장애의 진단기준을 모두 만족한다면 주요 우울장애로 진단해야 한다. 그러나 만약 그렇지 않다면 달리 명시된 우울장애 또는 명시되지 않은 우울장애를 진단할 수 있는 근거가 된다.

다음의 경우 명시할 것:

불안증 동반, 혼재성 양상 동반, 멜랑콜리아 양상 동반, 비전형적인 양상 동반, 기분과 일치하는 정신병적 양상 동반, 기분과 일치하지 않는 정신병적 양상 동반, 주산기 발병 동반

다음의 경우 명시할 것:

부분 관해 상태, 완전 관해 상태

다음의 경우 명시할 것:

조기 발병(발병이 21세 이전일 경우), 후기 발병(발병이 21세 이후일 경우)

다음의 경우 명시할 것(지속성 우울장애의 최근 2년간):

- **순수한 기분저하 증후군 동반**: 적어도 지난 2년간 주요 우울 삽화의 진단기준을 만족하지 않은 경우
- **지속성 주요 우울 삽화 동반**: 지난 2년간 내내 주요 우울 삽화의 진단기준을 만족시킨 경우
- **간헐적인 주요 우울 삽화, 현재 삽화를 동반하는 경우**: 현재 주요 우울 삽화의 진단기준을 만족하며, 주요 우울 삽화에 미치지 못하는 우울 증상이 적어도 2년간 선행하는 동안 8주 이상 주요 우울 증상이 있었던 경우
- **간헐적인 주요 우울 삽화, 현재 삽화를 동반하지 않는 경우**: 현재 주요 우울 삽화의 진단기준을 만족하지 않지만, 지난 2년간 적어도 1회 이상 주요 우울 삽화가 있었던 경우

현재의 심각도를 명시할 것:

경도, 중등도, 고도

① 진단적 특징

지속성 우울장애(기분 저하증)의 필수 증상은 적어도 2년 동안, 아동·청소년의 경우 적어도 1년 동안, 우울 기분이 없는 날보다 있는 날이 더 많고, 하루 대부분 지속되는 우울 기분이 있는 것이다(진단기준 A). 이 장애는 DSM-IV 기준에 따른 만성 주요 우울장애와 기분부전장애를 통합한 것이다. 주요 우울장애는 지속성 우울장애에 선행할 수 있고 주요 우울 삽화는 지속성 우울장애 기간 중 일어날 수 있다. 2년간 주요 우울장애 진단

기준을 만족시키는 증상을 가진 경우 주요 우울장애뿐만 아니라 지속성 우울장애의 진단도 추가해야 한다.

지속성 우울장애에서 그들은 기분이 슬프다거나 '울적하다'고 기술한다. 우울 기분의 기간 동안 진단기준 B의 여섯 개 증상 중 적어도 두 개가 나타난다. 이 증상들은 일상적인 경험의 대부분을 차지하기 때문에(예: 나는 항상 이래 왔어) 임상의가 직접적으로 묻지 않는다면 보고되지 않는 경우가 흔하다. 2년 동안(아동·청소년의 경우 1년) 아무 증상 없는 기간이 2개월 이상 지속되지 않는다(진단기준 C).

② 발달과 경과

지속성 우울장애는 대부분 생애 초기(아동기, 청소년기, 성인기 초기)에 서서히 발생하며 정의와 같이 만성적인 경과를 보인다. 지속성 우울장애와 경계성 성격장애를 모두 진단받은 경우, 질병 경과에서 유사한 특징이 관찰되는 것은 두 질환에 공통된 기전이 작동되고 있음을 시사한다. 초기 발병(21세 이전)의 경우 성격장애 및 물질사용장애가 동반될 가능성이 높다.

주요 우울 삽화가 심해질 때, 증상들은 더 낮은 수준으로 되돌아가기 쉽다. 그러나 우울 증상들은 주요 우울 삽화일 때보다 지속성 우울장애에서 더 해소되기 어렵다.

3) 불안장애(Anxiety Disorders)

불안장애 범주에는 공포, 불안 및 관련된 행동 장애의 특징을 지닌 질환들이 포함된다. 공포란 실제로 있거나 혹은 지각된 즉각적인 위협에 대한 감정적 반응이지만, 불안이란 미래의 위협에 대한 예측에서 발생하는 현상이다. 분명히 두 상태는 중복되는 부분이 있지만, 공포가 싸움-도피 행동을 위해 필요한 자율신경계의 각성, 즉각적인 위험에 대한 생각, 도피 행동과 관련이 더 깊은 반면, 불안은 미래의 위험에 대한 준비 및 조심 혹은 회피 행동과 관련된 과잉각성 및 근육의 긴장과 관련이 더 깊다는 점에서 다르다. 때때로 공포나 불안의 수준은 전반적인 회피 행동을 통해 감소한다.

(1) 분리불안장애(Separation Anxiety Disorder)

DSM-5의 진단기준 309.21(F93.0)

A. 애착 대상과의 분리에 대한 공포나 불안이 발달 수준에 비추어 볼 때 부적절하고 지나친 정도로 발생한다. 다음 중 세 가지 이상이 나타나야 한다.
   1. 집 또는 주 애착 대상과 떨어져야 할 때 과도한 고통을 반복적으로 겪음
   2. 주 애착 대상을 잃거나 질병이나 부상, 재앙 혹은 죽음 같은 해로운 일들이 일어날 것이라고 지속적으로 과도하게 걱정함
   3. 곤란한 일(예: 길을 잃거나, 납치당하거나, 사고를 당하거나, 아프게 되는 것)이 발생하여 주 애착 대상과 떨어지게 될 것이라고 지속적을 과도하게 걱정함
   4. 분리에 대한 공포 때문에 집을 떠나 학교, 직장, 혹은 다른 장소로 외출하는 것을 지속적으로 거부하거나 거절함
   5. 집이나 다른 장소에서 주 애착 대상과 떨어져 있거나 혼자 있는 것에 대해 지속적으로 과도하게 두려워하거나 거부함
   6. 집을 떠나 밖에서 자거나 주 애착 대상과 떨어져 자는 것을 지속적으로 과도하게 거부하거나 거절함
   7. 분리 주제와 연관된 반복적인 악몽을 꿈
   8. 주 애착 대상과 떨어져야 할 때 신체증상을 반복적으로 호소함(예: 두통, 복통, 오심, 구토)

B. 공포, 불안, 회피 반응이 아동·청소년에서는 최소한 4주간 이상, 성인에서는 전형적으로 6개월 이상 지속되어야 한다.

C. 장애가 사회적, 직업적, 또는 다른 중요한 기능 영역에서 임상적으로 현저한 고통이나 손상을 초래한다.

D. 장애가 다른 정신질환으로 더 잘 설명되지 않는다. 예를 들어, 자폐증에서 변화에 대한 저항으로 인해 집 밖에 나가는 것을 회피하는 것, 정신병적 장애에서 분리에 대한 망상이나 환각이 있는 경우, 광장공포증으로 인해 믿을 만한 동반자 없이는 밖에 나가기를 거부하는 경우, 범불안장애에서 건강 문제나 다른 해로운 일이 중요한 대상에게 생길까 봐 걱정하는 것, 질병불안장애에서 질병이 발생할까 봐 걱정하는 것

① 진단적 특징

분리불안장애의 주요 특징은 집이나 애착 대상과의 분리에 대한 과도한 공포와 불안이다. 이러한 불안은 발달 수준을 고려할 때 기대되는 정도보다 지나치다(진단기준 A). 분리불안장애 환자들은 다음 기준 중 적어도 세 가지 이상을 만족한다. 집 또는 주 애착 대상과 떨어져야 할 때 심한 고통을 반복적으로 겪는다(진단기준 A1). 애착 대상의 안녕

과 죽음에 대해 걱정하며, 이러한 걱정은 특히 그들과 분리되어 있을 때 심하여 애착 대상이 어디에 있는지 알 필요가 있으며, 항상 연락이 닿기를 바란다(진단기준 A2). 길을 잃거나 납치당하거나, 사고를 당하는 등의 곤란한 사건들이 그들에게 일어나서 주 대상을 다시는 만나지 못할까 봐 걱정한다(진단기준 A3). 분리에 대한 공포 때문에 밖에 나가기를 거부하거나 싫어한다(진단기준 A4). 집이나 다른 장소에서 주 애착 대상 없이 있거나 혼자 있는 것에 대해 지속적으로 과도하게 두려워하거나 싫어한다. 분리불안 장애를 지닌 아동은 방에 혼자 가거나 혼자 있는 것이 불가능하고 매달리는 행동이나 집 주변에서 부모를 그림자처럼 따라 다니는 행동 혹은 집 안에서 다른 방에 갈 때 누군가가 곁에 있기를 원하는 모습을 보인다(진단기준 A5). 그들은 주 애착 대상과 떨어져서 자러 가거나 집 밖에서 자는 것에 대해 지속적으로 싫어하거나 거부한다(진단기준 A6). 그들은 분리불안을 포함하는 내용의 악몽을 반복적으로 꿈꾼다(예: 화재, 살인 혹은 대른 재앙으로 인해 자족이 붕괴되는 것)(진단기준 A7). 신체적 증상들(두통, 복통, 오심, 구토)은 분리가 일어나거나 예상될 때 아동에서 흔히 나타나는 증상이다(진단기준 A8).

이러한 장애는 아동·청소년에서는 최소한 4주 이상, 성인에서는 전형적으로 6개월 이상 지속되어야 한다(진단기준 B). 그러나 성인에 적용되는 기간은 어느 정도의 유연성을 가지고 판단해야 한다. 이러한 증상들은 사회적·학업적·직업적 또는 다른 중요한 기능 영역에서 임상적으로 현저한 고통이나 손상을 초래한다(진단기준 C).

② 발달과 경과

분리불안장애가 발현되는 모습은 연령에 따라 다양하다. 어린 아동의 경우 학교에 가기 싫어하거나 등교 거부로 나타난다. 그들은 부모님과 가족 혹은 그들 자신에 대한 확실한 위협을 무서워하거나 걱정하기를 드러내지 않을 수도 있다. 불안은 분리 상황이 경험될 때만 나타난다. 아동기에 걱정이 나타나기 시작하는데, 이들은 대부분 특정한 위협(예: 사고, 납치, 강도, 죽음)에 대한 걱정이나 애착 대상과 다시 만나지 못할 것이라는 막연한 걱정이다. 분리불안장애가 있는 성인은 환경의 변화(예: 이사하거나 결혼하는 것)를 견디지 못할 수 있다. 성인들은 전형적으로 자녀와 배우자에 대해 지나치게 걱정하고 그들과 분리될 때 극심한 고통을 겪는다. 또한 일이나 사회 경험을 중단하기도 하는데,

이는 그들이 중요한 대상들이 어디에 있는지 지속적으로 확인할 필요가 있기 때문이다.

(2) 선택적 함구증(Selective Mutism)

DSM-5의 진단기준 313.23(F94.0)
A. 다른 상황에서는 말을 할 수 있음에도 불구하고 말을 해야 하는 특정 사회적 상황(예: 학교)에서 일관되게 말을 하지 않는다.
B. 장애가 학습이나 직업상의 성취 혹은 사회적 소통을 방해한다.
C. 이러한 증상이 최소 1개월 이상 지속된다(학교생활의 첫 1개월에만 국한되지 않는 경우).
D. 사회적 상황에서 필요한 말에 대한 지식이 부족하거나, 언어가 익숙하지 않아서 말을 하지 않는 것이 아니다.
E. 장애가 의사소통장애(예: 아동기 발병 유창성 장애)로 더 잘 설명되지 않고, 자폐스펙트럼장애, 조현병 또는 다른 정신병적 장애의 경과 중에만 발병하지는 않는다.

① 진단적 특징

사회적 관계에서 사람을 만났을 때, 선택적 함구증 아이들은 먼저 말을 꺼내지 못하거나 혹은 사람들 말에 대답하지 못한다. 다른 아동이나 성인과의 상호작용에서 말이 없게 된다. 선택적 함구증 아이들은 집에서 가까운 가족과 있을 때에는 말을 하지만 종종 친구들이나 조부모님, 사촌 같은 친척들 앞에서도 말을 하지 않는다. 이러한 장애는 종종 높은 수준의 사회불안으로 특정지어진다. 선택적 함구증 아이들은 종종 학교에서 말하기를 거부하여 선생님들이 아이들의 읽기 능력을 평가하기 힘들어지기 때문에 학업 및 학습 영역에 지장이 있다. 비록 때때로 비언어적 방법(예: 중얼거림, 가리킴, 쓰기)을 이용해서 소통하려고 하거나 말이 필요 없는(예: 학교 놀이에서 말이 필요 없는 부분) 사회적 상황에서 참여하려고 노력하지만 말이 거의 없기 때문에 사회적 소통에 지장을 줄 수 있다.

② 발달과 경과

선택적 함구증은 주로 5세 이전에 발병하지만, 아이들은 학교에 들어가서 사회적 관계가 증가하고 읽기 같은 수행과제가 증가하기 전까지 임상적 관심을 끌지 못한다. 이 장애의 지속 기간은 다양하다. 임상 보고에 의하면 많은 사람이 선택적 함구증을 극복한다고 하지만 장기적 경과에 대해서는 잘 알려져 있지 않다. 특히 사회공포증이 동반된 경우 함구증은 사라질 수 있으나 사회공포증의 증상들은 남을 수 있다.

4) 파괴적, 충동조절 및 품행장애(Disruptive, Impulse-Control, and Conduct Disorders)

파괴적, 충동조절 및 품행장애는 정서 및 행동에 대한 자기조절 문제와 관련이 있다는 조건을 포함한다. 이 범주에는 적대적 반항장애, 간헐적 폭발장애, 품행장애, 반사회성장애(종전에 성격장애의 부분으로 기술되었음), 병적 방화, 병적 도벽 그리고 달리 명시된/명시되지 않은 파괴적, 충동조절 및 품행장애를 포함한다.

(1) 적대적 반항장애(Oppositional Defiant Disorder)

DSM-5의 진단기준 313.81(F91.3)

A. 분노/과민한 기분, 논쟁적/반항적 행동 또는 보복적인 양상이 적어도 6개월 이상 지속되고 다음 중 적어도 4가지 이상의 증상이 존재한다. 이러한 증상은 형제나 자매가 아닌 적어도 한 명 이상의 다른 사람과의 상호작용에서 나타나야 한다.

분노/과민한 기분

1. 자주 욱하고 화를 냄
2. 자주 과민하고 쉽게 짜증을 냄
3. 자주 화를 내고 크게 분개함

논쟁적/반항적 행동

4. 권위자와의 잦은 논쟁, 아동이나 청소년의 경우는 성인과 논쟁함
5. 자주 적극적으로 권위자의 요구나 규칙을 무시하거나 거절함
6. 자주 고의적으로 타인을 귀찮게 함
7. 자주 자신의 실수나 잘못된 행동을 남의 탓으로 돌림

보복적 특성

8. 지난 6개월 안에 적어도 두 차례 악의에 차 있거나 앙심을 품음

주의점: 진단에 부합하는 행동의 지속성 및 빈도는 정상 범위 내에 있는 행동과 구별되어야 한다. 다른 언급이 없다면, 5세 미만의 아동인 경우에는 최소한 6개월 동안 거의 매일 상기 행동이 나타나야 한다. 5세 이상의 아동인 경우에는 6개월 동안 일주일에 최소한 1회 이상 상기 행동이 나타

나야 한다(진단기준 A8). 이런 빈도에 대한 기준은 증상을 기술하기 위한 최소 기준을 제공한 것일 뿐이며, 반항적 행동이 동일한 발달 수준에 있고 성별이나 문화적 배경이 같은 다른 사람들에게서 전형적으로 관찰되는 것보다 더 빈번하고 강도가 높은지와 같은 다른 요인들도 고려해야 한다.

B. 행동 장애가 개인 자신에게, 또는 자신에게 직접적으로 관련 있는 사회적 맥락(예: 가족. 또래 집단, 작업 동료) 내에 있는 상대방에게 고통을 주며, 그 결과 사회적, 학업적, 직업적, 또는 다른 중요한 기능 영역에서 부정적인 영향을 준다.

C. 행동은 정신병적 장애, 물질사용장애, 우울장애 또는 양극성 장애의 경과 중에만 국한에서 나타나지 않는다. 또한 파괴적 기분조절부전장애의 진단기준을 충족하지 않아야 한다.

현재의 심각도를 명시할 것:

- **경도**: 증상이 한 가지 상황(예: 집, 학교, 직장, 또래 집단)에서만 나타나는 경우다.
- **중등도**: 증상이 적어도 2가지 상황에서 나타나는 경우다.
- **고도**: 증상이 3가지 이상의 상황에서 나타나는 경우다.

① 진단적 특징

적대적 반항장애의 증상들은 한 가지 상황에서만 제한적으로 나타날 수도 있으며, 집에서만 문제를 보이는 경우가 가장 흔하다. 집에서만 이런 문제를 보인다 하더라도 진단적 역치를 충족하는 충분한 증상이 있다면 현저한 사회적 기능의 손상이 있을 수 있다. 그러나 조금 더 심한 경우에는 이러한 증상을 다양한 상황에서 보이게 된다. 증상이 여러 상황에 만연된 정도가 장애의 심각도 지표가 된다는 점을 고려할 때, 개인이 다양한 상황이나 대인관계에서 반항 행동을 보이는지를 평가하는 것이 중요하다. 반항 행동은 형제자매 간에서 흔히 보일 수 있기 때문에 형제자매가 아닌 다른 사람들과의 상호작용에서 관찰되는지 확인해야 한다. 또한 전형적으로 성인과의 상호작용이나 개인적으로 잘 아는 또래들과의 관계에서 나타나는 경향이 있으므로, 임상 면담이나 검사 장면에서는 명백하게 드러나지 않을 수도 있다.

적대적 반항장애를 가지고 있지 않은 사람들도 이러한 증상을 어느 정도 보일 수 있기 때문에, 그러한 행동이 적대적 반항장애 증상에 부합하는지를 결정하기 위해 고려해야 할 몇 가지 중요한 사항들이 있다.

첫째, 지난 6개월 동안 적어도 진단적 역치를 넘어서는 네 개 이상의 증상이 존재해야 한다.

둘째, 그 행동은 연령, 성별, 문화적 조건이 같은 다른 사람들에게서 전형적으로 관찰되는 것보다 더 지속적이고 빈번해야 한다.

② 발달과 경과

적대적 반항장애의 첫 증상은 보통 취학 전에 나타나며, 초기 청소년기 이후에 발병하는 경우는 매우 드물다. 적대적 반항장애는 품행장애보다는 발달적으로 먼저 보이게 되며, 특히 아동에게 발병한 품행장애의 경우에 그렇다. 그러나 적대적 반항장애가 있는 아동 및 청소년이 모두 품행장애로 발전하는 것은 아니다. 적대적 반항장애는 품행장애뿐만 아니라 불안장애, 우울장애로도 발전할 수 있다. 대부분 반항적이고, 논쟁적이거나 보복적인 증상은 품행장의 위험 요인이 되고, 분노 및 과민한 기분 증상은 정서장애의 위험요인이 된다.

장애의 징후는 발달단계에 걸쳐 일관적으로 나타난다. 적대적 반항장애가 있는 아동 및 청소년은 성인으로서 성장하고 적응하는 데 있어서, 반사회적 행동, 충동 조절 문제, 물질 남용, 불안 및 우울 등 수많은 문제를 보일 위험이 높다.

적대적 반항장애와 관련이 있는 많은 문제행동은 보통 취학 전과 청소년기에 그 빈도가 증가한다. 따라서 발달단계에 있는 아동이나 청소년들은 적대적 반항장애로 진단할 때는 그 나이 또래에서 보이는 정상적인 수준의 행동 빈도와 강도를 고려하는 것이 중요하다.

(2) 품행장애(Conduct Disorder)

DSM-5의 진단기준 313.81(F91.3)
A. 다른 사람의 기본적 권리를 침해하고 연령에 적절한 사회적 규범 또는 규칙을 위반하는 지속적이고 반복적인 행동 양상으로, 지난 12개월 동안 다음의 15개 기준 중 적어도 3개 이상에 해당되고, 지난 6개월 동안 적어도 한 개 이상의 기준에 해당된다. **사람과 동물에 대한 공격성** 1. 자주 다른 사람을 괴롭히거나, 위협하거나, 협박함 2. 자주 신체적인 싸움을 시작함

3. 다른 사람에게 심각한 신체적 손상을 입힐 수 있는 무기를 사용함(예: 방망이, 벽돌, 깨진 병, 칼, 총)
4. 다른 사람에게 신체적으로 잔인하게 대함
5. 동물에게 신체적으로 잔인하게 대함
6. 피해자가 보는 앞에서 도둑질을 함(예: 노상강도, 소매치기, 강탈, 무장강도)
7. 다른 사람에게 성적 활동을 강요함

재산 파괴

8. 심각한 손상을 입히려는 의도로 고의적으로 불을 지름
9. 다른 사람의 재산을 고의적으로 파괴함(방화로 인한 것은 제외)

사기 또는 절도

10. 다른 사람의 집, 건물 또는 자동차를 망가뜨림
11. 어떤 물건을 얻거나 환심을 사기 위해 또는 의무를 피하기 위해 거짓말을 자주 함(즉, 다른 사람을 속임).
12. 피해자와 대면하지 않은 상황에서 귀중품을 훔침(부수거나 침입하지 않고 상점에서 물건 훔치기, 문서 위조)

심각한 규칙 위반

13. 부모의 제지에도 불구하고 13세 이전부터 자주 밤늦게까지 집에 들어오지 않음
14. 친부모와 살거나 부모를 대신한 가정에서 사는 동안 방밤 적어도 2회 이상 가출, 또는 장기간 귀가하지 않은 가출이 1회 있음
15. 13세 이전에 무단결석을 자주 함

B. 행동 장애가 사회적, 학업적, 또는 직업적 기능 영역에서 임상적으로 현저한 손상을 초래한다.
C. 18세 이상일 경우, 반사회성 성격장애의 기준에 부합되지 않는다.

다음 중 하나를 명시할 것:

- **312.81(F91.1) 아동기 발병형**: 10세 이전에 품행장애의 특징적인 증상 중 적어도 한 개 이상을 보이는 경우다.
- **312.82(F91.2) 청소년기 발병형**: 10세 이전에는 품행장애의 특징적인 증상을 전혀 충족하지 않는 경우다.
- **312.89(F91.9) 명시되지 않는 발병**: 품행장애의 진단기준을 충족하지만, 첫 증상을 10세 이전에 보였는지 또는 10세 이후에 보였는지에 대한 정보가 없어서 확실히 결정하기 어려운 경우다.

다음의 경우 명시할 것:

- **제한된 친사회적 정서 동반**: 이 명시자를 진단하려면 적어도 12개월 이상 다양한 대인관계나 사회적 장면에서 다음 중 적어도 2개 이상의 특징을 보여야 한다. 이러한 특성은 해당 기간 동안 그 개인의 대인관계·정서적 기능의 전형적인 형태를 반영해 주며, 몇몇 상황에서만 가끔 발생하는 것이 아니다.

따라서 명시자를 평가하기 위해서는 다양한 출처에서 정보를 얻는 것이 필수적이다. 자가 보고뿐만 아니라 그 개인을 장기간 동안 알고 있는 사람들(예: 부모, 교사, 동료, 친척, 또래)의 보고를 반드시 고려해야 한다.

- **후회나 죄책감 결여**: 본인이 잘못을 저질러도 나쁜 기분이나 죄책감을 느끼지 않는다(붙잡히거나 처벌을 받는 상황에서만 양심의 가책을 표현하는 경우는 배제해야 한다). 자신의 행동으로 인한 부정적인 결과에 대해 일반적인 걱정이 결여되어 있다. 예를 들면, 다른 사람을 다치게 하고도 자책하지 않거나 규칙을 어겨 발생하는 결과에 대해 신경을 쓰지 않는다.
- **냉담, 즉 공감의 결여**: 다른 사람의 감정을 무시하거나 신경 쓰지 않는다. 다른 사람들은 이들을 차갑고 무정한 사람으로 묘사한다. 심지어 자신이 다른 사람에게 상당한 피해를 주는 경우에도, 자신이 타인에게 미치는 영향보다는 자기 자신에게 미치는 영향에 더 신경을 쓴다.
- **수행에 대한 무관심**: 학교나 직장 또는 다른 중요한 활동에서 자신이 저조한 수행을 보이는 것을 개의치 않는다. 심지어 충분히 예상 가능한 상황에서도 좋은 성과를 보이기 위해 필요한 노력을 기울이지 않으며, 전형적으로 자신의 저조한 수행을 다른 사람의 탓으로 돌린다.
- **피상적이거나 결여된 정서**: 피상적이거나, 가식적이고, 깊이가 없는 정서(예: 행동과 상반되는 정서 표현, 빠른 정서 전환)를 제외하고는 다른 사람에게 자신의 기분이나 정서를 드러내지 않는다. 또는 얻고자 하는 것이 있을 때만 정서를 표현한다(예: 다른 사람을 조종하거나 위협하고자 할 때 보이는 정서 표현).

현재의 심각도를 명시할 것:

- **경도**: 진단을 충족하는 품행 문제가 있더라도, 품행 문제의 수가 적고, 다른 사람에게 가벼운 해를 끼치는 경우다(예: 거짓말, 무단결석, 허락 없이 밤늦게까지 집에 들어가지 않는 것, 기타 규칙 위반).
- **중등도**: 품행 문제의 수와 다른 사람에게 끼치는 영향의 정도가 "경도"와 "고도"의 중간에 해당되는 경우다(예: 피해자와 대면하지 않는 상황에서 도둑질하기, 공공기물 파손).
- **고도**: 진단을 충족하는 품행 문제가 많거나, 또는 다른 사람에게 심각한 해를 끼치는 경우다(예: 성적 강요, 신체적 잔인함, 무기 사용, 피해자가 보는 앞에서 도둑질, 파괴와 침입).

① 진단적 특징

품행장애가 있는 사람은 흔히 공격적인 행동을 취하고, 다름 사람들에게 공격적으로 반응한다. 다른 사람을 괴롭히고, 위협하거나, 협박한다(문자나 인터넷 기반 소셜미디어를 통한 괴롭힘도 포함한다)(진단기준 A1). 자주 신체적인 싸움을 건다(진단기준 A2). 다른 사람에게 심각한 신체적 손상을 입힐 수 있는 무기를 사용한다(예: 방망이, 벽돌, 깨진 병, 칼, 총)(진단기준 A3). 사람(진단기준 A4)이나 동물(진단기준 A5)에게 신체적으로 잔인하게 대한다, 피해자가 보는 앞에서 도둑질을 한다(예: 노상강도, 소매치기, 강탈, 무장 강도)(진단기준 A6).

다른 사람에게 성적 활동을 강요한다(진단기준 A7). 신체적인 폭력은 강간, 폭행, 드물게는 살인과 같은 형태로 표현될 수 있다. 고의적인 재산파괴는 심한 손해를 입힐 목적으로 일부러 방화를 계획하는 경우(진단기준 A8)와 다른 방식(예: 자동차 창문을 가격하기, 학교 기물 파손하기)을 사용하여 고의로 타인의 재산을 파괴하는 경우(진단기준 A9)가 포함된다. 사기 또는 절도 행위에는 다른 사람의 집, 건물 또는 자동차를 망가뜨리는 경우(진단기준 A10)와 어떤 물건을 얻거나 환심을 사기 위해 또는 의무를 피하기 위해 자주 거짓말을 하는 경우(예: 다른 사람을 속인다)(진단기준 A11), 그리고 피해자와 대면하지 않은 상황에서 귀중품을 훔치는 경우(예: 파괴와 침입이 없는 도둑질, 문서 위조)가 포함된다.

품행장애가 있는 사람은 자주 심각한 규칙위반을 보인다(예: 학교, 부모, 직장에서). 품행장애 아동들은 부모의 제지에도 불구하고 13세 이전부터 자주 밤늦게까지 들어오지 않는다(진단기준 A13). 또한 집에서 가출하는 양상을 보이기도 한다(진단기준 A14). 품행장애 증상으로 간주하기 위해서는 최소 2회 이상의 가출을 해야 한다(또는 장기간 귀가하지 않은 가출을 1회 보인다). 가출 삽화가 신체적 또는 성적 학대의 직접적인 결과로 발생했다면 전형적으로 이 진단기준을 충족하지 못한다. 품행장애 아동은 13세 이전부터 자주 무단결석을 하기도 한다(진단기준 A15).

② 발달과 경과

품행장애는 취학 전과 같이 어린 시기에도 발병할 수 있으나, 보통 중기 아동기에서 중기 청소년기 사이에 처음으로 증상이 현저하게 드러난다. 아동기 발병형의 경우, 흔히 적대적 반항장애가 품행장애의 전조가 된다. 품행장애는 성인기에도 진단될 수 있지만, 대개 아동기나 청소년기에 품행장애 증상이 나타나게 되며, 16세 이후에 발병하는 경우는 드물다. 품행장애의 경과는 다양하게 나타난다. 대부분의 경우 장애는 성인기가 되면 사라진다. 특히 청소년기 발병형 품행장애가 있으면서 증상이 별로 없거나 경미한 경우에는 성인으로서 적절한 사회적 그리고 직업적 적응을 보일 수 있다. 그러나 어린 시절 발병형은 성인기에 더 예후가 나쁘고 범죄 행동, 품행장애 그리고 물질관련 장애를 보일 위험이 더 높다. 품행장애가 있는 아동 및 청소년은 이후 성인이 되었을 때 기분장애, 불안장애, 외상후 스트레스장애, 충동조절장애, 정신병적장애, 신체증상장애,

그리고 물질관련 장애를 보일 위험이 높다.

개인의 체력과 인지 능력이 발달하고 성적인 성숙이 이루어짐에 따라 이 장애의 증상도 연령에 따라 달라진다. 초기 증상은 덜 심각한 반면에(예: 거짓말, 상점에서 물건 훔치기), 나중에 나타나는 증상들은 더 심각해지는(예: 강간, 피해자가 보는 앞에서 도둑질하기) 경향이 있다. 그러나 이는 개인에 따라 매우 다르며, 몇몇 경우는 어린 나이에 더 큰 피해를 주는 심각한 행동에 관여하기도 한다(이런 경우 예후가 더 나쁘다). 품행장애가 있는 사람이 성인이 되었을 때 공격성, 재산파괴, 사기, 규칙 위반 등의 증상을 계속 보이고 동료, 배우자 그리고 아이들을 대상으로 폭력을 행사하는 일이 직장이나 가정에서 관찰되는 경우에는 반사회성 성격장애를 고려할 수 있다.

5. 정서·행동장애의 교육적 지원

정서·행동장애를 가진 아이들을 지도하는 데 있어서 긍정적인 행동을 길러주는 것이 부정적인 행동을 제거하는 것보다 훨씬 더 효과적이다. 처벌은 부정적인 결과와 또 다른 부정적 사고 또는 행동으로 이어지는 경향이 있으므로 부득이 부적 강화 또는 처벌을 사용할 때는 매우 신중해야 하며 반드시 전문가의 조언을 받아야 할 것이다.

1) 또래 중재 방법

중재법	지도 방법
학급전체 또래지도 (Classwide peer tutoring)	• 전체 학급 학생이 동시에 교수 프로그램에 참여 • 매 수업 동안 학생들은 서로 튜터(tutor)와 튜티(tutee)로 참여할 수 있음
협동학습 (Cooperative learning)	• 다양한 수준의 능력을 지닌 학생들을 소규모 팀으로 구성하여 과제를 수행하기 위해 여러 활동을 전개함 • 팀의 각 구성원은 배운 내용을 학습할 뿐만 아니라 팀원의 학습을 도울 책임이 있음

중재법	지도 방법
연령 교차 개별지도 (Cross-age tutoring)	• 상급 학생들은 더 어린 학생들과 개별로 연결되어 교육을 제공 • 튜터는 일반적으로 튜티보다 최소 2세 이상 많음 • 튜터와 튜티 사이의 기술 수준에 큰 차이가 있을 필요는 없음
또래 지도 (Peer tutoring)	• 학습 지원이 필요한 학생은 잘 교육된 튜터와 짝(같은 연령)을 이룸 • 튜터는 고도로 숙련된 콘텐츠 영역을 튜티에게 제공
또래지원 학습전략 (Peer-assisted learning strategies)	• 교사가 특정 학업 기술에 뛰어난 또래(튜터)를 선택한 후 또래 친구(튜티)를 가르치도록 하는 것 • 짝은 특정 학습 또는 과목에 따라 정기적으로 변경되며, 시간이 지남에 따라 학생들이 다양한 기술을 연구함으로써 모든 학생들은 "코치"와 "플레이어"가 될 수 있는 기회를 갖게 됨
또래 평가 (Peer assessment)	• 또래끼리 서로의 학습 결과 또는 과제물을 평가함
또래 모델링 (Peer modeling)	• 교사는 학생들의 흥미와 관심을 끌 수 있는 학생을 선택하여 목표 행동을 가르침 • 또래 모델 역할을 하는 학생은 원하는 행동에 대한 교육을 받은 다음 목표행동에 도달이 필요한 또래들 앞에서 시범을 보임
또래 강화 (Peer reinforcement)	• 특정 학생(예, 정서·행동장애 아동)이 긍정적인 행동을 보이면 또래친구들이 칭찬 등의 강화를 줌

출처: Ryan, J. B., Pierce, C. D., Mooney, P. (2008).

또래 중재 방법 중 특히나 연령 교차 개별지도와 같은 연령의 또래 지도가 높은 수준의 효과가 있다고 보고된다.

Cochran, Feng, Cartledge & Hamilton(1993)은 성적이 저조한 2학년 정서·행동장애 학생들에게 연령 교차 개별지도 방법을 적용하였다. 5학년의 선배 학생들이 2학년 정서·행동장애 학생들에게 개별로 짝이 되어 하루에 약 30분씩, 8주간 실시한 결과, 이 프로그램에 참여하지 않은 또래보다 시력 단어와 긍정적인 사회적 상호 작용이 크게 증가했음을 밝혔다.

이와 유사하게 Falk & Wehby(2001)는 유치원 아이들에게 또래 지도 프로그램을 적용한 결과 아이들 모두 문자와 음성 모두에서 읽기 능력이 향상되었음을 보고하였다.

2) 자기 중재 방법

자기 중재 방법에서 가장 중요한 두 가지 전략은 자기 모니터링과 전략 교수이다. 자기 모니터링은 현재 자신의 행동 수준 또는 문제 상황을 정확하게 파악하고 기록함으로써 목표 행동의 지향점을 올곧게 설정할 수 있으며 행동의 변화 과정을 한걸음 한걸음 나아갈 수 있게 한다. 또한 자기 중재는 막연하게 하는 것이 아니라 효과적이고 검증된 중재 전략을 학생에게 가르치는 것이 대단히 중요하다.

중재법	지도 방법
자기 모니터링 (Self-monitoring)	학생 스스로 행동을 관찰하고 기록하는 2단계 과정 (a) 목표 행동의 발생/비발생을 구별하여 관찰 (b) 목표 행동의 발생/비발생을 기록
자기 평가 (Self-evaluation)	자신의 성과가 이전에 설정한 목표(예: 시간 경과에 따른 성과 향상)와 비교하여 기준 달성에 따라 강화를 받는 과정
자기 교수 (Self-instruction)	스스로의 행동을 지시하기 위해 자기에게 언어적 교시를 사용
목표 설정 (Goal setting)	행동 목표를 스스로 선택하는 과정 이는 스스로의 노력을 구조화하는 데 도움이 되고 진행 상황에 대한 정보를 제공하여 성과에 동기를 부여함
전략 교수 (Strategy instruction)	학생에게 일련의 단계를 가르치는 과정(전략 가르치기) 독립적으로 문제를 해결하거나 결과를 달성함

출처: Ryan, J. B., Pierce, C. D., Mooney, P. (2008).

Carr & Punzo(1993)는 자신의 연구에서 자기 중재 전략을 사용하기 전에 교사는 학생에게 다음 단계를 성취하도록 하였다.

첫째, 학생들에게 과제 성취도에 대한 명확한 정의, 정확성과 성취도 향상을 위한 이론적 근거 제시

둘째, 학생들에게 과제 완성, 완성된 항목을 수치화하여 기록하는 방법

셋째, 정확한 항목 계산 및 기록하는 방법 모델링하기

넷째, 학생들에게 성취도의 정의를 반복하고 정확한 자기 기록 절차를 타인에게 공개하기

자기 중재 방법은 또래 중재 방법과 유사하게 주제 영역에 걸쳐 정서·행동장애 학생들에게 학업 능력 향상과 행동 개선에 큰 성과를 보여준다. 하지만 자기 중재 방법은 너무 어린 학생이나 지적 수준이 현저하게 뒤처지는 학생들에게 적용하기에는 많은 어려움이 있다.

3) 교사 주도 중재 방법

중재법	지도 방법
과제 구조화 (Structured academic tasks)	교사가 학생들에게 과제 완성을 위해 과제분석을 통한 순차적(단계별)으로 과제를 제시함
맞춤형 교육 시스템 (Personalized system of instruction)	교사는 학습 목표에 따라 작은 단위 단위로 과정 나누기, 교육과정 수정을 통한 학생 자기 속도 조절, 학생의 수준과 흥미, 관심을 반영한 수업 설계, 시험에 대한 즉각적인 피드백 제공
모델링, 시연, 피드백 (Modeling, rehearsal, and feedback)	교사가 목표 행동을 시범 보여 학생들로 하여금 모델링, 연습, 시연하는 과정을 관찰하면서 성과에 대해 직접적인 피드백을 제공
토큰 강화 시스템 (Token reinforcement system)	학생이 목표 행동을 수행할 때마다 토큰(긍정적 강화물, 스티커 등)을 제공하여 일정량의 토큰을 획득하면 학생이 원하는 보상(게임하기, 영화보기 등)과 교체함

출처: Ryan, J. B., Pierce, C. D., Mooney, P. (2008).

교사 주도 중재 방법은 학업 성취뿐만 아니라 정서·행동장애 아동이 보이는 다양한 행동문제를 중재하는 데에도 매우 효과적이다. 특수교육의 기본이 되는 개별화교육과 마찬가지로 정서·행동장애 아동에게는 그들의 다양한 학습 수준과 욕구에 맞춘 맞춤형 교육 시스템이 기본적으로 이루어져야 할 것이다.

참고문헌

권준수, 김재진, 남궁기, 박원명, 신민섭, 유범희, 윤진상, 이상익, 이승환, 이영식, 이헌정, 임효덕, 강도형, 최수희(2015). **DSM-5 정신질환의 진단 및 통계 편람 제5판**. 서울: 학지사.

박순주, 권민아, 백민주, 한나라(2014). 소셜네트워크서비스를 이용하는 대학생들의 스마트폰 중독과 대인관계능력의 관계. **한국콘텐츠학회논문지,** 14(5), 289-297.

신민정, 최지영(2015). 아동기 학대와 방임이 우울장애 환자의 성격병리에 미치는 영향. **한국심리학회지: 건강, 20**(4), 719-738.

이상복(2008). 개정된 장애인 등에 대한 특수교육법과 정서·행동장애 관련 교육 과제. **정서·행동장애연구,** 24(4), 1-18.

이상훈(2013). 정서 · 행동장애학생의 교육지원과 특수교육지원센터의 역할. **정서·행동장애연구,** 29(1), 1-21.

이승희(2012). 정서·행동장애 정의와 출현율의 개념 및 관계에 대한 체계적 고찰. **정서·행동장애연구,** 28(3), 37-58.

이효신, 신윤희(2013). 정서 · 행동장애 정의·진단·분류에 대한 적절성 조사연구. **정서·행동장애연구,** 29(3), 31-59.

American Psychiatric Association(2013). *Diagnostic and Statistical Manual of Mental Disorders*(5th ed.). Washington, DC: Author.

Biederman, J., Faraone, S., Keenan, K., et al.(1992). Further evidence for family-genetic risk factors in ADHD: Patterns of co-morbidity in probands and relatives in psychiatrically and pediatrically referred samples. *Archives of General Psychiatry, 49*, 728–738.

Carr, S. C., & Punzo, R. P.(1993). The effects of self-monitoring of academic accuracy and productivity on the performance of students with behavioral disorders. *Behavioral Disorders, 18,* 241-250.

Cochran, L. Z., Feng, H., Cartledge, G. Z., & Hamilton, S.(1993). The effects of cross-age tutoring on the academic achievement, social behaviors, and self-perceptions of low-achieving African-American males with behavioral disorders. *Behavioral Disorders, 18*, 292-302.

Falk, K. B., & Wehby, J. H.(2001). The effects of peer-assisted learning strategies on the beginning reading skills of young children with emotional and behavioral disorders. *Behavioral Disorders, 26*, 344-359.

Gershon, E. S., Martinez, M., Goldin, L. A., & Gejman, P. V.(1990). Genetic mapping of common diseases: The challenges of manic-depressive illness and schizophrenia. *Tremds in Genetics, 6,* 282-287.

Kauffman, J. M., & Landrum, T. J.(2006). *Children and Youth with emotional and behavioral disorders: A history of their education*. Austin, TX: Pro-Ed.

Ohayon, M. M., & Roth, T.(2001). What are the contributing factors for insomnia in the general population?. *Journal of Psychosomatic Research, 51*(6), 745-755.

Russell A. Barkley(2003). Issues in the diagnosis of attention-deficit/hyperactivity disorder in children. *Brain and development, 25*(2), 77-83.

Ryan, J. B., Pierce, C. D., & Mooney, P.(2008). Evidence-Based Teaching Strategies for Students With EBD. *Beyond Behavior, 17*(3), 22-29.

Varese, F., Smeets, F., Marjan Drukker, Ritsaert Lieverse, Tineke Lataster, Wolfgang Viechtbauer, John Read, Jim van Os, & Richard P. Bentall(2012). Childhood Adversities Increase the Risk of Psychosis: A Meta-analysis of Patient-Control, Prospective and Cross-sectional Cohort Studies. *Schizophrenia Bulletin, 38*(4), 661-671.

법제처 홈페이지 www.moleg.go.kr

익힘문제

1. 「장애인 등에 대한 특수교육법」에서 제시하는 정서·행동장애의 정의를 기술하시오.
2. 정서·행동장애의 하위 장애를 제시하고 그 특성도 함께 설명하시오.
3. 정서·행동장애의 지도방법을 제시하시오.

Chapter

06

의사소통장애

아동들은 자신이 가지고 있는 생각과 감정, 의견과 정보를 아동에게 전달하고 또한 새로운 정보를 받으며 생활하고 있다. 화자(speaker)와 청취자(listener) 간의 정보와 생각을 주고받는 말과 언어에 있어서 장애를 보이는 것이 언어장애이다. 따라서 의사소통에 장애가 생기면 학습 능력이 결여되거나 사회 적응에 어려움을 겪게 된다. 즉 언어로 사용하는 의사소통 과정인 말, 언어를 무시하고 생활한다면 개인의 삶에 얼마나 큰 영향을 줄 것인지 짐작할 수 있다. 그러므로 의사소통장애(communication disorder)의 효과적인 치료와 교육을 위해서 의사소통장애의 정의 및 원인, 분류와 특성, 진단과 판별, 교육적 지원에 대해 알아보고자 한다.

1. 의사소통장애의 정의 및 원인

1) 의사소통장애의 정의

(1) 의사소통의 정의

우리나라에서는 현재까지 말과 언어에 대한 엄격한 용어 구별이 되지 않고 있다. 예컨대 'speech disorder'를 언어장애로, 'speech therapy'를 언어치료라는 용어로 사용하고 있다. 이는 영어의 'language(언어)', 'speech(말)'라는 뜻으로 볼 때 말 장애, 말 치료로 사용되는 것이 바람직한 형태일 것이다. 따라서 [그림 6-1] 언어에 관련된 주요 기관을 이해하면서 말, 언어, 의사소통의 명확한 구분을 통해 용어상 의미의 혼란을 막을 수 있을 것이다.

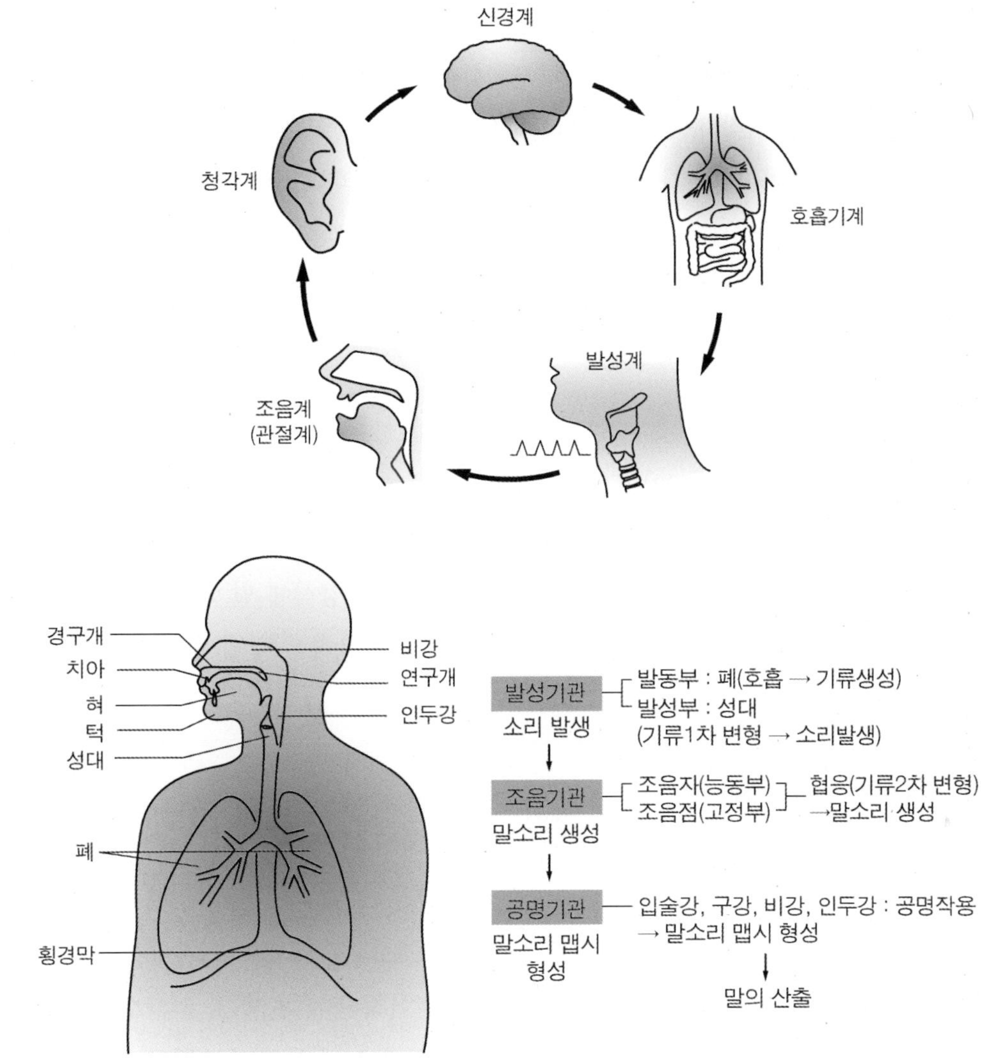

그림 6-1 언어에 관련된 주요 기관

출처: 김영욱 외(2009).

① **말**(speech)

말이란 언어의 음성 산출이다. 의사소통을 위해 인간사회에서 언어 기호양식을 귀로 듣고 이해할 수 있는 가장 보편적 상징적 체계로 음성을 나열하고 구성하여 이루어지는 행위이다. 구두 표현을 위해 가장 기본적인 도구인 말은 의사소통의 효과적인 수단으로 언어 표현에 가장 많이 사용된다. 생리학적인 호흡, 발성, 조음 등과 신경 근육학적인 정확한 기능이 뒤따라야 말을 할 수 있다.

② **언어**(language)

언어란 생각을 표현하는 부호 및 신호를 이해하고 사용하는 방법을 포함하는 규칙을 지닌 의사소통방법이다. 즉 의사소통을 원활히 하기 위해 의미를 부여해 주는 특정 규칙에 따라 사용되는 체계적이고 추상적인 상징체계를 나타내는 기호 조직으로, 이러한 상징체계를 통해서 서로의 생각을 교환하는 것이다. 표현양식에 말, 글, 수화, 점자 등이 있다. 즉 언어를 구성하는 소리, 의미, 단어, 문장, 사용하는 방법 등과 관련되는 복잡한 규칙을 아는 것이 언어를 아는 것을 의미한다.

③ **의사소통**(communication)

의사소통이란 구어나 비구어적인 언어(몸짓)를 통하여 감정이나 정보, 생각 등을 전달하는 사람과 전달받는 사람 사이에 메시지를 교환하는 과정(process)이다. 메시지에는 구어(spoken language), 수어(sign language), 문어(written language), 그리고 의사소통환경과 같은 비언어적인 것과 체어(gestured language)와 같은 언어적인 것이 있다. 의사소통에는 메시지가 있어야 하고 송신자에 의해 암호화되어 표현되며, 수신자는 정확하게 해독되어 수용되어야 한다. 따라서 [그림 6-2]와 같이 송신자, 메시지, 수신자 요소가 중요하다.

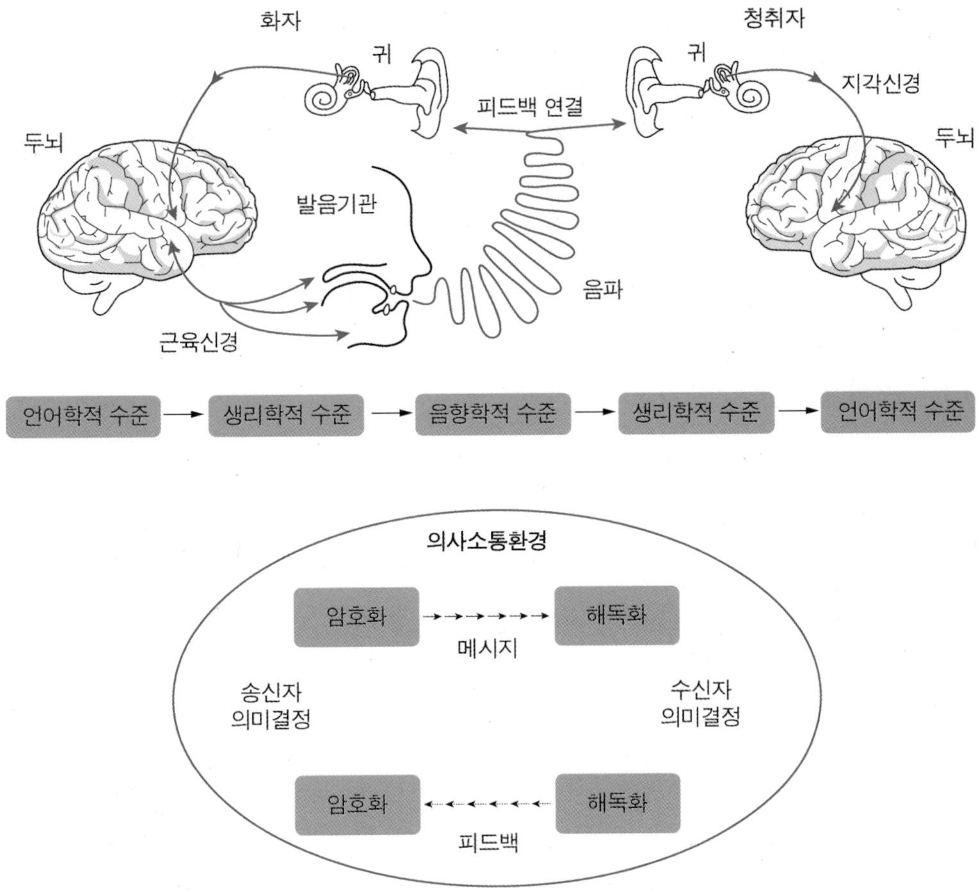

그림 6-2 의사소통 모델

출처: 김영욱 외(2009).

의사소통이란 언어 글, 구어(말), 수어(수화), 점자, 연기, 눈 맞춤, 얼굴 표정, 행동, 몸짓, 손짓 등의 다양한 표현양식은 말과 언어의 이해와 표현을 관장하는 뇌의 부분과 의사소통 요소의 관계를 포함하는 광의의 개념이며 이들 요소의 포섭성 관계를 보면 [그림 6-3]과 같다.

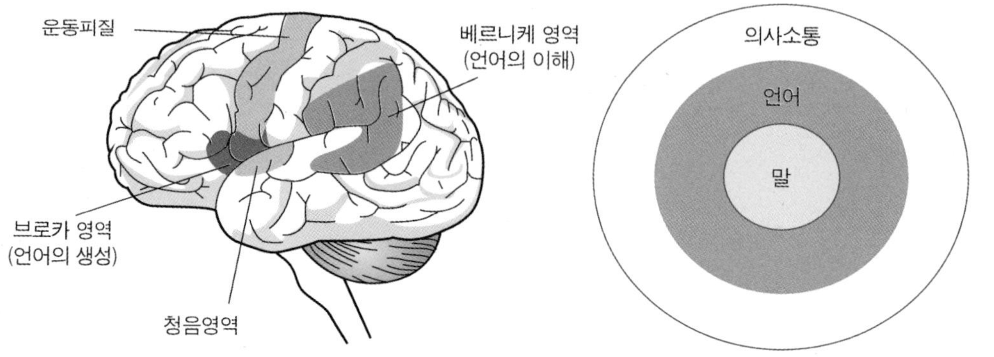

그림 6-3 **언어의 이해와 표현을 관장하는 뇌의 부분과 의사소통 요소의 포섭성 관계**

출처: 김영욱 외(2009).

동물들도 몸짓과 소리로 서로의 의견을 교환하지만 그들이 사용하는 의사소통은 진정한 의미의 언어는 아니다. 사람이 사용하는 언어가 동물과 다른 것은 사람에 따라 매우 다양하게 표현하는 행동의 특성 때문이다. 따라서 언어, 말, 의사소통은 언어를 이해하고 표현하는 기능과 메시지를 전달받는 사람과 전달하는 사람의 입장을 적절히 교류하는 기능이 중요하다. 이러한 기능을 수행하는 가운데 언어 기호 조직과 관련된 언어 표현, 이해에 결함을 보일 경우에 '언어장애'가 나타나고, 언어를 음성으로 나열할 때 문제가 생겨 '말장애'가 나타난다. 또한 말, 언어 사용에 문제가 발생하여 의사소통에 결함이 있을 때 '의사소통장애'가 나타난다. 의사소통장애를 지닌다는 것은 그 사람의 삶에 심각한 영향을 얼마나 줄 것인지 충분히 짐작할 수 있다.

(2) 의사소통장애의 정의

「장애인 등에 대한 특수교육법」과 미국 「장애인교육향상법」에 의하여 제시된 특수교육 대상자로서 의사소통장애의 정의는 〈표 6-1〉과 같다.

표 6-1 의사소통장애의 정의

구분	장애인 등에 대한 특수교육법(2007)	장애인 교육 진흥법(IDEA, 2004)
용어	의사소통 장애	말/언어장애 (speech or language impairment)
정의	다음 각 항목의 어느 하나에 해당하여 특별한 교육적 조치가 필요한 사람 • 언어의 수용 및 표현 능력이 인지 능력에 비하여 현저하게 부족한 사람 • 조음 능력이 현저하게 부족하여 의사소통이 어려운 사람 • 말 유창성이 현저하게 부족하여 의사소통이 어려운 사람 • 기능적 음성장애가 있어 의사소통이 어려운 사람	• 학업적 성취가 부정적인 영향을 미치는 말더듬, 조음장애, 언어장애, 음성장애 등과 같은 의사소통장애

2) 의사소통장애의 원인

의사소통장애는 여러 가지 요인들에 의해 영향을 받기 때문에 명확한 원인을 밝히기는 어렵다. 그러나 여기에서는 크게 생물학적 요인과 환경적 요인, 심리적 요인으로 나누어 보고자 한다.

(1) 생물학적 요인(기질적 요인)

생물학적 요인이란 두뇌 등 중추신경 손상, 혀, 치아, 입술, 구개 파열 등의 구강기관 이상과 청각장애 등이 포함된다. 뇌 손상 및 신경에 손상이 있을 경우에는 말소리를 내는 데 어려움을 느끼게 된다. 이는 실어증 같은 언어장애는 뇌의 손상으로 나타나며, 만성적인 중이염도 결정적인 언어발달 시기의 청각손상을 일으키면서 언어발달에 심각한 영향을 미치기도 한다. 많은 경우에 있어서 유전적인 요인이 언어장애를 일으키기도 한다(Shames, Wing, & Second, 1994). 뇌 신경조직의 결함 외에 기관 구조의 이상으로 구개파열이 있다. 구개파열과 같이 구강구조에 이상이 있을 경우에도 말 소리를 알아듣기 곤란하고, 정상적인 음성을 사용하지 못한다. 이러한 구개파열의 정착한 원인은 밝혀지지 않았지만 유전, 유전인자의 돌연변이, 염색체 이상, 모체 영양 상태, 약물 중독, 방사선 노출, 태아의 산소 결핍 등에 기인한다고 볼 수 있다. 따라서 말·언어장애를 일으키는 신체적인 요인은 중추신경계나 입, 후두 등에 손상을 가져오는 질병이나 사고에 의한 것으로, 출생 전, 출생 시, 출생 후 또는 아동기나 성인기 등 모든 시기에 걸쳐서 발생할 수 있다(Lahey, 1988).

(2) 환경적 요인(기능적 요인)

아동의 발달 초기에 제공되는 언어의 질과 양은 아동의 어휘 및 언어 발달에 분명한 영향을 미친다(Harwood, Warren, & Yoder, 2002). 말·언어 발달이 제대로 되지 않고 지연되는 원인으로 환경적인 요인을 들 수 있다. 특히 신생아기 때 울음 및 옹알이를 받아주지 않았다거나, 언어의 자극 없이 방치되거나, 과다한 양의 말을 수시로 듣거나, 의사소통 시작이 벌이나 무시되었을 때 등의 환경적 요소들은 아동기 전반에 걸쳐 말과 언어 기술을 통한 언어 능력의 발달을 촉진하기도 하고 저해하기도 한다. 또한 말더듬 증상을 보이는 아동들 역시 가족이나 이웃 중에서 말더듬이 모방하는 환경적 영향을 받는다.

(3) 심리적 요인(상황적 요인)

상황에 따라 느끼는 정도에 따라 심리적 부담감(스트레스)의 강도는 다르다. 부모의 불화 및 이혼, 아동에 지나친 비판에 충격을 받아 불안감을 갖게 되며 의사소통장애를 보일 수 있다. 일상생활에서 혼란은 처음에 별 문제를 느끼지 않다가 대화가 단절되면 극도의 두려움과 불안 및 좌절감을 느끼고 점차 어떤 상황, 어휘, 소리에 대해 말을 더 더듬고 많이 더듬을수록 정서적으로 두려운 상태가 되는 것이라고 본다(Vanriper, 1973).

2. 의사소통장애의 분류 및 특성

1) 의사소통장애의 분류

의사소통장애는 그 목적이나 증상, 원인 등의 기준에 따라 말장애(speech disorder)와 언어장애(language disorder)로 분류될 수 있다. 듣기장애도 있는데, 듣기장애는 "청각장애"로 [그림 6-4]와 같이 분류하여 장애 유형과 정의를 살펴보고자 한다.

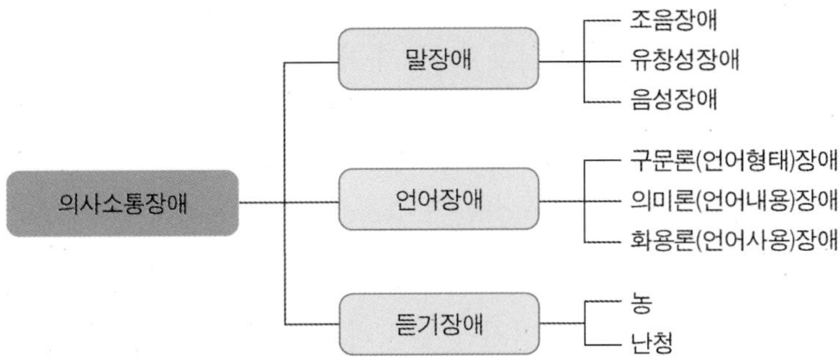

그림 6-4 의사소통장애의 분류

출처: 김영욱 외(2009).

(1) 말장애(speech disorder)

듣기가 매우 거북하거나 말을 알아들을 수 없거나 의사소통을 방해하는 경우에 비정상적인 것으로 간주한다(Hall, Oyer, & Haas, 2001). '말장애(speech disorder)'는 언어기호의 사용과 관련된 문제로 목소리를 조절하는 음성장애(voice disorder), 말소리를 산출하는 조음·음운 장애(articulation· phonological disorder), 말의 흐름을 유지하는 유창성장애(fluency disorder)를 의미한다.

① 음성장애(voice disorder)

음성장애란 음성이 화자의 나이나 성별에 비해 부적절하며, 음성의 질, 고저, 강도, 공명, 지속시간이 비정상적으로 산출되는 경우로 정의한다. 음성장애의 기본적인 유형은 발성장애(phonation disorder), 공명장애(resonance disorder)로 나눈다. 발성장애는 음도(pitch), 강도(intensity), 음질(quality) 이상을 포함하고, 공명장애는 과대비성, 무비성, 동화비성을 포함한다. 이러한 장애를 지닌 아동은 목소리를 조절하는 데 어려움을 겪어서 다음과 같은 장애가 발생한다.

- **목소리의 고저 장애**: 음의 높낮이에 따라 목소리가 너무 높거나 너무 낮은 경우 또는 억양이 변하지 않고 한 가지 음으로만 말하는 것을 의미한다.
- **목소리의 성질 장애**: 쉰 소리, 콧소리, 숨소리가 섞인 소리 등이 있다.
- **목소리의 크기 장애**: 목소리를 너무 크게 내거나, 너무 약하게 내어 알아듣기 힘든 경우를 의미한다.

② 조음·음운 장애(articulation · phonological disorder)

호흡기관, 발성기관 또는 조음기관의 손상 등으로 인하여 말소리를 정확하게 산출하지 못하거나, 말 산출 기관은 정상이지만 말소리 체계 및 음운적 규칙에 대한 인지적 또는 언어적 이해 부족으로 말소리를 정확하게 산출하지 못하는 것이다. 조음·음운 장애를 조음장애와 동일한 의미로 사용하는 경우도 있으나, 전자의 경우 조음장애(articulation disorder)라 하고 후자의 경우 음운장애(phonological disorder)라고 분리한다. 이는 〈표 6-2〉와 같다(국립특수교육원, 2009).

표 6-2 조음장애·음운장애 정의와 특성

구분	정의	특성
조음장애	입술이나 혀, 치아, 입천장 등과 같은 조음기관의 구조적 및 기능적 문제로 인하여 말소리 조음하지 못하는 것이다(국립특수교육원, 2009).	• 몇 개의 소리에서만 어려움을 보임 • 특정 소리에 대해 일관적인 조음 오류를 보임 • 소리를 내는 데 실수하는 것은 운동근육적인 문제 때문임 • 의사소통장애가 공존할 수도 있지만, 음운장애와는 같이 나타나지 않음
음운장애	말 기관의 뚜렷한 기관적, 기능적 이상이 없이 음운을 생략, 대치, 첨가, 왜곡하는 음운변동을 사용하는 것이다. 또래에 비해 자음 정확도가 낮거나 음운변동을 너무 자주 또는 다르게 사용하는 경우가 이에 해당된다(국립특수교육원, 2009).	• 복합적인 조음오류를 보임 • 소리를 비일관적으로 오조음함 • 운동근육적으로 소리를 낼 수 있지만, 적잘한 위치에서 소리를 내지 못함('공' '주' 한 음절씩은 정확하게 내지만, '공주'를 단어로 발음할 때는 '곤주'로 오조음이 남) • 음운과정에서 일관적인 오류를 나타냄(종성생략, 특정 위치에서의 음소에 실수를 보임. 예: '시소'에서 '시' 발음은 정확한데 '소' 발음에 오류를 보임) • 언어의 다른 부분도 지체되어 있음

출처: Hall, Oyer, & Haas(2001); Sunderland(2004).

조음장애는 학령기 아동 중 말장애를 지닌 아동들의 절반 이상이 보이는 장애로(shames, Wiig, & Secord, 1994), 유아기 및 학령기 아동의 약 10%에서 나타나는 가장 보편적인 유형의 말장애로 알려져 있다. [그림 6-5]와 같이 조음장애는 말소리를 산출할 때 어려움을 지닌 장애로, 일반적으로 단어의 생략, 대치, 왜곡, 첨가 등으로 말소리가 부정확하게 산출되는 장애이다. 즉, 말소리를 산출할 때 조음(공기가 허파를 지나서 소리를 낼 때 성문에서 성도를 거쳐서 밖으로 나오는 동안 말소리를 산출하는 것)기관의 위치 방향, 압력 등에 의해 말소리가 부정확하게 나오는 것을 의미한다.

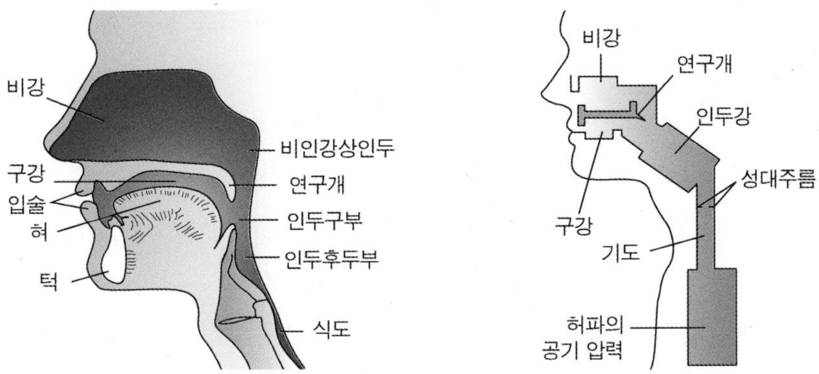

그림 6-5 조음기관의 구조

- **단어의 생략**(omissions): 완전한 단어에서 일부분을 제외하고 발음하는 것이다.
  예: '고구마' - '고마', '바다' - '바아', '색종이 - 새쪼니'로 발음하여 가운데 자를 생략하는 것이다.
- **단어의 첨가**(additions): 단어에 새로운 소리를 추가시키는 것이다.
  예: '어머니' - '어어머니', '형' - '콩', '헝아' - '콩아', '색종이 - 색종기'라고 발음을 추가하는 것이다.
- **단어의 대치**(substitution): 사용되고 있는 음 외에 다른 음으로 대신하는 경우로 흔히 'ㅅ'을 'ㄷ'이나 'ㅌ'으로, 'ㄹ'을 'ㄷ'으로 발음하는 것이다.
  예: '사탕' - '타탕', '사랑' - '사당', '고기' - '고리', '색종이 - 택뚕이'라고 발음하는 것이다.
- **단어의 왜곡**(distortions): 다른 음으로 대치되는 것과는 달리 정확한 발음에 속하지 않아 잘 알아 들을 수 없는 발음으로 하는 것이라고 한다.
  예: '어머니' - '어뫄니', '색종이' - '해뚜기'라고 발음하는 것이다.

③ 유창성장애(fluency disorder)

아동이 말을 머뭇거림, 반복, 연장하기도 하며 말의 흐름이나 속도에 있어서 문제를 가지고 비정상적인 방해를 나타내는 증상이다.

예: 반복: "나는 나는 가갔다" "나는 가가가가갔다" "나는 ㄱㄱㄱ 갔다"
연장: "나는 가---았다" :"나----는 가----았다"
투쟁: 말을 못하고 얼굴을 찡그리거나 혀를 내미는 행동

ASHA에서는 "음절, 단어, 구의 비정상적인 리듬과 반복으로 말의 흐름에 방해를 받는 것이며, 과도한 긴장, 투쟁적 행동, 그리고 부수적 매너리즘 등이 동반될 수 있다"고 정의하고 있다. 말의 속도가 너무 빠른 '속화(速話)'나 말의 흐름이 매끄럽지 못하며, 단어를 반복하거나 말이 중단, 지연되는 '말더듬'의 형태도 여기에 속한다. 이 중에서도 말더듬이장애가 가장 보편적으로 알려져 있다. 특히 2~4세 사이의 유아들 중 80%가 말더듬 현상을 보이는데, 이러한 현상은 대부분의 경우 회복된다(송준만, 유효순, 1990).

(2) 언어장애(language disorders)

언어의 구성요소는 형태, 내용, 활용의 세 가지로 나눈다. 형태는 소리를 의미가 있는 기호와 연결시키는 언어적 요소로 음운론, 형태론, 구문론이며, 내용은 단어를 통해 관계를 알게 해주는 의미론을 말하며, 활용은 언어의 활용을 규정하는 화용론이 포함된다. 즉 언어장애란 언어의 구성요소와 관련성을 갖고 언어를 이해하고 표현하는 어려움을 나타내는 것으로, 언어발달지체와 실어증 등이 있다.

① 언어발달지체(delayed language development)

정상적인 아동에 비해 언어발달이 지체되어 언어를 이해하고 표현하는 데 어려움을 갖거나, 전혀 언어를 획득하지 못하거나 문법 구조에 오류를 범하는 경우를 의미한다.

예: 영유아가 3, 4세가 되어도 언어 사용이 안 되거나 한두 마디를 겨우 하는 경우, 또는 언어의 조직이나 구성을 이해하지 못하여 '나는 간다. 집에'와 같은 구조의 말을 자주 사용할 때

② **실어증**(aphasia)

언어를 습득한 후에 사고나 질병으로 뇌 손상을 일으켜 표현이 단순하고, 의미 없는 말을 하며, 임의로 말을 만들고, 언어 능력에 어려움을 보이는 경우를 의미한다. 실어증이 발생하면 언어기호(language symbol)가 결여됨으로써 언어라는 상징기호를 표현하기 어려우며 단순한 지시 외에는 이해하지 못한다. 이로 인하여 말하기뿐만 아니라 읽기, 쓰기, 몸짓, 계산하기 등에서도 어려움을 겪게 된다. 증상에 따라 브로카 실어증(Broca's aphasia), 베르니케 실어증(Wernicke's aphasia), 전반실어증(global aphasia), 명칭실어증(anomic aphasia), 난독증 및 난서증 등으로 나누어진다.

실어증에는 단어의 뜻을 연결하는 부위인 브로카 영역(Broca's area)과 주로 연관 짓는 운동성 실어증이 있는데, 자신에게 이야기한 것에 대해 모두 이해하고 대답할 단어도 알며 쓰거나 읽을 수도 있지만, 그 단어를 발음할 수 없는 특징을 갖고 있다. 그리고 타인의 말을 들을 수 있으나 단어들을 배열하여 문법적으로 문장을 완성시키는 곳인 베르니케 영역(Wernickee's area)의 손상으로 말을 이해하지도 못하고 따라 말할 수도 없는 감각성 실어증이 있다.

그밖에 남의 말을 따라서 반복하는 능력이 결여되어 있는 전도성 실어증, 브로카 실어증과 유사하게 나타나지만 남의 말을 따라하는 데는 지장이 없는 연결 피질 운동성 실어증, 그리고 베르니케 실어증과 유사하게 나타나지만 남의 말을 반복해서 자동적이고 불수의적으로 따라 하는 연결피질 감각성 실어증이 있다. 글을 읽을 때 잘못 읽거나 글씨를 혼동하는 난독증, 펜으로 글을 잘 써 나가지 못하는 난서증, 언어의 표현에는 문법적으로 어려움이 없으나 낱말을 찾는 데는 큰 어려움을 겪는 건망성 실어증 등도 있다.

2) 의사소통장애의 특성

(1) 심리·사회 정서적 특성

의사소통장애 아동들은 타인과 대화를 나눌 때 거절당하지 않을까 불안과 긴장을 나타내며, 언어 지체로 자아 존중감이 낮다. 또한 단어놀이나 수수께끼를 할 때, 농담을 하면서 웃을 때, 그 외 사회적 상호작용을 할 때 융통성이 부족하다(Rogow, 1987).

의사소통장애 아동에게 심리적 측면에서도 좋지 못한 영향을 끼칠 수 있다. 말더듬 기간이 길수록 정서장애가 나타날 가능성이 높고(Shames & Florance, 1982), 부정적 경험으로 인한 좌절감, 분노 때로는 적대감이나 위축 행동까지 보인다(VanRlper, 1978). 그러므로 교사들은 아동들이 긍정적인 상호작용과 대인관계에 적응을 잘할 수 있도록 전문가의 도움을 받는 것이 좋다.

(2) 지능 및 학업성취 특성

지적 능력과 학습성취도 평가에서 평균보다 낮게 평가되며(Kelly & Rotaton, 1986) 의사소통에 어려움을 겪는다. 이는 그들이 사용 어휘 수가 적고 단어 인지력이나 독해력, 기존 개념의 미발달 등으로 학교 교과목을 학습하는 데 장애가 된다는 것을 말한다. 또한 읽기 학습에서 추상적이고 상징적인 내용이 새롭게 도입될 경우 학습에 어려움이 따른다(Wiig, 1982). 특히 언어지체나 조음장애 아동은 학습 기회가 방해되어 지능 발달의 지체를 가져올 수 있다. 하지만 의사소통장애를 가진 대부분의 아동들이 다른 장애(정신지체, 학습장애 등)를 중복해서 갖기 때문에 의사소통장애 자체만으로 학업성취나 지능에 영향을 미친다고 말하기 어렵다.

(3) 언어적 특성

언어는 자신에게 말해진 의사소통의 내용을 이해하는 능력인 수용언어(receptive language)와 다른 사람에게 의미 있는 내용으로 이해되는 언어를 산출하는 표현언어(expressive language)로 나누어진다(Friend & Bursuck, 2002). 언어장애를 가진 아동은 자신의 생각을 표현언어(문법, 구문론, 유창성, 어휘, 따라 하기) 자신에게 말하는 다른 아동의 생각을 이해하는 수용언어(반응, 추상, 암기, 기억) 등의 기술에 어려움과 결함이 따른다. 그 예로 〈표 6-3〉은 언어장애를 가진 아동에게 관찰되는 수용언어 및 표현언어의 문제들을 보여주고 있다.

표 6-3 언어장애 아동의 수용언어와 표현언어에서 관찰되는 문제들

수용언어	표현언어
• 질문에 적절하게 반응하지 못한다. • 추상적으로 생각하지 못하거나 관용구에 포함된 추상적인 개념을 이해하지 못한다. • 들은 정보를 기억하지 못한다. • 구두 지시 따르기를 어려워한다. • 의사소통이 중단되는 것을 인식하지 못한다. • 말로 설명해 준 내용 중 관사와 같이 덜 구체적인 단어나 조동사 및 시제를 나타내는 단어들을 놓친다. • 말로 설명한 이야기의 순서를 기억하지 못한다. • 비슷한 소리의 글자들을 혼동하거나 단어의 소리나 음절의 순서를 바꿔서 이해한다. • 유머나 은유적인 표현을 이해하기 어려워한다. • 양, 기능, 크기 비교, 시공간적인 관계를 나타내는 개념을 이해하기 어려워한다. • 두 개 이상의 문장이 연결된 중문이나 하나 이상의 종속절을 지닌 복합문을 이해하기 어려워한다.	• 부정확한 문법을 사용한다. • 정확하게 설명하지 못한다. • 말을 할 때 자주 멈칫거린다("있잖아, 저기, 음" 등의 주저하는 말을 자주 사용함). • 주제를 이것저것 바꾸면서 말한다. • 제한된 어휘를 사용한다. • 정확한 의미를 전달하기 위한 적절한 단어를 찾기 어려워한다. • 사회적 언어 사용이 빈약하다(특정 상황에 맞도록 의사소통 스타일을 변화시키지 못하며, 대화가 끊어질 때 회복시키지 못하고, 대화의 주제를 유지하지 못함). • 질문하기를 두려워하며, 무슨 질문을 해야 하는 지를 잘 모르고, 어떻게 질문해야 하는지도 모른다. • 대화 중에 동일한 정보를 반복해서 말한다. • 추상적이거나 시공간적 개념에 대하여 말하기 어려워한다. • 상대방에게 충분한 정보를 제공하지 못한다.

출처: Bos, C., & Vaughn, S.(2002).

3. 의사소통장애의 진단 및 판별

1) 의사소통장애의 진단

의사소통장애를 판별하기 위해서는 진단검사와 선별검사를 해야 한다.

진단검사는 〈표 6-4〉와 같은 국내의 공식 전문 검사지가 있으며 검사를 할 때는 검사자의 전문성이 요구된다. 선별검사는 의사소통장애를 가진 아동과 가지고 있지 않은 아동을 구별하거나 정밀검사의 필요성 여부를 결정하기 위해 실시하는 검사로 형식이

없는 간단한 검사이다. 그 아동을 잘 아는 사람을 통하거나 아동의 말소리를 직접 들어봄으로써 알 수 있다.

표 6-4 의사소통 진단검사지

구분	종류
언어 검사	그림 어휘 검사(김영태, 장혜성, 임선숙, 백현정; 1995) 취학 전 아동의 수용언어 및 표현언어 척도(PRES: 김영태, 성태제, 이윤경; 2000) 영유아 언어발달 선별검사(김영태, 김경희, 윤혜련, 김화수; 2004) 언어이해 인지력 검사(장혜성, 임선숙, 백현정; 1992) 언어문제해결력 검사(배소성, 임선숙, 이지희; 2000) 구문의미 이해력 검사(배소성, 임선숙, 이지희, 장혜정; 2004)
조음·음운 장애검사	우리말 조음·음운 검사(U-TAP: 신문자, 김영태; 2004) 한국어 발음검사(이현복, 김선희; 1991) 아동용 발음 평가(김민정, 배소영, 박창이; 2007)
유창성장애	파라다이스-유창성 검사(P-FA: 심현섭, 신문자, 이은주; 2004)

① 언어 표현력 검사

언어 표현 방법, 사용 어휘, 화법 등을 검사하여 말더듬, 언어발달지체, 중복장애, 언어장애 등의 여부를 알 수 있는 검사이다.

② 언어 이해력 검사

언어를 이해하는 수준이 어느 정도인지 검사하며, 청각장애의 유무를 판별하는 검사이다.

③ 조음 검사

조음장애의 유무를 가려내어 조음장애가 있을 경우 어떤 음에 장애가 있는지 알 수 있는 검사이다. 진단검사는 선별검사보다 더 자세하게 실시하기 때문에 시간이 많이 소요되며 장애 유무를 재확인하는 검사이다. 장애로 발견된 아동을 치료하면서 원인을 밝혀내고 과거와 현재 상태를 정확히 분석하기도 한다. 진단검사로는 병력 검사, 발음기관 검사, 청력 검사, 지능 검사, 성격 검사, 가족 관계 검사 등 여러 가지가 있지만 검사 목적에 따라 검사 도구를 선택하여 사용하여야 한다.

2) 의사소통장애의 판별

의사소통장애 아동을 정확히 판별하기 위해서 교사는 아동의 정상적인 언어발달과 말·언어 발달과 의사소통장애의 유형, 특성에 대해서 알아둘 필요가 있다. 또한 교사는 일상생활 속에서 아동들의 말하는 습관이나 사회화 과정에서 사용하는 언어 등을 유심히 관찰해야 한다. 일단 장애가 의심되면 임상 전문가나 전문 의사에게 의뢰하여 아동의 청력, 조음, 음성, 말소리의 흐름, 언어 수행의 적절성 여부를 검사받게 한다. 따라서 의사소통장애의 판별에서 괴사는 매우 중요한 역할을 하며, 어떠한 종류의 장애를 갖든 조기에 발견하여 적절한 치료와 교정을 해야 한다.

4. 의사소통장애의 교육적 지원

의사소통장애가 있는 아동은 자신의 생각을 언어로 표현하거나 상대방이 말하는 내용을 이해하지 못한다. 또한 말을 더듬거나 이상한 음성으로 말을 하기도 하며 소리, 어휘를 잘못 발음하여 부모, 교사, 또래 간 의사소통에 영향을 주기도 한다. 그러므로 의사소통장애 아동의 부모들은 다양한 목소리로 높낮이, 강도, 장단, 속도, 유·무성 등의 특성에 관심을 둠으로써 언어기능을 향상시킬 수 있다. 언어는 초기에 가정에서 먼저 발달하므로 가족 간의 상호관계는 언어 지체나 기타 장애아동들에게 중요한 역할을 한다. 의사소통장애 아동을 위해 교사들은 우선 의사소통장애의 유형과 특성을 이해하고 환경 중심 언어 중재, 보완 대체 의사소통 등을 사용하여 대인관계에서 긍정적으로 적용할 수 있게 도와주어야 한다. 또한 효과적인 교수 전략을 잘 알고 적용하며 일반교사와 특수교사, 언어치료사 등과의 협조 관계도 유지해야 할 것이다.

1) 의사소통장애 유형별 지도 방법

앞서 밝힌 바와 같이 의사소통장애에는 여러 가지 유형이 있다. 그중 음성장애, 조음장애, 유창성장애(말더듬), 언어발달지체에 대한 일반적 지침을 소개하고자 한다.

(1) 음성장애

음성장애는 목소리(음성)가 다른 사람과 뚜렷이 달라서 의사소통에 방해가 되거나 듣는 사람으로 하여금 불안정한 느낌을 갖게 한다. 예컨대, 목소리가 높거나 낮은 사람, 크거나 약한 사람, 콧소리, 목이 쉰소리 등이 여기에 포함된다. 이와 같은 경우에 일반적인 지도 방법은 다음과 같다.

- 매체를 통하여 여러 가지 소리를 듣게 하여 그 소리를 구별하게 한다. 또한 소리에는 강약, 높낮이가 있음을 알게 한다.
- 모델을 제공한다. 즉, 적절한 억양과 발음으로 자연스럽게 이야기할 수 있는 교사나 또래가 말의 시범자가 되도록 한다.
- 녹음기를 활용하여 다른 사람과 자기의 말을 비교해 보고 높낮이와 속도를 조절한다.
- 상황에 따른 말을 할 수 있도록 지도한다. 예컨대, 식당에서 주문할 때, 은행에서 저금할 때 등 여러 가지 장면을 구성하여 알맞은 말을 하게 한다.

(2) 조음·음운 장애

조음·음운 장애는 자신의 말과 언어 실수에 대해 민감하여 고립이나 위축을 준다는 것을 기억해야 한다. 이들의 교수 방법을 계획할 때 말을 듣거나 입 모양 따라 하기, 음성을 듣고 구분하기, 실수를 한 경우는 아동이 한 말을 다시 반복해 주기, 특정 음을 발음하고 그 소리가 어느 글자 소리인지 변별하는 청능 활동 등을 활용하여 자연스럽게 지도해야 한다.

- 아동의 발달단계에 따른 습득하기 빠른 음소부터 지도한다.
- 일상생활에서 사용 빈도가 높은 음소부터 지도한다.
- 자극반응이 높은 음소부터 지도한다.
- 오류의 일관성이 없는 음소부터 지도한다.
- 다음절 단어보다 단음절 단어를 먼저 사용한다.
- 명사, 단 단어, 의미적으로 쉬운 개념을 갖는 단어를 먼저 지도한다.
- 교사의 말을 듣거나 입 모양을 보면서 따라 하게 한다.

- 음성을 듣고 구분할 수 있는 능력을 기른다. 예컨대 'ㅅ'을 'ㅌ'으로 대체하는 아동의 경우 '사 타', '사 사', '타 사', '타 타' 등 음성을 들어서 인식하고 'ㅅ'과 'ㅌ'을 구별할 수 있게 한다.
- 아동이 잘못된 조음으로 실수를 하면 즉시 피드백을 제공하고, 발음을 잘 했을 때는 자연스러운 강화를 제공한다.
- 특정 음을 발음하여, 그 소리가 어느 글자의 소리였는지 맞추는 게임을 한다.

(3) 유창성장애

유창성장애에는 말의 흐름에 있어 자연스럽지 못하고 너무 빠르거나 단어를 반복하는 등의 문제가 포함된다. 가장 일반적으로 보이는 유창성장애로 말더듬의 형태가 있다. 여기에서는 말을 더듬는 경우의 지도 방법을 다섯 가지로 제시하고자 한다(Shame & Ramig, 1994).

- 노래하기, 속삭이기, 목소리의 높낮이를 비정상적으로 변화시키기, 다 함께 큰 소리로 읽기, 박자에 맞추어 말하기 등의 활동을 한다.
- 말을 더듬는 아동의 경우 말하는 속도가 느리고 한 문장을 완성하는 시간도 오래 걸리므로 인내심을 갖고 들어 주는 것이 중요하다. 만일 말하는 도중에 재촉하거나 말을 대신 해주면 열등감이나 좌절감 등의 역효과를 내기 쉽다.
- 문장을 끝내는 데 시간이 많이 걸리더라도 말을 대신 해주지 않는다.
- 아동과 함께 그림책을 소리내어 읽거나 동시, 노래를 부른다.
- 아동이 말을 할 때 수용적인 환경을 조성해 준다. 즉, 말을 하는 도중에 실수를 하더라도 수용될 수 있다는 따뜻한 분위기를 제공해 주고 정서적 안정감을 가질 수 있도록 도와준다.

(4) 언어발달지체

언어에 문제를 보이는 아동을 치료하기 위해서 언어치료사나 학급 교사의 역할은 매우 중요하다. 언어치료사들은 언어를 정상적으로 획득해 나가는 언어 모델과 환경을 제공함으로써 아동 스스로 언어 규칙을 발견하도록 도와주는 역할을 한다. 또한 학급 교사는 문법에 맞는 문자를 시범 보이고 정확한 문법과 새로운 어휘를 익히도록 도와주며 언어기술을 필요로 하는 활동이나 과제를 아동에 맞게 수정해 준다. 다음은 언어발달에서 수용 언어와 표현 언어의 향상을 위한 방법이다.

- 문법적으로 정확한 문장의 사용을 일관성 있게 시범 보인다. 예컨대 "나 지금 밥 먹어."라는 말을 할 경우 "나는 지금 밥을 먹고 있어요."라고 문법적으로 정확한 모델을 제시해야 한다.
- 말을 듣고 이해하는 데 '수용 언어' 면에서 어려움을 겪는 아동에게는 과제를 제시할 때 요점만 간단히 전달해야 한다.
- 자신의 생각을 표현하는 데 문제를 보이는 '표현언어' 면에서 어려움을 겪는 아동에게는 개방적 질문보다는 폐쇄적 질문을 하는 것이 도움이 된다. 예컨대 "가을에는 어떤 종류의 꽃이 피니?"라고 질문하는 것보다 "코스모스는 가을에 피는 꽃이니?"라고 묻는 것이 쉬운 것이다.
- 단어의 의미를 다양한 보기를 사용해서 가르친다. 예컨대 '신는다'라는 단어를 지도할 때 '양말을 신는다' 외 '구두를 신는다', '운동화를 신는다', '고무신을 신는다' 등의 여러 가지 표현을 사용한다.
- 새로운 어휘를 가르칠 때 수수께끼와 실물을 활용한다. 예컨대 '시계'라는 단어를 가르칠 때 소리를 내면서 '우리에게 시간을 가르쳐 주는 고마운 물건'이라고 수수께끼를 낸 후 실제 시계를 보여주면서 가르친다.
- 잘 모르는 단어를 발견했을 때 사전을 사용하도록 가르친다.
- 동사나 전치사 등의 단어를 가르칠 때는 신체를 활용한다. 예컨대 '달린다, 뛴다, 구른다' 등의 동사를 가르칠 경우 교사가 신체로 시범 보인 후에 아동들이 직접 표현해 보게 한다.

2) 환경 중심 언어 중재

환경 중심 언어 중재(milieu teaching)는 자연적 환경에서 구체적인 의사소통 기능을 가르치기 위해 사용된 반 구조화된 행동 기법으로 위의 내용을 포함하는 전략이다(Kaiser & Grim, 2006). 환경적 교수는 다음에 제시된 세 가지 기본적인 요소를 포함한다(McComick et al., 2003).

- 특별한 의사소통 행동 유형에 대한 요구를 증가시키는 방법으로 환경을 정리한다.
- 구체적인 표적 행동을 확인한다.
- 구체적인 지도 기법을 적용한다.

환경 중심 언어 중재는 아동이 바람직하게 반응할 기회를 많이 만들기 위해 환경을 구조화하고(예: 장난감을 들고 "뭐 하고 싶니?"라고 묻는다), 아동의 의사소통을 위해 교사의 반응을 구조화한다(예: 아동이 밖을 가리키며 "나도 갈래."라고 말하면, 교사는 "그래 같이 가자."라고 말한다. 틀렸다고 지적하는 과정은 없지만, 자연스러운 모델링은 제공하는 것이다). 효과적인 중재가 되기 위해서는 가르치는 장면을 되풀이하는 것보다 좀 더 일상 대화에 가깝게 해야 한다(Kaiser et al., 2005). 아동이 관심을 가지도록 자연스럽게 언어 환경을 고안하여 교수전략에 맞는 상호작용이 증가하도록 해야 한다. 〈표 6-5〉는 강화된 환경 중심 언어 중재의 구체적인 예이다(Kaiser et al., 1995).

표 6-5 강화된 환경 중심 언어 중재

1. 환경조절 전략

아동의 언어를 촉진하기 위한 물리적 상황을 제공하는 전략으로, 아동이 선호하는 자료를 중심으로 환경 조절 전략에 따라 놀이 상황을 계획한다.

전략	예시
흥미 있는 자료	좋아하는 장난감을 미리 배치해 둔다.
닿지 않는 위치	좋아하는 자동차를 보이지만 손이 닿지 않는 곳(선반 위)에 놓아둔다.
도움	좋아하는 구슬을 잘 열리지 않는 통에 담아 둔다.
불충분한 자료	좋아하는 풍선을 조금 불고, 아동이 더 불어 달라고 요구하게 한다.
중요 요소 빼기	도형/퍼즐을 끼우게 하고, 조각 하나를 뺀다.
선택	자동차와 점토를 제시하고 난 후, 아동이 선택하기를 기다린다.
우스운 상황	장갑을 발에 신거나, 교사가 아동 옷을 입는 상황을 연출한다.

특수교육학

2. 반응적 상호작용 전략

언어학습을 위한 대화적 기초를 제공하는 전략으로, 아동과의 놀이 상황에서 아동의 언어적, 비언어적 행동에 반응하는 방법들을 제시해 준다.

전략	예시
아동 주도에 따르기	아동의 말을 경청하고 행동을 관찰하며, 아동의 말이나 행동을 모방하고, 지시나 질문은 피한다. "코~자장." 하는 아동의 말에 "코~자장."
공동관심 형성하기	아동이 관심을 가지는 활동에 교사가 참여한다. 아동이 놀이를 바꾸면 교사도 아동의 놀이로 바꾼다. "자동차는 그만, 이제 기차놀이 하자."
정서 일치시키기	아동의 정서에 맞춰 반응해 준다. 환호성을 지르는 아동에게 "기분 좋아?", "힘들어?"
상호적 주고받기	교대로 대화나 사물을 주고받는다. C: "공." T: "공 굴려."
시범 보이기	1) 혼잣말 기법: 아동 입장에서 보고 듣고 느끼는 것을 교사가 들려주는 것 차를 밀면서 "차가 가네." 물을 마시면서 "물 마셔요." 2) 평행적 발화기법: 아동이 말할 만한 언어를 말해 주는 것 블록을 쌓고 있으면 "블럭 쌓아요."
확장하기	아동의 발화에 적절한 의미적, 구문적 정보를 추가하여 보다 완성된 형태로 들려준다. C: "차." T: "차가 가네. 빨간 차."
아동 모방하기	아동의 말/행동을 모방하여, 아동과 공동관심을 형성하거나, 아동에게 자신의 말이 전달되었다는 것을 알려 준다. C: 자동차를 밀다가 멈추면 T: 자동차를 밀다가 멈춘다. C: "공." T: "공."(아동과 눈맞춤으로 반응한다.)
아동 발화에 반응하기	아동이 한 말에 대해 고개를 끄덕이거나, 사회적 강화(그래, 맞아)를 통해 아동의 발화를 인정해준다. 아동의 틀린 말에 올바른 말만 들려준다.

전략	예시
	C: 아동이 빨간 자동차를 보며 "노랑 차." T: "어, 빨간 차구나."
아동 반응 기다리기	아동이 언어적 자극에 반응할 수 있도록 적어도 5초 정도의 반응시간을 허용하여 아동의 반응을 기다려 준다.

3. 환경언어 중재전략

기능적인 문맥에서 언어산출을 촉진하기 위한 전략으로, 아동 중심 시범, 요구 모델, 시간 지연, 우발교수의 절차를 따라 아동의 언어를 중재한다.

전략	예시
아동 중심 시범	아동의 관심이 어디 있는지 관찰하고 그 물건이나 행동에 같이 참여하면서 그에 대한 적절한 언어시범을 보인다.
요구 모델	아동과 함께 놀이활동을 하다가 아동에게 언어적인 반응을 구로 요구해 본 후에 시범을 보이는 것이다. "뭐 가지고 싶어?", "뭐 줄까?", "○○주세요" "싫어.", "같이 놀자.", "고마워."
시간 지연	아동과 함께 놀이 활동하다가 아동의 언어적 반응을 기다려 주는 것으로, 아동이 말해야 하는 상황임을 눈치채고 말을 하게 되면 그에 적절하게 교정 또는 시범을 보인다.
우발교수	우연히 일어나는 의사소통 기회 또는 언어학습 기회를 이용하여 언어훈련을 하는 것

출처: Kaiser.et al., 1995, 김기옥, 2007 재인용.

3) 보완 대체 의사소통 활용

보완 대체 의사소통(Augmentative and Alternative Communication: AAC)이란 일상생활에서 독립적으로 말이나 글을 사용하여 의사소통을 할 수 없는 사람들의 문제를 감소시키고 언어능력을 촉진하기 위해 사용하는 말(구어) 이외의 형태의 의사소통 방법을 의미한다. 보안은 개인의 말을 강화하기 위한 중재로 사용하는 도구를 의미하며, 대체는 말을 습득하지 못하거나 습득할 수 없는 사람을 위하여 말을 대신하여 사용되는 기술을 적용한 것이다. 따라서 보완 대체 의사교환 보조도구(의사 소통판, 열쇠고리, 융판, 지갑, 음성 출력기, 컴퓨터), 사용하지 않은 특정 방법(몸짓, 수화, 발성)을 통해 아동의 의사소통을 향상시키고자 하는 모든 것에 의미가 있다. 지금까지 중복장애 및 지체장애, 자폐 및 뇌병변장애인에게 효과적인 의사소통 방법으로 사용되었으나 의사소통장애 아동에게도 활용하여 실제적 효과가 입증되고 있다.

보완 대체 의사소통장애(AAC)의 목적 및 기여도는 다음과 같다. 첫째, 여러 가지 이유로 인해 어려움을 겪고 있는 아동 또는 성인의 의사소통을 좀 더 쉽게 해 준다. 둘째, AAC의 사용으로 의사소통 장애가 심한 아동의 의사소통 실패로 인한 좌절을 감소시킴으로써 문제행동을 줄이는 데 도움을 준다. 셋째, 사회성의 향상 및 더 많은 일반 활동에의 참여를 가능케 한다. 넷째, AAC 사용으로 구어발달을 촉진한다. 다섯째, 의사소통을 지속적으로 시도함으로써 독립적인 생활을 촉진하여 취업 기회 확대에 도움을 준다(정해동, 1999).

4) 통합 교육지원 방법

말이나 언어에 문제를 가지는 아동들은 일반 학급에 통합하여 교육시키는 것이 바람직하다. 왜냐하면 학급 또래들이 정확한 말의 모델이 되고, 이들의 말을 들으면서 교정되기 때문이다. 그러므로 의사소통장애 아동이 학급에 자연스럽게 수용되기 위해서 교사들은 적절한 언어 모델을 제공하고 아동들에게 의사소통의 기회를 최대한 확장해 줌으로써 사회성과 언어 기술에 도움을 주어야 한다. 이러한 의사소통의 기회를 제공하기 위한 네 가지 원칙은 다음과 같다(Culatta & Culatta, 1993).

- 아동의 필요한 욕구를 예측하지 않는다. 예컨대 크레용 없이 종이만 가지고 있는 아동에게 크레용이 필요할 것이라고 예측하여 아동이 말하기 전에 주어서는 안 된다.
- 새롭거나 독특한 사건을 일으킨다. 예컨대 과자상자를 벽에 붙여 놓거나 젓가락으로 국물을 먹으려고 시도하는 등의 행동을 보임으로써 아동이 말을 시도할 수 있도록 해준다.
- 다른 사람들에게 정보를 전달해야 하는 기회를 제공한다. 예컨대 점심시간에 식

단을 설명하거나 자리를 정해서 가르쳐주는 역할을 담당하게 한다.

• 아동으로 하여금 선택하게 한다. 예컨대, 간식 시간에 어느 자리에 앉아서 무엇을 먹고 마실지를 선택하여 말하게 한다.

말이나 언어장애를 가진 아동들을 위해서 수용적인 환경을 조성해 주는 것도 중요하다. 이를 위해서는 무엇보다 교사와 학급 친구들의 이해와 수용적인 태도가 필요하며, 말하는 중에 실수를 하더라도 계속해서 말을 시도할 수 있도록 배려해야 한다. 의사소통장애 아동은 수용적인 학급 분위기 속에서 누군가에게 말하는 것에 대해 편안함을 느끼고 계속해서 말을 시도할 가능성이 크기 때문이다.

의사소통장애 아동들을 위한 수용적인 학급 분위기를 만들기 위해서는 다음과 같은 점에 주의해야 한다.

첫째, 아동이 말하는 도중 실수를 하더라도 학급 친구들이 웃거나 놀리지 않도록 주의를 기울인다.

둘째, 말장애를 지닌 아동이 이야기를 할 때 교사는 관심을 가지고 잘 경청하여야 한다. 특히 이는 다른 아동들에게 긍정적인 모델이 된다.

셋째, 교사는 아동의 말실수에 대해 관심을 보이지 않도록 한다. 교사가 아동의 발음이나 억양의 문제에 관심을 가지지 않고 아동이 말하고자 하는 내용에 관심을 보이면 학급 아동들도 교사와 같은 행동을 보이면서 수용하는 태도를 가질 것이다.

넷째, 교사나 학급 아동들은 말이나 언어장애를 가진 아동의 말실수에 대해 비판하지 않아야 한다. 대신 교사는 아동이 틀린 말을 문법상 적절한 말로 반복해 줌으로써 정확한 말을 시범 보일 수 있다.

참고문헌

국립특수교육원(1998). 특수교육대상자의 출현율. 경기: 국립특수교육원.

국립특수교육원(2009). 특수교육대상 아동 선별·진단 검사 지침. 경기: 국립특수교육원.

김기옥(2007). 통합상황에서 실시한 강화된 환경 중심 언어중재(Enhanced milieu teaching)가 자폐 유아의 자발화에 미치는 효과. **특수교육,** 6(1), 86-121.

김영욱, 김원경, 박화문, 석동일, 이해균, 윤점룡, 정재권, 정정진, 조인수(2009). **특수교육학**. 서울: 교육과학사.

송준만, 유효순(1990). **특수아동교육**. 서울: 교문사.

정해동, 김주영, 박은혜, 박숙자(1999). **장애학생을 위한 보완·대체의사소통지도**. 국립특수교육원.

Bernstein, D. K., & Tiegerman, E.(1985). *Language and communication disorders in children*(2nd ed.). Columbus, OH: Merrill Macmillan.

Bos, C., & Vaughn, S.(2002). *Strategies for teaching students with learning and behavioral problems*(5th ed.). Needleham Heights, Ma: Allyn and Bacon.

Culatta, B. K., & Culatta, R.(1993). Students with Communication Problems. In A. E. Blackhurst & W. H. Berdine(Eds.), *An introduction to special education*(3rd ed., pp.283-269). New York: Harper Collins.

Freind, M., & Bursuck, W.(2002). *Including students with special needs: A Practical guide for classroom teachers* (4th ed.) Needham Heights, MA: Allyn and Bacon.

Hall, B. J., H. J., & Haas, W. H.(2001). *Speech, language and hearing disorders: A guide for the teacher*(3rd ed.). Allyn & Bacon.

Harwood, L., Warren, S. F., & Yoder, P.(2002). The importance of responsivity in developing contingent exchanges with beginning communicators. In J. Reichle, D. R. Beukelman & J. C. Light(Eds.), *Exemplary practices for beginning communicators; Implications for ACC, 59-96.* Baltimore: Paul H. Brookes.

Johnson, W. R.(1961). Special education for mentally handicapped- A paradox. *Exceptional Children, 19*, 62-69.

Kaiser, A. P., & Grim, J. C.(2006). Teaching functional communication skills. In M. E. Snell & F. Brown(Eds.), *Instruction of students with severe disabilities*(6th ed.). Upper Saddle River, NJ: Merrill/Prentice Hall.

Kaiser, A. P., Hancock, T. B., Trent, A., WIndsor, K., Hancock, L., McAtee, K., Salmon, S., &

Radovich, L.(2005). *EMT Ⅱ Milieu Teaching Project Kidtalk Milieu Teaching Project*. Vanderbilt University Materials for SPED 3600.

Kelly, R. H., & Rotatori, A. F.(1986) Counseling the ianguage disordered child. In A. F Rotatori, P. J. Gerber, F. W. Litton & R. A. Fox(Eds.), *Counseling exceptional students*(pp. 144-161). New York: Human Sciences.

Lahey, M.(1988). *Language disorders and language development*. New York: Allyn & Bacon.

Rogow, S.(1987). Childien. with communication disorders. In M. Winzer, S. Rogow and C. David, *Exceptional children in Canada*. Scarborough, Ont.: Prentice-Hall.

Shames, G., & Plorance, C.(1982). Disorders, of fluency. In G. Shames & E. Wiig(Eds.), *Human communication disorders*. Columbus, OH: Merrill.

Shames, G. H., & Ramig, P. R.(1994). *Stuttering and other disorders of fluency*. In G. H. Shames, E. H. Wigg, & W. A. Secord(Eds.), *Human Communication disorders*(4th ed., pp.336-386). New York: Merrill/Macmillan.

VanRiper, C.(1973). *The treatment of stuttering*. Englewood Cliffs, NJ: Prentice-Hall.

VanRiper, C.(1978). *Speech Correction*(5th ed.). Englewood Cliffs, NJ: Prentice-Hall.

Wiig, E.(1982). Language disabilities in the school-aged child. In G. Shames & E Wiig(Eds.), *Human communication disorders.* Columbus, OH: Merrill.

익힘문제

1. 「장애인 등에 대한 특수교육법」에서 제시하는 의사소통장애의 정의를 설명하시오.
2. 의사소통장애 아동의 특성을 설명하시오.
3. 의사소통장애 아동을 위한 교육적 지원전략을 제시하시오.

Chapter

07

자폐스펙트럼장애

자폐스펙트럼장애(Autism Spectrum Disorders: ASD)는 영·유아기에 발생하여 심각한 부적응을 나타내는 대표적인 신경발달장애로, 사회적 상호작용과 의사소통의 결함, 제한적이고 반복적인 행동, 흥미, 활동패턴 등의 주요 특성을 보인다(APA, 2013). ASD 학생은 이러한 장애 특성으로 인하여 일상생활 기능의 저해가 심각하여 본인의 부적응뿐만 아니라 가족 및 주변인들의 심리적 고통까지 유발하기도 한다(김건희 외, 2018). 이는 1943년에 미국 존스홉킨스대학 소아정신과 교수인 Leo kanner가 '조기 유아 자폐증(Early Infantile Autism)'이라는 용어를 처음 사용한 것에서 시작되었다. 그 이후에 자폐증, 자폐성장애 등으로 불리다가 최근에는 사회적 상호작용과 의사소통발달지체라는 공통점이 있어서 자폐장애와 비전형적 자폐장애를 포함하는 포괄적인 용어인 '자폐스펙트럼장애(ASD)'로 주로 사용하고 있다.

본 장에서는 자폐스펙트럼장애의 정의 및 원인, 출현율, 특성, 교수전략 등에 대해 알아보고자 한다.

1. 자폐스펙트럼장애의 정의 및 원인

1) 자폐스펙트럼장애의 정의

ASD는 사회적 의사소통 및 상호작용의 지속적 손상이 특징적인 장애로, 장애로 인한 일상생활 기능의 저해가 심각하여 본인의 부적응뿐만 아니라 가족 및 주변인들의 심리적 고통까지 야기하는 장애 중 하나이다. DSM-IV(APA, 1994)에서는 ASD의 문제 영역을 사회적 상호작용의 질적인 손상, 의사소통의 질적인 손상, 제한적이며 반복적인 행동이나 흥미의 세 가지 영역으로 보았으나 개정된 DSM-5에서는 사회적 의사소통 및 사회적 상호작용에서의 지속적 결함과 제한적이고 반복적인 행동이나 흥미의 두 가지 영역으로 변경하였다. 미국정신의학회(American Psychiatric Association: APA)가 발간한 '정신장애 진단 및 통계편람 4판 개정판(DSM-Ⅳ-TR, 2000)'에서는 '유아기, 아동기, 청소년기에 처음으로 진단되는 장애'라는 분류 항목에서 '전반적 발달장애(Pervasive Developmental Disorders:

PDD)'라는 용어를 사용하고 있다. 여기에는 자폐장애, 레트장애, 아동기 붕괴성장애, 아스퍼거장애, 달리 분류되지 않는 전반적 발달장애 등이 포함된다. 정신장애 진단 및 통계편람 5판(DSM-5; APA, 2013)에서는 이 장애들을 하나의 동일 스펙트럼상의 장애로 여기고 자폐스펙트럼장애(ASD)로 진단하고 있다. DSM-5에서는 ASD를 두 가지 핵심 증상의 심각도에 따라 각각 세 가지 수준으로 평가한다. ASD는 사회적 상호작용과 의사소통에서 장애를 나타낼 뿐만 아니라 제한된 관심과 흥미를 지니며 상동적 행동을 반복적으로 나타내는 장애들을 포함한다. DSM-IV-TR(APA, 2000)에서 전반적 발달장애에 포함되었던 자폐장애, 아동기 붕괴성장애, 아스퍼거장애, 달리 분류되지 않는 전반적 발달장애(PDD-NOS)를 통합한 것이다. 이러한 네 가지 장애들은 각각 독특한 행동특성을 보이고 증상의 심각도는 다르지만 연속선상에 존재하는 하나의 장애를 나타내는 것이라는 연구결과를 반영한 것이다(APA, 2013).

2013년 미국정신의학회(APA)에서 '정신질환의 진단 및 통계편람 5판(Diagnostic and Statistical Manual of Mental Disorders-5th ed., DSM-5)'을 발행하였는데, 여기에서는 20개 진단범주를 아동기에 주로 진단되는 장애부터 신경발달적 전 생애 접근으로 제시하고 있다. DSM-5(APA, 2013)에서는 '신경발달장애(Neurodevelopmental Disorders)' 분류 항목에 지적장애(Intellectual Disabilities), 의사소통장애(Communication Disorders), 자폐스펙트럼장애(Autism Spectrum Disorders), 주의력결핍과잉행동장애(Attention-Deficit/Hyperactivity Disorders), 특정 학습장애(Specific Learning Disorder), 운동장애(Motor Disorders), 기타 신경발달장애를 포함하고 있다. '전반적 발달장애(PDD; APA, 1994)'라는 용어 대신에 '자폐스펙트럼장애(ASD)'를 공식 진단명으로 하여 신경발달장애(Neurodevelopmental Disorders) 범주 내에 제시하고 있다(〈부록〉 참조).

우리나라에서는 1977년에 「특수교육진흥법」(법률 제3053호, 1977. 12. 31., 제정)을 제정할 때에는 특수교육대상자로 자폐스펙트럼장애에 대한 내용이 없었으나, 1994년에 전부개정한 「특수교육진흥법」(법률 제4716호, 1994. 1. 7., 전부개정) 3조(특수교육 제10조(특수교육대상자의 선정)에 '정서장애(自閉性을 포함한다)'라고 명시하여 정서장애의 범주 안에 자폐성장애를 포함하여 분류하였다. 2017년 제정된 「장애인 등에 대한 특수교육법」(법률 제

8483호, 2007. 5. 25., 제정)에서는 '자폐성장애'를 '정서·행동장애'와 분리하여 독립적인 장애로 표기하였다. 「장애인 등에 대한 특수교육법 시행령」(대통령령 제20790호, 2008. 5. 26., 제정) [별표] 특수교육대상자 선정 기준(제10조 관련)에서는 '자폐성장애를 지닌 특수교육대상자'를 '사회적 상호작용과 의사소통에 결함이 있고, 제한적이고 반복적인 관심과 활동을 보임으로써 교육적 성취 및 일상생활 적응에 도움이 필요한 사람'이라고 정의하고 있다.

1999년에 「장애인복지법 시행령」(대통령령 제16682호, 1999. 12. 31., 전부개정)의 [별표 1] 장애인의 종류 및 기준(제2조 관련)에 '발달장애인'이란 명칭으로 처음으로 명시되었으며, 발달장애인은 '소아기 자폐증, 비전형적 자폐증에 의한 기능 및 능력 장애로 인하여 일상생활 혹은 사회생활을 영위하기 위한 기능 수행에 제한을 받아 도움이 필요한 사람'이라고 정의하였다. 2007년에 「장애인복지법 시행령」(대통령령 제20323호, 2007. 10. 15., 전부개정)을 전부개정하여 기존의 명칭이 내포하는 용어에 대한 사회적 오해를 없애고 보다 정확한 기준을 마련하기 위해서 '발달장애인'을 '자폐성장애인'으로 명칭을 변경하였다. 「장애인복지법 시행령」[별표 1] 장애의 종류 및 기준에 따른 장애인(2조 관련)에서는 '자폐성장애인'을 '소아기 자폐증, 비전형적 자폐증에 따른 언어·신체표현·자기조절·사회적응기능 및 능력의 장애로 인하여 일상생활이나 사회생활에 상당한 제약을 받아 다른 사람의 도움이 필요한 사람'이라고 정의하고 있다.

미국의 「장애인 교육법」(The Individuals with Disabilities Education Act [IDEA], P. L. 114-95, U. S. Department of Education, 2015)에서는 '자폐증(Autism)은 구어 및 비구어적 의사소통과 사회적 상호작용에 심각한 미치는 발달장애로, 일반적으로 3세 이전에 나타나며, 아동의 교육적 성취에 부정적 영향을 미친다. 자폐증과 관련된 다른 특징으로는 반복적인 활동 및 상동적인 움직임, 환경 변화나 일상의 변화에 대한 저항, 감각 경험에 대한 비전형적인 반응 등이 있다. 정서장애로 인하여 교육적 성취에 주요한 부정적 영향을 받게 되는 경우에는 자폐증에 해당하지 않는다. 3세 이후에 자폐증의 특성을 보이는 아동들도 앞에서 서술한 진단기준에 해당된다면 자폐증으로 진단할 수 있다'라고 명시하고 있다. 「장애인 교육법」(IDEA)은 미국 전역의 장애 아동에게 적절한 무상의 공교육을 제공하고 해당 아동에게 특수교육 및 관련서비스를 보장하는 법이다.

2) 자폐스펙트럼장애의 원인

미국 존스홉킨스 대학의 소아정신과 의사인 Leo Kanner 박사는 조기 유아 자폐증(Early Infantile Autism)이 부모가 자녀를 차갑게 양육하거나 무관심하게 반응하여 생긴다고 생각하였으며, 1960년대 후반까지는 무관심하고 냉정한 양육자가 자녀와 정서적 유대감을 형성하지 못해 발생하였다는 심리학적 요인이 지배적이었다. 당시에는 아동이 태어난 후 사랑받고 수용되지 못하는 환경에서 양육됨에 따라 심한 심리적 스트레스를 받고 주의를 자신의 내부로 돌림으로써, 외부세계로부터 고립되고 반응을 보이지 않게 된 것이라고 가정하였다. 하지만 ASD 자녀를 둔 부모들에게 죄책감을 갖게 했던 후천적인 심리적 요인에 의하여 발생하다는 주장은 더 이상 수용되지 않고 있으며, 최근 연구에서는 뇌 기능의 생물학적 이상과 신경학적 장애로 인해 발생한다는 주장이 일반화되고 있으나 아직까지도 명확한 원인이 밝혀지지는 않았다(김건희 외, 2018).

(1) 생물학적 원인

자폐스펙트럼장애의 생물학적 원인에는 유전, 임신과 출산, 대뇌의 구조적·생화학적, 기능적 이상 등이 있다(김건희 외, 2018).

첫째, 유전적 원인이다. ASD에 대한 쌍생아 연구에서 유전율이 90% 이상으로 보고되고 있으며, 따라서 자폐성장애를 유전적으로 이질적이고 복합유전적인 신경발달장애로 표현하기도 한다.

둘째, 임신과 출산이다. 임신과 출산 시의 환경적 영향으로 인하여 ASD가 발생한다는 것이다. 즉, 임산부의 고령 출산이나 불안, 태아의 미성숙, 임신 중 출현, 약물복용, 임신중독증, 바이러스 감염, 합병증 등이 위험요인으로 확인되고 있다.

셋째, 뇌의 차이이다. 뇌의 구조적 차이는 뇌 크기의 차이나 전두엽, 측두엽, 소뇌, 변연계 편도핵, 대뇌 손상 등으로 ASD가 발생한다는 것이다. 뇌의 생화학적 차이는 세르토닌, 도파민, 노르에피네프린과 같은 신경전달물질의 이상과 같은 생화학적 원인으로서, 이로 인하여 ASD가 발생한다는 것이다. 뇌의 기능적 차이는 ASD의 약 50%가 비정상적인 뇌기능을 보이고 있으며, 이는 자기공명영상장치(MRI)나 기능적 자기공명영상

장치(fMRI)와 같은 과학 기술의 발달로 활발하게 연구되고 있다.

(2) 인지적 원인

자폐스펙트럼장애의 인지적 원인에는 마음이론의 결함, 실행기능 결함 이론, 약한 중앙응집 등이 있다.

첫째, 마음이론(Theory of Mind: ToM)의 결함이다. 마음이론은 다른 사람의 행동을 관찰하면 심리상태를 유추할 수 있고, 이를 통해 다른 사람의 행동을 예측하거나 설명할 수 있는 능력이다. 즉, ASD의 사회적 상호작용과 의사소통에서의 결함을 다른 사람의 생각을 지각하고 이해하는 능력이 마음이론에서의 인지적 결함에서 비롯된 것으로 본다.

둘째, 실행기능(Executive Function: EF)의 결함이다. 실행기능은 뇌의 전두엽에서 담당하는 기능으로 계획 수립, 충동 조절, 융통성 있는 행동, 체계적인 환경 탐색 등을 가능하게 한다. 하지만 ASD 학생이 융통성없이 사소한 변화에도 민감하게 반응하고 부분보다 전체를 생각하고 행동하는 데 어려움을 보이는 것과 관련된다.

셋째, 약한 중앙응집(Weak Central Coherence: WCC)이다. 중앙응집은 환경에 의미를 부여하고 의미있는 환경을 받아들이는 데 있어 방대하고 복잡한 정보를 처리하는 데 어려움을 가지고 있기 때문에 세상을 현실적으로 지각하지 못한다. ASD 학생들은 사물을 보는 데 있어 전체를 보기보다는 부분에 집착하고 정보를 상황보다는 정보 조각들로 처리기 때문에 상관없는 일에 사로잡히고 그것에 몰두하게 된다.

3) 자폐스펙트럼장애의 출현율

ASD의 출현율은 DSM-IV-TR(APA, 2000)에서는 1만 명당 2~5명, DSM-5(APA, 2013)에서는 전체 인구의 1% 등으로 지속적으로 증가하고 있으며, 모든 인종과 사회·경제적 수준에 관계없이 유사하고, 남자가 여자에 비해 4~5배 정도 높다. 2000년에 미국 질병통제 예방센터(Centers for Disease Control and Prevention: CDC)가 자폐 및 발달장애 모니터링(Autism and Developmental Disabilities Monitoring: ADDM) 네트워크를 통해 ASD 출현율을 조사한 이래, 매년 그 숫자는 꾸준히 증가하고 있다. 2002년 1/150명, 2006년 1/110명, 2008년 1/88명, 2010년 1/68명, 2014년 1/59명이었으며, ADDM 네트워크(2020)가 미국 내 11개 주를 조사한 결과, 2016년 기준으로 8세 아동 중 약 1.85%(54명 중 1명)가 ASD라고 확인하였다(ADDM, 2020).

우리나라에서도 Kim 등(2011)이 경기도 고양시 일산구의 7~12세 아동 55,266명을 대상으로 한 역학 연구에서 출현율이 2.64%로 조사되어, 그동안 보고된 ASD 연구 중 가장 높은 출현율을 보였다. 2017 장애인통계(한국장애인고용공단 고용개발원, 2017)에 의하면, 자폐장애인 등록수가 2004년 7,740명이었던 것이 2010년 14,888명, 2016년 22,853명으로 대폭 증가하였으며, 이는 2016년 기준 전체 장애인 2,511,051명의 0.91%에 해당한다. 2020년 특수교육통계(교육부, 2020)에 의하면, 특수교육 대상학생은 총 95,420명이며, 이 중 자폐성장애가 13,917명(14.6%)이며, 2013년 8,722명(10.1%), 2015년 10,045명(11.4%), 2017년 11,422명(12.8%), 2018년 12,156명(13.4%), 2019년 13,105명(14.1%)으로 지속적으로 증가하고 있다.

이와 같이 매년 ASD 학생 수는 매년 크게 증가하고 있으며, 특수교육 대상 학생 총인원 대비 학생 수와 비율에서도 해마다 증가하고 있는 추세이다. ASD 학생이 증가하는 이유는 ASD에 대한 인식 확대, 보다 폭넓은 선별 및 평가 절차, 서비스 확대, ASD 학생의 실제 증가, 진단체계의 변화 등에 인한 것으로 여겨진다.

2. 자폐스펙트럼장애의 특성

1) 자폐스펙트럼장애의 영역별 특성

(1) 인지적 특성

ASD 학생의 지능(Intelligence)은 심한 지적장애에서 우수한 지적 수준에 이르기까지 다양한 범위 내에 분포한다. ASD의 약 70~80%가 지적장애 수준의 지능을 보이며, 이들의 약 20% 정도는 평균 이상의 지적 기능을 가진 고기능 자폐장애(High Functioning

Autism: HFA) 학생이다. 일반적으로 지능이 낮을수록 여러 가지 발달 영역에서 손상이 심하고 문제행동을 더 많이 나타내며 예후도 좋지 않다. 고기능 자폐장애 학생들은 평균 이상의 지적 능력을 가지고 있으나 자폐적 특성은 그대로 가지고 있기 때문에 교육현장에서 다양한 어려움에 직면하게 된다. 특히, 아스퍼거장애(Asperger Disorder)는 평균이나 평균 이상의 지능을 보이는 것으로 알려져 있다. ASD 학생 중 약 10% 정도가 특정 영역(암기, 암산, 수학, 달력계산, 음악, 미술 등)에서 뛰어난 능력이나 기술을 보이기도 하는데 이것을 '자폐적 우수성(Autistic Savant)' 또는 '우수성 증후군(Savant Syndrome)'이라고 한다.

ASD 학생은 일반학생에 비해 필요한 학습자극에 대한 선택적 주의집중이 어렵고 주의집중시간이 짧으며 주의집중의 이동이 어렵기 때문에 한 번에 여러 가지 자극을 받아들이고 이동하는 데 어려움이 있다. 또한 원하는 자극 이외의 자극이 과잉으로 투입되면 필요한 자극을 선택적으로 사용하지 못한다. 또한 하나의 자극에서 다른 자극으로 주의를 이동시키는 주의력 이동의 어려움을 보이며, 청각적 정보보다는 시각적 정보를 더 선호하는 경향을 보인다.

(2) 사회적 특성

ASD 학생은 혼자 떨어져 있는 경우가 많으며, 부모나 교사가 안아주거나 관심을 보여도 반응을 하지 않는 경우가 많고, 다른 사람에게 특정 물건을 보여주거나 가리키기, 자신의 머리를 흔들거나 끄덕이기 등과 같은 사회적 몸짓을 거의 사용하지 않는다. 또한 어린 ASD 아동은 공동주의집중(Joint Attention)에서 결함을 보이는 경우가 많은데 이것은 언어와 사회적 기술 발달에 있어서 중요한 요소로서 아동과 다른 사람이 동일한 관계 상황에서 상호작용을 하게 해준다. 이로 인하여 ASD 아동은 다른 사람을 관찰하여 학습하는 것이 어렵다(Heward, Alber-Morgan, & Konrad, 2017).

사회성 능력은 의사소통 기술 습득과 인지적 능력 수준과 밀접한 관련이 있기 때문에 이 세 가지 영역은 서로 영향을 주게 된다. ASD 학생은 정서적인 상호반응 또는 정신적인 유대감 형성이 어려워 관계 형성이 어려우며 다른 사람의 감정을 이해하지 못한다.

또한 일반적으로 사회적 상호작용에서 적응행동과 부적응 행동으로 여러 상황에서 어려움을 보이며, 특히 사회적 상호작용에서 시작행동과 반응행동 등의 사회적 기술에 한계를 보이기도 한다. ASD 학생들은 사회적 상호작용의 결함으로 인해 성인이 되어서도 학업과 직업기능, 독립적인 삶과 같은 다른 영역에 문제를 보이게 된다(Whitman & DeWitt, 2011).

(3) 의사소통 특성

일반적으로 의사소통을 위해서는 사람, 행동, 사물(사건)들 사이의 관련성을 이해해야 하는데, ASD 학생은 세상에 대하여 제한된 이해만을 가지고 있기 때문에 주위 사람들과 의사소통을 하는 데 어려움이 많다.

ASD 학생 중 약 50%가 기능적인 말을 전혀 하지 못한다. 이들은 다양한 목적이나 기능을 위해 기능적으로 의사소통하는 데 어려움을 보이고, 즉각 반향어와 지연 반향어 같은 제한된 언어적 체계를 사용하여 사회적 관계를 유지하려고 하는 등 제한된 의사소통 기능을 사용한다. 대다수의 ASD 학생은 대화에 대한 시도로 사람에게 스스로 말을 시작하는 자발성을 거의 보이지 않는다. 이들은 영아기에 옹알이를 하지 않고 엄마의 말을 모방하지 않으며, '나'와 '너'를 구별하지 못하는 대명사 반전현상을 보인다. 언어구조와 언어사용 사이의 불균형 현상은 비교적 풍부한 어휘력과 구문을 구사하는 언어표현능력이 좋은 HFA 학생에게도 나타난다.

ASD 학생들은 강세, 높낮이, 억양, 리듬 등과 같은 운율적인 측면에서 또래 학생들과는 많은 차이를 나타낸다. 상대방이 사용하는 몸동작, 억양, 얼굴 표정과 같은 비언어적 의사소통을 이해하는 데 어려움을 나타내며 대화 과정에서 사용되는 농담이나 비유를 이해하지 못한다. 대화를 할 때 상대방의 관점이나 생각을 이해하지 못하고 자신만의 관점에서 대화하기 때문에 일방적 대화가 이루어진다. 또한 엉뚱한 것을 자세하게 말하거나 특정 주제를 반복하거나 부적절하게 새로운 주제로 바꾸기도 한다.

(4) 행동적 특성

ASD 학생들은 제한된 범위의 관심 영역에 지나치게 강도 높은 독특한 관심을 보이며, 특정 일과를 따르는 등 동일성에 대한 비합리적인 집착을 보이고, 상동적이고 반복적인 운동기능상의 습관을 보이며, 사물의 특정 부분에 대한 집착을 보이는 등의 행동 특성을 보인다. 이와 같은 동일성에 대하여 집착하는 특성은 일상생활에서의 변화나 전환이 매우 어려우며, 공격행동, 자해행동, 성질부리기, 기물 파손 등의 문제행동을 보이기도 한다. 또한 이들의 70~80%는 감각자극에 대한 과잉반응이나 과소반응을 보이기도 한다. 그리고 먹을 수 없는 것(예: 모래, 머리카락, 종이 등)을 강박적으로 계속 먹는 이식증(Pica)을 보이기도 한다. 여기에서 유의할 점은 이러한 문제행동이 주어진 과제에 대한 불만, 상황에 대한 불만, 원하는 욕구를 실현하기 위한 방법적 행동, 사회적 관심 끌기, 의사소통적 기능, 감각적 자극 줄이기나 늘리기 등의 다양한 기능을 가질 수 있다는 것이다.

ASD 학생들의 다양한 문제행동은 부모와 교사들에게 많은 스트레스를 받게 하며, 비장애학생과의 통합교육 및 지역사회에서의 참여에 부정적인 영향을 주게 된다. 그러므로 ASD 학생들이 보이는 문제행동을 조기에 예방하고 체계적으로 지원하는 종합적인 중재전략을 제공할 필요가 있다.

2) 자폐스펙트럼장애의 발달 영역별 특성 변화

ASD 아동이 ASD 성인이 될 때까지 발달 영역별 증상이 어떻게 변화하는지에 대해서는 명확하지 않다. ASD 아동이 청소년기나 초기 성인기로 성장하면서 경험할 수 있는 발달 영역별 특성 변화를 살펴보면 〈표 7-1〉과 같다.

표 7-1 ASD 학생의 발달 영역별 특성 변화

영역	연령	특성
사회성 발달	영유아	• 접촉을 피할 수 있음 • 집단에서 격리될 수 있음 • 영아는 얼굴 표정을 모방할 수 없음 • 유아는 부모의 웃음에 반응하여 웃을 수 없음 • 다른 사람의 감정적 요구에 반응하지 않음
	학령 초기	• 사회적 놀이에 참여할 수 없음 • 자신보다 어린 아이들을 선호할 수 있음 • 다른 아이들과 놀 때 '우두머리'로 보일 수 있음
	청년기/초기 성인기	• 사회적 기술의 격차가 더욱 분명해짐 • 연애에 어려움을 보임 • 열악한 위생과 같은 문제와 관련된 사회적 문제(예: 목욕 횟수와 관련된 규칙을 엄격하게 준수)를 가끔 보임
의사소통 발달	영유아	• 말이 부족할 수 있음 • 다른 사람의 말을 즉각 또는 지연 반향어로 표현함 • 정형화된 구어를 사용함 • 자신을 부르는 데 응답하지 않을 수 있음 • 제스처를 사용하지 않음
	학령 초기	• 특정 주제에 대해 강의하는 '꼬마 교수'처럼 보임 • 일방적인 대화를 함 • 자신의 행동이 다른 사람을 어떻게 해를 끼치는지 알지 못함
	청년기/초기 성인기	• 추상적인 개념에 대한 이해가 부족함 • 농담 또는 속담을 이해하는 것이 어려움 • 텔레비전이나 영화의 대사를 모방하여 학교에서 문제가 발생할 위험에 처할 수 있음(예: 분노나 좌절감을 표현하는 수단으로 "칼로 ○○을 죽일 거야"라고 말함)
제한적, 반복적, 비기능적 행동, 관심 또는 활동 형태	영유아	• 손으로 펄럭임, 손가락 튕기기, 흔들기와 같은 반복적인 운동을 함 • 외관을 살펴보기 위해 장난감을 정렬함 • 장난감을 기능적으로 가지고 놀지 않고 분류를 함 • 루틴에서 일부 강직성을 보임
	학령 초기	• 특정 규칙에 얽매임 • 세상을 이해하기 위해 자신만의 규칙을 만들고, 다른 사람이 이러한 규칙을 위반할 경우 자신을 통제하는 데 어려움을 겪음

영역	연령	특성
	청년기/초기 성인기	• 운동 틱을 피하기 위해 정교한 의식을 하기도 함 • 동료와의 짧은 만남에 대해 몇 시간 동안 집착할 수 있음
기타	영유아	• 울화를 보이기도 함 • 빛 또는 소리에 대해 민감하게 반응함 • 급식 문제(종종 질감과 관련됨)를 보이기도 함 • 안전 문제(예: 맨발로 눈 속으로 걸어 감)를 보이기도 함
	학령 초기	• 학문적 어려움을 보임 • 수면 또는 의사소통 문제로 인한 집중력 및 과민성의 문제를 보임 • 전환에 어려움이 있음 • 스포츠 활동에서 서툴 수 있음
	청년기/초기 성인기	• 우울 또는 불안의 증상을 보이기도 함 • 사회적 규범을 벗어나는 행동을 보임 • 성행위에 관한 규칙을 이해하지 못할 수 있음 • 발작 위험이 증가(사춘기 시작과 관련)할 수 있음

출처: National Autism Center(2011).

3. 자폐스펙트럼장애의 진단 및 판별

1) 자폐스펙트럼장애의 진단

ASD는 아동기 초기부터 그 증상이 관찰되기 시작하며 조기개입 여부에 따라 이후 발달 양상에 현저한 차이를 보이는 것으로 알려져 있다. 그러므로 조기진단과 개입의 중요성이 매우 강조되며, 이에 따라 ASD의 조기 선별을 위한 도구의 필요성 또한 함께 대두되고 있다. ASD는 진단적 개념의 불확실성뿐만 아니라 발달상의 문제가 아동에 따라 매우 다양하고 개인차가 존재하기 때문에 진단 과정에서 대상 아동을 평가하여 정확한 진단을 내리기가 쉽지 않다. 진단 대상 아동의 연령이 증가할수록 ASD로 보다 정확하게 진단을 내릴 수는 있지만, 정확한 진단을 위해 자폐 위험 아동을 진단을 유보하는 것은 적절하지 않다. 일반적으로 ASD 아동이 조기에 ASD로 진단이 되면, 그만큼 일찍

집중적이고 체계적 중재 및 교육을 빨리 받을 수 있기 때문이다.

ASD로 의심되는 아동을 선별 및 진단하기 위한 도구로는 평정척도, 관찰검목표, 진단 면접 등이 있다. 우리나라에서 일반적으로 사용하는 선별도구로는 한국어판 사회적 의사소통 설문지(Korean version of Social Communication Questionnaire: K-SCQ), 사회 반응성 척도(Social Responsiveness Scale: SRS)가 있으며, 진단도구로는 아동기 자폐증 평정척도(Childhood Autism Rating Scale: CARS), 이화-자폐아동 행동발달평가도구(Ehwa-Check List for Autistic Children: E-CLAC), 한국 자폐증 진단검사(Korean-Autism Diagnostic Scale: K-ADS), 자폐증 진단 관찰 스케줄(Autism Diagnostic Observation Schedule: ADOS), 자폐증 진단 면담(Autistic Diagnostic Interview-Revised: ADI-R), 정신장애 진단 및 통계편람 5판(DSM-5) 등이 있다.

한국어판 사회적 의사소통 설문지(Korean version of Social Communication Questionnaire: K-SCQ)는 ADI-R을 바탕으로 제작되었으며, 부모나 양육자에게 아동의 ASD와 관련된 증상(의사소통, 상호 사회적 상호작용, 제한적이고 반복적인 행동과 관심)에 대해 질문하는 총 40문항으로 구성된 선별도구이다. K-SCQ는 전반적인 문항이 모든 부모가 이해하기 쉽게 제시되어 있어서 전문가의 도움 없이 부모 보고를 통해 ASD 증상을 평정할 수 있으며, 전체 문항에 응답하는 데 10분 이내의 시간이 소요되어 부모와의 면담 시간에 약 90분 이상 소요되는 자폐증 진단 면담(ADI-R) 대비 상당한 시간과 비용이 절감된다. 사회 반응성 척도(Social Responsiveness Scale: SRS)는 부모나 교사에게 지난 6개월 동안 아동이 보인 사회적 상호작용의 특징에 대해 질문하는 설문지로, 총 65문항으로 구성되어 있다. 각 문항은 '전혀 그렇지 않다(0점)'에서 '거의 항상 그렇다(3점)'로 응답하도록 되어 있으며, 총 0~195점으로 채점될 수 있다. 평가 내용은 사회적 통찰, 사회정보처리, 상호 사회적 의사소통 능력, 사회적 불안/회피, 자폐적 몰입과 특질로 구성되어 있으며, 점수가 높을수록 사회적 기능이 낮음을 의미한다(김주현 외, 2015).

ASD를 진단하기 위해서는 전문가의 면밀한 관찰과 인터뷰가 필요한데, 현재 국내·외에서 자주 사용되고 있는 대표적인 진단도구로는 자폐증 진단 관찰 스케줄(Autism Diagnostic Observation Schedule: ADOS)과 자폐증 진단 면담(Autistic Diagnostic Interview-

Revised: ADI-R)이 있다. ADOS와 ADI-R의 진단적 활용도는 국내·외에서 많은 전문가들에 의해 이미 지지되었지만 일부 한계점들이 지적되고 있다. 즉, 평가 과정에 상당히 긴 시간이 소요될 뿐만 아니라 실시과정이 까다로워 전문적으로 훈련 받은 전문가만이 평가에 임할 수 있고, 국내의 경우 이러한 전문가를 양성하기 위한 훈련체계마저 잘 마련되어 있지 않아 더욱 어려움이 따르고 있다. 한국판 자폐증 진단 면담(Korean version of Autism Diagnostic Interview-Revised: K-ADI-R)은 반구조화된 부모 면담도구로, 정신연령 만 2세 이상의 자녀를 지닌 부모를 대상으로 실시한다. 일반적으로 아동을 직접 관찰하여 평정하는 ADOS와 함께 실시되어 결과 해석에 상호보완적으로 활용된다. 면접지의 내용은 초기발달, 언어/기타 기능의 습득과 상실, 언어와 의사소통 능력, 사회적 발달과 놀이, 흥미와 행동, 일반적 행동들로 이루어져 있으며, 진단적 평가는 DSM-IV와 ICD-10(International Statistical Classification of Diseases and Related Health Problems 10th Revision)의 진단적 알고리듬에 따라 만들어져서 ASD의 특징적인 세 가지 부적응 행동, 즉 의사소통, 상호 사회적 상호작용, 제한적이고 반복적인 행동과 관심에 대해 평가한다. 각 문항들은 진단적 알고리듬에 따라 부적응 양상이 전혀 없는 경우 0점, 일부 부적응 양상이 있는 경우 1점, 현저한 부적응 양상이 있는 경우 2점으로 변환되어 부호화한다. 그리고 세 가지 행동 영역의 모든 점수가 분할점을 초과할 경우 자폐증으로 진단을 내리게 된다. 분할점은 의사소통은 8점(의사소통이 어려울 경우 7점), 사회적 상호작용은 10점, 제한적이고 반복적인 행동과 관심은 3점이다(김주현 외, 2015).

2) DSM-5의 자폐스펙트럼장애 진단 기준

DSM-5(APA, 2013)에서 제시하고 있는 ASD 진단 기준은 〈표 7-2〉와 같다.

표 7-2 자폐스펙트럼장애 진단 준거

A. 다양한 맥락에서 사회적 의사소통과 사회적 상호작용의 지속적인 결함을 보이며, 다음의 3가지 모두가 현재 또는 이전부터 지속적으로 나타난다(항목별로 제시된 예는 이해를 돕기 위한 설명이지 반드시 확인되어야 하는 예는 아니며 다양한 범위를 보인다).

1. 사회 및 정서적 호혜성에서의 결함(예: 비정상적인 사회적 접근과 주고받는 일반적인 대화의 실패;

관심, 정서, 애정 등을 다른 사람과 공유하는 데 제한; 사회적 상호작용을 시작 및 반응하는 데 어려움 등)

2. 사회적 상호작용을 위해 사용하는 비언어적 의사소통 행동에서의 결함(예: 언어 및 비언어적 의사소통을 통합적으로 사용하는데 어려움; 눈맞춤과 몸짓과 같은 비언어적 행동에서의 비정상성; 몸짓의 이해 및 사용의 결함; 안면표정과 비언어적 의사소통에서의 전반적 결함 등)
3. 사회적 관계를 만들고 유지하고 이해하는데 결함(예: 다양한 사회적 맥락에 맞게 행동 하는데 어려움; 상상놀이를 공유하거나 친구를 만드는데 어려움; 또래에 대한 관심이 없음 등)

B. 제한적이고 반복적인 행동, 관심, 활동을 보이며, 다음 4가지 중 2가지 이상이 현재 또는 이전부터 지속적으로 나타난다.

1. 상동적이거나 반복적인 동작, 사물 또는 말의 사용(예: 단순한 상동적인 동작, 장난감을 길게 줄 세우기, 사물 흔들기, 반향어 사용, 특이한 어구의 사용 등)
2. 동일성에 대한 고집, 판에 박힌 일과에의 집착, 언어 또는 비언어적 행동의 의례적(예배의식과 같은) 패턴(예: 작은 변화에도 과도하게 불안해함, 전이의 어려움, 경직된 사고 패턴, 판에 박힌 인사하기, 매일 동일한 일과 또는 동일한 음식 섭취에 대한 요구 등)
3. 정도나 초점이 비정상적인 매우 제한적이고 고정된 관심(예: 특이한 사물에 대한 강한 집착이나 몰두, 과도하게 한정된 관심에의 몰두 등)
4. 감각 자극에 대한 둔감 혹은 민감 반응 또는 환경의 감각 양상에 대한 특이한 감각적 관심(예: 고통 또는 온도에 대한 분명한 무감각, 특정 소리나 감각에 대한 혐오적 반응, 과도하게 냄새를 맡거나 과도하게 사물을 만짐, 빛이나 움직임에 대한 강한 시각적 관심 등)

C. 증상들은 초기 발달 시기에 나타나야만 한다(그러나 발달시기별 사회적 요구가 제한된 능력을 초과할 때까지는 증상이 충분히 나타나지 않을 수도 있다. 또는 이후의 발달시기에 학습된 전략으로 인해 증상이 가려져서 나타나지 않을 수도 있다).

D. 증상들은 사회적, 직업적 또는 현재 기능수행의 다른 중요한 영역에서 임상적으로 유의미한 결함을 유발한다.

E. 이러한 어려움이 지적장애(지적 발달장애)로 더 잘 설명이 되어서는 안 된다. 지적장애와 자폐스펙트럼장애는 자주 공존한다. 자폐스펙트럼장애와 지적장애로 동시에 진단이 되려면 사회적 의사소통이 일반적인 발달에서 기대되는 수준 보다 낮아야만 한다.

참고: 자폐장애, 아스퍼거장애 또는 비전형 전반적 발달장애의 기준에 부합하여 진단을 받은 경우에는 DSM-5의 자폐스펙트럼장애로 진단이 된다. 그러나 사회적 의사소통 및 상호작용에서 현저한 결함을 가지고 있지만 자폐스펙트럼장애의 진단 준거에 부합하지 않는다면, 사회적(화용) 의사소통장애[social(pragmatic) communication disorder, SCD]로 진단된다.

다음의 경우에는 명시하시오.

- 지적 손상을 수반하는 경우 또는 수반하지 않는 경우
- 언어 손상을 수반하는 경우 또는 수반하지 않는 경우

- 알려져 있는 의학적 또는 유전적 상태나 환경적 요인과 연관된 경우
- 다른 신별발달적, 정신적 또는 행동적 장애와 연관된 경우
- 긴장증을 수반한 경우

출처: APA(2013).

DSM-5(APA, 2013)에서는 DSM-Ⅳ-TR(APA, 2000)의 다축체계(Axial System) 방식에서 벗어나서 명확도 증진을 위한 상세설명(Specifiers)을 제시하고 있다. 상세설명은 구체적인 특징을 공유하는 장애를 가진 보다 동질적인 하위집단을 판별할 수 있는 기회와 개인의 장애를 관리하는 것과 관련한 정보를 전달할 수 있는 기회를 제공한다. DSM-5에서 ASD의 상세설명으로는 장애 정도(Severity)와 기술적 특징 상세설명이 포함되어 있다. 이는 현재의 증상을 간단명료하게 기술하기 위해 활용될 수 있다. 장애 정도는 맥락에 따라 다양하게 나타날 수 있으며 시간이 경과함에 따라 변화될 수 있다. 핵심 결함의 두 영역별로 각각 장애 정도가 측정된다. 이는 ASD 증상에 대한 지속적 측정을 통해 개인의 결함 및 능력 수준을 기술하고자 하는 것이다. 이를 위해 두 가지 핵심 준거의 수행 결함 정도에 따라 장애 수준을 지원을 요구하는 수준(1수준), 실질적인 지원을 요구하는 수준(2수준), 매우 실질적인 지원을 요구하는 수준(3수준) 등으로 구분하여 제시하고 있다.

4. 자폐스펙트럼장애의 교육적 지원

ASD 학생이 적절한 교육을 받지 못하면 인지기능 및 사회성의 퇴보, 공격적 행동이나 반항적 행동이 나타나기도 하고 문제행동이 더 심해지기도 한다. ASD 학생의 교육방법은 개별적인 특징과 예후에 바탕을 두어서 이들이 생활하고 있는 현재와 앞으로 살아가야 할 상황에서 기본 생활적인 기능과 사회적·문화적 가치에 적응하여 생활할 수 있는 것이어야 한다.

ASD 학생을 대상으로 교육을 실시하는 데 있어 기본적인 고려사항을 살펴보면, 먼저 또래 학생의 정상발달 단계를 기준으로 하여 ASD 학생의 발달수준에 맞는 교육을 제공

하고, 각 개인에 맞는 고유한 학습특성 및 기질을 고려하여 교육해야 한다. 또한 가능한 한 조기 발견 및 진단을 통하여 조기교육을 실시해야 하고, 기본적인 생활기능과 생존과 관련된 지식이나 기술들을 지도하여야 하며, 생활하는 데 필수적인 기능적인 기술(예: 사회성 기술, 의사소통 기술, 문제해결 기술, 의사결정 기술 등)을 중심으로 체계적으로 지도한다. 만약 문제행동을 보이면 기능분석을 통한 긍정적 행동지원을 실시하고, 모든 중재법은 적극적인 가족참여를 바탕으로 가족 구성원과 협조하여 연계성 있게 지도하여야 한다.

미국 「장애인교육향상법」(IDEIA, 2004)에서는 학교에서 장애학생을 가르칠 때 증거기반실제를 사용하도록 법적으로 명시하고 있다. 증거기반실제(Evidence-Based Practice: EBP)란 많은 학문 분야에서 반복된 복제연구를 통해 효과적인 것으로 밝혀진 중재나 방법을 말하며, 중재의 결과로 유의미한 기술 개선이 일관성 있게 입증된 것을 말한다. 증거기반실제는 과학기반연구, 경험적으로 지지된 중재 등으로 말하기도 한다. 즉, 특수교육 현장의 특수교사들은 특수교육 대상학생의 특성에 맞는 효과적인 방법과 타당한 자료들을 찾아내고 결정할 수 있는 능력을 갖추어야 할 필요가 있다.

2015년 미국 국립자폐센터(National Autism Center: NAC)가 발표한 국가표준프로젝트 2차 보고서(National Standards Project, Phase 2)에서는 ASD 학생에게 적용할 수 있는 다양한 중재 방법들을 증거 수준에 따라 〈표 7-3〉과 같이 분류하였다.

표 7-3 미국 국립자폐센터(NAC, 2015)의 증거 수준에 따른 중재 방법

증거 수준	수준의 정의	중재 방법
효과가 입증된 중재 (Established Interventions)	중재가 효과적이라고 자신 있게 진술할 충분한 증거를 가지고 있음	1. 행동중재(Behavioral Interventions) 2. 인지행동중재 패키지(Cognitive Behavioral Intervention Package) 3. 어린 아동을 위한 포괄적 행동치료 (Comprehensive Behavioral Treatment for Young Children) 4. 언어훈련(표현)〔Language Training(Production)〕 5. 모델링(Modeling)

증거 수준	수준의 정의	중재 방법
		6. 자연적 교수 전략(Naturalistic Teaching Strategies) 7. 부모훈련 패키지(Parent Training Package) 8. 또래훈련 패키지(Peer Training Package) 9. 중심축반응훈련(Pivotal Response Training) 10. 스케줄(Schedules) 11. 스크립팅(Scripting) 12. 자기관리(Self-management) 13. 사회적 기술 패키지(Social Skills Package) 14. 이야기 기반 중재(Story-based Intervention)
효과가 나타나기 시작한 중재 (Emerging Interventions)	효과가 있다는 증거가 있지만, 정말 효과적이라고 확신하기에는 충분하지 않음	1. 보완 대체 의사소통 기기 (Augmentative & Alternative Communication Devices) 2. 발달적 관계 기반 치료 (Developmental Relationship-based Treatment) 3. 연습(Exercise) 4. 노출 패키지(Exposure Package) 5. 기능적 의사소통 훈련 (Functional Communication Training) 6. 모방 기반 상호작용(Imitation-based Interaction) 7. 시도하기 훈련(Initiation Training) 8. 언어훈련(표현 & 이해)〔Language Training(Production & Understanding)〕 9. 마사지 치료(Massage Therapy) 10. 다중 구성요소 패키지(Multi-Component Package) 11. 음악치료(Music Therapy) 12. 그림 교환 의사소통 체계 (Picture Exchange Communication System) 13. 환원 패키지(Reductive Package) 14. 수어 교수(Sign Instruction) 15. 사회적 의사소통 중재 (Social Communication Intervention) 16. 구조화된 교수(Structured Teaching) 17. 공학 기반 중재(Technology-based Intervention) 18. 마음이론 훈련(Theory of Mind Training)

증거 수준	수준의 정의	중재 방법
효과가 입증되지 않은 중재 (Unestablished Interventions)	효과가 있다는 확실한 증거가 없음	1. 동물매개 치료(Animal-assisted Therapy) 2. 청각통합훈련(Auditory Integration Training) 3. 개념 지도화(Concept Mapping) 4. 발달 - 개인차 - 관계중심모델/마루놀이(DIR/Floor Time) 5. 촉진적 의사소통(Facilitated Communication) 6. 식이요법(Gluten-free/Casein-free diet) 7. 움직임 기반 중재(Movement-based Intervention) 8. SENSE 극장 중재(SENSE Theatre Intervention) 9. 감각중재 패키지(Sensory Intervention Package) 10. 충격요법(Shock Therapy) 11. 사회적 행동 학습 전략 (Social Behavioral Learning Strategy) 12. 사회적 인지 중재(Social Cognition Intervention) 13. 사회적 사고 중재(Social Thinking Intervention)

출처: National Autism Center(2015).

또한 미국 국립자폐센터(NAC, 2011)가 ASD 학생에게 효과가 입증된 중재를 기술 향상, 행동 감소, 연령, 진단 분류 등에 따라 분류한 내용을 살펴보면 〈표 7-4〉와 같다. 이것은 ASD 학생을 중재할 때에는 학생의 기술 향상 또는 행동 감소, 연령, 장애 진단 등을 종합적으로 고려하여 가장 적절한 중재 방법을 결정해야 한다는 것을 보여준다.

표 7-4 미국 국립자폐센터(NAC, 2011)의 효과가 입증된 중재 구분

기술 향상					
구분	학업	의사소통	상위인지 기능	대인관계	학습 준비
중재	• 행동중재	• 선행사건 패키지 • 행동중재 • 어린 아동을 위한 포괄적인 행동치료 • 공동주의집중 중재 • 모델링 • 또래훈련 패키지	• 어린 아동을 위한 포괄적인 행동치료 • 모델링	• 선행사건 패키지 • 행동중재 • 어린 아동을 위한 포괄적인 행동치료 • 공동주의집중 중재	• 선행사건 패키지 • 행동중재 • 자연적 교수전략

		• 자연적 교수 전략 • 중심축 반응 훈련		• 모델링 • 또래훈련 패키지 • 자연적 교수 전략 • 중심축 반응 훈련 • 자기관리 • 이야기 기반 중재	

구분	운동	개인적 책임	현장실습	놀이	자기 규제
중재	• 어린 아동을 위한 포괄적인 행동치료	• 선행사건 패키지 • 행동중재 • 어린 아동을 위한 포괄적인 행동치료 • 모델링	• 어린 아동을 위한 포괄적인 행동치료	• 선행사건 패키지 • 행동중재 • 어린 아동을 위한 포괄적인 행동치료 • 모델링 • 자연적 교수전략 • 또래훈련 패키지 • 중심축 반응훈련	• 선행사건 패키지 • 행동중재 • 스케줄 • 자기관리 • 이야기 기반 중재 패키지

행동 감소				
구분	문제행동	제한적, 반복적, 비기능적 행동, 관심 또는 활동	감각/정서 조절	일반 증상
중재	• 선행사건 패키지 • 행동중재 • 어린 아동을 위한 포괄적인 행동치료 • 모델링 • 자기관리	• 행동중재 • 또래훈련 패키지	• 선행사건 패키지 • 행동중재 • 모델링	• 어린 아동을 위한 포괄적인 행동치료

연령						
구분	0~2세	3~5세	6~9세	10~14세	15~18세	19~21세
중재	• 행동중재 • 어린아동을 위한 포괄적	• 선행사건 패키지 • 행동중재	• 선행사건 패키지 • 행동중재	• 선행사건 패키지 • 행동중재	• 선행사건 패키지 • 행동중재	• 행동중재

	인 행동치료 • 공동주의집중 중재 • 자연적 교수 전략	• 어린 아동을 위한 포괄적인 행동치료 • 공동 주의집중 중재 • 모델링 • 또래훈련 패키지 • 자연적 교수 전략 • 중심축 반응 훈련 • 스케줄 • 자기관리	• 어린 아동을 위한 포괄적인 행동치료 • 모델링 • 또래훈련 패키지 • 자연적 교수 전략 • 중심축 반응 훈련 • 스케줄 • 자기관리 • 이야기 기반 중재	• 모델링 • 또래훈련 패키지 • 스케줄 • 자기관리 • 이야기 기반 중재	• 모델링 • 자기관리	

진단 분류			
구분	자폐스펙트럼장애	아스퍼거장애	PDD-NOS
중재	• 선행사건 패키지 • 행동중재 • 어린 아동을 위한 포괄적인 행동치료 • 공동 주의집중 중재 • 모델링 • 자연적 교수 전략 • 또래훈련 패키지 • 중심축 반응 훈련 • 스케줄 • 자기관리 • 이야기 기반 중재 패키지	• 모델링 • 이야기 기반 중재 패키지	• 행동중재 • 어린 아동을 위한 포괄적인 행동치료 • 공동 주의집중 중재 • 모델링 • 자연적 교수 전략 • 또래훈련 패키지

출처: National Autism Center(2011).

여기서는 미국 국립자폐센터(NAC, 2015)에서 제시한 ASD 학생에게 '효과가 입증된 중재(Established Interventions)'를 중심으로 간략하게 살펴보고자 한다.

1) 행동중재(Behavioral Interventions)

행동중재에는 행동패키지(Behavioral Package)와 선행사건 패키지(Antecedent Package)가 포함된다. 행동중재는 일반적으로 선행사건 중재와 결과 중재로 이루어진다. 선행사건 중재는 전형적으로 문제행동이 발생하기 전에 선행하는 상황적 사건이나 환경을 수정하는 것이다. 이러한 변경은 문제의 발생 가능성을 줄여서 성공의 가능성을 높여주는 환경으로 변화시키는 것을 포함한다. 결과 중재의 많은 부분은 문제행동을 줄이고 행동 변화의 기본 원칙을 적용하여 기능적 대안행동이나 기술을 가르치기 위해 고안되었다.

행동중재의 예로는 공동주의집중 중재(Joint Attention Intervention), 행동연쇄(Chaining), 후진형 행동연쇄(Forward Chaining), 차별적 관찰 반응(Differential Observing Response, DOR), 기능 기반 중재(Function-based Intervention), 모방 훈련(Imitation Training), 강화계획(Reinforcement Schedule), 반응 중단 및 수정(Response Interruption and Redirection: RIRD), 반복 연습(Repeated Practice), 표준 반향 훈련(Standard Echoic Training) 등이 있다.

2) 인지행동중재 패키지(Cognitive Behavioral Intervention Package)

인지행동중재는 외현적인 행동 변화를 이끌어 내기 위해 인지적 사고과정의 통제나 관리를 가르친다. 인지행동중재는 오랫동안 불안장애 및 우울장애로 진단된 사람에게 증거기반 중재였으며, 국가표준프로젝트 1차 보고서(NSP1) 이후 추가 과학적 증거가 발표됨에 따라 효과가 입증된 중재법이 되었다. 인지행동중재는 높은 인지 기능 향상과 대인관계 및 개인적 책임 기술 향상과 문제행동과 감각 또는 감정 조절 등의 행동 감소에 효과적이다.

3) 어린 아동을 위한 포괄적 행동치료(Comprehensive Behavioral Treatment for Young Children)

어린 아동을 위한 포괄적 행동치료는 ASD 정의와 관련 있는 필수 기술(예: 의사소통,

사회 및 학업 전/학업 기술 등)을 대상으로 실시하는 조기 집중적인 행동 개입을 말한다. 이러한 중재에는 응용행동분석(Applied Behavior Analysis: ABA), 조기 집중 행동중재(Early Intensive Behavioral Intervention, EIBI), 행동중재 포함 프로그램 등이 있다.

어린 아동을 위한 포괄적 행동치료 프로그램은 놀이와 학업 및 학습 준비 기술, 의사소통, 높은 인지 기능, 대인관계 및 개인적 책임, 운동능력 등을 향상시키며, 일반적인 증상과 문제행동 감소에 효과적으로 사용할 수 있다.

4) 언어훈련(표현)(Language Training: Production)

언어훈련(표현)(Language Training: Production)은 ASD 학생의 구어적 의사소통(즉, 말의 기능적 사용)을 발휘할 수 있는 능력을 목표로 하며, 대인관계 및 놀이, 의사소통 기술 향상에 효과적이다. ASD 학생의 구어적 의사소통을 이끌어 내기 위해 다양한 전략을 사용한다. 발달적으로 적절한 목표를 평가하고 식별하는 것으로 시작하며, 개별 프로그램에는 ASD 학생이 모방할 수 있도록 언어 모델링, 언어적·시각적·신체적 촉구 제공, 언어 교육의 일환으로 음악 사용, 목표된 구어 반응의 표현을 위한 강화 사용 등과 같은 전략이 포함된다.

5) 모델링(Modeling)

ASD 학생에게 무엇을 해야 하는지 가르치는 가장 효과적인 방법 중 하나는 그것을 어떻게 해야 하는지를 보여주는 것이다. 모델링(Modeling)은 새로운 기술을 습득하고자 하는 학생에게 모델이 바람직한 목표행동을 정확하게 시범 보이고 모방할 수 있도록 하는 것이다. 모델링을 할 때에는 촉진이나 강화와 같은 다른 전략을 함께 사용하는 것이 효과적이다. 학생들은 부모, 형제, 또래, 교사의 행동을 관찰함으로써 많은 것을 배울 수 있지만, 때에 따라서는 특정 행동을 모방하는 것을 직접 가르쳐야 한다. 모델링은 더 높은 인지 기능, 학업, 의사소통, 대인 관계, 개인적 책임, 놀이 기술 향상과 문제행동 감소와 감각 또는 정서 조절에 효과적이다.

모델링의 유형에는 실제 모델링과 비디오 모델링 등이 있다. 실제 모델링은 모델이 되는 사람이 ASD 학생 앞에서 목표 행동을 직접 보이는 것을 말한다. 비디오 모델링은 목표 행동을 보이는 모델을 비디오로 미리 녹화하여 보여주는 것을 말한다. 비디오모델링은 텔레비전 쇼, 영화 또는 모니터(예: 텔레비전 화면, 컴퓨터 모니터, 비디오 레코더 모니터, 핸드폰 화면 등)에서 자신을 보는 것에 관심이 있는 ASD 학생에게 훌륭한 선택이 될 수 있다. 일부 학생은 비디오 제작에 직접 참여하게 하는 것이 보다 효과적이다.

6) 자연적 교수 전략(Naturalistic Teach Strategies)

자연적 교수 전략(Naturalistic Teach Strategies: NTS)은 일과와 활동 중에 특정 기술을 교수하는 것으로, 학생이 활동이나 교재에 최대한으로 참여하거나 관심을 보이도록 계획하며, 자연적으로 발생하는 후속 결과를 강화로 활용하는 것을 특징으로 하는 교수접근이다. 자연적 교수 전략은 특정 기술을 가르치기 위해 ASD 학생이 다양한 일상 환경에서 겪을 수 있는 사건, 활동, 결과를 이용하는 전략으로 교사는 학생의 장소, 활동, 일과의 조정을 통해 학습에 흥미를 가지도록 하고, 목표행동을 할 수 있도록 필요한 지원을 제공하며, 목표 행동이나 기술이 발생하면 이를 정교화해 주고 자연적인 후속결과가 발생하도록 한다. 즉 학생에 의해 주도되는 전략으로 교사는 다양한 환경에서 다양한 촉진과 자연적인 강화를 이용해야 한다.

자연적 교수 전략을 자연적인 환경에서 기능적인 기술을 교수하기 위해서 주로 아동 주도의 상호작용을 이용하는 하나의 교수접근으로 제시하고 있으며, 구체적인 자연적 교수 전략으로는 우발교수(Incidental Teaching), 환경교수(Milieu Teaching), 삽입교수(Embedded Teaching), 반응적인 교육과 전언어적 환경교수(Responsive Education and Prelinguistic Milieu Teaching), 강화된 환경교수(Enhanced Milieu Teaching) 등이 있다.

7) 부모훈련 패키지(Parent Training Package)

부모훈련 패키지(Parent Training Package)는 학생의 일상생활에 필요한 다양한 기술을 습득하고 개선시키고, 문제행동을 감소시키기 위해 부모가 개별화된 중재를 제공하는 것이다. 이를 위해 부모에게 구조화된 부모훈련 프로그램을 통해 직접 중재법을 배우고 나서 가정이나 지역사회에서 ASD 학생을 대상으로 중재하는 것이다. 부모훈련 패키지는 대인관계 및 놀이 기술 향상과 일반 증상, 문제행동, 제한적, 반복적, 비기능적 행동, 관심 또는 활동 감소에 효과적이다.

8) 또래훈련 패키지(Peer Training Package)

또래훈련 패키지(Peer Training Package)는 일상생활에서 또래가 ASD 학생을 돕거나 함께 활동하여 학습의 기회를 증가시켜 새로운 목표행동이나 사회적 상호작용 및 의사소통 기술을 향상시키는 것이다. ASD 학생들은 또래와 적절하게 상호작용하는 것에 어려움을 보이고 성인(예: 교사, 부모, 이웃 어른 등)의 지시와 안내에 수동적으로 따르는 경우가 많다. 또래훈련 패키지로는 ASD 학생의 기술 향상을 위해 또래에게서 사회적 상호작용을 시작하고 반응하는 방법을 배운다. 다양한 환경에서 여러 또래들과 함께 교육하게 되므로 학습한 기술을 자주 사용할 가능성을 높여준다. 이것은 학교와 지역사회 환경에서 사용할 수 있으며, 학업 준비 상태, 의사소통 및 대인 관계 기술 향상과 제한적·반복적·비기능적 활동이나 관심을 줄이는 데 효과적이다.

9) 중심축반응훈련(Pivotal Response Training)

중심축반응훈련(Pivotal Response Training: PRT)은 ASD 학생의 흥미와 주도성을 향상시키기 위해 다양한 영역에서 중추적인 역할을 할 수 있는 변인들(예: 동기, 복합적인 자극단서에 대한 반응성, 자기관리, 사회적 시작행동)을 훈련하여 보다 광범위한 행동들로 긍정적인 효과가 퍼지도록 하는 방법이다. 중심축반응훈련의 목적은 다양한 목표 행동에 영향을 미치는 반응 행동, 다시 말해서 일반화 가능성이 매우 높은 중심축이 되는 영역에 교육적 기법을 적용하는 것이다. 즉 사회적 의사소통, 자기 시작, 자기관리 및 여러 단서에 대한 반응과 관련된 '중심' 행동을 가르치는 데 초점을 맞춘다. 이것은 부모나 전문가가

가정, 지역사회 및 학교 환경과 같은 자연 환경에서 개입한다. 이 중재의 핵심 절차는 아동의 선택, 시도에 대한 강화, 유지과제의 통합적 제공, 직접적이고 자연적인 강화의 제공 등이 있다. 중심축반응훈련은 공동관심, 대인관계, 학습 준비 상태, 의사소통과 놀이 기술 향상에 효과적이다.

10) 스케줄(Schedules)

스케줄(Schedules)은 ASD 학생에게 앞으로 다가올 활동을 미리 계획하고 준비할 수 있게 해준다. 스케줄은 주어진 기간 동안 완료되어야 하는 활동과 이러한 활동이 완료되어야 하는 순서를 간단하게 제시한다. 즉, 시간이라는 추상적 개념을 구체적으로 관리 가능한 형태로 보여주는 도구이다. 시각적 스케줄은 특정 시간에 어떤 과제가 어떤 순서로 진행되는지 하루의 활동과 사건의 전반적 흐름을 알게 해준다. ASD 학생들은 스케줄을 사용하면 다음에 무슨 일이 일어날지 예측할 수 있을 때 전이(transition)가 더 잘 이루어질 수 있다. 스케줄은 가정, 교실, 지역사회 등 다양한 환경에서 여가, 사회적 상호작용, 자가 관리 및 하우스키핑 작업을 포함한 모든 활동에 사용할 수 있다. 학생들에게 스케줄의 사용할 때에는 학생의 시각적 표상 수준(예: 몸짓, 실제 크기 사물, 소형 모형 사물, 사진, 천연색 그림, 아이콘(흑백 선그림), 단어, 문장이나 구절, 수화 아이콘)을 이해한 후 활용해야 한다. 즉, 사전에 그림 변별(예: 그림/사진 사용 시)이나 읽기 이해(예: 단어 사용 시) 등의 기술 습득 여부 등을 고려해야 한다. 활동 스케줄은 자기관리기술(예: 자조기술, 몸단장기술 등), 수업참여행동 향상에 효과적이다.

11) 스크립팅(Scripting)

스크립트(Script)는 반복적인 경험을 통해 특정한 상황이나 맥락 속에서 순서적으로 진행되는 일련의 사건에 대한 지식 구조, 정신적 표상으로 친숙해진 일상화된 사건이나 경험을 말한다. 스크립트를 통해 대상 유아는 특정 사건이나 활동이 비슷한 순서나 내용으로 일어날 것이라고 생각하게 된다. 스크립트는 친근한 상황이나 주제 내에서 사건의 순서를 나열하기 때문에 또래와 상호작용을 촉진시킬 수 있다. 스크립팅(Scripting)은 ASD 학생이 특정 상황에서 언어를 사용하여 사회적 상호작용을 시작하거나 반응하는 방법에 대한 지침을 제공할 때 발생한다. 이 중재는 ASD 학생의 모델 역할을 하는 특정 기술 또는 상황에 대한 구두 및 서면 스크립트를 개발하는 것이 포함된다. 스크립트는 실제 상황에서 기술이 사용되기 전에 대개 반복적으로 연습한다. 스크립팅은 일반적으로 강화, 모델링 및 촉진과 같은 행동 개입과 함께 사용되며 놀이, 의사소통 및 대인관계 기술 향상에 효과적이다.

12) 자기관리(Self-management)

자기관리(Self-management)는 학생에게 적절한 행동과 부적절한 행동을 변별하는 것과 자신의 행동을 정확하게 점검하고 기록하는 것, 나아가 바람직한 행동을 하였을 때 스스로 강화하는 것을 중점적으로 지도한다. ASD 학생이 활동 중에 수행을 평가하고 기록하는 것을 가르치는 것이 포함될 수 있다. 자기관리는 이들이 사회적 행동과 파괴적인 행동을 관리하는 것을 도와줄 수 있다. 또한 과제를 잘 수행하면 학생이 선호하는 강화물이나 활동을 하도록 하는 것이 포함된다. 자기관리는 비교적 복잡한 기술이기 때문에 적절한 전제조건 기술이 마련되어 있는지 결정하는 것이 중요하다. 자기관리 중재를 시작하기 전에 학생 과제의 각 구성 요소를 수행할 수 있는지 확인하고, 처음에는 기본적인 기술을 가르치기 위해 실제모델링이나 비디오모델링과 같은 다른 전략을 사용할 수도 있다. 자기관리는 학업, 대인관계, 자율 규제, 의사소통 기술의 향상과 문제 행동, 관심 또는 활동의 제한적·반복적·비기능적 패턴 행동의 감소에 효과적이다.

13) 사회적 기술 패키지(Social Skills Package)

사회적 기술(Social Skills)은 적절한 눈 맞춤하기, 제스처 사용, 정보 교환, 사회적 상호작용 시작하기 및 반응하기 등의 광범위한 능력을 의미한다. ASD 학생이 사회적 기술에 대해 직면하는 도전은 매우 다양하다. 사회적 기술 패키지 중재의 일반적인 목표는 개인에게 가정, 학교 및 커뮤니티의 사회적 환경에 의미 있게 참여하는 데 필요한 기술을 ASD에 제공하는 것이다. 사회적 기술 패키지는 다양한 형태를 가질 수 있으며, 강화, 촉진 및 모델링 등을 함께 사용한다. 중재는 일대일 환경, 또래 짝(Peer Dyad) 또는 소집단에서 실시할 수 있으며, 구체적인 목표 행동으로는 얼굴 표정 인식하기, 대화 주고받기, 상호작용 및 공동주의집중 시작하기, 문제해결하기 등이 있다. 사회적 기술 패키지 중재는 의사소통, 학업준비 준비, 배치 및 놀이, 대인 관계 기술 증가와 일반 증상, 문제행동, 관심 또는 활동의 제한적이고 반복적인 비기능적 패턴 행동 감소와 감각 또는 정서 조절에 효과적이다.

14) 이야기 기반 중재(Story-based Intervention)

이야기 기반 중재(Story-based Intervention)는 ASD 학생들이 다양한 상황에서 어려운 상황을 통제할 수 있는 간단한 방법이다. 이야기 기반 중재는 표적행동을 식별하고 특정 행동이 발생할 것으로 예상되는 상황에 대한 서면 설명을 포함한다. 대부분의 이야기는 조망능력을 향상시키기 위한 것으로, '나' 또는 '다른 사람'의 관점에서 작성된다. 이야기 기반 중재는 목표행동, 행동 발생 상황, 행동 수행 결과 등에 대한 설명을 사용한다. 가장 많이 알려진 이야기 기반 중재로는 Gray(2010)가 만든 사회상황이야기(Social Stories)가 있다. 이야기 기반 중재는 의사소통 및 학업, 준비 상태, 대인 관계 및 자기관리 등의 기술 향상과 문제행동 감소에 효과적인 전략이다.

이와 같은 ASD 학생에게 '효과가 입증된 중재(Established Interventions)'를 사용할 때, 효율적으로 함께 사용할 수 있는 방법에는 촉진(Prompting)과 강화(Reinforcement)가 있다. 촉진은 학생이 기술을 사용하기 전이나 사용할 때 교사나 또래가 목표행동이나 기술을 습득하고 사용할 수 있도록 구어, 몸짓, 신체적 도움 등을 제공하는 것이다. 강화는 학생이 바람직한 행동을 한 뒤따르는 사건, 활동, 상황으로 미래에 목표행동의 발생 가능성을 증가시킨다. 기타 치료법으로는 약물치료가 있다. 약물치료는 ASD 학생의 공격성, 자해행동, 상동행동, 수면장애, 주의력 결핍, 과잉행동 등의 행동증상에 효과적인 것으로 보고되고 있다. 하지만 아직까지 ASD의 핵심적인 증상을 치료하는 약물은 없으며 약물사용은 부수적인 증상을 조절하는 데 주로 목적을 두고 있다. 현재 ASD 학생에게 많이 사용되는 약물의 종류에는 선택적 세로토닌 재흡수 차단제, 비정형 항정신병 약물, 정신자극제, 비정신자극 약물 등이 있다. 하지만 이러한 약물들은 ASD의 주요 증상들을 완치하게 하는 것이 아니므로 문제행동과 정서적 불안의 빈도와 강도를 감소시킴으로써 학습의 효율성을 높이는 병행치료로 간주되어야 한다. 그러므로 아동을 가장 가까이에서 교육하는 교사는 약물치료를 통한 효과를 높이고 부작용을 최소하기 위해 아동이 복용하고 있는 약물에 대해 관심을 가지고 체계적으로 관찰하고 그 정보를 부모 및 의사들과 공유해야 할 책임이 있다.

그리고 이상에 살펴본 다양한 중재 방법들이 ASD 학생 모두에게 효과적인 것이 아닐 수 있으므로 ASD 학생의 특성에 맞게 다양한 중재 방법들을 적절하게 선별하여 사용하는 것이 필요하다. 이러한 다양한 중재 방법들은 어떻게 결합하여 융통성 있게 지도하는지에 따라 효과는 다르게 나타날 수 있다. 또한, ASD 학생은 사회성 기술을 습득하여 이것을 일반화하는 데 많은 어려움이 있으므로 다양한 상황, 사람, 장소, 활동 등에서 지도하여야 할 필요가 있다.

〈부록〉 DSM-5(APA, 2013)의 신경발달장애 변경사항

구분	DSM-IV(1994) (Disorders Usually First Diagnosed In Infancy, Childhood, or Adolescence)	DSM-5(2013) (Neurodevelopmental Disorders)
지적 장애	• 정신지체(Mental Retardation) 1) Mild 2) Moderate 3) Severe 4) Profound 5) 정도를 세분화할 수 없는	1. 명칭 변경: 지적장애 (intellectual and developmental disabilities) 2. 전반적 발달지연(Global Developmental Delay) 추가 3. Mild, Moderate, Severe, Profound 분류
의사 소통 장애	• 의사소통장애 (Communication Disorders) 1) 표현성 언어장애 2) 혼재 수용-표현성 언어장애 3) 음성학적 장애 4) 말더듬(Stuttering) 5) NOS	1. 하위 진단 추가 : 언어장애(Language Disorder) 2. 하위 진단 변경 - 언어장애(Language Disorder) - 말소리장애(Speech Sound Disorder) - 아동기 발병형 유창성 장애(말더듬) (Childhood-onset fluency disorder (Stuttering) - 사회적(화용적) 의사소통장애 (Social (pragmatic) Communication Disorder)
ASD	• 전반적 발달 장애(Pervasive developmental disorders: PDD) 1) 자폐장애(Autistic Disorder) 2) 레트장애(Rett's Disorder) 3) 아동기 붕괴성 장애 (Childhood Disintergrative Disorder) 4) 아스퍼거 장애(Asperger's Disorder) 5) PDD-NOS(비전형 자폐 포함)	1. 명칭 변경 : 자폐스펙트럼장애(Autism Spectrum Disorder: ASD) 2. ASD 진단 준거의 획기적인 변화 - 차원적 접근으로 아스퍼거장애는 ASD로 통합 - 진단 기준이 엄격해지면서 ASD를 감별하는 민감도가 상승하면서 유병률이 낮아짐 - ASD로 진단되지 않은 발달장애는 Social Communication Disorder라는 새로운 장애로 진단될 가능성이 높음 - 3세 이전 발병기준이 'early childhood'로 완화됨 - 지적장애와 공존 진단 가능 3. 레트 장애(유전장애) 삭제

구분	DSM-IV(1994) (Disorders Usually First Diagnosed In Infancy, Childhood, or Adolescence)	DSM-5(2013) (Neurodevelopmental Disorders)
ADHD	• 주의력결핍 파괴적 행동장애 (Attention-Deficit and Disruptive Behavior Disorders) 1) ADHD 2) ADHD-NOS 3) 품행장애(CD) 4) 반항성장애(ODD) 5) NOS	1. 주의력결핍 파괴적 행동장애 中 ADHD (Attention-Deficit/Hyperactivity disorder)만 남고 품행장애와 반항성장애는 파괴적, 충동통제 및 품행장애(Disruptive, Impulse-Control and Conduct Disorders)로 이동 2. 성인 ADHD에 대한 진단 준거가 추가됨 3. 발병 연령이 7세에서 12세로 늘어남
특정 학습 장애	• 학습장애(Learning Disorders) 1) 읽기장애 2) 산술장애 3) 쓰기장애 4) NOS	• 명칭 변경: 특정 학습장애 (Specific Learning Disorder) - 읽기 손상 수반형(with Impairment in Reading) - 쓰기 손상 수반형(with Impairment in Written Expression) - 수학 손상 수반형 (with Impairment in Mathematics)
운동 장애	• 운동 기술 장애(Motor Skills Disorders) 1) 발달성 근육운동 조정장애	1. 명칭 변경 : 운동 장애(Motor Disorders) 2. 하위진단 구성의 변화 - 발달성 협응장애 (Developmental Coordinations Disorder) - 상동형 운동장애 (Stereotypic Movement Disorder) - 틱 장애(Tic Disorder) • 뚜렛장애(Tourett's Disorder) • 만성 운동 또는 음성 틱장애 • 일과성 틱장애(Provisional Tic Disorder) • 기타 명시된 틱장애(other specified Tic Disorder) • 상세 불명의 틱장애(unspecified Tic Disorder)
	• 틱 장애(Tic disorders) 1) 뚜렛 장애(Tourett's Disorder) 2) 만성 운동 또는 만성 음성 틱장애 3) 일과성 틱장애 4) NOS	

참고문헌

교육부(2020). **2020 특수교육통계**. 세종: 교육부.

김건희, 김미경, 김민동, 박명화, 이상진, 이상훈, 이원령, 이한우, 정훈영, 조재규(2018). **자폐성장애 학생을 위한 최상의 실제**. 서울: 학지사.

김은경(2013). DSM-5를 통한 ASD의 이해. 한국정서·행동장애아교육학회. **제47회 연수 자료집**. 대구: 대구대학교 중강당.

김주현, 선우현정, 박수빈, 노동현, 정연경, 조인희, 조수철, 김붕연, 신민섭, 김재원, 박태원, 정운선, 유희정(2015). 한국어판 사회적 의사소통 설문지 타당화 연구. **소아청소년정신의학, 26**(3), 197-208.

방명애, 박현옥, 김은경, 이효정(2018). **자폐성 장애학생 교육**. 서울: 학지사.

서경희, 이효신, 김건희 공역(2012). **자폐스펙트럼장애: 특징과 효과적 전략**. 서울: 시그마프레스.

신현기, 이성봉, 이병혁, 이경면, 김은경 공역(2014). **자폐 범주성 장애 아동 교육의 실제**(개정판). 서울: 시그마프레스.

이소현, 박혜진, 윤선아 공역(2017). **자폐 범주성 장애: 의사소통 및 사회적 상호작용을 위한 증거 기반의 중재**. 서울: 학지사.

이소현 역(2007). **자폐 범주성 장애: 중재와 치료**. 서울: 시그마프레스.

이소현, 박은혜(2011). **특수아동교육**. 서울: 학지사.

이승희(2015). **자폐스펙트럼장애의 이해 2판**. 서울: 학지사.

이효정(2014). 사라진 진단명 혹은 새로운 출발: 아스퍼거 증후군과 DSM-5 관련 연구현황 및 쟁점. **자폐성장애연구, 14**(1), 1-20.

한국장애인고용공단 고용개발원(2017). **2017 장애인통계**. 경기: 한국장애인고용공단 고용개발원.

American Psychiatric Association(1994). *Diagnostic and statistical manual of mental disorders*(4th ed.). Washington, DC: Author.

American Psychiatric Association(2000). *Diagnostic and statistical manual of mental disorders*(4th ed., text revision). Washington, DC: Author.

American Psychiatric Association(2013). *Diagnostic and statistical manual of mental disorders*(5th ed.). Arlington, VA: Author.

Autism and Developmental Disabilities Monitoring Network(2020). *Community report on autism 2018: A snapshot of autism spectrum disorder among 8-year-old children in multiple communities across the United States in 2016*. Atlanta, GA: Centers for Disease Control and Prevention.

Gray, C.(2010). *The new social story book*(10th ed.). Arlington, TX: Future Horizons.

Cowan, R. J., & Allen, K. D.(2007). Using naturalistic procedures to enhance learning in individuals with autism: A focus on generalized teaching within the school setting. *Psychology in the Schools, 44*(7), 701-715.

Heward, W. L., Alber-Morgan, S. R., & Konrad, M.(2017). *Exceptional children: An introduction to special education*(11th ed.). Upper Saddle River, NJ: Pearson.

National Autism Center(2011). *A parent's guide to evidence-based practice and autism*. Randolph, MA: Author. [Accessed December 12, 2020]. https://altogetherautism.org.nz/wp-content/uploads/2017/07/nac_parent_manual.pdf

National Autism Center(2015). *Evidence-based practice and autism in the schools: An educator's guide to providing appropriate interventions to students with autism spectrum disorder*(2nd ed.). Randolph, MA: Author. [Accessed December 12, 2020]. https://www.unl.edu/asdnetwork/docs/NACEdManual_2ndEd_FINAL.pdf

National Autism Center(2015). *Findings and conclusions: National standards project, phase 2*. Randolph, MA: Author. [Accessed December 12, 2020]. https://www.autismdiagnostics.com/assets/Resources/NSP2.pdf

Kim, Y. S., Leventhal, B. L., Koh, Y. J., Fombonne, E., Laska, E., Lim, E. C., Cheon, K. A., Kim, S. J., Kim, Y. K., Lee, H., Song, D. H., & Grinker, R. R.(2011). Prevalence of autism spectrum disorders in a total population sample. *American Journal of Psychiatry, 168*(9), 904-912.

U. S. Department of Education(2004). *The Individuals with Disabilities Education Act*, Sec. 300.8 (c) (1).

Whitman T. L., & DeWitt, N.(2011). *Key learning skills for children with autism spectrum disorders: A blueprint for life*. Philadelphia, PA: Jessica Kingsley Publishers.

익힘문제

1. DSM-5에서 제시하는 자폐스펙트럼장애의 진단준거를 제시하시오.
2. 자폐스펙트럼장애 학생의 특성을 설명하시오.
3. 자폐스펙트럼장애 학생을 위한 지도방안을 설명하시오.

Chapter

08

시각장애

시각(vision)은 감각을 통해 크기, 형태, 밝기, 공간의 위치 등을 지각하는 능력, 시력(visual activity)은 눈으로 보이는 것 즉 자동차, 꽃, 그림 및 사물 등을 해석하는 능력, 시야(visual field)는 눈으로 정면의 한 점을 주시하고 있을 때 눈을 움직이지 않고 볼 수 있는 범위, 광각(the optic sense)은 빛의 유무나 빛의 강도 차이를 구별하는 능력, 색각(color vision)은 가시광선 중 파장을 느껴 색채를 구별하는 능력을 말한다. 눈은 보는 것을 담당하지만 뇌와 연결되어 지각하는 정보처리에 제한적인 기능이 일상생활과 학습활동에 어려움을 보이는 경우를 시각장애라고 한다.

1. 시각장애의 정의 및 원인

1) 시각장애의 정의

시각장애(Visual impairment)는 주로 시력, 시야에 의해 결정된다. 시력은 눈으로 볼 수 있는 명료도를 의미하며, 시야는 눈으로 정면의 한 점을 주시할 때 눈에 보이는 외계의 범위를 말한다. 사용 목적에 따른 시각장애의 정의는 의학적·법적·교육적 측면에 따라 다르게 분류되고 있으며 구체적 내용을 보면 다음과 같다.

(1) 의학적 정의

① 안질환·시각손상·시각불능·시각장애

안질환(eye disease)은 정상상태에서 병적으로 일탈된 이상상태를 의미한다. 시각손상(visual impairment)은 안질환으로 인하여 안경 등으로 광학적 교정처치를 해도 잔존 시기능 즉 시력, 시야, 색각, 광각, 안구운동, 조절, 양안시 등이 회복 불가능한 상태를 말한다. 시각불능(visual disability)은 시각손상이 원인이 되어 일상생활이나 사회활동을 하는데 이차적으로 장애를 일으켜 보행이나 읽기, 쓰기, 신변처리, 학습 등에 지장을 준다. 시각장애(visual handicap)는 시각적 기능장애를 가진 학생이 사회생활을 시작할 때 사회적·현실적 문제에서 분리되어 사회적 자립 및 직업적 자립에 제한 받는 것을 말한다.

② 약시와 저시력

약시(amblyopia)란 안구에 기질적인 이상이 없이 발생하는 시력저하를 말하며 사시, 심한 굴절이상, 부등시 혹은 안검하수 등에 시력발달에 적절한 어린 시기에 시각적인 자극이 차단되는 경우에 생긴다. 이 용어에는 조기에 발견하고 치료하면 정상으로 치유될 수 있다는 가능성이 반영되어 있다.

저시력(low vision)에 대한 정의는 우리나라에는 없으며, 미국 안과학회에서 두 눈 중에 좋은 쪽 눈의 교정시력이 20/70 미만이거나 시야가 20도 이내인 경우를 말하며, 일본은 '특수아 판별 기준'에서 양안의 교정시력이 0.04 이상 0.3 미만을 저시력으로 정의한다.

(2) 법적 정의

① 장애인복지법

「장애인복지법 시행령」 제2조에서는 시력과 시야를 중심으로 아래와 같이 정하고 있다.

- 나쁜 눈의 시력이 0.02 이하인 사람.
- 좋은 눈의 시력이 0.2 이하인 사람.
- 두 눈의 시야가 각각 주시점에서 10도 이하로 낮은 사람.
- 두 눈의 시야 2분의 1 이상을 잃은 사람.

② 장애인 등에 대한 특수교육법

「장애인 등에 대한 특수교육법 시행령」에 의하면 시각장애를 특수교육 대상자는 '시각계의 손상이 심하여 시각 기능을 전혀 이용하지 못하거나 보조공학기기의 지원을 받아야 시각적 과제를 수행할 수 있는 사람으로서, 시각에 의한 학습이 곤란하여 특정의 광학기구·학습매체 등을 통하여 학습하거나 촉각 또는 청각을 학습의 주요 수단으로 사용하는 아동'으로 규정하고 있다.

③ **미국 장애인 교육법**(IDEA)

미국 「장애인 교육법(IDEA)」에 의하면 '교정을 해도 시력이 아동의 교육적 수행에 불리한 영향을 주는 것'으로 시각과 학습의 관계를 강조하면서 규정하고 있다.

- **맹(blindness)**: 교정시력으로 잘 보이는 눈이 20/200 이하이거나 좋은 눈이 시야가 20도 이내인 경우 법적 실명으로 간주
- **저시력(low vision)**: 교정시력으로 잘 보이는 눈의 시력이 20/70～20/200(김종현, 이성현, 이은림, 2009)

(3) 교육적 정의

① **특수교육학 용어사전**

시각장애는 시각계의 손상으로 시기능에 제한이 있는 장애로 시력, 시야에 제한 정도에 따라 맹과 저시력으로 구분한다. 교육적 정의는 시각 활용이 가능하지 않아 청각과 촉각 등 다른 감각으로 학습하는 맹에 해당하며, 시각을 학습의 주된 수단으로 사용하는 저시력 학생이다.

즉 시각장애 아동의 보유 시력과 연령, 시력 손상 시기, 지적 능력, 성취 수준, 현재의 다른 장애 상태, 시력 손상의 원인, 정서 및 심리 상태 등의 요인에 따라 교육적 측면에서 시각장애를 결정하여야 한다.

② **국립특수교육원**

시각장애를 '좋은 쪽 눈의 교정시력이 0.3 이하거나 교정한 상태에서 학습 활동에 어려움을 겪는 자'라고 정의한다.

맹은 '두 눈 중 좋은 쪽 눈의 교정시력 0.05 미만이거나 두 눈 중 좋은 쪽 눈의 시야가 20도 이하인 자 또는 학습에 시각을 주된 수단으로 사용 못하고 촉각이나 청각을 주된 수단으로 사용하는 자'이다.

저시력은 '두 눈의 교정시력이 0.05 이상, 0.3 미만인 자 또는 저 시력 기구나 시각적 환경이나 방법 수정 및 개선을 하여 시각적 과제를 학습하는 자'이다.

③ 임안수(2008)

시력을 학습의 주요도구로 사용하는 여부에 따라 교육적 '맹'과 '저시력'으로 구분하였다.

- **교육적 맹**(blindness): 시력을 사용하지 않고 촉각 혹은 청각 등 감각으로 학습하는 아동
- **교육적 저시력**(low vision): 시력을 학습수단으로 사용하는 아동

2) 시각장애의 원인

눈의 광학체계, 근육체계 및 신경계 중 어느 부분에 손상을 입게 되면 시각손상을 입게 된다. 시각장애는 유전적 원인(백색증, 색소성망막증, 망막아세포종, 시신경 위축, 백내장, 망막박리 등)과 후천적 원인(방사선, 약물, 감염, 영양결핍 등)에 의해서 발생한다.

눈은 신체 부위 중 가장 중요한 부분이며 뇌와 연결된 눈의 구조 중 각막, 홍채, 수정체는 카메라와 기능이 비슷하다. 밖에서 들어오는 빛을 굴절시켜 동공을 보호하는 역할은 각막, 동공의 크기를 조절하여 눈 안으로 들어오는 빛의 양을 조절하는 즉 카메라 조리개 역할을 하는 홍채, 카메라 렌즈의 역할을 하는 수정체가 있다. 눈의 구조는 [그림 8-1], 눈의 구조와 역할은 〈표 8-1〉 눈의 기관의 명칭, 기능 및 특징을 보면 이해할 수 있다.

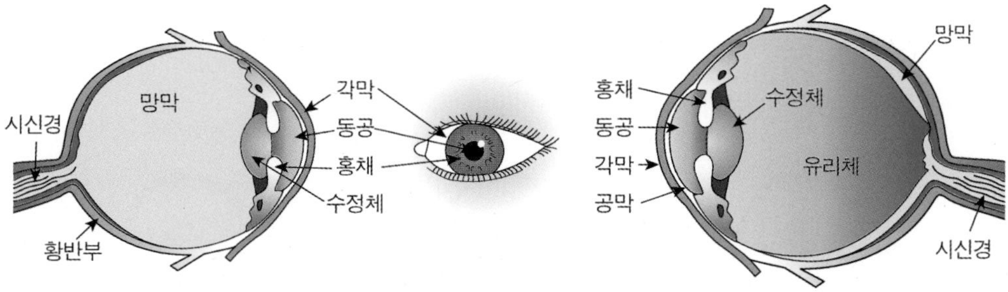

그림 8-1 눈의 구조

표 8-1 눈의 기관의 명칭, 기능 및 특징

기관명	기능 및 특징
각막	검은 눈동자 부분, 안구보호, 빛을 굴절시켜 망막에 도달시키는 기능 담당
공막	흰 눈동자 부분, 앞쪽은 각막으로 뒤쪽은 뇌막의 연장인 시신경 다발에 연결됨 안구의 형태를 유지하면서 안구 운동을 조절하는 기능을 담당
홍채	각막과 수정체 사이에 위치, 동공을 포함. 사람의 눈의 색깔은 홍채에서 결정됨 인종에 따른 색소 양의 차에 따라 검은색, 갈색, 푸른색이나 회색 등으로 정해짐
동공	홍채의 중앙부에 구멍이 나 있는 부분. 빛의 양을 조절하는 카메라의 조리개와 같은 기능을 담당
모양체	홍채에 혈액을 공급하고, 수정체의 두께를 변화시켜 조절하는 기능을 담당
망막	안구 내부 중 뒤쪽 $\frac{2}{3}$를 차지하는 신경조직, 눈으로 들어온 빛이나 상이 최종적으로 도달하는 부위, 도달한 영상 정보를 시신경을 통해 신호를 뇌로 보냄
수정체	돋보기 형태의 볼록한 모양을 가진 투명한 조직으로 홍채 뒤에 위치. 상희 초점을 망막 위에 맺히도록 하고, 두께를 이완, 수축하여 초점을 조절하는 기능을 담당
유리체	안구의 $\frac{4}{5}$를 차지하며, 안구 안을 채우고 있는 젤리와 같은 투명한 조직. 안구의 전체적인 형태 유지, 수정체를 고정시키며, 망막을 안구 벽에 부착시키고, 안구내로 빛을 투과시키는 기능을 담당
결막	투명한 점막. 결막에 있는 배상세포와 부누선에서 분비되는 점액과 누액은 결막 및 각막의 표면을 미끈하게 만들어 안구운동이 마찰 없이 이루어지게 함

출처: 정대영(2013).

시각장애의 원인은 굴절 이상, 눈 질환, 안구운동 이상, 망막과 시신경 이상, 시신경 감퇴, 기타 등으로 설명할 수 있다.

(1) 굴절 이상(굴절 오류)

굴절 이상은 아동들에게 흔히 발생하는 원인으로 근시, 원시, 난시, 노안이 있고, 각각의 원인들은 다음과 같다.

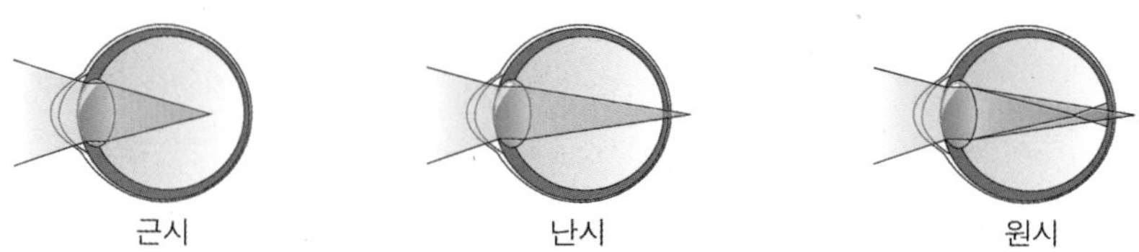

그림 8-2 눈의 굴절 이상

① **근시**(myopia)

보통 눈의 가장 바깥쪽인 각막과 안쪽인 망막 사이의 거리(안축)가 길기 때문에 동공을 통과한 물체의 상이 망막 앞에 맺히는 굴절 이상이다. 즉 가까이 있는 물체는 잘 보이고 멀리 있는 물체는 잘 보이지 않으므로, 오목렌즈로 교정이 가능하다.

② **원시**(hyperopia)

굴절력이 약하거나 안축의 길이가 짧아서 물체의 상이 망막보다 너무 뒤에 맺히는 굴절 이상이다. 즉 각막과 수정체를 통과한 물체의 상이 안구의 전후 직경이 너무 짧기 때문에 발생하므로 볼록렌즈를 사용하여 교정할 수 있다.

③ **난시**(astigmatism)

난시에는 정 난시와 부정 난시 두 가지가 있다. 정 난시는 각막의 굴곡의 정도가 방향에 따라 다르기 때문에 일어나고, 부정 난시는 눈의 염증이나 상처 등이 원인이 되어 각막의 표면이 울퉁불퉁해졌기 때문에 일어나는 것으로 안경으로 교정이 안 되고 각막 이식수술이나 렌즈로 교정이 가능하다.

④ **노안**(presbyopia)

나이가 많아지면서 원시와 시력이 동시에 떨어지는 것으로 다초점 교정 렌즈 착용으로 보완이 가능하다.

(2) 눈 질환

① **백내장**(cataract)

깨끗하고 투명해야 할 눈의 수정체가 혼탁해지거나 불투명해져서 빛이 망막에 도달하지 못하는 현상이다. 이로 인하여 눈은 빛을 받아들이는 능력이 감소되고, 시각적 상이 왜곡되고 희미하게 보이게 된다. 혼탁한 부위의 크기, 위치, 농도 등에 따라 미치는 영향이 다르다.

선천성 백내장(congenital cataract)이란 아동이 백내장을 가지고 태어나는 것을 의미하며, 수술로 수정체를 제거하고 안경이나 콘택트 렌즈를 착용하기도 하지만 이 경우에도 심한 시각장애를 가진 아동이 많다. 참고로 노인성 백내장은 후천적으로 50~60대에 나타나며, 수술 후 인공수정체를 삽입하면 예후가 좋다고 한다.

그림 8-3 정상인

그림 8-4 백내장 안

② **녹내장**(glaucoma)

사람의 혈관 속의 압력을 혈압이라고 하듯이 눈 안의 압력인 안압이 높아져서 망막유두에 병적 변화가 일어나는 상태로 [그림 8-5]와 같다. 증상으로는 통증, 메스꺼움, 두통 등이 있고, 적절한 치료를 받지 않으면 시신경의 손상과 함께 영구적인 시력 손상을 가져올 수 있으므로 조기치료가 필수적이다.

선천성 녹내장(congenital glaucoma)은 방수의 배출이 원활하게 이루어지지 않음으로써 안압이 높아지는 선천적 질병으로, 적절하게 치료받지 않으면 녹내장으로 시신경 손상을 가져오고 영구적인 시력 손실을 가져오므로 조기치료가 아주 중요하다.

그림 8-5 녹내장 안

③ 황반 변성

망막의 시세포 중 추체에서 발생하며, 초기에는 사물이 흐리게 보이는 경우도 있고, 사람에 따라서는 글자체가 흔들려 보이거나, 시야 가운데가 흐릿하기도 하고 직선이 굽어보이다가, 망막 황반부가 변성되어 시야의 중심부가 잘 보이지 않아 시력이 악화된다. 황반 변성안으로 본 모습은 [그림 8-6]과 같다. 학령전기에 시작되기 때문에 심리적 안정이 필요하며, 진행성인 경우는 정기적인 안과 검진을 받도록 해야 한다.

그림 8-6 황반 변성안

(3) 안구 운동 이상(구조적 손상)

① 사시

한쪽 눈의 시선은 똑바로 목표물을 향하고 있는데 다른 쪽 눈의 시선이 목표물을 향하지 않는 안위 이상을 상태를 말한다. 즉 두 눈이 동시에 같은 물체에 동일한 초점을 맞추지 못하는 상태이다. [그림 8-7]과 같이 안구가 한쪽으로 치우친 경우를 말하며, 외사시와 내사시, 상사시와 하사시로 분류할 수 있고, 사시로 인한 이중 시각상을 피하기 위해 주로 더 나은 쪽을 많이 사용하다 보면 사용하지 않은 쪽은 약시(amblyopia)를 초래하기도 한다.

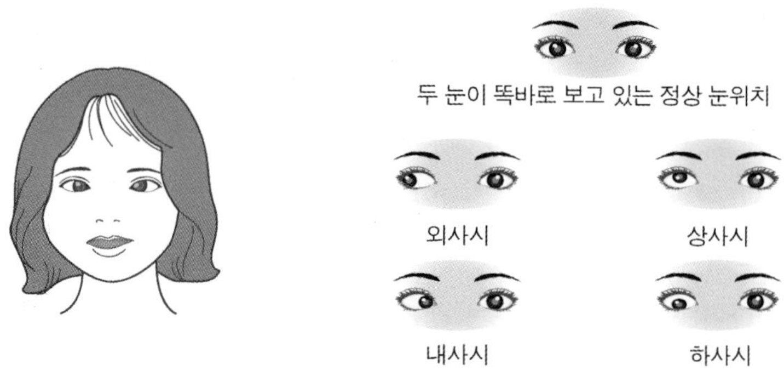

그림 8-7 사시

② 복시

두 눈의 협응 결핍으로 한 물체가 두 개의 상으로 나타나는 현상을 말한다.

③ 안구 진탕증(nystagmus)

시각의 근육기능이 손상된 안구 진탕증은 눈의 한쪽이나 양쪽 모두에서 불수의적인 움직임을 보이는 것이다. 이것은 떨림의 유형에 따라 좌 · 우 방향으로 움직이기도 하고(수평형), 상· 하로 움직이기도 하며(수직형), 빙글빙글 돌기도(회전형) 한다. 안구가 움직여도 아동은 물체가 고정되어 있는 것으로 인식하며 대개 안과적 질병과 함께 나타난다.

(4) 망막과 시신경 이상

① 망막 색소변성(retinitis pigmentosa)

망막이 점진적으로 퇴화되는 유전적인 질환으로 청소년기에 나타나는 경우가 많다. 초기에는 간상체 세포에 영향을 미쳐 주변시력이 약화되고 야간시력이 저하되지만, 시간이 지남에 따라 시각장애나 터널시력이 초래한다. 선천성 농으로 어셔 증후군(Usher's syndrome)을 초래한다.

② 망막 박리(Retinal Detachments & Breaks)

신경성 세포가 분포되어 있는 망막이 맥락으로부터 떨어져 망막의 감각기능이 저하

됨으로 벗겨진 망막이 창백하게 보이고, [그림 8-8]과 같이 망막의 갈라진 틈이 붉게 보이며 심각한 시각장애 상태를 말한다. 떨어진 망막을 짧은 시간 내에 재부착 가능하며, 원인은 외상이나 고도근시, 백내장, 당뇨병, 외상, 머리의 충격, 퇴행성 근시 때문에 발생한다.

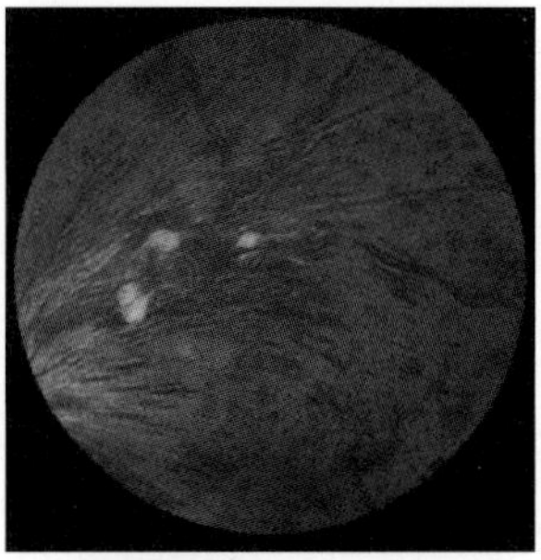

그림 8-8 망막박리

③ 백색증(albinism)

백색증은 신체 전반의 색소(Pigment)가 부족하거나 없는 병으로 선천적이고 유전적이다. 즉 [그림 8-9]와 같이 특히 피부, 모발, 눈의 색소가 부족하거나 없는 질병으로 눈동자가 진홍색, 홍채가 회색빛이나 연청색 또는 연보라색이며, 남자에게서 더 많이 나타나는 안구 백색증(ocular albinism)은 시력이 약 20/200 정도로 시력저하, 난시, 안구 진탕증, 광선 공포증(photophobia), 높은 굴절의 이상, 난시, 눈부심, 중심에 황반과 사시를 보인다.

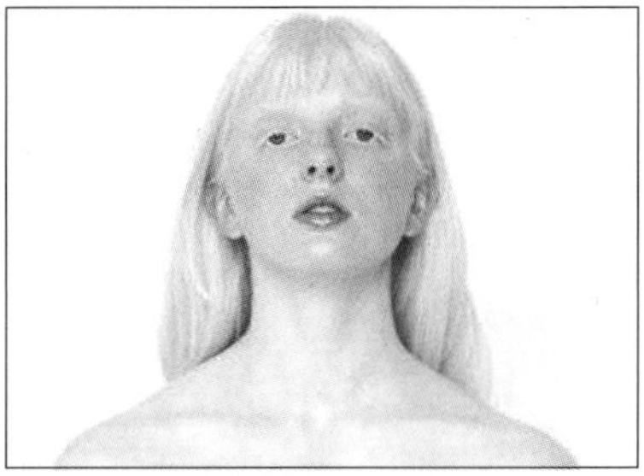

그림 8-9 백색증

(5) 시신경 감퇴(optic nerve atrophy)

시신경 섬유의 손상으로 전기적 자극이 망막에서 두뇌의 시각 중추로 전달되지 않아 시력의 상실되고, 두뇌에 대한 전기 충격의 결과로 시신경의 역기능이 일어난다. 시각 장애 정도에 따라 시각 신경에 대한 압력, 시야의 손상, 색깔 지각이 어려움, 녹내장, 독성이나 유전(열성유전)이 나타난다.

(6) 기타

이외에도 임산부가 임신 초기에 풍진에 감염되면 아이가 시각, 청각, 지적장애 등의 장애를 가지고 태어날 가능성이 매우 높으므로 임산부의 건강관리가 중요하다. 또 조산이나 저체중아를 위한 인큐베이터에서 산소를 지나치게 많이 공급함으로 인해 근시 또는 실명을 초래하는 수정체후섬유증식증(retrolental fibroplasia)이 있는데 지금은 산소량을 줄여 공급함으로 출현율이 줄어들고 있다고 한다.

2. 시각장애의 분류 및 특성

1) 시각장애의 분류

(1) 발생 시기에 따른 분류

실명 시기에 따른 분류는 선천적인지 혹은 후천적인지 여부에 따라 분류한다. 발생 시기가 늦을수록 시각장애에 어려움을 더 느끼는 것으로 알려졌다.

- **선천성 시각장애**: 출생 전, 출생 시, 출생 직후 진단된 경우
- **후천성 시각장애**: 출생 시 정상 시력에서 사고나 질병으로 장애가 발생한 경우

(2) 진행 정도에 따른 분류

인간발달에 따라 시력은 달라진다. 즉 40대 후반~50대 중반 정도가 되면 노안이 찾

아오는 것처럼 변화된다. 지금 현대사회는 스마트폰 보급 등 컴퓨터의 과도한 사용이 시력을 나쁘게 하는 주범이 되고 있다. 이와 같이 진행 정도에 따른 분류는 시각장애아동에게는 실명의 상태로 진행되는 속도, 정상 시력인 사람은 어떠한 원인으로 시각장애가 진행되었는지 그 속도에 대한 분류로 급성과 진행성으로 나눌 수 있다.

- **급성**: 시각장애의 진행이 급격히 이루어지는 경우
- **진행성**: 시각장애가 서서히 진행되면서 실명하게 되는 경우

(3) 장애 정도에 따른 분류

시각장애인에게 주어지는 보조기기의 양이나 질, 서비스와 관련이 있으며, 여기서는 Faye(1976)의 집단 분류에 따라 다섯 집단으로 나누어 살펴보고자 한다(김종현, 이성현, 이은림, 2009).

- **정상근접 시력집단**: 교정렌즈나 읽기 보조기를 통해 특수한 훈련을 받지 않아도 정상적 기능이 되는 집단
- **중등도 기능집단**: 시각 예민도가 중간 정도로 감소되어, 시야의 손실은 없는 아동을 특수한 보조기기나 조명이 필요한 집단
- **중심 시야 감소집단**: 중등도의 시야 손실이 발생으로 신체적·심리적으로 대처하지 못할 가능성이 있고, 법적 맹인으로 특수한 서비스권리를 부여받은 집단
- **기능적 시력 저하로 중심시력이 낮을 가능성이 있는 집단**: 시야 손실로 신체적 적응에 문제가 따르고 표준적인 굴절 이득이 거의 없거나 전혀 없는 집단
- **맹 집단**: 독립적 기능을 위해 교육, 자활, 재활 서비스가 필요한 집단

(4) 장애중복에 따른 분류

어떠한 장애를 막론하고 하나의 장애만을 지닌 아동도 있지만, 중복장애를 가진 장애아동이 존재한다. 특히 박순희(2014)에 따르면, 시각장애 아동의 50~60%는 다른 장애가 중복될 수 있다.

① **농맹**

청각 및 시각 중복 손상을 가진 청각장애 아동과 시각장애 아동만을 위한 특별 프로그램에 적용될 수 없는 심한 의사소통과 발달, 교육 문제가 복합된 경우를 의미한다.

② **시각장애 영유아가 시각장애 외 중복적으로 보인 장애**

- 중추신경계 손상, 발달지체, 섭식장애, 청각장애, 지체장애, 건강장애, 유전적 증후군 등 시각장애 외에 중복적인 장애로 나타날 수 있는 경우
- 지적장애－시각장애, 중도 행동장애－시각장애, 시각장애－청각장애, 감각장애－기타 장애 등

(5) 교육에 따른 분류

일반장애 학습 도움실에서의 학습활동에 필요한 특수교육적 요구를 기초로 중등도, 고도 및 최고도로 분류한다(김종현, 이성현, 이은림, 2009).

- **중등도 시각장애**: 일반학급이나 학습 도움실에서 시각 보조기기의 활용으로 거의 완전하게 교정될 수 있는 아동을 가리킨다.
- **고도 시각장애**: 시각보조기기의 도움을 어느 정도 받을 수 있고, 시각을 학습수단으로 사용할 수 있는 아동으로 약시에 해당된다.
- **최고도 시각장애**: 교육에서 시각을 교육수단으로 사용할 수 없으며, 촉각과 청각을 주요 학습수단으로 사용하는 아동으로 맹에 포함된다.

2) 시각장애의 특성

시각장애 아동은 시각장애로 인하여 세 가지 기본적 제한성을 가지게 된다(Lowenfeld, 1950).

- 경험의 범위와 다양성 제한성
- 보행능력의 제한성
- 환경과의 상호작용 제한성

시각장애 아동의 제한성 때문에 잔존시력은 물론 청각, 촉각, 후각, 미각 등의 다감각을 기능을 길러주기 위해 시각장애 아동의 특성인 개념발달, 지적발달, 신체·운동적 발달, 심리·사회적 발달을 살펴보아야 한다.

(1) 개념 발달의 특성

시각장애 아동은 생리학적 변인이나 환경적인 변인, 시간, 위협, 불안 등의 변인 때문에 개념 형성에 지체를 가져올 수 있다(권기덕, 김동연, 김태욱 1983). 몇 연구자들이 밝힌 바와 같이 시각 장애아동의 인지발달 단계는 정안아동과 같은 단계를 거치나 그 속도가 느릴 뿐이며, Piaget의 발달단계에 비교했을 때 시각장애 아동은 4~8년 정도 지체됨이 입증된 바 있다(Piaget, 1960; Simpkins & Stephens, 1974). 시각장애를 지닌 아동들은 선천적이거나 영아기부터 정보수집 체계에 손상을 입게 되어 개념 형성에 큰 영향을 받게 된다. 즉 시각장애를 지닌 아동은 시각 경험을 통한 물체의 모양, 색채, 크기 등에 대한 개념 형성에 큰 영향을 받는다. 다른 감각 때문에 즉, 촉각이나 청각을 이용하여 정보를 얻기도 하지만 많은 노력과 주의를 기울이지 않고서는 정확성을 기할 수 없다. 따라서 시각장애 아동은 촉각에 의한 온도·모양·크기의 단서, 청각을 통한 거리와 방향에 대한 단서 등에 의식적인 노력을 기울여야 한다. 시각은 공간능력에 중요한 역할을 한다고 할 수 있다(Hartlage, 1958). 특히, 실명 시기는 공간지각 능력과 밀접한 관계가 있다고 하여 시각적 심상이 촉각적 근육운동, 감각적 공간지각을 시각화하는 데 중요한 역할을 한다는 것이 증명되었다(Bartley, Cliffard & Calvin, 1975). 시각장애 아동은 멀리 떨어져 있는 사물의 기능적·인과적 관계에 대해 정확한 개념을 갖지 못한다고 Boldt(1969)가 밝히고 있다. 이는 시각 장애 아동이 다른 감각에 의존하여 학습함으로써 대상 영속성, 사물의 인과 관계나 목적과 수단 관계 등의 개념에 대한 이해가 늦어진다는 것과 또한 일반아동에 비해 사물을 관찰하고 모방하는 기회가 없기 때문에 개념 발달이 늦어지게 된다. 시각장애 아동은 부정적인 자아개념을 지니고 있으며, 실명 시기보다는 장애 정도가 더 영향을 미친다고 연구 보고가 있다(김동연, 1984).

(2) 언어적 특성

시각장애 아동은 얼굴 표정이나 움직임을 보거나 가리키는 것과 같은 몸짓을 사용할 수 없으므로 직접적인 주의집중, 시선 이동, 의사전달, 정보를 서로 나누는 행위 등 초기의 의사소통을 위한 단서를 사용할 수 없기 때문에 언어 사용에서 빈도는 다양하지만 추상적인 표현이 많아 언어주의에 빠지기 쉽다.

대화의 특징은 일반아동보다 크게 이야기하며 억양에 변화가 없으며, 음을 조절하지 못하고, 느리게 이야기하며, 몸짓이나 얼굴 표정을 덜 사용하며, 발음하는 데 입술을 덜 움직인다. Hallahan과 Kauffman(2000)은 시각장애 아동은 말을 늦게 시작할 수 있는데, 그 이유는 말이 상징적인 기능을 한다는 것을 늦게 깨닫기 때문이며, 말이 가지고 있는 상징성을 알면 어휘가 급속도로 늘어나며, 언어를 통한 사고와 개념 형성이 이루어진다고 하였다.

(3) 심리·사회 정서적 특성

시각장애 아동의 시각의 결함은 감각 상실로 자신의 심리적·정서적 문제뿐만 아니라 사회성 발달에도 영향을 끼친다. Cusforth(1951)는 완전 맹인에 대한 사회의 부정적 반응이 정서적 문제를 갖게 한다고 하였으며, 반면에 시각장애 자체나 사회적 장애의 영향보다 자아에 대한 왜곡된 태도와 내적·심리적 요인이 더 심각한 영향을 끼친다고 하였다. 시각장애 아동들은 상대방의 눈 맞춤이나 얼굴 표정 등의 시각적 신호를 보지 못하며, 따라 하지도 못 한다. 그렇기 때문에 이들 아동의 사회적 상호작용이 제한되거나 잘못 해석되는 경우가 생기며(Warren, 1994), 시각장애 아동에 대한 부정적 태도로 사회적 고립을 초래하기도 한다.

연구자들의 연구결과를 보면, 첫째, 맹아동이 자신만의 독특한 세계를 형성하는 경향이 있어 고립되고, 둘째, 맹 소녀가 소년보다 내성적이고 맹아동들이 더 신경질적이라는 사실을 발견했다. 셋째, 불안이나 공포, 긴장감이 장애아동보다 높으며(Haedy, 1967), 넷째, 기숙제 맹아동이 통학제 맹아동보다 불안감과 부적응 정도가 높다는 것이다(Bauman, 1964). 다섯째, 사춘기 맹아동이 데이트, 남성적인 힘, 여성의 미, 독립심과 능력과시 등의 제약으로 장애를 수용하기 더 어렵다고 한다. 여섯째, 저시력 아동이 전 맹아동에 비해 부정적 자아개념을 지니고 있고, 부적응 정도가 높다는 연구결과를 보이고 있다. 이것은 시력의 회복에 대한 기대와 적응 태도의 소극성 때문인 것으로 풀이하고 있다.

즉, 장애인의 성격이나 행동 특성이 장애의 본질과 관련되어 있지 않다는 연구결과와 맹의 부적응에 영향을 미치는 것은 시각손상 자체보다 맹아동에 대한 사회구성원의 부정적인 태도가 정서적 압박을 가한다고 지적한 것과 맥을 같이 한다. 따라서 맹 심리(blind personality)와 같은 특유의 성격을 존재하는 것이 아니라 주변 환경요인에 의해서 만들어지는 것이며, 사회인의 태도 변화에 따라 긍정적인 정서 및 사회성 발달을 도모할 수 있다고 봄이 바람직하다.

(4) 신체·운동적 특성

신체발달에 있어서 정안아동과 큰 차이가 없으나, 뚱뚱하거나, 작거나, 야윈 신체를 가진 경향이 많다. 시각장애는 신체발달에 간접적인 영향을 미친다고 할 수 있으나 모방적 학습의 제안, 시각적 자극의 제한, 환경적 요인 등이 발달의 중요 요인이 되고 있다(Warren, 1984). 신체 이상은 시각장애 아동의 자세와 걸음걸이에도 찾아볼 수 있다. 예컨대, 다리의 앞쪽 경사와 배면의 척추 후반 등과 빈약한 둔부, 무릎 굴곡, 두 다리를 벌린 폭넓은 걸음걸이를 나타내기도 한다(김동연, 1984).

맹아동과 정안아동들의 운동발달을 비교한 결과에 의하면 혼자 앉기와 서기, 손을 잡아 주었을 때 걷기 등은 정상이었으나 서 있는 자세를 유지하기, 혼자 걷기 등에서는 지체된다고 하며, 공간 속에서 자기 신체를 조정하는 영역이 열등하다. 또한 중추신경조직에 손상이 없는 맹아동은 저시력 아동보다 평균적으로 걷는 시기가 늦다고 지적한 연구 보고도 있다(Jan, 1975).

정상적인 아동은 소리나 대상을 보기 위해 고개를 돌리거나 머리를 좌우로 움직이는 등의 운동 반응을 보인다. 그러나 시각장애 아동은 운동성 발달의 지연을 보인다. 이는 시각 자극의 결함으로 물체가 존재한다는 사실을 알 수가 없으며, 이로 인해 공간 속으로 손을 뻗거나 움직이고자 하는 동기가 일어나지 않는다. 또한 공간에서 신체 위치에 대한 지각 즉, 신체 공간 감각이 낮으므로 자세가 불안정하고 보행 패턴이 자연스럽지 못하다. 따라서 저시력이나 맹아동이 촉각적·청각적 자극을 통해 움직이도록 동기를 유발시켜야 한다. 그리고 여러 가지 감각을 통한 운동발달을 촉진시키고 자연스러운 자세와 걸음걸이를 갖도록 도와주어야 한다.

(5) 지적발달의 특성

시각장애 아동의 지능은 일반아동에 비해 낮지 않다고 여러 학자들이 시각장애 아동의 지능을 연구한 결과에서 보고되고 있다. Smits & Mommers(1976)와 Vander Kolk (1982)가 웩슬러 지능 검사의 언어성 검사를 사용하여 시각장애 아동의 지능을 측정하였는데, 시각장애 아동의 지능과 일반아동의 지능 간에는 유의한 차가 없거나 비슷한 것으로 나타났다. 그러나 일반아동과 지능 검사 결과가 비슷함에도 불구하고 시각장애 아동의 학업 성취도는 떨어진 그 이유는 첫째, 많은 시각장애 아동이 사실에 대한 지식을 가지고 있으나 바람직한 통합능력이 부족하기 때문에 둘째, 안과적 질환으로 인한 치료로 결석, 조퇴, 지각 등이 잦기 때문에 셋째, 심한 시각 장애 아동의 경우 점자나 큰 활자를 사용해야 하므로 정보수집이 일반 아동보다 늦어 추상적인 문제 수준을 구상적 수준에서 해결하려는 경향 때문에 넷째, 일반 아동보다 늦게 취학하는 경향이 있기 때문이다(송준만, 유호순, 1990). 반면에 Weiss와 Weiss(1981)는 시각장애 아동의 기초 산수 계산 능력은 정상 시력을 가진 아동에 비해 떨어지지만 문학 과목은 비슷한 것으로 나타난다고 하였다. 학업성취도 면에서 시각적 정보에 대하여 정보 습득의 지체로 쓰기와 읽기 속도가 느리고, 수술로 인한 수업 결손, 특수교육시기 지연 등으로 더 낮은 성취도를 보일 수 있다. 하지만 조기판별 조기 특수교육의 실시, 각종 학습 매체 및 보조공학기기의 사용, 통합교육의 영향 등으로 시각손상에도 학업성취도 및 가능성이 과거에 비해 좋아지고 있다.

3. 시각장애의 진단 및 판별

1) 시각장애의 진단

시각장애를 가진 아동들은 시각에 결함을 보일 뿐만 아니라 다른 장애 즉 언어장애, 지체장애, 청각장애, 학습·정서 장애 등을 수반하고 있다. 장애 특성과 능력을 가진 아동 여러 분야 전문가들의 정확한 진단으로 장애 판별이 필요하고, 그에 따른 다양한 지원과 종류와 강도를 결정해야 한다. 또한 초기부터 고도 시각장애를 가진 아동은 장애가 발전되기 쉬우므로 조기 발견과 조기 개입이 중요하며, 특히 교사는 아동의 행동적·신체적 징후를 잘 관찰·선별해야 한다. 예컨대 눈을 깜박거리며 책을 가까이에서 본다든지, 눈을 자주 문지르는 행동을 하는 아동, 그림책이나 동화책을 읽을 때 머리를 돌리는 등의 증상을 보이면 전문가와 상담하는 것이 좋다. 더 구체적인 시각장애 아동의 행동 관찰, 시력 검사, 시야 및 색약검사는 〈표 8-2〉와 같다. 이러한 징후가 유아에게서 발견되면 시각장애인지 의심을 해봐야 한다.

표 8-2 시각장애 아동의 행동 관찰

행동적 징후
눈을 과도하게 비빈다. 한쪽 눈을 가리고 보거나 자주 깜박거린다. 빛에 대해 지나치게 민감하거나 둔감하다. 멀리 있는 물체를 선명하게 보기 어렵다. 형태가 비슷한 글자나 물체를 혼동한다. 책을 볼 때 책을 눈에 가까이 댄다. 책의 구별이 잘 안 된다.
눈의 외관상 징후
눈꺼풀이 벌겋게 부어오른다. 눈 주변이 벌겋다. 눈에 염증이 생기거나 다래끼 등이 생겨서 고름이 자주 낀다. 눈이 흰자 부분이 자주 충혈된다. 눈에서 눈물이 자주 흐른다. 사물을 볼 때 균형이 잘 맞지 않아서 눈을 자주 찡그린다.

불 평
책을 눈에서 멀리 떼면 눈을 찡그린다.
차를 타면 현기증을 자주 느낀다.
주위집중을 요하는 활동을 하게 되면 두통이나 구토 증세를 호소한다.
글자가 희미하게 잘 보이지 않거나 이중으로 보인다고 호소한다.
눈이 피로하다고 호소한다.
눈알이 돌거나 쑤신다고 불평한다.

출처: 전경원, 권미은(2009).

2) 시각장애의 판별

(1) 시력검사

시각손상으로 인한 판별에는 주로 사용되는 것은 시력검사이며, 시야검사, 색각 검사가 요구된다. 국제안과학회에서는 [그림 8-10]의 란돌트 환(Landolt's ring)을 표준시표로 하고 있으나 서구에서는 대개 간편하고 실시가 용이한 시력표를 사용하는데, 가장 많이 사용되는 것이 스넬렌 시표(Snellen chart)이다. 네덜란드의 안과의사 Snellen이 시각의 예민도를 측정하기 위해 개발한 것이다. 스넬렌 시표는 다양한 크기의 영어 알파벳으로 구성된 표와 상징으로 구성된다. 글을 읽을 줄 아는 사람은 영어 알파벳으로 구성된 표를 사용하여 시력을 측정하고, [그림 8-11]처럼 E자 모양의 상징으로 구성된 것은 글을 읽을 줄 모르는 사람에게 사용한다.

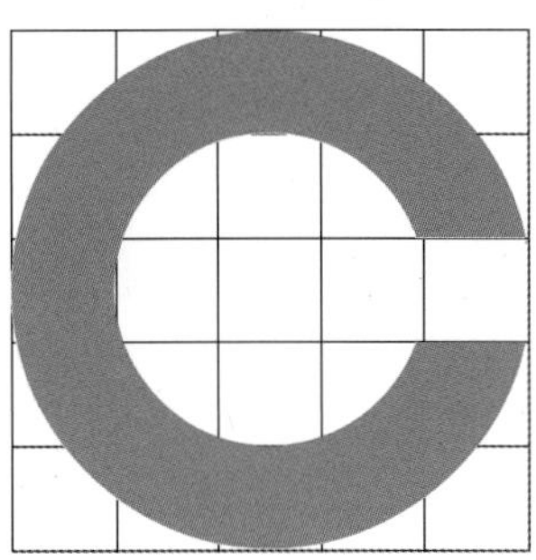

그림 8-10 란톨트 환(Landolt's ring)

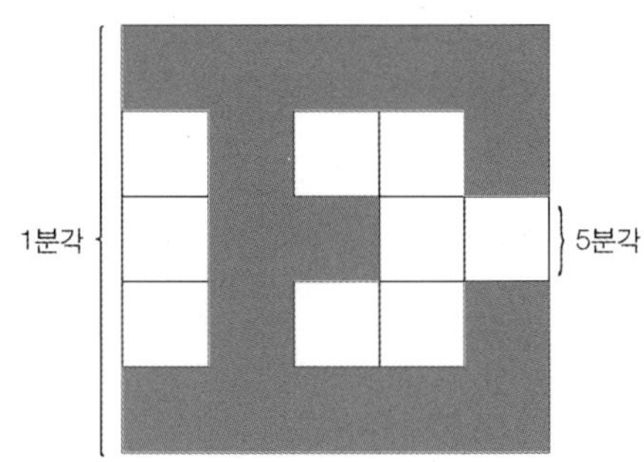

그림 8-11 스넬렌(Snellen)시력표

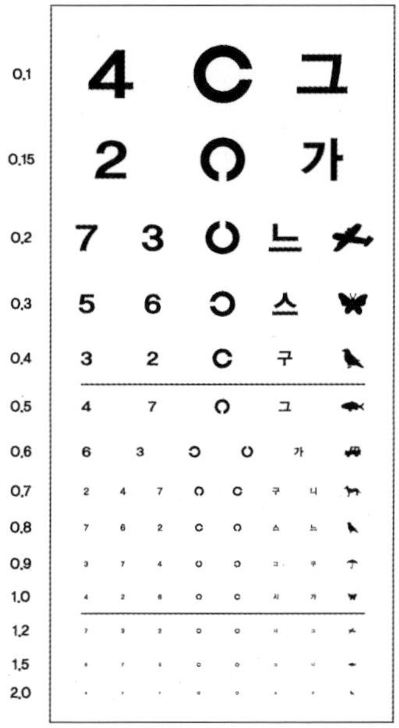

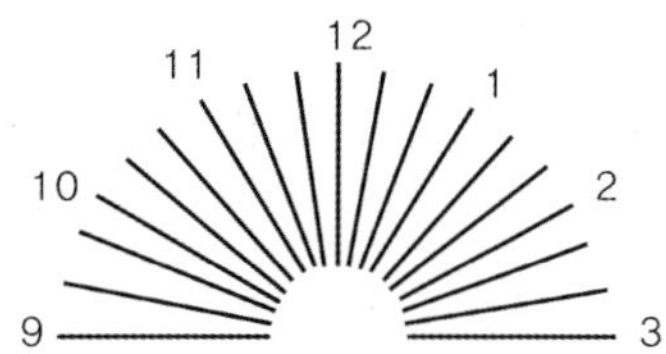

그림 8-12 한천석의 시력표

출처: 전경원 외(2009).

우리나라에서는 [그림 8-12]와 같이 한천석의 시력표를 사용하고 있으며, 이는 십진법으로 표기되어 있다. 시력검사는 시각장애 아동을 판별하는 데 가장 효과적이다. 그러나 시야에 문제가 있거나 근시가 심한 시각장애 아동에게는 크게 도움이 되지 못한다(송준만, 유호순, 1990).

(2) 시야 및 색각 검사

시야란 눈을 움직이지 않고 한 점을 주시하여 볼 수 있는 외계의 범위이다. 외국에서는 시야의 범위가 20도 이하일 때 시각장애로 인정한다. 시선으로부터 나타내는 각도가 시야의 범위이며 정상적인 시야는 한쪽 눈으로 볼 때 [그림 8-13]과 같이 눈의 위쪽 60도, 아래쪽 70도, 코Whr 60도, 귀쪽 100도이다.

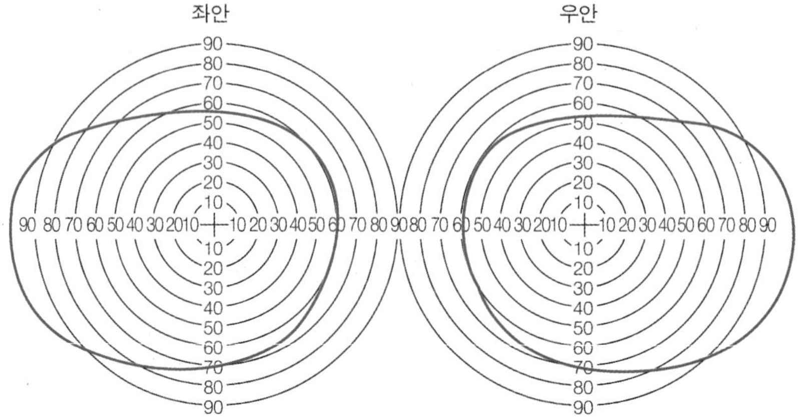

그림 8-13 정상 시야의 넓이

출처: 김영욱 외(2009)

시야 검사에는 대면법, 탄젠트 스크린법, 주변시야 계법, 평면시야 계법 등이 있다. 색각이란 망막의 추체의 기능에 속하며 가시광선 중 파장의 차이에 따르는 물체의 색을 구별하여 인식하는 능력을 말한다. 색각장애는 전색약과 전색맹, 적록색약, 적록색맹 등이 있는데, 여기에 속한 아동은 직접적인 특수교육 대상은 아니지만 정확한 판별이 필요하다.

우리나라 색각 장애는 남성은 전체 인구의 5.90%, 여성은 전체 인구의 0.44%에서 보고되고 있으며(이진학 외, 2008), 색맹인자를 가진 염색체는 열성이어서 여성이 적게 나타난다.

4. 시각장애의 교육적 지원

미국은 시각장애 아동들이 일반학급에서 교육을 받고 있으며, 다른 장애를 중복으로 가진 경우에 좀 더 보호적인 환경에서 교육을 받고 있다(Meyen, 1996). 이에 비해 우리나라는 시각장애 아동에 대한 통합교육의 필요성은 인식하고 있으나 그들 대부분이 기숙제 혹은 통학제 맹학교에 다니고 있으며, 실제로 통합교육은 이루어지지 않고 있다(김태근, 1996).

따라서 시각장애 아동의 통합교육이 효과적으로 이루어지기 위해서는 첫째, 잘 훈련된 교사를 확보해야 하고 둘째, 특수 장비와 광학 보조기기를 이용할 수 있어야 하며 셋째, 점자 번역 서비스를 받을 수 있어야 하고 넷째, 아동을 위한 적절한 프로그램이 다양하게 개발되어야 한다. 통합교육을 위한 교육적 접근에는 시각장애 아동을 위한 교육환경 조성, 교수·학습방법수정(보조공학도구 지원), 보행훈련 지원이 필요하다.

1) 통합교육을 위한 교육적 접근

통합교육환경에서 학습의 결정적인 역할을 하는 시각적 기술이 요구되는 곳은 교실이며, 눈-손 협응, 시각적 집중 유지, 색과 문자의 변별, 사물에 대한 해독과 기억 등이 요구된다. 시각에 결함을 가진 학생들을 보안하기 위해 특수한 장비나 수정된 교수 절차, 효과적인 학습 등이 필요로 하며, 통합 환경에서 제일 중요한 것은 안전하게 이동하기 위해 교육환경 조성, 교수 방법의 수정, 보행훈련 등이 익숙해지도록 지원하는 것이다.

(1) 교육환경의 조성

시각장애 학생을 위해서는 눈부심을 고려하여 좌석을 배치하고, 학생 개개인의 시각장애에 따라 자료의 확대, 색 대비를 강조하거나 굵은 선으로 표시하여 그림을 단순화한다. 따라서 정보를 최소화하고 적절한 밝기 유지를 위한 조명의 조정과 같은 교실 및 학교 환경에 대한 조성을 우선적으로 해야 한다(이해균, 임안수, 이우관, 2006). 시각장애 학생의 교육에 있어서 컴퓨터는 중요한 매체이며, 컴퓨터의 다양한 소프트웨어 등이 효과적인 학습을 위해 가격이 저렴하여 휴대가 간편하다(김남진, 김용욱, 2010). 이외에도 점자 압력 방식의 키보드와 점자 출력 셀을 장착한 점자 정보 전달기(예: 브레일 한소네), 확대 독서기, 화면 확대 프로그램, 점자 문서를 제작할 수 있는 점역 및 편집 소프트웨어 등이 효과적인 학습을 위해 사용되고 있다.

(2) 보행훈련

보행은 자신에 대한 순간적 공간 관계를 인식하는 능력인 방향정위(시각 외의 잔존 감각을 통해서 자신과 주위환경과 관계를 이해하는 능력)와 장소에서 다른 장소로 옮겨 갈 수 있는 능력인 이동성(물리적 환경에서 안전하고 독립적으로 다닐 수 있는 능력)으로 구성되어 있다. 보행의 종류로는 정안인이 시각장애인을 목적지까지 안내하는 안내 보행, 흰 지팡이 보행, 안내견 보행, 전자 보행 기구(예: 진로음향기, 모와트 감각기)에 의한 보행 등이 있다. 보행훈련은 안전하고 독립적이며 효율적으로 이동할 수 있는 보행 기술을 습득하여 독립적인 생활을 할 수 있도록 돕는 것이다.

(3) 교수·학습방법의 수정

교사들은 다양한 교재와 교구를 사용하여 시각장애 학생이 실제 경험을 통한 추상적 개념학습을 충분히 하도록 해야 한다. 저시력 학생은 잔존시력이 있어 시각적 보조공학기기를 사용하여 일반 활자(묵자)를 교육하고 맹 학생은 점자를 가장 주요한 학습수단으로 사용하기 때문에 점자 지도와 지구본, 점자 프린트 등과 같은 촉각적 보조공학기기와 녹음도서, 화면판독기, 독서기 등과 같은 청각적 보조공학기기 등이 유용하다. 또한 아동의 개인적 필요와 능력에 따라 교수·학습방법을 수정해야 하며, 저시력 아동을 위한 확대 자료나 점자 및 녹음 자료 사용 등 대안적인 교수 전략이 필요하다. 더 자세한 교수 전략은 〈표 8-3〉과 같다(이소현, 박은혜, 2010).

표 8-3 통합 환경에서 시각장애 아동을 위한 교수 지침

- 교수방법은 꼭 필요할 때만 수정하도록 하고, 교육 목표는 시각장애 학생과 일반학생 모두에게 동일하게 적용한다.
- 일반학급에서 사용하는 인쇄자료를 시각장애 아동이 필요로 하는 형태의 자료로 제공한다.
  - 특수교사와 협의하여 확대복사물, 점자 또는 녹음된 교재를 준비한다.
  - 필요한 때에 제공할 수 있도록 하기 위하여 충분한 시간을 두고 자료를 준비하도록 한다.
  - 수업 내용뿐만 아니라 시험, 과제물 등에도 이러한 대안적 방법을 활용할 수 있다.
- 책을 읽을 때 충분히 시간을 준다. 시각장애 학생들은 책을 찾고, 읽기 시작할 곳을 찾는 데 시간이

더 걸릴 수 있다.

- 워드프로세서의 사용을 장려한다.
  - 묵자로 자신의 의사를 표시할 수 있도록 하기 위해 워드프로세서를 사용하도록 지도하는 것이 좋다.
  - 자신이 쓴 묵자를 컴퓨터가 읽어서 확인해 주는 프로그램이 국내에서도 개발되어 있으므로 이를 이용하여 스스로 워드프로세서를 사용할 수 있도록 지도한다.
- 칠판이 OHP를 사용할 때 내용을 크게 말하면서 적는다.
- 시각장애 학생에게도 강도 높은 운동이 필요하다. 가능한 한 일반 또래들과 경쟁하도록 한다.
- 시각장애 학생이 사용하는 다양한 특수기기에 익숙해지도록 한다. 점자 타자기, 점필과 점판 등이 점자를 쓰는 데 필요한 대표적인 필기도구이다.
- 저시력 아동을 위하여 가능한 대비 효과가 큰 자료를 사용하도록 한다.
  - 배경 그림 위에 글씨가 있는 자료는 사용하지 않는다.
  - 흐린 부분은 사인펜으로 진하게 사용하지 않는다.
  - 칠판은 항상 깨끗이 지운 후 사용한다.
  - 종이의 한쪽 면만 사용한다.
  - 한 페이지에 글씨가 너무 많이 있어 혼란스럽지 않도록 한다.

통합학급에서 일반아동과 저시력 아동에게 [그림 8−14]와 같이 크기가 다른 활동지로 적절한 의사소통 기능 발달을 도와주어야 한다. 그리고 시각장애 아동들과의 의사소통을 돕기 위한 다음과 같은 방법이 있다(Pasanella & Volkmer, 1981).

- 시각장애 아동과 이야기할 때 '보는 것'과 관련된 단어(예: 쳐다본다, 빨간색 등)를 사용한다.
- 말할 때 누구에게 말하는 것인지를 모두 알 수 있도록 아동의 이름을 부르고 말한다.
- 아동의 얼굴을 쳐다보며 직접 아동에게 말한다.
- 시각장애 아동에게 다가갈 때와 떠날 때를 말해 준다.
- 필요한 어떤 보조기기라도 사용하도록 권장하고 이에 대해 다른 아동에게도 설명해 준다.

년 월 일	은하수반	이름:
	노랑나비 나비 나비 나비 노랑나비 __________에서 한잠 자고 나비 나비 나비 노랑나비 __________에서 한잠 자고 나비 나비 나비 노랑나비 __________에서 한잠 자고	

년 월 일	은하수반	이름:
	노랑나비 나비 나비 나비 노랑나비 __________에서 한잠 자고 나비 나비 나비 노랑나비 __________에서 한잠 자고 나비 나비 나비 노랑나비 __________에서 한잠 자고	

그림 8-14 일반아동과 저시력 아동의 활동지

Chapter 08 시각장애

2) 시각장애 아동을 위한 특수교육적 접근 방법

시각장애 아동들은 일반아동과 달리 시각에 결함이 있으므로 독특한 교수 방법을 필요로 한다. 여기에서는 점자 교육과 방향성과 이동성에 대한 내용을 간단하게 다루어 보고자 한다.

(1) 점자 교육

오늘날 사용되고 있는 점자(braille)는 1829년 루이 부라유(Louis Braille, 1809~1852)에 의해 창시된 것이다. 부라유식 점자가 매우 체계적이었으므로 1882년 유럽회의에서 부라유식 점자를 통일점자로 채택하였고, 이는 지금까지도 시각장애인들이 읽고 쓰기 위한 문자이다. 우리나라 경우 미국 감리교 선교사였던 홀(E. S. Hall) 여사는 가로 2점에 세로 2점인 4점형 뉴욕 포인트를 한글점자로 만들어서 평양점자라 하여 사용하였다. 박두성은 홀 여사에게 6점 점자로 한글점자를 제정해 줄 것을 요청했으나 홀 여사는 4점을 사용해야 한다고 하였다. 이에 박두성은 1920년 제자들과 함께 '조선어점자연구위원회'를 조직·연구하여 1926년 11월 4일에 '훈민정음'이란 이름으로 [그림 8−15], [그림 8−16]과 같이 한글판 점자를 만들어 사용했다. 가로 2줄, 세로 3줄의 6점이 다양하게 배열되어 있으며, 시각장애 아동들이 점자를 잘 읽을 수 있게 하기 위해서는 어릴 때부터 사물에 대한 촉감적 경험을 많이 주어 손가락 끝으로 점을 식별하는 능력을 키워 주어야 한다.

찍을 때			읽을 때		
4	● ●	1	1	● ●	4
5	● ●	2	2	● ●	5
6	● ●	3	3	● ●	6

그림 8-15 점의 명칭

점자 한글은 자음 13자, 모음 17자, 받침 14자, 도합 44자를 가지고 풀어쓰기로 기록한다. 즉 점자 한글은 3벌씩 풀어쓰기이다.

1. 자음

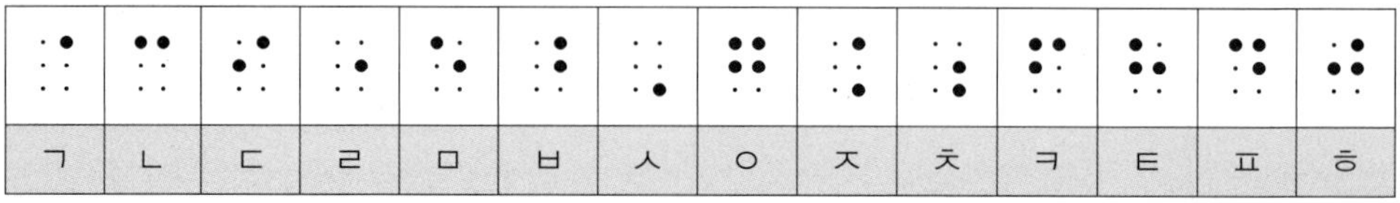

2. 모음

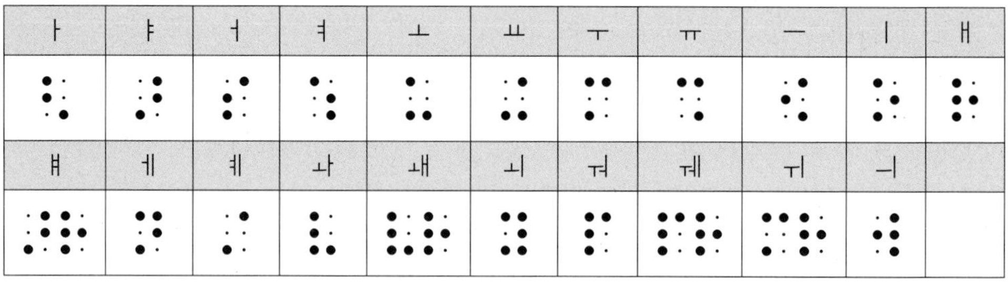

3. 받침

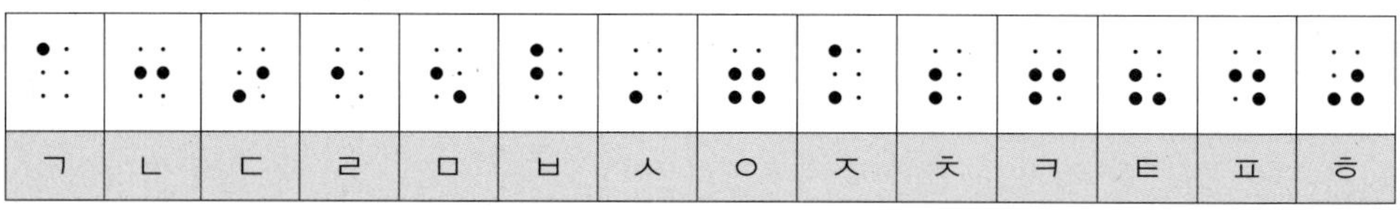

4. 숫자

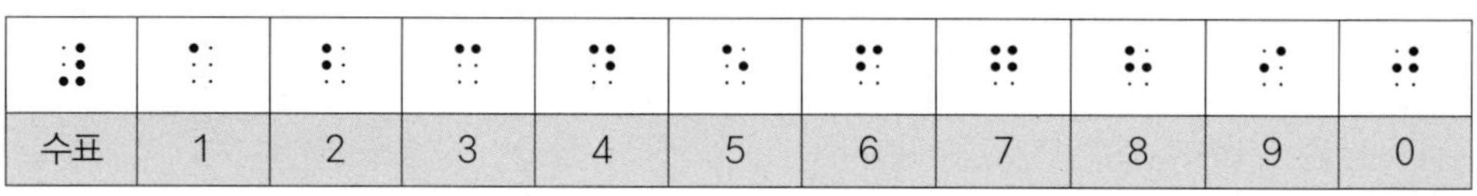

점자에 있어서, 숫자를 쓸 때는, 먼저 숫자라는 뜻을 나타내는 수표점자(3456)를 쓴 다음에 숫자로 쓴다.

그림 8-16 한글판과 점자

(2) 방향정위(orientation)와 이동성(mobility)

- **방향정위**: 시각 외의 잔존 감각기관을 통해서 자신과 주위환경과의 관계를 이해하는 능력

- **이동성**: 물리적 환경에서 안전하고 독립적으로 다닐 수 있는 능력으로 가동성 혹은 보행훈련이라고 한다.

시각장애 아동에게 자기 주변의 환경을 바르게 인식하는 방향성과 혼자서 안전하게 움직일 수 있는 이동성은 중요한 과제이다. 그러나 이들은 공간을 이동할 때 어려움을 느끼며 방향성에도 문제를 보인다. 이동성 훈련에는 안내법, 흰 지팡이, 안내견, 전자보행기구 등에 의한 보행이 사용되고 있다.

교사로서 그들이 보이는 방향성과 이동성의 문제를 도울 수 있는 방법은 다음과 같다 (Hallahan & Kauffman, 2003).

- 불필요한 장애물을 없애고, 이동식 스크린 등의 일시적인 장애물로 인한 교실의 변화를 아동에게 알려 준다.
- 문을 완전히 닫거나 열어 놓아서 반쯤 열린 문에 아동이 부딪치지 않도록 한다.
- 처음에는 친구와 함께 화장실, 도서실, 체육관 등 자주 가는 곳을 다니며, 가는 길과 표지들을 익히도록 하고 익숙해질 때까지 자유롭게 다녀보도록 한다.
- 혼자서 다닐 수 있는 능력이 생기면 친구에게 의논하는 일을 줄여 가도록 지도한다.

(3) 사회적 기술

시각장애 아동들은 일반 학생들이 시각적인 관찰을 통해서 배우는 사회성 기술들을 배울 기회가 부족하기 때문에 이를 학습하도록 도움이 필요하다. 몸짓이나 말을 이용한 인사하기, 표정을 통해 관심을 유지하기, 손을 사용한 신호 익히기, 적절하게 몸짓 및 신체 부위 이용하기, 타인의 대화 방해하지 않기, 습관화된 상동 행동 감소시키기 등을 들 수 있다(Smith et al., 2006). 사회적 기술을 습득하기 위해 구조화된 연습이 필요하며 다양한 시청각 자료를 이용한 또래 아동들과 주제를 통한 역할놀이 연습이 반복적으로 이루어져 사회적 상호작용 기술을 증진시키는 것이 좋다.

(4) 배치

시각장애 아동들은 과거에는 전통적으로 특수학교에서 교육을 받아 왔으나, 1980년대 이후 점차로 통합교육에 대한 관심이 높아지면서 일반학급 배치가 늘어나고 있다(Peterson & Hittie, 2003). 미국 교육부의 2001년도 통계에 따르면 시각장애 아동의 85% 이상이 적어도 학교생활의 40% 이상의 시간을 일반학급에서 보내고 있으며, 80% 이상의 시간을 일반학급에서 보내는 시각장애 아동들도 50% 이상 된다고 조사되었다(Smith et., 2006). 즉 대부분의 시각장애 아동은 일반학급에서 교육받고 있으며, 중복장애를 지닌 아동의 경우는 좀 더 보호적 환경에서 교육을 받고 있는 것이다. 우리나라 경우 대부분의 시각장애 아동은 기숙제 혹은 통학제 맹학교에 다니고 있으며, 통합교육의 필요성과 중요성은 인식되고 있으나 실제로는 잘 이루어지지 않고 있다. 시각장애 아동이 통합 환경에서 교육 받기 위해서는 일반교사와 시각장애 아동을 위한 지원이 필요한데, 시각장애 전문교사나 방향정위와 이동 전문가들이 순회하며 적절한 교수·학습 및 이동에 관한 자문과 직접적 지원을 제공할 수 있어야 한다. 조기 통합교육의 중요성에 대해서는 전문가들의 견해가 일치된 만큼 많은 사회적으로 많은 관심과 협조가 요구된다.

3) 시각장애 아동을 위한 교수 보조도구의 선택과 수정

시각장애 아동의 교수를 위해 자료 및 보조도구를 적절히 선택하고 수정하는 것이 매우 중요하다. 아동의 기능 수준, 교육적 필요, 연령, 장단기 교수 목표들을 고려하여 최신 보조도구와 자료를 제공하도록 노력하며, 청각·촉각·시각 매체를 다양하게 사용할 수 있도록 제공해야 한다.

(1) 시각적 도구

저시력 아동의 잔존시력을 보다 효율적으로 사용하기 위해서 비광학 보조도구(독서대, 사인펜, 큰 활자를 이용한 교재)를 활용할 수 있다.

(2) 촉각적 도구

촉각적 보조도구에 의존하는 저시력 아동에게 시각적·청각적·촉각적 보조도구(점자 도서, 점자 타자기, 점판과 점필, 맹인용 주판, 촉각 그림 세트, 촉각 지도와 지구본, 점자 측정 도구)들을 사용할 수 있다.

(3) 청각적 도구

촉각적·시각적 보조 도구와 함께 사용할 수 있는 청각적 보조도구(카세트 녹음기, 녹음 도서, 컴퓨터 음성 출력, 대독자, 음성전자 계산기, 음성시계)들을 사용할 수 있다.

(4) 보조공학적 기기

최근 컴퓨터 공학은 시각장애 아동의 교육과 재활에 많은 도움이 되고 있는 기자재와 보조도구(점자기, 확대 독서기, DC독서기, 음성전환 독서기, 스크린 리더)를 사용할 수 있다.

참고문헌

권기덕, 김동연, 김태욱(1980). 한국 가독시력에 의한 교육적 약시, 판별에 관한 연구. **한사대학논문**, 제10집.

김동연(1984). 보행훈련 프로그램의 구조 연구. 대구대학교 대학원 미간행 박사학위논문.

김영욱 외(2009). **특수교육학 제4개정판**. 경기: 교육과학사.

김원경 외(2008). **최신특수교육학**. 서울: 학지사.

김종현, 이성현, 이은림(2009). **특수아동 이해와 지도**. 서울: 창지사.

김태근(1996). 각 장애아동의 통합교육에 대한 맹학교 교사와 일반학교 교사의 태도 비교. 이화여자대학교 교육대학원 석사학위논문.

이소현, 박은혜(2010). **특수아동교육**. 서울: 학지사.

이진학, 이하범, 허원, 홍영재(2008). **안과학**. 서울: 일조각.

송준만, 유호순(1990). **특수아지도**. 서울: 교문사.

송준만, 유호순(1997). **특수아지도**. 서울: 한국방송대학교 출판부.

전경원, 권미은(2009). **특수유아교육**. 서울: 창지사.

정대영(2013). **특수교육학**. 서울: 창지사.

Barley, S. H., Clifford, L. T., & Calvin, A. D.(1975). Effect of visual imagery on tactual and kinesthetic space perception. *Perceptual and Motor Skills*, 31.

Barrage, N.(1983). *Visual handicaps and learning*(rev. ed). Austin, TX: Exceptional Resources.

Bartley, S. H., Cliffard, L. T., & Calvin, A. D.(1975). Effect of visual imagery on tactual and kinesthetic space perception. *Perceptual and Motor Skills*, 31.

Bauman(1964). Group differences disclosed inventory items. *International Journal for the Education of the Blind*, 13.

Boldt, W.(1969). The development of scientific thinking in blind children and adolescents. *Education of the Visually Handicapped, 1*, 5-8.

Corn, A.(1980). Development and assessment on an inservice training program for teachers of the visually handicapped. Optical aids in the classroom. Unpublished doctoral dissertation Teachers College Columbia University.

Cutsforth, T. D.(1951). The blind school and society: A psychological study. *Psychological Bulletin, 32*(1), 106-108.

Haedy, R. E.(1967).Prediction of manifest anxiety levels of blind persons through the use of a multiple regression teachigue. *International Journal for the Education of the Blind*, 17.

Hallahan, D. P., & Kauffman, J. M.(2003). *Exceptional Learners: Introduction to special education*(9th ed.). Boston: Allyn and Bacon.

Hayes, S. P.(1941). *Contributions to a psycholgy of blindness*. NY: AFB.

Jan, J. E.(1975). In G. C. Robinson, and E.P. Scott(Eds.), *Hypotonia in the blind child*, Dev. Med. Child Neurol, 17.

Lowenfeld, B.(1950). Psychological Foundation of special method in teaching blind children. In P. A. Zahl (Ed.), *Blindness*. Princeton: University Press.

Lowenfeld, B.(1973). *The visually handicapped child in school*. NY: The John Day.

Meyen, E. L.(1996). *Exceptional children in toddy's school*(3rd ed.). Denver.

Pasanella, A. L., & Volkmor, C. B.(1981). *Teaching handicapped students in the mainsteam*(2nd ed.). Columbus, OH: Merrill.

Peterson, J. M., & Hittie, M. M.(2003). *Inclusive teaching; Creating effective schools for all leamers.* Boston: Allyn and Bacon.

Piaget, J.(1960). *Psychology of intelligence.* NJ: Littlefield-Adams.

Smits B. W., & Mommers, M. J. C.(1976). Differences between blind and sighted children on WISC verbal subtests. *New Outlook for the Blind, 70*, 240-246.

Smith, Y. E. C., Polloway, E. A., Patton, J. R., & Dowdy, C. A.(2006). *Teaching students with special needs: In inclusive settings*(4th ed.). Boston: Allyn and Bacon.

Simpkins, K., & Stephens, B.(1974). *Cognitive development of blind subjects.* Proceedings of the 52nd Biennial Conference of the Association of the Education of Visually Handicapped.

Vander Kolk C. J.(1982). A comparison of intelligence teast score patterns between visually impaired subgroups and the sighted. *Rehabilitation Psychology, 27*, 115-120.

Warren, D. H.(1984). *Blindness and childhood development*(2nd ed.). NY: AFB.

Weiss, J. B., & Weiss, J.(1981). Use of the talking calculator to improve mathematical skill. *Journal of Visual impairment and Blindness, 75*, 61-63.

익힘문제

1. 시각장애의 정의를 제시하시오.
2. 시각장애의 원인을 설명하시오.
3. 시각장애를 판별하기 위한 주요 검사도구를 제시하시오.
4. 시각장애 아동을 위한 교육방법을 설명하시오.

Chapter

09

청각장애

청각장애교육은 16세기 후반에서 17세기 초에 스페인을 중심으로 최초의 농교육자들의 출현으로 이루어졌으며, 우리나라에서는 1909년 로제타 셔우드 홀 선교사에 의해 시작되었다(김병하 외, 2007). 청각장애교육이 시작된 이래로 농교육자들은 '무엇을 가르칠 것인가?'보다 '어떻게 가르칠 것인가?'에 더 관심을 가져왔다. 이것은 18세기 프랑스의 레뻬와 독일의 하이니케가 주가 되는 구화법과 수화법의 논쟁으로 이어졌으며, 철학적 배경의 차이는 있지만 최근 청각장애인 입장에서의 이중언어접근법(bilingual-bicultural)과 듣고 말을 배움으로써 건청인 사회에 통합시키려는 청각-구화법(Auditory-verbal therapy)으로 대별된다.

장애인 당사자 중심에서 본 장애학(disability studies) 담론에 의하면 농문화와 농인학에 입각한 농의 정체성 정립이 강조되고 있는데, 이는 이중언어접근법을 지지하고 있다. 또한 재활의 임상적인 관점에서 보면 보청기나 인공와우수술을 통한 청각-구어법이 지지를 받고 있다. 국내에서도 2005년 1월부터 인공와우수술이 건강보험의 혜택을 받고 있으며, 신생아 청각선별검사도 2018년부터 모든 신생아에게 건강보험이 적용된다고 한다(보건복지부, 2015).

신생아 청각선별검사의 의의는 조기증폭과 조기중재로 인한 청각장애 아동의 언어 및 인지 발달의 개선에 있다(Halpin et al, 2010). 중고도 난청(moderately severe: 56~70dB) 미만의 청력을 가진 아동은 보청기로 도움을 받을 수 있으며, 보청기의 도움을 받지 못하는 심도 난청(profound hearing loss: 91dB 이상) 아동에게는 두 돌 이전의 인공와우 수술로 언어발달 적기를 놓치지 않게 할 수 있다.

이 장에서는 청각장애 아동의 정의 및 원인, 교육적 이해를 위한 분류 및 특성, 진단 및 판별과 교수, 학습적인 측면에서의 교육적 지원에 대한 내용을 기술하고자 한다.

1. 청각장애의 정의 및 원인

1) 청각장애의 정의

소리를 듣는 과정은 공기의 진동으로 발생된 음파가 외이도를 지나 고막을 진동시키고 이 진동이 고실에 있는 이소골 연쇄를 거쳐 난원창을 통해 내이의 와우각에 이르러 와우 내의 림프액에 파동을 일으키게 된다. 이 파동이 중간계의 코르티기에서 전기적 에너지로 바뀌어 청신경을 통해 대뇌의 청각중추에 도달되면 비로소 음을 지각하게 된다. 그러나 [그림 9-1]과 같이 음의 전달과정에서 어떤 부분에 이상이 발생하게 되면, 소리를 듣는 데 어려움을 갖게 되는데, 이러한 현상을 청각장애(hearing impairment)라 한다.

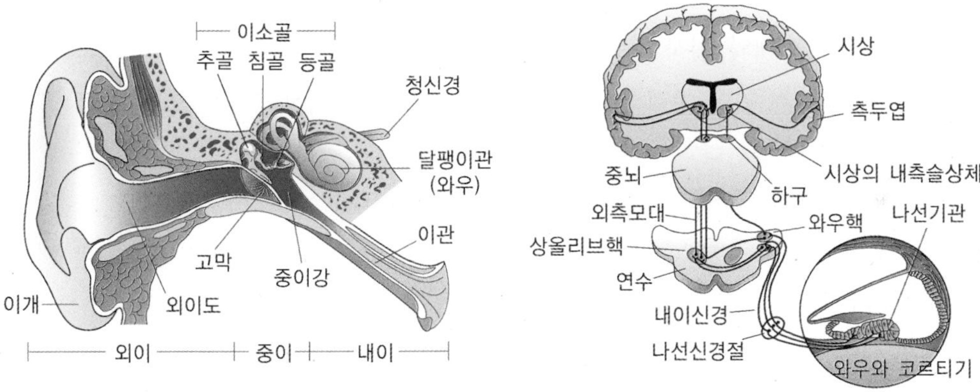

그림 9-1 외이에서 뇌까지 소리의 전달 경로

이와 같이 청각장애는 청각기관의 어느 부위에 장애를 갖는 물리적 손상에 의한 단순한 감각장애이지만, 듣기의 장애는 인간생활에서 없어서는 안 될 의사소통에 어려움을 가져오므로 언어를 도구로 사용하는 교육면에서는 복잡한 문제를 초래한다. 청각장애에 대한 정의를 장애인의 복지와 특수교육법으로 규정하는 입장에서의 정의는 다음과 같다.

(1) 장애인복지법의 정의

① 「장애인복지법」(2017. 12. 30) 총칙 제2조에서 '장애인이란 신체적·정신적 장애로 오랫동안 일상생활이나 사회생활에서 상당한 제약을 받는 자'로 정의하고 있으며, 「장애인복지법 시행규칙」 제2조 제2항에서 청각장애의 등급을 다음과 같이 정하고 있다.

- **2급**: 두 귀의 청력손실이 각각 90데시벨(dB) 이상인 사람
- **3급**: 두 귀의 청력손실이 각각 80데시벨(dB) 이상인 사람
- **4급 1호**: 두 귀의 청력손실이 각각 70데시벨(dB) 이상인 사람
- **4급 2호**: 두 귀에 들리는 보통 말소리의 최대의 명료도가 50퍼센트 이하인 사람
- **5급**: 두 귀의 청력손실이 각각 60데시벨(dB) 이상인 사람
- **6급**: 한 귀의 청력손실이 80데시벨(dB) 이상, 다른 귀의 청력손실이 40데시벨(dB) 이상인 사람

② 개정한 청각장애 등급(2019년 7월)에서는 장애등급제가 폐지되고 장애정도 기준으로 심한 장애와 심하지 않은 장애로 구분한다.

- **심한 장애(중증)**: 귀의 청력손실이 각각 80데시벨(dB) 이상인 사람으로 기존 청각장애 2, 3급에 해당한다.
- **심하지 않은 장애(경증)**: 청각장애 4~6급에 해당한다.
  - 두 귀에 들리는 보통 말소리의 최대 명료도가 50% 이하인 사람
  - 두 귀의 청력손실이 각각 60데시벨 이상인 사람
  - 한 귀의 청력손실이 80데시벨 이상, 다른 귀의 청력 손실이 40데시벨 이상인 사람

(2) 특수교육법의 정의

교육적 관점에서는 대개 청력손실과 언어능력의 발달관계를 기준으로 하며, 청각장애는 경도에서 최고도의 청력손실을 모두 지칭하는 일반적인 용어로 농과 난청을 포함하여 사용한다. 농(deaf)은 청력 손실이 심하여 보청기를 착용하여도 청각을 통해 언어적 정보를 주고받지 못하는 사람을 말하며, 난청(hard of hearing)은 보청기를 착용했을 때 잔존 청력을 이용하여 청각을 통한 정보 교환이 어렵지만 가능한 정도를 말한다

(Moores, 2001). 우리나라 「특수교육진흥법」과 「장애인 등에 대한 특수교육법」에서의 정의는 다음과 같다.

① 특수교육진흥법의 정의

「특수교육진흥법 시행령」(2006. 6. 22)에서는 청각장애를 지닌 특수교육대상자로 다음과 같이 규정하고 있다.

- 두 귀의 청력손실이 각각 90dB 이상인 자
- 청력손실이 심하여 보청기를 착용하여도 음성언어에 의한 의사소통이 불가능하거나 곤란한 자
- 일상적인 언어생활 과정에서 청각의 기능적 활용이 불가능하여 일반인과 함께 교육받기가 곤란한 자

② 장애인 등에 대한 특수교육법의 정의

「장애인 등에 대한 특수교육법」(2008. 5. 26 시행) 시행령 별표 1의 '특수교육대상자 선정기준(제10조 관련)'에서는 '청각장애를 지닌 특수교육대상자'를 "청력손실이 심하여 보청기를 착용해도 청각을 통한 의사소통이 불가능 또는 곤란한 상태이거나, 청력이 남아 있어도 보청기를 착용해야 청각을 통한 의사소통이 가능하며, 청각에 의한 교육적 성취가 어려운 사람"이라고 규정하고 있다.

「장애인복지법」과 「특수교육진흥법」에서는 「장애인복지법시행규칙」 제2조 장애인의 장애등급에서 청각장애인 등급에 해당하지 않는 아동을 특수교육대상에서 제외하여 교육적 혜택이 주어지지 않았었다. 청각장애 등급 6급이 '한 귀의 청력손실이 80dB 이상, 다른 한 귀의 청력손실이 40dB 이상인 사람'으로 규정되어 있는데, '한 귀의 청력손실이 70dB 이상, 다른 한 귀의 청력손실이 50dB 이상인 사람'이 6급 청각장애인보다 생활하는 데 더 많은 어려움이 있을 것으로 예상되나 장애 등급이 없어 교육혜택을 받지 못하였다. 그러나 「장애인 등에 대한 특수교육법」에서는 특수교육지원청에서 아동의 상태를 진단 평가(의사의 진단서 첨부 등)한 후 특수교육지원이 필요하다고 생각되는 아동에게

까지 확대하여 아동 중심 입장에서 혜택이 주어지게 되었다.

고심도 청각장애로 진단 받은 아동은 2005년 인공와우가 건강보험에 적용된 이래로 인공와우 수술을 받는 아동이 주를 이루고 있는데 인공와우를 시술 받은 아동은 전주파수대역에서 26~40dB의 경도난청을 갖는다(장현숙, 2008; 진수림, 2005). 30~40dB의 청력손실이 있으면 속삭이는 소리를 들을 수 없어 음향에너지가 약한 자음정보를 놓치기가 쉬워 청력손실이 언어습득 이전에 발생했다면 발음을 배우는 데 어려움을 보일 수 있다. 이에 「장애인 등에 대한 특수교육법」에서 언어습득 시기에 있는 청각장애 아동에게 교육적인 혜택을 주어 2차적 장애인 언어장애와 정서적인 문제 등을 줄일 수 있게 된 것은 바람직한 일이다.

2) 청각장애의 원인

청각장애는 선천적인 원인과 후천적인 원인이 있으며, 손상부위에 따라 외이, 중이, 내이 및 청신경의 원인이 있다. 외이와 중이의 문제는 전음성 청각장애를 가져오는데, 내이 및 청신경이 원인일 경우와는 달리 대부분 의료적 치료가 가능하다.

(1) 외이의 원인

외이의 손상으로 생기는 난청은 대부분 60dB를 넘지 않는 경중도의 전음성난청이나, 내이와 관련된 외이문제일 경우 감각신경성이나 혼합성난청이 나타나기도 한다(대한이비인후과학회, 2009). 이개의 문제로는 소이증(microtia), 대이증(macrotia), 무이증(anotia)이 있으며, 외이도의 문제로는 선천성으로 나타나는 외이도 폐쇄증(atresia)과 환경에 의해 생기는 외이도염(otitis externa), 귀지전색(impacted cerumen) 등이 있다.

(2) 중이의 원인

고막천공(perforated tympanic membrane), 고막염(myringitis), 그리고 중이염(otitis media)과 이관기능부전증(eustachian tube dysfunction)으로 인해 난청을 유발할 수 있다. 중이염은 유스타키오관의 기능이 비정상적일 때 발생하기 쉬운데 다운증후군과 구개파열 아동은 더 자주 발생한다(Hallahan & Kauffman, 2003).

또한 중이의 청각장애와 관련된 후천적 난청으로 두개파열이나 두개외상은 이소골의 파열 혹은 연결고리의 절단 등으로 생길 수 있다. 유전성 또는 비유전성으로 중이장애를 발생시키는 증후군에는 다운증후군, 구순 및 구개열, 트레처 콜린스 증후군, 무어 증후군, 아페르 증후군, 크루종 증후군 등이 있다.

(3) 내이의 원인

① 난청과 관련된 비유전적 청각장애

비유전적이면서 선천적인 내이 발달장애에는 산모가 이독성 약물(아미노글리코 사이드계 항생제 등)과 방사선에 노출되었거나 산모의 바이러스성 감염(풍진, cytomegalovirus) 그리고 태아와 산모의 혈액형 불일치(RH 상반성)로 나타날 수 있다.

또한 비유전적이면서 후천성 내이장애에는 무산소증이나 저산소증, 뇌황달을 유발할 수 있는 고빌리루빈혈증, 볼거리, 홍역 등의 바이러스성 감염, 박테리아성 뇌막염, 이독성 약물과 소음에 지속적으로 노출되었을 때 발생하는 난청을 들 수 있다.

② 난청과 관련된 유전적 증후군

가. 바르덴부르크(Waardenburg) 증후군

앞머리가 하얗게 변하고 내안각이 외측으로 전위하여 양 미간이 넓어지고, 코뿌리가 낮아져 코가 납작해지고 두 눈의 색깔이 다른 홍채 이색증을 보인다. 난청의 정도는 경도에서 심도의 다양한 정도의 감각신경성난청으로 편측이거나 양측성일 수도 있고 진행성일 수도 있다.

나. 어셔(Usher) 증후군

주증상으로는 진행성 색소망막염으로 초기에는 밤에만 시력이 떨어지고 시야가 좁아지다가 맹이 된다. 난청의 정도는 중도에서 최고도로 보통 고주파수의 청력손실이 더 심한 양측성 감각신경성을 나타내며, 보청기로 도움을 받지 못할 정도로 청력손실이 심한 경우도 있다.

다. 펜드레드(Pendred) 증후군

갑상선종과 난청이 주증상으로 나타나며, 난청의 정도는 중도에서 최고도이고 대부분 양측성 대칭성 감각신경성으로 나타난다.

라. 클리펠-파일(Klippel-Feil) 증후군

두개안면부의 기형으로 목 부위의 운동성이 저하되고 길이도 짧아져 머리가 어깨 위에 얹혀 있는 것처럼 보인다. 기형의 형태는 눈과 귀에도 연결되어 외형뿐 아니라 외이도, 중이강, 이소골, 와우 및 전정기관까지 기형이 나타나고 청신경 및 중추신경까지도 영향을 미치기도 한다. 난청의 정도는 경도의 전음성에서 최고도의 감각신경성까지 매우 다양한 양상을 보인다.

(4) 청신경의 원인

신경섬유종(von recklinghausen's neurofibromatosis)은 시신경과 청신경이 영향을 받는데 청각적으로는 편측성, 진행성, 감각신경성 난청을 동반한다. 청신경종(acoustic neuroma)은 뇌간에서 귀의 내이로 가는 청각신경(뇌신경 중 8번째 신경)에 양성종양이 자라는 것으로 이 청각신경은 청각과 몸의 평형을 유지시켜 주는 역할을 하므로 뇌종양이 자라면서 신경을 압박하게 되면 난청을 일으키게 된다.

2. 청각장애의 분류 및 특성

1) 청각장애의 분류

(1) 청력손실 시기에 따른 분류

청각장애 아동의 언어의 문제를 청각장애로 인한 언어장애로 본다면 청력손실 시기가 언어습득 이전인지 언어습득 이후인지가 중요하다. 언어습득 이전의 시기는 3~5세로 본다.

(2) 청력손실 정도에 따른 분류

청력손실 정도에 따른 분류는 기도청력검사(air conduction threshold)를 실시하여 회화 음역(500, 1,000, 2,000, 4,000 Hz)을 중심으로 평균순음역치(puretone threshold average: PTA 6분법)를 산출하여 평가한다. 평균순음역치로 평가하는 청력손실의 정도는 〈표 9-1〉과 같다.

표 9-1 평균순음역치(PTA)로 평가하는 청력손실의 정도

청력손실 정도	청력역치
정상	15dB HL 이하(normal)
성인: 정상, 아동: 미도	16~25(slight HL)
경도	26~40(mild)
중도	41~55(moderate)
중고도	56~70(moderately severe)
고도	71~90(severe)
심도	91 이상(profound)

출처: 심현섭 외(2010).

(3) 청력손실 형태에 따른 분류

청력검사 결과 얻어진 청력도(audiogram)의 형태에 따라 분류하는 것으로 저주파수와 고주파수 간에 청력손실 정도가 차이가 나지 않는 수평형(flat)과 저주파수에서는 거의 정상이나 고주파수에서 급격히 나빠지는 고음급추형(sharply sloping), 고주파수로 갈수록 점진적으로 청력손실이 심해지는 고음점경형(sloping), 고주파수대의 청력손실이 적고 저주파 수대의 청력손실이 더 큰 저음장애형(reverse sloping) 등이 있다.

그림 9-2 청력형의 분류

(4) 청력손실 유형에 따른 분류

① 전음성 청각장애(conductive hearing loss)

외이나 중이의 문제로 발생하는 청각장애로 청력손실의 정도는 심하지 않다.

② 감각신경성 청각장애(sensorineural hearing loss)

내이나 청신경에 손상이 있을 때 나타나는 청각장애이며, 대부분의 아동에게서 청력손실의 정도가 심하게 나타난다.

③ 혼합성 청각장애(mixed hearing loss)

전음성과 감각신경성 청각장애가 함께 나타난다.

(5) 중추청각정보처리장애(central auditory processing disorder: CAPD 또는 APD)

중추청각정보처리장애는 말초적인 청각장애나 지적장애에 의하지 않은 청각신호의 정보처리과정에 결함이 있는 경우이다(ASHA, 1990). 중추성 청각장애 아동의 특성은 청각적 변별이 곤란하며, 음운인식능력이 열악하고, 특히 소음이 있는 환경에서 구어의 이해가 곤란하며, 청각기억이 어려워 복잡하고 긴 지시를 잘 따르지 못한다. 그리고 청각정보에 대한 주의집중이 부족하고, 청각적 자극에 비일관되게 반응하며, 똑같은 지시를 어떤 때는 이해하고 어떤 때는 혼동하는 청각적 행동 특성을 보인다(석동일, 2004).

(6) 기능성 청각장애(pseudohypacusis hearing loss)

여러 가지 청각검사 결과에서 기질적인 문제가 나타나지 않는데도 소리를 듣는 데 어려움을 보이는 경우로 심인성에 기인한다.

2) 청각장애의 특성

(1) 말과 언어의 발달

① 청각장애 아동의 음운발달

청각장애 아동은 규칙에 맞는 음운체계를 향상성 있게 사용하며, 건청아동과 유사한 방법으로 음운체계를 사용하지만 건청아동에 비해 그 수가 적다(Dodd, 1976). 청각장애 아동이 잘 사용하는 음운은 입의 뒤쪽에서 만들어져(연구개음, 성문음 등) 시각적으로 구분하기 힘든 자음보다 입 앞쪽에서 만들어지는 자음(양순음, 치조음 등)이다. 오류양상은 첫소리보다 끝소리의 오류가 많고 유성음과 무성음을 혼동하거나 자음에 과도한 비음이 섞이기도 하며, 조음점이 정확하여도 부적절한 강세와 말소리의 길이 등으로 소리가 왜곡된다. 말소리의 오류 양상을 어두, 어중, 어말로 나누어 살펴보면, 어두 초성과 어중 초성에서 잘 발음하는 소리는 양순 파열음과 치조 파열음, 후두 마찰음이며, 어말 종성에서는 설측음과 양순 비음이다. 또한 청각장애 아동의 음운 특징에서 가장 오류가 많은 음운은 어말종성에서 연구개 파열음과 연구개 비음 그리고 치조 마찰음이다(김화미, 2001; 서영란, 2000; Smith, 1975). 인공와우 청각장애 아동의 음운발달은 정상적인 음운발달의 속도나 양상과는 다르나 인공와우 수술을 하지 않은 청각장애 아동이 나타내는 음운발달 양상과는 또 다른 패턴을 보여준다(Blamey et al., 2001; Ertmer & Mellon, 2001). 2년 이상 인공와우를 사용한 언어습득 이전에 심도 난청이 된 아동들은 발음 위치가 다른 대부분의 자음들을 구별하여 비교적 정확히 발음한 것에 비해 유성음과 마찰음은 정확하지 못했으나 시간이 경과함에 따라 어음 명료도는 향상되었다(Tye-Murry, 1995). 인공와우이식 아동들의 착용기간에 따른 자음 정확도는 인공와우 착용 2년 후부터 급속한 발달을 보이며, 인공와우 착용연령에 따른 조음발달에서는 인공와우 착용연령이 3세 이전인 아동이 3세 이후인 아동들보다 자음 정확도가 높게 나타나며, 인공와우 이식 아동의 조음 방법별 발달 양상은 파찰음, 파열음, 비음, 유음, 마찰음 순이고, 조음 위치별 발달 양상은 양순음, 경구개음, 치조음, 연구개음, 성문음 순으로 나타난다(김유경 외, 2005).

② 청각장애 아동의 의미발달

청각장애 아동의 어휘발달에 있어서는 건청아동보다 표현할 수 있는 어휘의 양이 현저하게 적으며, 경도(mild) 및 중도(moderate) 청각장애 아동의 그림어휘력 검사에서 중도 청각장애 아동은 3년 이상, 경도 청각장애 아동은 1년 정도의 지체를 보인다(Davis et al., 1986). 2~4세의 구화교육을 받고 있는 청각장애 아동의 의미론적 기능은 어린 건청아동들과 유사하며, 고차원의 의미론적 기능들은 사용하지 않는다(Skarakis & Prutting,

1977). 의미론적 측면에서 청각장애 아동은 특히 추상어 사용에 어려움을 보이는데, 추상적인 단어는 오감으로 인지되지 않으며, 내면적으로 아동 스스로 느끼거나 이해해야 하는 어휘들로 구성되어 있기 때문이다.

19~60개월 사이의 고심도 청각장애 아동(124명)의 생활연령 증가에 따른 표현 어휘수에서 연령의 증가에 따라서 24개월 이하 집단에서는 평균 11개, 25~36개월 집단에서 52개, 37~48개월 집단은 159개, 49~60개월 집단에서 313개를 나타내어(박혜진, 배소영, 2003), 건청아동의 표현어휘수인 8개월에 2개, 12개월에 13개, 16개월에 40개, 20개월에 91개, 24개월에 274개, 28개월에 383개, 32개월에 420개, 36개월에 500개의 어휘와는 현저한 차이를 보인다(장유경, 2004a, 2004b).

조기에 청각·언어재활을 시작한 취학전 청각장애 아동의 연령에 따른 표현어휘수의 증가와 품사에 따른 변화 양상은 나이가 어린 건청아동의 발달과 유사하다. 명사를 중심으로 어휘가 발달하기 시작하여 점진적으로 동사와 형용사가 출현하며, 어느 정도의 내용어가 표현된 이후에 문법형태소가 나타나고, 특정 시기에 어휘수가 급격히 증가한다(서영란, 박선희, 2007). 또한 두 돌전에 청각·언어재활을 시작한 아동의 경우 연령에 따른 종단관찰에서도 나이가 들수록 품사별 이어수(the number of different words: NDW)가 증가하며, 용언의 활용도 다양해진다(서영란, 2010).

③ 청각장애 아동의 문법발달

건청아동은 문법발달에서 초기 단계에 전보식 문장을 사용하다가 언어발달의 다음 단계로 가면서 자연스럽게 사라진다. 그러나 청각장애 아동의 문법발달 과정에서는 이러한 전보식 문장의 사용이 지속된다(Davis & Hardick, 1981). 의사소통 양식으로 구화/청각을 사용하는 3~5세의 고도에서 심도의 청각장애 아동 20명의 자발어에서 청각장애 아동은 건청아동 언어습득의 패턴에 일치하는 규칙체계로 발달하지만 지연되며(Schirmer, 1985), 청각장애 아동의 문법발달은 자신의 나이보다 어린 건청아동의 언어발달 패턴과 유사한 지체를 보이는 때도 있지만 건청아동의 발달 패턴에서 벗어나 독특한 양상을 보이기도 한다(Seyfriend & Kricos, 1996).

청각장애 아동의 문법 및 형태론적 측면에 대한 일반적 특징으로는 낱말 군(word

class)에 대한 지식이 부족하여 명사나 동사와 같은 내용어는 과다하게 사용하는 반면 문법적 기능어의 사용은 제한되며, 문법 구조에 대한 지식의 부족으로 정형화된 문법 구조를 과다하게 사용하는 경향이 있다. 그리고 문법형태소를 잘못 사용하거나 문장의 주요 요소를 생략하거나 잘못된 낱말 순서로 문장을 산출하는 등 문법 오류를 나타내며, 문법 능력이 어느 정도의 수준에 도달한 이후에는 발달이 진행되지 않는 것으로 보인다(Schow & Nerbonne, 1996).

중고도 청각장애 아동과 건청아동의 발화길이는 청각장애 아동이 건청아동보다 형태소를 기초로 한 발화 길이는 유의하게 짧지만(김영태, 이윤경, 2000), 청각장애 아동도 연령이 증가할수록 복문의 사용이 늘어난다(강창욱, 1994; 서영란, 2010). 청각장애 아동의 문장에서 일탈 원인으로 가장 높은 것은 조사인데, 인공와우 청각장애 아동과 건청아동의 조사 사용에서 인공와우 청각장애 아동이 건청아동보다 조사는 많이 사용하나, 정확도에서는 격조사에서 유의미한 차이가 나타나며, 주격, 목적격, 부사격 모두에서 건청아동보다 오류율이 높게 나타난다(유은정, 2005).

④ 청각장애 아동의 화용발달

건청아동은 언어발달 초기에 제스처와 비언어적인 발성을 더 많이 사용하는데 청각장애 아동의 경우에도 비슷한 양상을 띤다. 이후 건청아동은 언어적인 표현을 더 많이 사용하여 제스처의 사용 비율이 줄어들지만 청각장애 아동의 경우는 늦게까지도 제스처의 사용이 크게 줄어들지 않는다(Nicholas et al., 1994).

청각장애 아동이 대화기술을 포함한 화용기술에 어려움을 보이는 원인으로는 청각장애 아동이 여러 사람들과 만나서 이야기를 나눈 경험이 부족하고, 다양한 언어구조에 익숙하지 못하며, 청각장애 아동은 부모나 다른 사람들이 일상생활에서 말하는 것을 듣지 못하므로 언어의 이용 방법을 익힐 기회가 적기 때문이다. 또한 경어의 사용이나 적절한 말 사용 방법에 대해 건청아동은 부모로부터 직접적인 지시를 받으나 청각장애 아동의 경우는 제한된 언어 능력 등으로 인해 그런 기회를 갖지 못해서라고 할 수 있다.

청각장애 아동은 대부분 화용적 기능을 가지고 있으나 비언어적·언어적 의사소통행동을 사용하는 의미적 기능들이 제한적이며, 화용적 기능은 2~4세의 선천성 청각장애

아동이 건청아동의 언어 전 또는 일어문 사용단계의 수준이다. 언어적 의사소통의 행위는 19개월에 시작되어 30개월에 안정되고 30-36개월 사이에 눈에 띄게 발달하며, 건청아동이 농아동보다 언어적 의사소통을 훨씬 많이 사용한다(김영욱, 2007). 구어를 사용하는 고심도의 4, 5세 청각장애 아동은 의사소통기능 면에서 건청아동보다 평균 의사소통 행동의 빈도는 유의미하게 낮지만, 정보적 의사소통 기능 중 반응하기, 기술하기, 질문하기, 참여하기, 평가하기에서는 청각장애 아동과 건청아동 간에 유의미한 차이는 나타나지 않으며, 기술하기 중 정보 말하기나 질문하기 중 의문사 질문하기에서는 청각장애 아동 집단이 유의미하게 낮다(정현경, 2002).

(2) 지적능력의 발달

청각장애 아동의 지능과 관련된 초기의 연구에서는 언어성 지능검사뿐만 아니라 비언어성 지능검사에서도 건청아동에 비해 지체되는 것으로 나타나는데, Pintner는 그 이유를 언어가 사고보다 우위라고 여겨 청각장애 아동의 지적결함은 언어적 결함에 기인되었기 때문이라고 보았다(최성규, 1997). 그 후 청각장애 아동의 인지 및 지적 과제에서 언어적 요인이 통제되면 농과 건청아동 간에 양적으로는 동일하지만 지각, 개념, 추리 기능의 질적 측면은 차이를 나타낸다고 보았다. 1960년대 이후에는 인지적 기능에는 건청인과 차이가 없다고 보았다. 즉, 지적 과업에 있어 농아동이 보이는 결함은 청각장애 자체에 기인하기보다 신경적 결함이나 속하여 있는 집단의 사회·경제적 배경의 취약성에 기인하는 것으로 본 것이다. 수화에 기초한 수행검사에서는 농아동과 건청아동 간에 지적 수행능력에 유의미한 차이가 없는 것으로 나타난다(Prinz et al., 1996). 하지만 일반적으로 청각장애 아동의 경우 높은 언어수준을 요구하는 검사에서는 평균 이하의 지적 능력을 나타내므로, 이 문제점은 조기에 실시되는 효과적인 언어교육과 여러 가지 경험을 통해 향상되어야 할 것이다.

(3) 사회·정서 발달

청각장애는 사회·심리적으로 여러 가지 부가 장애를 가져오게 할 수 있다. 영아기에는 청각장애 아동이 건청아동과 상호작용하는 데 어려움을 나타내지 않으나 언어를 주된 의사소통 도구로 사용하는 유아기부터 청력손실이 심한 아동일수록 친구관계에 어려움을 갖게 된다. 특히 통합 환경에 있는 아동일수록 의사소통의 문제로 인성발달에 미치는 청각장애의 영향이 크다고 할 수 있다. 청각장애가 아동의 사회·정서 발달에 미치는 영향을 청소년기까지 Erikson의 발달단계 이론에 입각하여 나타내면 다음과 같다(김병하 외, 2007).

① 기본적 신뢰 대 불신: 출생~2세까지

이 시기에는 자신과 자신을 둘러싼 세계와의 상호작용을 통해 신뢰감을 형성하는 것이 가장 중요하다. 양육자는 행동에서 일관성·예언성·신뢰성을 가져야 한다. 이 시기에 신뢰감이 형성된 아동의 행동은 엄마가 안 보여도 지나치게 불안해하거나 걱정을 나타내 보이지 않는다. 건청인 부모를 둔 청각장애 아동(Deaf children of Hearing Parent: DCHP)의 경우, 청각장애 아동 출산에 따른 부모의 심리적 불안정은 아동의 안정성과 따뜻한 관계를 저해하는 요인이 되어 신뢰감 형성에 부정적인 영향을 미칠 우려가 있다.

② 자율성 대 수치와 회의: 2~3세

이 시기의 아동은 자율감의 표현으로 자기가 원할 때 잡아당기거나, 원하지 않을 때 밀쳐 버리는 행동("내 거야", "아니야")을 하게 된다. 배변 싸움(자율성과 문화적 사회규제 사이의 싸움)은 자율성 대 수치와 회의의 갈등이라고 할 수 있는데, 배변을 잘못했을 때 지나치게 수치심을 주지 말아야 한다. 청각장애 아동은 건청아동과 달리 이 시기에 "말 훈련"의 싸움까지 해야 한다. 아동은 말을 잘 하기를 바라는 부모님의 요구를 들어주지 못해서 죄책감을 가질 수 있으며, 말을 하지 못하는 것에 대해 수치심을 느낄 수도 있다.

③ 주도성 대 죄의식: 4~6세

이 시기는 관입(intrusion)의 단계로 부모의 제한과 간섭도 늘어난다. 아동은 호기심이 많고 경쟁적이라 그들이 하고자 하는 일을 사회적으로 실현하고자 여러 가지를 해보고 싶어 하는데, 주도성을 지닌 아동은 계획을 세우고 목표를 설정하여 달성하고자 노력하게 되며, 자신이 계획하고 기대했던 희망이 이루어질 수 없다는 것을 깨닫게 되면 죄의식에 빠지게 된다. 또 이 시기에는 지껄이는 말과 운동의 필요성으로 발달 특성이 두드러진다. 말로써 감정을 표현할 기회나 능력을 잃게 되면 행동으로 보충하려는 경향이 있는데, 청각장애 아동의 부산스러운 행동은 이 때문으로 볼 수 있다. 그러나 청각장애 아동 부모가 아동의 활동반경을 많이 제한하고 간섭하게 됨으로써 아동이 외계 속으로 관입하는 기회를 상실할 수 있다.

④ 근면 대 열등감: 학령기(초등단계)

학령기에 접어들면 아동들은 사회적 기술을 숙달해 간다. 이 시기의 아동은 읽기, 쓰기, 셈하기 등 기초교과를 배우면서 근면을 유지하는 자아를 발달시킨다. 아동은 기초교과를 배우면서 남에게 인정받는 것을 알게 되고, 인정받기 위해 노력하나 인정받지 못하면 열등감을 가지게 된다. 이 시기에 교사가 아동의 숨겨진 재능을 발견하여 주는 경우가 많은데, 청각장애 아동의 교사 또한 마찬가지이다. 학생에 대한 부정적 기대를 가지고 가르치는 교사는 학생이 낮은 성취를 보일 가능성이 크다.

⑤ 정체감 대 역할 혼돈: 청소년기

이 단계의 초기에는 자신이 가정으로부터 독립되고 자유로운 존재로 인식하는 데 관심을 가지게 되나 후반기에는 자신의 사회적 역할보다 넓은 세계 속에서 개인의 목적을 생각하게 된다. 이 시기의 주요과업은 자아정체감(ego identity)이다. 건청인의 경우도 자아정체감을 찾기 위해 오랜 시간 방황하며, 심리사회적 유예기간(psychosocial moratorium)도 갖는다.

부모는 자녀가 청각장애이지만 학교교육을 받아 말도 잘 할 수 있고, 학교 공부도 잘 해낼 것이라고 기대한 것에 비해 현실과의 괴리감 때문에 힘들어 한다. 그로 인해 청각장애 청년은 부모들과 상당한 심리적 갈등을 겪게 된다. 이 시기에 청각장애 청년은 농의 세계 속에 몰입하여 자아정체감을 확립하거나, 농이 되기를 거부하고 건청인 세계에서 부적응하여 계속 정체감 위기를 체험하기도 한다.

이와 같이 청각장애 아동의 사회·정서발달을 보면 청각장애로 인한 부정적 요소가 많음을 알 수 있다. 청각장애 아동의 발달 시기에 따른 바람직한 과업발달을 위해서는 조기발견과 더불어 청각장애 아동 양육에 대한 긍정적인 사고를 갖게 하는 등 부모교육 프로그램이 주어져야 할 것이며, 청각장애 부모는 아동이 건청아동보다 시간이 더 걸리지만 말을 배울 수 있다는 확신을 가지고 있어야 하며, 아동의 발달단계를 무시한 채 지나치게 서두르지 않는 것이 좋다.

또한 관입의 단계에 부모가 아동에게 지나치게 간섭하는 것은 자제하여야 할 것이며, 학령기에는 건청아동 수준의 학습을 수행하지 못하였더라도 아동의 수준에 맞는 단계를 수행했을 때 칭찬하여 주는 것이 필요하고, 교사는 학생에 대한 긍정적 사고로 청각장애 아동의 근면성을 발전시켜 가야 한다.

자아정체감의 형성기에는 사회에서 주도성을 가지고 근면하게 살아가는 농성인과의 만남을 주선해 주는 것이 정체감 형성에 도움을 줄 수 있으며, 특히 통합학급에 있는 청각장애 아동의 경우 다른 청각장애 또래나 선배를 만나게 해주는 것이 자존감을 높이는데 크게 도움이 될 것이다.

3. 청각장애의 진단 및 판별

1) 청각장애의 진단

(1) 신생아 청각선별검사

신생아 청각선별검사는 감수성과 특이성이 높고 객관적인 기준이 적용가능하며, 신생아가 병원에서 퇴원하기 전에 시행 가능하여야 하고, 비침습적이면서 선별검사로서 합당한 비용으로 가능하여야 한다(JCIH, 2000). 미국에서는 2,000년부터 신생아 청각선별검사가 건강보험 수가를 적용 받아 실시되고 있으며, 영국, 캐나다, 호주 등의 선진국에서는 모든 신생아들을 대상으로 청각선별검사를 시행하도록 권고 및 지원하고 있다. 국내에서는 2007년부터 시범사업을 거쳐 전국 저소득층에게 신생아 청각선별검사비를 지원해주다가 국내 일부 지자체에서 2016년 해당 지역에서 출생한 모든 신생아들을 대상으로 1회의 청각선별검사비와 확진 검사비를 지원해주었다(medicalworldnews, 2016). 2018년에 신생아 청각선별검사는 모든 신생아에게 건강보험이 적용되었다(보건복지부, 2018).

신생아 청각선별검사에 사용되는 기기로는 자동화 청성뇌간반응검사(Automated Auditory Brainstem Response: AABR)와 자동화 이음향방사(Automated Evoked Otoacoustic Emissions: AOAE)가 있다. 이음향 방사는 귀에 소리 자극을 주었을 때 와우에서 발생하는 소리로, 와우의 외유모세포의 수축과 진동의 능동적 기계력에 의해 발생한다고 알려져 있다(대한청각학회, 2009). 주로 가장 많이 사용되고 있는 일과성음 유발 이음향방사(Transient Evoked Otoacoustic Emissions: TEOAE)는 25~35dB HL보다 청력이 좋은 경우에는 측정이 가능한데 청력검사 결과가 자동으로 통과 또는 재검으로 출력되는 기기이다. 이것은 난청이 있는 사람을 구별할 수는 있으나 청력의 정도를 예측할 수는 없으므로 재검 판정 후 2차 검사(퇴원 전 또는 한 달 후)에서도 재검 판정을 받았다면, 청력역치의 정보가 주어지는 ABR과 같은 검사를 실시한다. 미국에서는 1994년 Joint Committee on Infant Hearing에서 열 가지 청각장애 고위험요소(표 9-2)를 제시하여 3세까지 6개월마다 주기적인 청력검사를 실시하도록 권장하고 있다(NIH, 1995).

표 9-2 청각장애 고위험요소

1. 유전성 감각신경성 난청의 가족력
2. 태아시의 감염
3. 두개안면부의 기형
4. 출생시 체중 <1,500g
5. 교환수혈이 필요한 정도의 과빌리루빈혈증이 있는 경우
6. 아미노배당체(amonoglycosides)를 포함하는 하나 이상의 이독성 약물의 사용력이 있거나 고리이뇨제와 함께 사용한 경우
7. 세균성 뇌수막염
8. 아프가 수치(Apgar scores)가 1분에 0~4, 5분에 0~6인 경우
9. 인공호흡기의 사용 ≥5일
10. 감각신경성 난청이나 전음성 난청과 관련된 것으로 알려진 증후군의 징후 혹은 임상적 소견이 있을 때

(2) 선별검사가 필요한 아동

- 중이염을 자주 앓은 경험이 있는 아동
- 아동의 말소리 명료도가 떨어지고, 연령에 맞는 말소리를 산출하지 못하며, 말소리를 왜곡, 생략, 대치하는 아동
- 보통의 말소리에 반응을 보이지 않거나 주의를 기울이지 않는 아동
- 상대방의 언어적 요구를 잘 이해하지 못하고 다시 말해달라고 요구하는 아동
- 방송 매체를 들을 때 보통 사람이 듣는 것보다 큰 소리로 듣는 아동
- 상대방의 말을 듣기 위해 화자 쪽으로 귀를 가까이 해서 듣는 아동
- 말하기 수업활동에 참여하지 않으려고 하는 아동

2) 청력장애의 판별

(1) 청성유발전위(Auditory Evoked Potentials: AEP) 검사

청성유발전위 검사는 소리자극을 준 후 머리에 부착된 전극을 통해 청신경계에서 발생된 유발전위를 측정하는 객관적인 청력검사 방법이다. 청성뇌간반응과 청성지속반응 검사가 아동에게 가장 많이 사용되고 있다.

① 청성뇌간반응(Auditory Brainstem Response: ABR) 검사

청성뇌간반응 검사는 클릭음을 이용할 경우 2,000~4,000Hz 사이의 청력역치를 비교적 정확히 알 수 있으며, tone pip이나 tone burst를 이용할 경우 주파수별 청력역치 측정도 가능하다.

② 청성지속반응(Auditory Steady-State Response: ASSR) 검사

청성지속반응 검사는 청성뇌간반응을 보완할 수 있는 검사로 주파수 특이적인 청력역치를 제공한다. 최대 자극 강도가 120dB HL 이상으로 출력한계가 높아 청성뇌간반응으로 검사할 수 없었던 고도 및 심도의 난청 평가에 유용하다. 하지만 정상 청력과 경도 난청일 경우 일관된 반응이 나타나지 않고 청각신경병증을 확인할 수가 없으므로 단독

으로 사용하기보다 청성뇌간반응이나 이음향방사 검사 등과 함께 보조적으로 사용하는 것이 바람직하다(Hall Ⅲ, 2007).

(2) 행동관찰 청력검사(Behavior Observation Audiometry)

행동관찰 청력검사는 아동에게 소리를 들려주어 그 반응(눈 깜박임, 소리 나는 쪽으로 고개돌림 등)을 알아보는 검사로 최소한의 정보를 제공해 준다. 연령은 신생아에서 2세까지의 영아에게 사용할 수 있다. 주로 3,000~4,000Hz 범위의 주파수를 60~80dB에서부터 변조시킨 음을 사용하여 2초 정도 들려주고 두 명의 검사자가 각각 관찰하여 일치된 결과를 얻었을 때 반응으로 간주한다(대한이비인후과학회, 2009).

(3) 시각강화 청력검사(visual reinforcement audiometry)

시각강화 청력검사는 아이가 소리에 반응할 경우 빛을 깜빡이거나 장난감이 움직이도록 하여 검사하는 것으로 생후 5~6개월에서 36개월의 영유아에게 적용할 수 있다(Madell & Flexer, 2014).

(4) 놀이 청력검사(play audiometry)

놀이 청력검사는 만 2세 이후 5세까지 유아의 청력을 측정하기 위해 놀이를 활용하여 검사하는 방법이다. 소리를 듣고 고리를 끼우는 것과 같은 일정한 행동을 하도록 교육한 후 검사를 실시한다.

(5) 순음 및 어음 청력검사

일반적으로 5세가 지난 아동은 검사자와의 친밀감이 형성되면 순음 및 어음 청력검사를 할 수 있다.

① 순음 청력검사(pure tone audiometry)

순음 청력검사는 전기적으로 발생시킨 순음을 피검자에게 들려주는데 각 주파수에 따라 가장 약한 소리의 강도에서 피검자가 50% 반응하면 그것을 역치로 간주하여 청력도(Audiogram)에 기입한다. 검사 주파수의 순서는 일반적으로 1000Hz부터 시작하여 2000, 4000, 8000Hz 순으로 차차 고음역을 측정하고 다시 1000Hz의 음을 검사한 후 500, 250, 125Hz의 순으로 저음역을 측정한다. 음이 공기를 통하여 외이도를 거쳐 내이에 전달되는 과정을 측정하는 기도 청력검사(air conduction threshold)와 소리가 두개골을 통해 내이에 전달되는 골도 청력검사(bone conduction threshold)가 있다. 청력도 및 기도 청력검사와 골도 청력검사에서 사용되는 기호는 [그림 9-3]과 같다.

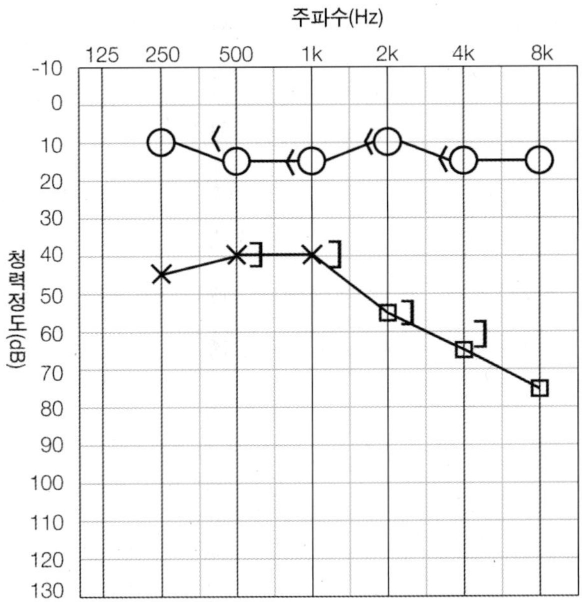

표기 기호

검사종류 \ 귀		오른쪽	왼쪽
기도		○	×
기도차폐		△	□
골도		<	>
골도차폐		[	]
무반응	기도	○↙	×↘
	골도	<↙	>↘

그림 9-3 청력도

② **어음 청각검사**(speech audiometry)

순음 청력검사는 청력손실의 유무, 정도 그리고 유형에 관한 정보를 주지만, 순음 청력검사의 결과만으로 말소리의 청취 및 이해력 정도를 평가하기는 어렵다. 어음 청각검사에는 어음청취의 민감도를 측정하는 어음인지역치검사(speech recognition threshold: SRT) 그리고 청각장애 아동의 일상생활에서의 의사소통 능력을 측정하는 검사로 청력손실의 장애정도와 사회적응능력을 평가하는 데 순음 청력검사보다 도움이 되는 단어인지도검사(word recognition score: WRS)와 문장인지도검사(sentence recognition score: SRS)가 있다.

어음인지역치검사는 제시되는 이음절 단어를 정확하게 50% 확인할 수 있는 가장 작은 강도(dB HL)를 측정하는 검사로 순음검사와의 일치 여부(10dB 이내)를 확인하여 검사의 신뢰도를 확인하는 것이다. 단어인지도검사는 듣기에 가장 적절한 강도로 단어를 제시하였을 때 정확히 이해하는 정도(%)를 측정하며, 문장인지도검사는 문장을 정확히 확인하는 정도(%)를 측정한다. 이 검사 결과는 의사소통장애의 정도, 청력손실병변부위에 대한 정보, 보청기의 적응 및 선택, 보장구의 적합 및 재활, 재활의 평가와 계획, 중추청각처리장애 판별 및 재활 등에 필요한 정보를 제공한다. 검사 연령은 취학전 연령 단계부터 사용할 수 있는 한국표준 이음절어표와 단음절어표 그리고 문장표가 있다(이정학 외, 2010).

(6) 이미턴스(immittance) 검사

이미턴스 검사는 외이도 입구에서 소리자극을 주고 고막에서 반사되어 돌아오는 에너지를 분석하여 고막과 중이 구조물의 저항과 수용에너지를 측정함으로써 중이 또는 내이의 상태를 간접적으로 분석할 수 있다. 이미턴스 검사에는 고막운동성검사(tympanometry)와 음향반사역치(Acoustic Reflex Threshold: ART), 음향반사피로검사(Acoustic Reflex Decay: ARD) 등이 있다. 고막운동성검사는 고막과 중이의 상태를 진단하는 데 이용되며, 음향반사역치와 음향반사피로검사는 감각신경성 난청이 있을 때 병변부위를 변별하는 데 유용하게 사용된다.

4. 청각장애의 교육적 지원

1) 청능훈련(auditory training)

청능훈련이란 장애학생이 가지고 있는 잔존청력(residual hearing)을 최대한 활용하여 상대방의 말을 통한 언어적 정보를 수용할 수 있게 하는 훈련이다(교육부, 2000). 보청기나 인공와우를 사용하는 청각장애 유·소아가 소리에 반응하는 방법을 알지 못하면 보청기 조절과 인공와우 매핑에 어려움을 겪게 된다. 청능훈련은 아동이 소리에 반응하는 방법을 배우게 하며, 나아가 말소리를 듣고 이해하여 표현하는 능력을 익히게 한다. 다음은 청능훈련의 대화기법(서영란, 2001)과 듣기훈련법(서영란, 박선희, 2017)이다.

(1) 대화 기법

① 자연적 대화 기법

어떤 형식에 구애받지 않고 자연스러운 대화를 통해 청각장애 아동이 일반적으로 대화의 형식을 익히도록 유도하는 것이다. 청각과 시각적인 단서(Auditory Visual: AV)를 모두 동원하여 실시하는 상황에서 시각적 단서 없이 청각적 단서만 사용하는 상황(Auditory Only: AO)으로 전이시켜 간다. 자연적 대화 기법은 폭넓은 의사소통 환경을 익힐 수 있지만 청각장애가 고도 내지 심도일 경우에는 이해가 부족하여 산만해질 우려가 있다.

② 구조적 대화기법

주어진(Closed set) 주제나 환경에 따른 제한적 청각상황을 응용하여 발생할 청각 환경을 청각장애 아동이 미리 예상할 수 있도록 유도하면서 대화하는 방법으로, 소리를 처음 대하는 청각장애 아동이나 아직 언어의 개념이 없는 고도 이상의 청각장애 아동에게는 어려울 수도 있다.

(2) 듣기 훈련법

① 청각탐지(Auditory Detection)

단순한 음성이나 악기 소리를 사용하여 소리의 존재 유무를 감지하고 소리가 들리면 의식적인 행동 반응으로 유도한다. AV 상황에서 AO 상황으로 진전시켜 나간다.

환경음을 들려줄 때 아동의 청력도를 고려하여 아동이 잘 들을 수 있는 주파수 소리를 먼저 들려주는 것이 좋으며, 큰 소리 듣기에서부터 점차적으로 작은 소리 듣기로 나

아간다. 어린 아동은 아동의 흥미를 유발시킬 수 있는 다양한 놀이기구를 활용하고 소리의 감지 능력과 청력검사의 수행능력을 접목시키는 지속적인 평가법(Ongoing Evaluation)과 유기적으로 연결시킨다. 그리고 환경음의 탐지를 잘하게 되면 말소리의 탐지를 시작하는데. 말소리 탐지에서도 큰 소리에 반응하기부터 작은 소리에 반응하기로 나아가며, 6음소(m, a, u, I, sh, s) 탐지에서부터 음소 듣기, 낱말 과제에 반응하는 것으로 진행한다.

② 청각변별(Auditory Discrimination)

소리의 변별활동이 가능하기 위해서는 우선 사물의 '같다'와 '다르다'의 개념을 알고 있는지 확인하는 것이 필요하다. 그런 다음 청각장애 학생에게 두 가지 소리를 들려주고 같은 소리인지 다른 소리인지를 구분하게 한다. 환경음 변별에서는 주파수별 환경음과 주제별 환경음을 변별하고 말소리 변별에서는 주파수가 다른 말소리(ㅁ/ㅅ, ㄹ/ㅌ, ㅇ/ㅊ 등)부터 유사한 주파수의 말소리(ㄷ/ㅈ, ㅅ/ㅆ, ㄱ/ㅂ 등) 변별로 난이도를 조절한다.

③ 청각확인(Auditory Identification)

청각확인은 소리를 듣고 그 소리에 해당하는 그림이나 실물 등을 지적하거나 소리를 듣고 따라 말하게 한다. 처음에는 적은 수, 동일한 집단의 예로 시작하여 점진적으로 많은 수의 예와 복합집단의 예로 진행한다(AV 상황 → AO 상황).

환경음의 확인에서는 여러 가지 환경음 중에서 자극수(number of stimulus)를 늘려 듣기 수준을 높여 간다. 그리고 악기 소리, 동물 소리, 탈것, 생활 환경음 등 주제별 환경음 확인에서는 해당하는 소리를 듣고 가리키게 한다. 말소리 확인에서는 6음 확인과 자모음 확인을 하고 음절수가 다른 단어와 문장의 확인에서부터 길이가 유사한 단어와 문장으로 난이도를 높여 간다. 또한 주제별 환경음과 말소리 확인에서도 자극수를 늘려가며 듣기 연습하도록 한다.

④ 청각이해(Auditory Comprehension)

청각이해 단계는 상대방이 하는 말을 듣고 내용을 이해할 수 있도록 하는 데 중점을 두며, 지도하는 사람의 말을 반복하거나 따라 하지 못하게 하고 반응하기 전에 사고하는 시간을 갖도록 유도한다. 보기가 주어진 상황(closed set)과 보기가 주어지지 않은 상황(open set)에서의 연습이 있다. 보기가 주어진 상황에서는 설명하는 단어 찾기, 지시 사항 수행하기, 문장 듣고 그림의 순서 맞추기 등이 있으며, 보기가 주어지지 않은 상황에서는 간단한 질문에 답하기, 문장이 맞는 문장인지 틀린 문장인지 분별하기 그리고 이야기를 듣고 질문에 답하기 등이 있다. 문장 듣기에서는 하나의 문장에서 시작하여 문장의 수를 늘려가며 제시함으로써 질문의 난이도를 높여 간다.

2) 독화(Speechreading)지도

독화는 말의 시각적인 수용으로 상대방의 입 모양이나 표정을 보고 화자의 사고를 이해하는 기술로 독화과정에 포함할 수 있는 변인으로는 화자의 말소리인 음성단서, 화자의 조음운동에 의해 나타나는 시각단서, 전언에 수반되어 화자에 의해 표현되는 비음성단서(얼굴표정, 손짓과 몸짓 등) 그리고 환경으로부터 오는 단서를 들 수 있다(김영욱, 2007). 독화지도 방법에는 분석적 방법과 종합적 방법이 있다. 분석적 방법은 입술 움직임에 주력하는 것으로서, 시각적으로 구별되는 말소리를 조음의 위치와 방법을 이해시켜 상대방이 하는 말을 인지할 수 있게 지도하는 것이다. 종합적 방법은 부분보다 전체 이해에 중점을 두는 것으로, 문맥적 정보를 이용하여 시각적으로 구별되지 않는 의미의 개념을 추측할 수 있도록 하여 청각장애 아동이 의사소통하는 데 어려움을 줄여주는 방법이다. 청각장애 아동이 청각적 정보 없이 독화를 할 때는 조음위치가 같거나 유사한 말소리를 구별하는 것이 어렵고, 또 시각적으로 보이지 않는 입 안쪽에서 나는 소리(연구개음, 성문음 등)를 이해하기 어렵다. 그러므로 분석적 방법과 종합적 방법을 병행하여 지도하여야 상대방이 하는 말을 이해하기가 쉬울 것이다. 또한 독화과정에서는 문자 그대로의 읽기가 아니라 소리 나는 대로의 음운과정이므로 독화지도 시 청각장애 아동에게 알려주어야 한다.

3) 종합적 의사소통법(total communication method)

청각장애 아동과 의사소통할 때 구화법만을 사용한다면, 청력손실이 고도 이상인 청각장애 아동은 청각과 말로 정보를 받아들이는 데 한계가 있다. 종합적 의사소통은 청각장애 아동이 의사소통하는 데 어려움을 덜어주기 위해 개인의 의사소통 요구에 초점을 맞추어 청각, 구화, 수화, 지문자, 쓰기 등의 모든 의사소통 양식을 활용하는 것이다. 종합적 의사소통은 수화에 대한 충분한 가치를 인정해주고 청각장애인들에 의한 수화의 사회적·문화적 사용에 중요성을 부여하고 있다는 점이 특징이다.

4) 보청기(hearing aid)와 인공와우(cochlear implant)

청각장애를 진단 받은 아동은 가장 먼저 보청기를 처방받게 된다. 보청기의 유형은 형태에 따라 귀걸이형, 귀속형, 박스형, 안경형이 있으며, 신호전달 방식에 따라 기도보청기, 골도보청기, 촉각형(Tacktile) 보청기로 나눈다. 보청기로 청각정보의 입력이 어려운 고도 및 심도의 청각장애 아동은 인공와우를 시술받게 된다. 와우 내의 청각세포(hair cell)는 소리를 감지하는 데 있어 중요한 역할을 하는데, 대부분의 감각신경성 난청은 이 세포가 파괴되어 발생한다. 인공와우는 내이의 와우에 전극을 삽입하는 수술로써 파괴된 청각세포를 대신하여 소리를 전기신호로 변환하여 직접 청신경섬유를 자극하는 장치로, [그림 9-4]와 같이 체내기기와 체외기기로 나누어진다.

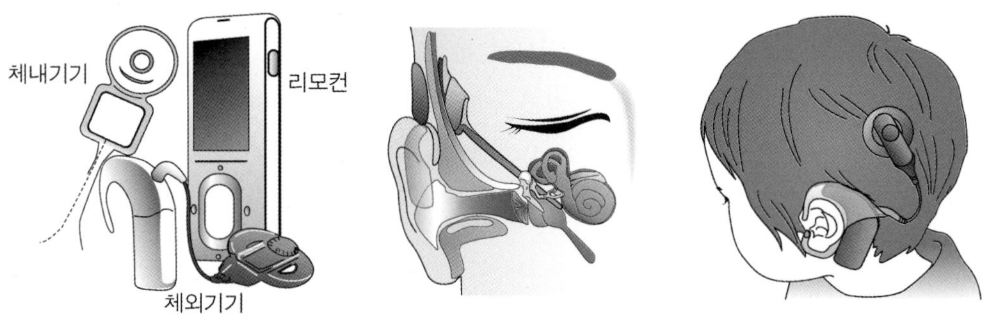

그림 9-4 Nucleus 5 인공와우 기기 및 착용 모습

5) 이중언어-이중문화접근법(bilingual-bicultural method)

이중언어-이중문화접근법은 청각장애 아동이 자연수화인 모국어와 그 나라의 건청인이 사용하는 언어를 익히고 청각장애인의 문화와 건청인의 문화를 모두 습득하도록 해야 한다는 것(Tumbull et al., 2004)으로 1990년대 이후 관심이 높아졌다. 이중언어-이중문화접근법의 필요성으로는 우선 듣기에 어려움을 가진 청각장애 아동과 농아동이 언어를 배울 수 있는 주된 통로가 되므로 아동중심 교육이라는 점이다.

또한 자연스럽게 습득되는 언어(자연수화)를 사용한 교육이 학습에 의해 습득하는 외국어(국어)로 교육받는 것보다 교육의 효율성이 높다는 것이며, 청각장애 아동이 정서적으로 안정될 수 있다는 것이다. 농부모 가정에서 자연수화를 1차 언어로 습득한 농아동이 건청부모 가정에서 자라난 농아동보다 사회적, 학업성취면에서 우수한 면을 볼 때 이중언어-이중문화접근법은 청각장애 아동의 언어접근법으로 타당하다.

그럼에도 불구하고 이중언어-이중문화접근법의 문제점으로는 북미 여러 곳 등에서 많이 실시되고 있으나 아직 초기단계라는 점과 청각장애 아동에게 이중언어-이중문화접근에 기초한 교육을 담당하는 교사를 위한 적절한 교육 프로그램 조정이 이루어지고 있지 않다는 점, 그리고 건청 부모의 적극적인 참여가 부족하다는 점 등을 들 수 있다. 특히 청각장애 아동의 90% 이상이 건청인 부모의 농자녀라는 점에서 인공와우 양이를 의료보험으로 지원받게 된 오늘날, 우리나라의 현실에서 보호자로서 언어권을 선택할 수 있는 입장에 있는 건청 부모를 이중언어-이중문화접근에 호응할 수 있게 하는 것이 가장 큰 문제라고 할 수 있다.

참고문헌

강창욱(1994). 청각장애학생언어의 통사구조분석. 대구대학교 대학원 미간행 박사학위 청구논문.

교육부(2000). 청능훈련: 특수학교 치료교육활동 교사용지도서. 대구대학교 1종 도서편찬위원회.

김병하, 석동일, 원영조, 이규식(2007). **청각장애아 교육 개정판**. 대구: 대구대학교출판부.

김영욱(2007). **청각장애아동교육의 이해**. 서울: 학지사.

김영태, 이윤경(2000). 중고도 청각장애아동과 일반아동의 발화길이 비교. **특수교육학연구,** 35(3), 1-15.

김유경, 박미혜, 석동일(2005). 인공와우이식 아동의 조음발달에 관한 연구. **특수교육저널: 이론과 실천,** **6**(2), 67-83.

김화미(2001). 인공와우 이식수술 아동의 음운변동. 한림대학교 대학원 미간행 석사학위 청구논문.

대한청각학회(2009). **청각검사지침**. 서울: 학지사.

대한이비인후과학회(2009). **이비인후과학-두경부외과학**. 서울: 일조각.

박혜진, 배소영(2003). 청각장애아동의 어휘발달. **언어청각장애연구,** **8**(1), 66-81.

보건복지부(2015). 2014~2018 건강보험 중기보장성 강화 계획.

보건복지부(2018). 건강보험 보장성 확대로 10월부터 국민의료비 부담이 줄어듭니다.

서영란(2000). 연령과 청력역치에 따른 청각장애아동의 음운적 특성. 한림대학교 사회복지대학원 미간행 석사학위 청구논문.

서영란(2001). 청능훈련. 한국 언어청각임상학회 언어·청능장애 여름연수회, 406-419.

서영란, 박경란, 김병하(2007). 청각장애영아동의 어휘발달에 대한 종단연구. **특수교육저널: 이론과 실천,** **8**(4), 141-159.

서영란(2010). 발화분석을 통한 취학전 청각장애아동의 문법 및 의미발달에 대한 종단연구. 대구대학교 대학원 미간행 박사학위 청구논문.

서영란, 박선희(2017). 요르단 청각장애 특수학교건립사업: 청능훈련 교재개발. 한국 국제협력단(KOICA).

석동일(2004). 중추성 청각정보처리장애의 특성 고찰. **특수교육저널: 이론과 실천.** 5(2), 45-70.

심현섭, 김영태, 김진숙, 김향희, 배소영, 신문자, 이승환, 이정학, 한재순, 윤혜련, 김정미, 권미선(2010). **의사소통장애의 이해**. 서울: 학지사.

유은정(2005). 인공와우 이식아동의 조사사용 특성. 한림대학교 사회복지대학원 미간행 석사학위 청구논문.

이정학, 조수진, 김진숙, 장현숙, 임덕환, 이경원, 김형종(2010). **어음청각검사: 전문가 지침서**. 서울: 학지사심리검사연구소.

장유경(2004a). 한국영아의 초기어휘발달: 8개월~17개월. **한국심리학회지: 일반,** 23(1), 77-99.

장유경(2004b). 한국영아의 초기어휘발달: 18개월~36개월. **한국심리학회지: 발달,** 17(4), 91-105.

장현숙(2008). 청각장애학생의 교육 및 청능재활의 적용 실제. 국립특수교육원·한국청각언어재활학회 제15회 국제 세미나 및 2008 청각학 세미나 자료집, 93-113.

정현경(2002). 4, 5세 청각장애아동과 정상아동의 의사소통기능 비교. 한림대학교 대학원 미간행 석사학위 청구논문.

진수림(2005). 전음성 청각장애아동과 인공와우 착용 청각장애아동의 어음변별력과 어음명료도 비교. 대구대학교 교육대학원 미간행 석사학위 청구논문.

최성규(1997). **청각장애아의 심리**. 서울: 도서출판 특수교육.

American Speech-Language-Hearing Association(1990). Audiological assessment of central auditory processing: An annotated bibliography. *Asha, 32*(suppl. 1), 13-30.

Blamey, P. J., Barry, J. G., & Jacq, P.(2001). Phonetic inventory development in young cochlear implant users 4 year post operation. *Journal of Speech, Language and Hearing Research, 44*, 73-79.

Davis, J. M., Elfenbein, J., Schum, R., & Bentler, R. A.(1986). Effects of mild and moderate hearing impairments on language, educational and psychosocial behavior of children. *Journal of Speech and Hearing Disorders, 51*(1), 53-62.

Davis, J. M., & Hardick, E. J.(1981). *Rehabilitative audiology for children and adults*. New York: John Wiley & Sons.

Dodd, B. (1976). The phonological systems of deaf children. *Journal of Speech and Hearing Disorders, 41*, 185-198.

Ertmer, D. J., & Mellon, J. A.(2001). Beginning to talk at 20 months: Early vocal development in a young cochlear implant recipient. *Journal of Speech, Language and Hearing Research, 44*, 192-206.

Geers, A. E., & Moog, J. S.(1978). Syntactic maturity of spontaneous speech and elicited imitations of hearing impaired children. *Journal of Speech and Hearing Disorders, 43*, 380-391.

Hall Ⅲ, J, W.(2007). *New Handbook for auditory evoked responses*. Boston, MA: pearson.

Hallahan, D. P., & Kauffman, J. M.(2003). *Exceptional learners: Introduction to special education*(9th ed). Boston: Allyn and Bacon.

Halpin, K. S., Smith, K. Y., Widen, J. E., & Chertoff, M. E. (2010). Effects of Universal Newborn Hearing Screening on an Early Intervention Program for Children with Hearing Loss, Birth to

3 Yr of Age. *Journal of the American Academy of Audiology, 21*, 169-175.

Joint Committee on Infant Hearing(2000). Year 2000 position statement: principles and guidelines for early hearing detection and intervention programs. *pediatrics. 106*: 798-817.

Madell, J. R., & Flexer, C.(2014). *Pediatric Audiology: diagnosis, technology, and management*(2nd ed). New York: Thieme medical publishers.

Moores, D. F.(2001). *Educating the deaf: psychology, principles and practices*(5th ed). Boston: Houghton Mifflin.

National Institutes of Health pub. NO. 95-4040(1995). *Silence Isn't Always Golden-Hearing, Speech and Language problems in children*. URL: http//www.nidcd.nih.gov/health/hearing/silence. htm.

Nicholas, J. G., Geers, A. E., & Kozak, V.(1994). Development of communicative function in young deaf and normally hearing children. *Volta Review, 96*, 113-135.

Prinz, P. M., Strong, M., Kuntze, M., Vincent, M., Friedman, J., Moyers, P., & Helman, E.(1996). A path to literacy through ASL and English for deaf children. In C. E. Johnson & J. H. V. Gilbert(Eds.), *Children's language*(Vol. 9, 235-251). Mahwah, NJ: Erlbaum.

Schirmer, B. R.(1985). An analysis of the language of young deaf children in terms of syntax, semantics and use. *American Annals of the deaf. 130*, 15-19.

Schow, R. L., & Nerbonne, M. A.(1996). *Introduction to Audiologic Rehabilitation*(3th ed.). Boston: Allyn and Bacon.

Seyfriend, D., & Kricos, P.(1996). Language and speech of the deaf and hard of hearing. In Schow, R., & Nerbonne, M. (Ed.). *Introduction to audiologic Rehabilitation*. Boston: Allyn and Bacon.

Smith, C.(1975). Residual hearing and speech production in deaf children. *Journal of Speech and Hearing Research, 18*, 795-811.

Skarakis, E. A., & Prutting, C. A.(1977). Early communication: Semantic functions and communicative intentions in the communication of the preschool child with impaired hearing. *American Annual of the deaf, 122*, 382-391.

Tumbull, R., Tumbull, A., Shank, M., & Smith, S. J.(2004). *Exceptional lives: Special education in today's schools*(4th ed.). Upper Saddle River, NJ: Merrill/prentice Hall.

Tye-Murry, N., Spencer, L., Gilbert-Bedia, E.(1995). Relationships between speech production and speech perception skills in young cochlear implant users. *Journal of the Acoustical Society of America, 98*(5), 2454-2459.

메디컬월드뉴스 홈페이지 http://medicalworldnews.co.kr/news/view.php?idx=1458723275.

익힘문제

1. 「장애인 등에 대한 특수교육법」에 제시된 청각장애의 정의를 제시하시오.

2. 청각장애의 원인 및 특성을 제시하시오.

3. 청각장애 교육방법을 설명하시오.

Chapter 10

지체장애와 건강장애

1. 지체장애

1) 지체장애의 정의 및 원인

(1) 지체장애의 정의

지체장애란 원인에는 관계없이 지체의 기능에 부자유로 인하여 그대로 두면 장차 자활이 곤란한 경우를 말한다(안병즙, 1978). 지체란 체간과 사지를 말하며, 체간은 척추를 중축으로 한 상반신으로 두부(頭部)와 몸통을 의미한다. 특히 척추는 경추, 흉추, 요추의 세 부분으로 이루어져 두부를 지지하면서 운동기능을 발휘하게 된다. 따라서 이러한 체간의 부자유로 인해서 정적인 지지능력, 동적인 운동기능, 형태이상에 의한 운동 기능에 어려움을 가지게 된다(전헌선 외, 2006). 사지는 상지와 하지를 말하며, 상지는 일상생활과 작업 활동에 관련되고, 하지는 서기, 걷기 등과 같은 이동 기능에 관련된다.

「장애인 등에 대한 특수교육법」(2007)에서는 "기능·형태상 장애를 가지고 있거나 몸통의 지지 또는 팔다리의 움직임 등에 어려움을 겪는 신체적 조건이나 상태로 인해 교육적 성취에 어려움이 있는 사람"으로 정의하고 있다.

또한 「장애인복지법」에서의 지체장애 정의를 보면, 대분류로 신체의 일부를 잃은 사람, 관절장애가 있는 사람, 지체기능장애가 있는 사람, 신체에 변형 등의 장애가 있는 사람으로 분류하고 1급~6급까지의 세분류를 하고 있다. 뇌병변장애는 보행이 불가능하거나 일상생활동작을 거의 할 수 없어 도움과 보호가 필요한 사람(1급)에서 보행 시 파행을 보이거나 섬세한 일상생활동작이 경중한 정도로 제한된 사람(6급)으로 정의하고 있다.

(2) 지체장애의 원인

지체장애의 다양한 종류로 인해서 그 원인도 다양하다. 이러한 지체장애의 원인은 분류에서 그 특성과 함께 알아보기로 하고, 본 장에서는 특수학교의 주 교육대상자인 뇌성마비의 원인에 관해서 알아보도록 하겠다.

뇌성마비 발생 원인은 다양하지만 뇌손상이 일어난 부위와 병변의 크기에 따라 뇌성마비의 유형과 장애정도를 결정하게 된다(전헌선, 한경임, 노선옥, 2004).

뇌성마비의 대표적인 유형 세 가지를 보면 대뇌피질을 둘러싸고 있는 추체로에 병변이 생기면 경직형 뇌성마비가 일어나고, 대뇌 기저핵의 손상이 있으면 불수의운동형 뇌성마비가 되며, 소뇌의 손상이 있으면 운동실조형 뇌성마비가 된다. 이러한 대뇌의 병변으로 인해 뇌성마비의 유형이 결정된다.

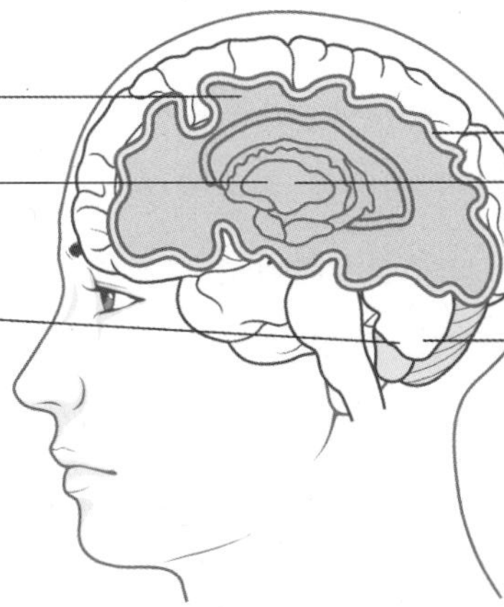

그림 10-1 뇌성마비의 뇌손상 부위

출처: 전헌선, 한경임, 노선옥(2004).

선천적인 뇌성마비는 출생 후 얼마 동안, 혹은 출생 동안이나 그 이전에 뇌에 전달되는 산소결핍이 원인이다. 산소결핍은 태아의 머리나 목 주위를 죄는 탯줄이 원인이 되거나 힘든 출산이나 뜻밖의 출산 혹은 출산시간 지연 등의 원인으로 가장 빈번하게 발생한다(Bowe, 2000). 또한 자궁의 벽으로부터 태반의 너무 이른 분리로 인해 태아에게 산소 공급을 방해하는 것도 원인이 된다. 산소결핍의 이러한 종류는 뇌성마비의 가장 공통적인 원인이다. 그럼에도 불구하고 산소 공급을 방해하는 것이 뇌성마비의 원인은 아니라고 시사한다(United Cerebral Palsy of Washington, 1997; "When Your Child Has Cerebral Palsy", 1996). 즉, 확실한 감염(풍진 포함), 모체와 태아 간의 RH 불일치, 조기 출산 혹은 저체중 출산, 임신기간 동안 알맞은 영양섭취 부족, X-ray에 불필요한 노출, 그리고 태아를 침범하는 미생물 등도 뇌성마비의 원인이다. 후천적인 뇌성마비는 보통 운동 중에 머리 외상, 운송사고, 낙하, 아동학대 등이 포함된다.

2) 지체장애의 분류 및 특성

(1) 지체장애의 분류

「장애인복지법」에서 제시한 지체장애와 뇌병변장애의 분류를 보면, 대분류로 신체적 장애, 중분류로 외부 신체기능의 장애, 소분류로 지체장애, 뇌병변장애로 분류되고, 세분류로 지체장애는 절단장애, 지체기능장애, 변형 등의 장애로 분류되고, 뇌병변장애는 중추신경의 손상으로 인한 복합적인 장애로 분류된다.

특수교육에서 지체장애는 크게 중추신경계의 손상으로 인한 신경성증후군과 근골격계의 이상으로 인한 운동기증후군으로 분류하며, 신경성증후군은 뇌성마비, 진행성 근위축증, 척수성 소아마비를 포함하며, 운동기증후군은 결핵성증후군, 골 증후군, 관절 증후군, 외상성 증후군, 형태이상 증후군을 포함한다(표 10-1). 지체장애의 신경성 증후군과 운동기 증후군 중에서 잘 알려진 분류를 중심으로 그 특성을 알아보고자 한다.

표 10-1 지체장애의 분류

유형	분류	종류
신경성 증후군	뇌성마비	경직형, 불수의운동형, 운동실조형, 강직형, 진전형
	진행성 근위축증	듀센형, 베커형, 안면견갑상완형, 지대형, 위축성 근 경직형
	척수성 소아마비	소아마비
운동기 증후군	결핵성증후군	결핵성 고관절염, 무릎관절 결핵, 관절 결핵, 골 결핵, 척추 카리에스
	골 증후군	골형성 부전증, 연골무형성증, 골단염, 레그-페르데스병, 구루병, 모르퀴오병, 골수염
	관절 증후군	선천성 고관절탈구, 병적 탈구, 관절 류마티즘, 관절염, 관절구축
	외상성 증후군	절단, 반흔구축, 가관절
	형태이상 증후군	만곡족, 내반슬, 외반슬, 척추측만, 척추후만, 척추전만, 척추파열(이분척추), 단지증

출처: 전헌선 외(2003).

① 신경성 증후군

가. 뇌성마비(cerebral palsy)

뇌성마비는 수태에서부터 생후 1개월까지의 신생아기에 뇌 손상으로 비진행성 병변이 발생하고, 그 결과 지체의 수의 운동장애, 운동기능 마비, 자세 이상 등의 신경성 운동기능 장애를 초래한다. 이러한 운동기능장애는 일시적이 아니고 영속적이며 출생 후 만 2세까지 증후가 나타날 수도 있다. 따라서 뇌성마비의 주 장애는 뇌 병변으로 인해 생기는 운동장애이며, 수반장애로는 정신지체, 시각장애, 언어장애, 청각장애, 정서장애, 학습장애, 간질 등을 동반할 때도 있다.

미국뇌성마비학회(The American Academy on Cerebral Palsy: AACP)에서는 뇌성마비를 생리적, 부위별로 분류하고 있다. 생리적 분류는 경직형, 불수의운동형, 운동실조형, 강직형, 진전형으로 나눌 수 있다(표 10-2).

표 10-2 뇌성마비의 생리적 분류와 특성

분류	특성
경직형 (spastic type)	• 대뇌 추체로 손상 • 뻣뻣한 근육 • 외부 영향을 받는 활동으로 근육 긴장의 증가 • 선택적인 운동 억제 감소 • 비정상적이고 제한적인 운동 협응 • 근 활동의 지나친 과활성화 • 제한된 범위의 이동 • 느린 근 활성화와 자세 반응 • 뇌성마비의 50~60%
불수의운동형 (athetoid type)	• 대뇌 추체외로 손상 • 억제되지 않고 불수의적인 움직임이 나타남 • 불수의와 강직, 진전을 포함함 • 강직일 때 움직이는 범위 내에서 저항을 보임 • 움직임은 시기, 방향, 장소의 특성에 따라서 비정상적임 • 손상된 자세 고착 • 뇌성마비의 30~40%

분류	특성
운동실조형 (ataxic type)	• 소뇌 손상 • 손상된 자세 억제 • 무너진 균형 • 협응 운동의 조절에 있어서 부적절한 억제 • 종종 긴장 이상과의 연합 • 활동적인 운동을 하는 동안에 체력 감소 • 몸, 손, 목소리 등의 떨림도 존재 • 뇌성마비의 5~10%
강직형 (rigidity type)	• 관절을 굴곡하거나 신전하면 묘한 저항감이 있음 • 근육의 신축성 상실로 운동 저항이 강하게 생김 • 경직형과 비슷하나 과잉동작이나 불수의적인 동작은 없음 • 뇌성마비의 5~10%
진전형 (tremor type)	• 수의 운동 시에 주로 진전이 나타남 • 대뇌와 소뇌의 연락장애가 있을 때 진전이 나타남 • 보행실조가 나타남 • 뇌성마비의 2~5%

출처: Marilyn, S. Workinger.(2005). 전헌선 외(2005).

또한 뇌성마비의 부위별 분류로는 단마비, 대마비, 편마비, 삼지마비, 양마비, 사지마비로 구분할 수 있다(표 10-3).

표 10-3 뇌성마비의 부위별 분류와 분포

분류	분포
단마비(monoplegia)	사지 중의 한쪽 마비(매우 희박함)
편마비(hemiplegia)	몸 한쪽의 팔과 다리 마비
양마비(diplegia)	모든 사지마비: 팔보다는 다리가 더 포함됨
사지마비(quadriplegia)	모든 사지마비: 팔, 다리가 똑같이 포함됨
삼지마비(triplegia)	몸 세부분의 마비
대마비(paraplegia)	오로지 다리만 마비(매우 희박함)

출처: Marilyn, S. Workinger.(2005).

나. 진행성 근 위축증(Muscular dystrophy)

근 이영양증, 척수성 근 위축증 등 다양한 용어로 불리는 근 위축증이란 진행성의 근 위축을 보이며 근육 조직 검사에서 근육의 괴사 및 재생과정을 보이고 근 섬유의 크기가 고르지 않으며 근 섬유가 괴사된 자리에 지방 및 섬유화 조직으로 대치되는 모든 근 질환을 말한다. 주로 유전적 원인에 의해 발병하며, 일반적으로 근육의 약화가 진행되어 일어서기 어렵고 걷거나 뛰기 힘들어한다.

근 위축 증후의 진행과정은 보행시기, 휠체어시기, 침상시기로 구분할 수 있다(전헌선, 2005). 보행시기에는 달리기가 힘들고 계단 오를 때 난간을 이용하거나 일어설 때 무릎에 손을 짚게 된다. 다리의 근력 저하가 생기면 상체를 좌우로 뒤뚱거리며 걷게 되고 뒤꿈치를 들고 발가락을 세워 걷게 된다. 허리의 근력 저하로 가슴과 배를 쑥 내민 특유의 자세를 보인다. 휠체어시기에는 척추측만, 관절구축이 진행되고 운동량 부족으로 비만이나 순환장애가 있을 수 있다. 침상시기에는 호흡, 신장기능이 저하되어 호흡곤란이 문제가 될 수 있다.

근 위축 증후의 종류는 다양하며, 유전성향과 임상 양상에 따라 다섯 가지 유형 즉, 듀센형, 베커형, 안면견갑상완형, 지대형, 위축성 근 경직형으로 구분한다(김정희, 2007; 전헌선, 2005).

듀센형과 베커형 근위축증(Duchenne/Becker Muscular Dystrophy: DMD/BMD)은 가장 대표적이고 흔하며 X 염색체와 연관 있는 근위축증이다. 임상에서 그 양상의 경중에 따라 듀센형 및 베커형으로 나누며, 듀센형의 경우 초기 운동 발달이 느려 18개월까지 독립보행을 못하는 경우가 많다. 종아리 근육이 가성 비대(실제 근육이 비대해지는 것이 아니고 근섬유가 괴사된 자리에 지방 및 섬유화가 진행되어 단단해지고 커진 것처럼 보이는 것-의사 성장: false growth)를 보이며, 하지에서 근위축이 시작되어 10세경에는 휠체어에 의존하게 된다. 베커형의 경우엔 6세에서 19세에 주로 나타나며, 하지의 근력 약화뿐 아니라 종아리 근육의 통증, 근 경련 등이 일어나고, 듀센형에 비해 느리고 다양하게 나타난다.

안면견갑상완형(Facioscapulohumeral Dystrophy: FSH)은 안면근, 견갑근(어깨근), 상완(어깨와 팔꿈치 사이 근육)과 허리, 엉덩이 근육 등이 약화되기 시작하며 어깨뼈가 날개같이 튀어나오는 익상견갑(scapular winging)이 특징이다. 원인은 유전자와 단백질 이상으로 밝혀졌으며 10~20대 남녀에게 주로 나타나며 빨대로 물을 마실 수 없고, 풍선을 불 수 없을 정도가 된다. 또한 목을 움직이는 근육(목굴근), 대흉근(가슴), 삼각근(어깨) 등도 점점 약화된다. 그 진행은 매우 느려 중년이 지나도 일상생활에 큰 영향이 없는 경우도 있다.

지대형(Limb-Girdle Muscular Dystrophy: LGMD)은 소아기부터 50세 이후까지 다양하게 나타나며, 초기에 견관절부와 고관절부의 근육 약화가 시작된다. 어깨, 허벅지 주위 근육이 약화되어 팔을 얼굴 높이로 들기가 힘들며, 보행이 어려워지면 전신의 관절이 굳어지는 것이 듀센형과 비슷하다.

위축성 근 경직형(Myotonic Dystrophy: MTD)은 20~40세 사이에 처음 나타나고, 엉덩이와 어깨 근육에서 위축이 나타나는 다른 근 위축증과는 달리, 목에 제일 처음 위축이 나타나며 얼굴, 다리, 팔, 손 등에 나타난다. 진행 초기에 안면과 턱, 목 근육의 약화 및 퇴화가 나타나며, 남자의 경우 이마 앞쪽이 벗겨지는 특징을 보인다. 증상이 잘 나타나지 않아서 본인이 모를 수도 있으며, 유일하게 백내장을 보이는 경우도 있다.

이러한 근 위축의 공통적인 징후들은 다리 근육의 위축으로 보행 자체가 힘들고, 손가락만 움직일 수 있을 정도로 근육 제어능력이 떨어진다. 가우어 사인(Gower's Sign)이란 요추전만, 척추 및 하지 전근의 쇠약으로 일어설 때 하퇴, 대퇴의 순으로 손을 짚고 힘들게 일어서는 특이한 기립 동작이다.

그림 10-2 듀센형 근 위축증의 가우어 사인(Gower's Sign)

출처: 전헌선 외(2006).

다. 척수성 소아마비(polio)

소아마비 또는 척수성 소아마비라고 하며 유아 및 소아에게 주로 나타난다. 소아마비는 폴리오바이러스(polio virus)의 감염에 의해 하지나 상지에 이완성 마비가 오는 전염병의 일종이다.

소아마비는 바이러스의 원인을 파생시키는 백신이 발달하기 전에는 공공의 질병이었다. 바이러스는 경도에서부터 중도에 이르는 신체 마비의 원인이 되고 뇌를 침범할 수도 있다. 또한 부분 마비를 일으키는 경우도 있다. 바이러스는 지금까지도 존재하고 있고, 모든 아이들은 이 질병으로부터 보호받기 위해 면역성을 필요로 한다(March of Dimes, 1999). 생애 초기에 소아마비를 가진 사람들은 소아마비 후에 근육 위축이 나타날 수도 있다.

우리나라에서는 소아마비가 드물었으나 한국전쟁을 전후해서 발생 빈도가 증가하다가 1950년대 후반부터 1960년대 초반에 이르러 폭발적인 대유행이 있었다(주정빈, 1989). 예방 접종이 개발된 이후 소아마비 발생률이 급격히 감소되어 현재는 거의 사라진 질병이다.

② 운동기 증후군

가. 척추 카리에스(spinal caries)

척추염, 척추결핵이라고도 하며 척추가 결핵균에 감염되어 생기는 질병이다. 즉, 척추로 들어간 결핵균에 의해 조직이나 세포가 죽어서 뼛속에 빈 공간을 형성하면 등골뼈가 연화되어 척추가 둥글게 굽는다. 심한 통증과 고름, 종기 등의 증세가 나타나기도 한다.

나. 골형성 부전증(osteogensis imperfecta)

골형성 부전증은 태내에서부터 나타나는 유전질환으로 특별한 원인이 없이도 뼈가 쉽게 부서지는 질병이다. 남여 모두에게 나타나며, 중도(重度)한 경우에는 이미 태내에서 많은 골절이 일어나서 사망한다. 출생 후에도 골절을 반복하는 관계로 사지의 길이 차가 나타나게 된다. 골절은 기저귀를 교체하는 중이거나 안아 올릴 때 또는 트림을 시키는 동안, 그리고 일어서거나 걷기 시작하는 정상행동 중에서도 다양하게 발생한다.

특징으로는 성장하면서 골절을 수없이 반복하기 때문에 장관골(長管骨) 변형이 생겨서 발육부진으로 신체가 작고 척추가 휘거나 튀어나와 있으며, 머리가 크게 보이고 턱이 앞으로 나와 있다. 또한 골형성 부전증은 청색 각막, 난청을 수반하기도 한다(전헌선 외, 2006).

골형성 부전증인 사람은 뼈가 약하기 때문에 이동 시 특히 문이나 물건의 모서리에 부딪치지 않도록 주의하고 휠체어에서 떨어지거나 넘어지지 않도록 미리 조치를 취해야 한다. 안아서 이동할 경우에는 처진 다리가 흔들리지 않게 고정을 시켜서 다른 물체에 부딪치지 않도록 해야 한다. 따라서 골절을 가져오지 않도록 세심한 주의를 기울여 변형의 예방에 힘써야 하겠다.

다. 선천성 고관절 탈구(congenital dislocation of hip)

엉덩이뼈와 다리뼈를 연결하는 관절을 고관절이라 하며, 고관절 탈구는 이 고관절이 어긋나 있는 것을 말한다. 선천성 고관절 탈구는 고관절이 태어날 때부터 어긋나 있는 것이다.

선천성 고관절 탈구는 좌측보다는 우측에서 많이 나타난다. 원인은 확실하지는 않지만, 유전이나 임신중 모체에 대한 외부의 영향, 내분비계 이상, 자궁내에서 태아가 받는 기계적 요소 등으로 고관절을 이루고 있는 박구(髆臼)발달 이상 등으로 발생한다(김영민, 한문식, 1972). 또한 태반 내에서 둔위(臀位)로 있던 아이에게서 주로 나타나며, 발이나 목 등의 선천성 기형과 동반하는 경우가 많다. 출생 직후에 그 증상이 뚜렷하게 나타나지 않기 때문에 특별한 주의를 기울이지 않으면 조기에 발견하기가 쉽지 않다(김영민, 한문식, 1972).

라. 가관절(pseudoarthrosis nonunion of bone)

가관절(pseudarthrosis)이란 골절부의 뼈가 잘 유합되지 않아 관절이 있지 않아야 할 곳에 마치 관절처럼 움직이는 상태를 남기고 있는 것을 말하며, 위관절이라고도 한다. 이것은 골절 후의 정복(탈구한 관절을 정상으로 복귀시켜 탈구를 되돌리는 조작)이나 관절 고정의 불량, 골절부의 세균감염 등이 원인이 된다.

가관절이 하지에 있을 때는 지지성에 문제가 있고, 상지에 있을 때는 힘의 감량이나 만성 통증 등의 증상을 나타낸다. 가관절이 되기 쉬운 부위는 원래 혈액의 흐름이 불충분한 곳으로 대퇴골 경부, 경골(정강이뼈) 1/3 지점, 상완골(팔꿈치 위쪽 뼈) 중앙부 주상골(肘上骨) 등에서 나타난다.

마. 이분척추(spinal bifida)

이분척추는 태아가 뱃속에 있을 때 신경계가 형성되는 과정에서 척수가 경막(척수(脊髓)를 싸고 있는 두껍고 튼튼한 섬유질의 막)이나, 근육, 피부에 완전히 덮이지 못한 채로 태어나는 경우로 척추파열이라고도 한다(Bowe, 2000). 따라서 척추의 융합이 안 된 신경관 형성으로 척추 뒤쪽은 텅 빈 공간으로 남게 되고, 그 안에 존재하는 척수는 보호가 안 된 상태로 외부에 노출이 된 현상이다. 종류로는 척추뼈의 결함만 있는 잠재이분척추(spina bifida occulta: 척추 뒤의 피부는 그대로 덮고 있어 척수가 외부로 노출되지는 않음)와 척추뼈의 결함뿐 아니라 척추뼈 내용물의 전위와 척추를 덮고 있는 피부 결함 등을 동반해서 드러난 낭포이분척추(spina bifida aperta)로 분류한다.

학교 구성원들은 학교에서 아동학대로 오해하거나 중복 골절처럼 보이는 골형성 부전증이나 깨지기 쉬운 뼈 질환 아동과 부닥칠 수 있다. 이것은 교사들의 특별한 관심과 보호가 요구됨을 의미한다. 이러한 아동들은 항상 정상적인 지능을 가지지만 골절 예방에서 신체활동에 이르기까지 전반적인 부분을 보호해야 한다.

(2) 지체장애의 특성

① 인지적 영역

지체장애 학생은 일반적으로 행동 기능이 제한되어 경험의 영역이 협소하고 행동 범위가 제한되어 사람들과의 접촉 기회가 적어 견문의 폭이 좁다. 따라서 이러한 영향으로 지능의 발달이 지체되어 일반 아동의 지능보다 다소 열등한 경향을 나타낸다. 또한 학습의 준비성을 이루는 경험적 배경 면에서 직접경험은 물론이고 간접경험마저 제한되어 있어 각종 사물이나 사상에 관한 개념 형성이 왜곡되며, 지각-운동 장애, 언어장애, 정서 불안정, 학습장애, 전경-배경 변별 장애 등의 현상이 나타나서 사고력에도 영향을 미친다.

② 정의적 영역

정의적 행동이란 인간의 비 지적 행동으로 성격, 태도, 가치관, 동기, 자아개념, 흥미 등을 통틀어 말한다(전헌선 외, 2003). 지체장애 학생은 지체의 부자유로 인해 욕구불만이나 부적응으로 성격발달에 결함을 나타내는 경향이 있다. 이러한 적응상의 문제는 정서불안, 열등감, 비사회적 행동, 반사회적 행동으로 나타날 수 있다.

지체장애 학생의 성격 특성으로는 과동성·전도성·고집성이 있고(안병즙, 1978), 자아개념은 부정적·도피적 행동 경향성이 많이 나타나고 있으며, 안정성이 없고, 유동적이며, 자기 방어적이고, 경계심이 많은 편이다. 특히 뇌성마비 아동은 부정적인 자아개념을 많이 나타낼 수 있다.

③ 운동기능적 영역

지체장애는 체간과 사지에 운동 기능 장애가 변형, 기형 등의 형태적 이상과 신체적인 기능 장애를 가지고 있다. 그러므로 주장애인 운동기능장애를 극복하고 개선하는 일은 지체장애 교육의 중심 과제라고 할 수 있기 때문에 운동기능장애의 특성을 바르게 이해하고 기능의 회복 및 개선 방법을 강구하는 것은 중요하다고 할 수 있다.

지체장애 학생의 신체발달 가운데 신장, 체중, 좌고는 일반학생에 비해 남녀 모두 약간 지체되어 있고 흉위는 남녀 모두 일반학생과 비슷한 발달을 하고 있으며, 발달속도는 남자가 신장, 체중, 흉위, 좌고 등 모든 부분에서 대개 11~12세 이후까지 발달의 촉진을 보이고, 여자는 그보다 더 어린 나이에서 촉진을 보인다(안병즙, 1978).

운동기능은 신체기능장애와 그로 인한 운동량의 부족과 심리적 위축 또는 열등감 때문에 활동 범위가 협소하여 유연성, 근력, 순발력, 민첩성, 평형성, 지구성과 같은 운동기능이나 호흡기능이 매우 열등함을 보이고 있다.

④ 지각 영역

지각은 감각 과정을 거쳐 이루어진다. 감각 과정은 환경 조건의 변화, 즉 외부자극이 신경계의 부호로 변환되어 대뇌 피질에 도달하여 뇌에 저장되어 있는 지식 체계 혹은 인지 구조에 의해 즉각적이고 무의식적이며 거의 자동적으로 해석되어 의미 있는 형태로 지각하게 된다(정재권, 안병즙, 2001).

시지각에 장애가 있는 아동은 많은 문제를 가질 수 있다(Bonifacci, 2004). 즉, 사물을 인식한다든지 공간에 있는 사물의 상호관계 인지가 곤란하고 잘못 지각하기 때문에 학습에 있어서도 지능이 정상이라도 시각적 부호의 지각이 왜곡되어 혼란을 가져오기 때문이다. 시지각 능력은 기능의 습득뿐만 아니라 개념의 습득에도 영향을 미친다. 시각적으로 바른 지각을 할 수 없는 아동은 외계에서 정보를 받을 때에 장애가 있기 때문에 지식의 축적이 상당히 빈약하게 되고 모든 영역의 학습에 영향을 미친다. 따라서 뇌성마비아는학습에 있어서 지능이 정상이라도 시각적 부호의 지각이 왜곡되어 혼란을 야기하여 언어학습기능에 전반적으로 어려움이 있다.

3) 지체장애 아동의 진단 및 평가

진단 평가의 목적은 장애의 유무와 정도에 대한 판별과 교육계획을 수립하여 대상 학생의 강점과 약점을 파악하기 위한 것이다(IDEA, 1990). 지체장애 아동에 대한 진단 평가의 목적으로는 교육적 서비스에 적합한 개인의 선별, 적절한 교육 환경의 결정과 배치, 개인과 집단을 위한 프로그램 입안, 프로그램의 효과 측정 및 연구적 활용, 개인의 진보 정도를 점검하기 위한 성취도 확인에 있다(전헌선 등, 2005).

지체장애 아동을 위한 진단 평가 도구로는 K-SPM 레이븐 지능 검사, K-ABC 지능 검사, 기초학습기능검사, TVPS-R(비운동 시지각기능검사) 등이 있다. 일상생활동작 관련 검사도구로는 PULSES 측정표, Bathel 지수, S-G 척도, GMFM 등이 있으며, 관절 및 근육 운동범위 측정 검사도구로는 도수근력측정법과 에쉬워드 척도가 있다.

(1) 지능검사

① 레이븐 지능검사

K-SPM(Standard Progressive Matrices) 레이븐 지능 검사(임호찬, 2004)는 문화적·학문적 배경이 영향을 주지 않도록 고안된 비언어적 검사로서 지각적 관계를 파악하고 유추에

의해서 추론하는 능력을 측정하는 검사이다.

K-SPM 레이븐 지능 검사의 장점으로는 비언어성(non-verbal)과 시각장애인을 제외한 모든 장애인에게 비교적 공평하게 적용할 수 있다는 것이다. K-SPM은 다섯 가지 세트(A, B, C, D, E)로 구성되어 있으며, 각 세트는 12문항이고 전체 60문항으로 구성되어 있다. 모든 문항은 주어진 도형들의 관계를 추리해서 비어 있는 곳에 들어갈 수 있는 도형을 찾아내는 검사이다. 검사 방법은 주어진 도형을 보고 빈 공간에 알맞게 들어갈 도형을 아래에 제시된 6~8개의 도형 중에서 찾게 한다. K-SPM은 초등학생부터 시작하며 초등학생 1, 2학년까지는 D세트까지 진행하고 3학년부터는 E세트까지 진행하게 되어 있다(박순길, 2005a).

② 카우프만 아동용 지능검사

K-ABC(Kaufman Assessment Battery for Children) 검사(문수백, 변창진, 1997)는 2세 반에서 12세 반까지의 아동의 지능과 학력을 측정하는 개인용 지능 검사도구이다. 이 도구는 동시적 부호화와 순차적 부호화의 이분법을 이용하여 각각의 처리규모와 정보처리 종합득점을 산출함으로써 정보처리능력을 평가하는 데 초점을 두고 있다. K-ABC의 검사 항목 수는 16개이다(표 10-4).

K-ABC 검사는 한 번의 측정으로 알 수 있다. 즉 인지처리능력은 '지능(intelligence)'이라 하고, 눈과 귀를 통해 들어오는 정보를 이해하기 위해 새로운 문제를 해석하는 능력으로 정의되며, 순차처리능력(Sequential Processing Skill)과 동시처리능력(Simultaneous Processing Skill)을 말한다. 습득지식은 '학력(achievement)'이라 하고 일상생활이나 교과학습에 의한 지능을 응용해서 습득된 지식이라 한다.

이 검사의 특징은 뇌 모델에 기초한 순차-동시처리 모델이다. 순차처리란 새로운 문제를 해결하기 위해 정보를 한 번에 한 개씩, 연속적인 방법으로 처리하는 정보처리 양식으로 여러 가지 정보(자극)는 그 직전의 처리된 정보에 대해서 직선적·시간적으로 연결된다(Kaufman & Kaufman, 1983). 즉 제시된 자극을 순서성의 측면에서 정확하게 재생하는 능력으로 이를 측정하는 척도가 순차처리이다.

표 10-4 K-ABC의 검사내용과 항목 수

순서	검사 내용	검사 연령	항목 수	구분
1	마법의 창	2세 6개월~4세 11개월	15	동시처리
2	얼굴기억	2세 6개월~4세 11개월	15	동시처리
3	손동작	2세 6개월~12세 5개월	21	순차처리
4	그림통합	2세 6개월~12세 5개월	24	동시처리
5	수회생	2세 6개월~12세 5개월	19	순차처리
6	삼각형	4세~12세 5개월	18	동시처리
7	단어배열	4세~12세 5개월	20	순차처리
8	시각유추	5세~12세 5개월	20	동시처리
9	위치기억	5세~12세 5개월	21	동시처리
10	사진순서	6세~12세 5개월	17	동시처리
11	표현어휘	2세 6개월~4세 11개월	24	습득도
12	인물과 장소	2세 6개월~12세 5개월	35	습득도
13	산수	3세~12세 5개월	38	습득도
14	수수께끼	3세~12세 5개월	32	습득도
15	문자해독	5세~12세 5개월	34	습득도
16	문장이해	7세~12세 5개월	25	습득도

K-ABC 검사의 장점은 다음과 같다(박순길, 2003).

첫째, 순차적 처리과정의 특징은 새로운 문제를 해결하기 위해 정보를 한 번에 한 개씩, 연속적인 방법으로 처리하는 정보처리 양식이다.

둘째, 동시적 처리과정의 특징은 많은 정보를 통합하여 보다 바른 이해를 얻는 정보처리양식으로서 고차적인 많은 지적 기능과 밀접하게 연관되어 있다.

셋째, 분석적·순차적·시간적·명제적 처리는 대뇌의 좌반구와 연결되어 있으므로 좌뇌의 기능이 우월한 아동은 순차처리능력이 뛰어나고, 통합적·전체적·공간적·병렬적 처리는 주로 우반구에서 행해지므로 우뇌의 기능이 우월한 아동은 동시처리능력이 뛰어나다고 할 수 있다.

넷째, K-ABC 검사는 아동이 순차적 학습자인지 동시적 학습자인지 파악하게 해 준다. K-ABC의 두 가지 인지처리과정을 통해서 각 개인에게 알맞은 학습방법, 즉 순차처리능력이 우위에 있는 아동은 순차처리적 학습지도방법을 적용하고, 동시처리능력이 우위에 있는 아동은 동시처리적 학습지도방법의 적용을 통해서 습득도(학업성취도)의 향상을 기대할 수 있다.

(2) 기초학습기능검사

기초학습기능검사(박경숙, 윤점룡, 박효정, 2001)는 유치원부터 초등학교 6학년까지 사용 가능하며 현재의 학습 수준이 어느 정도인지, 일반적인 수준과 어느 정도 편차가 나는지 평가하는 데 사용된다.

또한 조기취학 및 미취학 아동의 가능 여부 판별, 미취학 아동의 수학 여부 판별, 선수학습 능력과 학습의 결손 상황 파악, 학습장애 요인 분석, 아동의 학습수준이 일반 수준과의 이탈 정도를 판정, 각 학년별, 연령별 규준을 설정하여 학력 성취도를 쉽게 알 수 있다. 검사 결과로 능력별 학습 집단에 배치 가능하며(특수교육대상자 선정), 구체적인 개별화교육프로그램 작성에 기여할 수 있다(박경숙, 윤점룡, 박효정, 2001).

이 검사 도구는 정보처리 기능과 언어기능 및 수 기능을 측정하도록 구성되어 있다(박경숙, 윤점룡, 박효정, 2001). 첫째, 정보처리기능은 정보에 대한 학습자의 지각 과정, 자극에 반응하는 시각–운동과정, 시각적 기억과 양, 길이, 무게 및 크기에 대한 관찰능력과 묶기, 분류하기, 공간적 특성과 시간에 따라 순서 짓기 등의 조직능력, 학습자의 추론 및 적용 능력, 유추, 부조화된 관계 알기 등의 관계능력을 측정한다. 둘째, 셈하기 기능은 숫자변별, 수읽기 등 셈하기의 기초개념부터 간단한 가, 감, 승, 제, 십진기수법, 분수, 기하, 측정영역의 계산 및 응용문제 등 실생활에 필요한 기초적인 수학적 지식과 개념을 측정하는 문항으로 구성되어 있다. 셋째, 읽기(문자와 낱말의 재인) 기능은 문자를 변별하고 낱말을 다른 사람들이 이해할 수 있는 언어음으로 읽는 문항들로 구성되어 있으며, 넷째, 읽기(독해력) 기능은 하나의 문장을 제시하고 그 문장의 의미, 즉 문장에 나타난 간단한 사실과 정보를 기억하고 재생하는 능력을 평가한다. 다섯째, 쓰기 기능은 아동들이 낱말의 철자를 얼마나 잘 알고 있는가를 측정한다.

이 검사 도구를 사용한 연구(박순길, 2005a)에서 뇌성마비 아동들은 전반적으로 읽기, 쓰기, 독해력에서 일반 아동보다 현저히 낮은 능력을 나타내었다. 읽기 과제는 단어를 소리 내어 읽어야 하므로 뇌성마비 아동은 조음의 문제나, 혹은 여러 가지 경험의 부족이나 또는 학습에 있어서 일반아동보다 기회가 적었을 수 있기 때문에 낮은 수행이 나타났다고 본다. 또한 쓰기 과제에서는 뇌성마비아의 수반 장애인 사시로 인한 시지각의 문제 때문에 철자를 제대로 지각하지 못한 이유로 낮은 수행을 보였으며, 독해력 과제에서는 뇌성마비 아동 대부분이 글자를 알고 읽기도 가능하지만, 문장을 읽고 그것을 이해하여 그 문장에 해당하는 그림을 찾는 능력까지는 부족하였던 것으로 나타났다.

(3) 비운동성 시지각 기능검사

비운동성 시지각 기능검사(Gardner, 1996; Test of Visual-Perceptual Skills(non-motor)-Revised: TVPS-R)는 7개 하위영역을 가진다. 하위 검사로는 시각 변별(visual discrimination), 시각 기억(visual memory), 시-공간 관계(Visual-Spatial Relationship), 시각 형태 항상성(visual form constancy), 시각 계열 기억(visual sequential memory), 시각 전경-배경(visual figure-ground), 시각 완성(visual closure)으로 구성되어 있다.

TVPS-R의 장점으로는 도형으로만 구성된 문화 초월 검사이며, 자극재료로 기하학적 상징을 사용하며, 이전의 경험과 지식이 영향을 미칠 수 있는 요인을 배제한 검사이다(Watson & Willows, 1995). 또한 시지각 기능 검사는 비운동성이면서 다양한 영역을 평가하고, 시각 기억이나 시각 계열 기억, 시각 완성 등 기존의 시지각 검사에서 사용하지 않은 영역들이 포함되어 있다(박순길, 2006).

이 검사는 4세에서 13세까지의 아동에게 측정 가능하며, 전체 시간은 약 30~45분이며, 각 하위 영역은 각각 16개 문항으로 이루어져 있다.

(4) 일상생활동작 관련 검사

일상생활동작(Activities of Daily Living: ADL)은 생활에 직접적인 관계가 있는 독립적인 활동뿐 아니라 사회기능적인 면에서도 중요한 의미를 가진다. 그러므로 객관적인 평가가 이루어져야 하고 신체기능의 능력 한계를 정확히 파악하여 적절한 훈련 방법과 기술 방법, 보조기구 등을 계획하고 제공하여야 한다(서문자 외, 2000). 대표적인 일상생활동작 관련 검사도구로는 PULSES 측정표, Bathel 지수, S-G 척도, GMFM 등이 있다.

펄세스(PULSES) 측정표에서 'P'는 신체상태, 'U'는 상지사용, 'L'은 하지사용, 'S'는 시각·청각·언어 등의 감각상태, 'E'는 배설상태, 'S'는 정신적 상태를 나타낸다. 바텔(Bathel) 지수는 일상생활에서 자기관리의 수행능력과 가동력을 측정하는 것으로 열 가지 기능을 측정하여 점수화하며 점수가 높을수록 독립적인 기능을 할 수 있음을 나타낸다.

S-G(Standing-Gait)척도와 GMFM(Gross Motor Functional Measure)은 대근육 운동 발달을 측정하도록 표준화된 검사이며, S-G 척도는 10개 영역 50개 항목으로 구성되어 있고, GMFM은 5개 영역 88개 항목으로 구성되어 있다.

(5) 관절 및 근육 운동범위 측정 검사도구

관절의 가동 범위나 근육의 수축 이완 여부를 알아보는 방법으로는 도수근력측정법과 에쉬워드 척도가 있다. 도수근력검사(Manual Muscle Testing)는 특정한 근육 개개의 근력을 검사하는 방법으로 모두 6등급으로 이루어져 있다. 이 검사는 척추 손상, 선천적 근육장애, 진행성 근질환 등 근육 자체에 이상이 있는 학생들을 대상으로 한다(대구대학교 1종도서편찬위원회, 1999). 검사방법은 저항 혹은 중력에 대항하여 수축하는 근육들을 찾아내어 양적으로 측정하는 검사로서 근육의 수축 정도, 관절에 따른 운동기능을 파악할 수 있게 해 주며, 근육계·골격계·신경계 등의 정상 여부를 파악할 수 있다(서문자 외, 2000). 근력 등급 정도는 근육수축의 유무, 중력을 이기는 정도에 따른 근력상태, 저항을 이기는 정도에 따라 분류한다.

에쉬워드 척도(Modified Ashworth Scale)는 근육의 경직 정도를 평가하는 척도로서 전체 6등급으로 구분해서 평가하며 표시는 G(Grade)로 한다.

4) 지체장애의 교육적 지원

뇌성마비 아동의 경우에는 일반아동이나 유아처럼 읽기가 자연스럽게 터득된다든지, 혹은 교육을 통해서 터득된다 하더라도 또래 연령에서 이루어지는 것처럼 자연스럽게 이루어지지는 않는다. 다양한 이유가 있겠지만 언어적 자극이나 환경적 자극들이 일반아동만큼 허용적이지 않은 것도 하나의 이유이다(박순길, 2007).

대부분의 특수아동은 학습에 있어서 몇 가지 공통점이 있다. 경험의 부족이나 제한된 참여로 인한 영향도 있겠지만 인지적·정서적 영향으로 인한 학습의 결손부분도 있다. 즉 주의집중, 기억력, 시-운동 협응, 사고 및 언어 문제, 낮은 자아개념, 충동성 등은 낮은 학업성취와 관련된다. 이러한 부분들은 지체장애 아동에게도 적용되는 문제라고 할 수 있다.

지체장애 아동의 기초학습을 방해하는 요인은 일차적으로 운동장애, 언어장애, 감각 및 지각 장애, 청각장애, 시각장애 등이 있으며, 이차적으로는 사회적 상호작용의 기회 부족, 단기기억 및 장기기억에 저장된 내용 부족 등이 있으며, 이러한 요인들은 인지처리 전략 부족, 지속적인 과제처리 곤란 등으로 이어진다고 할 수 있다.

(1) 읽기 교수·학습 전략

아동의 읽기능력을 효과적으로 이끌어 내기 위해서 다양한 교수전략을 사용해야 한다. 어휘력, 독해력, 지속적 동기유발을 위한 교수전략 등을 활용할 수 있다. 저학년 초등학생들에게 활용되는 읽기 교수전략의 하나인 어휘력 증진을 위한 교수전략은 수업 초반부나 중간에 새롭게 읽기 자료에 나타난 단어에 대한 의미를 설명하기, 새로운 단어에 대한 단순한 정의 내리기, 새로운 단어의 동의어나 반의어 찾기 등의 수업 행동을 말한다. 이 교수전략은 단순히 새로운 단어의 사전적 의미나 정의를 제공하는 방법보다 새로운 단어에 대한 의미나 정의를 전반적인 글의 맥락 속에서 설명하는 것이 훨씬 효과적이다(Stahl & Fairbanks, 1986).

독해력 향상을 위한 교수전략으로는 관련지식 자극하기, 질문하기, 심상 만들기 등이 있다. 관련지식 자극하기 전략은 학생들이 읽기자료의 주요 내용들을 논리적이고 의미 있게 서로 연결하고 글의 내용을 중심으로 적절한 추론을 내릴 수 있도록 글의 내용과 관련한 경험이나 지식을 서로 이야기하도록 도와주는 역할을 한다(Pearson & Fielding, 1996). 질문하기 전략은 글의 주요 내용에 주의를 기울이도록 유도하고, 글의 전체 내용을 단계적으로 요약할 수 있도록 도와주고, 아동 스스로가 글을 읽는 동안 글의 내용에 대한 자신의 이해를 점검해 볼 수 있도록 해 준다(Mastropieri & Scruggs, 1997; Pearson & Fielding, 1996). 심상 만들기 전략은 글을 읽는 동안 글 속에 기술되어 있는 인물, 사건, 상황 등을 반영하는 영상을 마음속에 형성하는 동시에 사실적 정보에 대해서는 그 내용을 명제로서 부호화하는 전략으로 글을 읽고 난 후 글의 내용을 대표할 수 있는 그림을 그리도록 하는 방법이 있다(McNamara, Miller, & Bransford, 1996).

아동들이 읽기활동에 참여하는 요인에는 내재적 요인과 외재적 요인이 있으며, 내재적 요인으로는 글의 내용에 대한 관심, 새로운 내용에 대한 학습 호기심, 글 속에 숨어 있는 복잡한 암시나 해결책을 찾기, 책의 내용에 대해 이야기하기 등이 있고, 외재적 요인으로는 교사로부터 인정받기, 친구들과 경쟁하기 등이 있다. 읽기 활동에 동기유발을 줄 수 있는 다른 요인으로는 학생의 읽기 수준에 맞는 적절한 읽기 자료 선정하기, 참여를 격려해 주는 학습 환경 조성하기, 읽기 행동에 대한 긍정적인 피드백 주기, 읽기 수행에 대한 긍정적인 기대 갖기 등이 있을 수 있다(신종호, 1999).

또 다른 읽기전략으로는 청각적 단서 제공 음운인식 전략, 그림－문자 쌍연합 전략 등이 있다. 이러한 읽기 교수전략들은 읽기 수행에 문제를 보이는 학생들에게 적절한 교육적 처치를 제공함으로써 읽기 영역뿐만 아니라 다른 교과영역에서도 계속적인 학습에 결손이 생기지 않도록 도움을 줄 수 있는 방법들이다.

(2) 쓰기 교수·학습 전략

아동의 쓰기 발달은 초기쓰기 단계와 초기쓰기 이후 단계로 나눌 수 있다. 초기쓰기는 아동 개인의 읽기, 쓰기 능력 발달 수준이나 개인이 사용하는 독특한 쓰기 방법이 충분히 반영될 수 있는 매우 복잡한 유형의 쓰기이다. 초기쓰기의 특징으로는 음성 언어의 습득과 마찬가지로 매우 자연스러운 방법으로 배우게 되며, 아주 어린 시기부터 문자 언어를 접하고, 이해하고, 통제하게 된다. 그리고 주변 환경 속에서 문자 언어를 지각할 때 그 지각은 매우 조직적이고 체계적이다(박순길, 2005b).

초등학교에 들어가기까지의 초기쓰기 이후 단계에서는 아동의 쓰기가 음성 언어의 발달과 마찬가지로, 그 복잡성이나 문장의 길이에서 초기쓰기가 발달된 이후부터 초등학교를 마칠 때까지 계속해서 매우 점진적으로 이루어지며, 그 유형은 여러 가지 접속사를 사용하여 문장을 연결하는 것에서부터 삽입된 문장을 사용하는 것으로 발달해 나간다(박순길, 2005b).

뇌성마비 아동은 뇌 손상으로 인한 운동장애를 갖기 때문에 자신의 의지대로 쓰기에 필요한 활동을 할 수 없으므로 쓰기장애를 갖는다. 또한 뇌성마비 아동은 일반적으로 언어장애와 지적장애를 수반하기 때문에 쓰기에 어려움이 있으며, 시각과 청각의 특정 결함은 나중에 철자장애를 가져오게 한다. 뇌성마비 아동의 쓰기능력을 방해하는 요인으로는 시지각과 시각변별, 시공간관계, 시각운동능력, 공간관계 처리능력, 눈-손 협응의 결함 등이 있다.

(3) 수학 교수·학습 전략

수학은 위계적이고 계열성을 가지는 교과목이다. 단계가 올라가면서 그 내용이 점점 어려워지는 과목이기 때문에 기초와 원리를 제대로 인식하고 있지 않으면 당연히 어렵고 싫어할 수밖에 없다. 그렇기 때문에 쉽게 가르칠 수 있는 방법을 많은 교수자들은 고안해야 할 것이다. 특히 수학에 대한 두려움과 어려움을 가지고 있는 아동들을 위한 통합교수적인 측면에서 접근도 고려해 보아야 할 것이다. 이러한 접근은 특수아동에 대한 접근과도 같은 맥락에서 생각해 볼 문제라고 생각된다.

뇌성마비 아동들은 시지각 장애로 인한 경영문자의 특성을 가지고 있다. 즉 36을 63으로 읽는다든지, 75를 57로 읽는 특성을 나타낸다. 이러한 특성들은 수학의 셈하기를 하는데 있어서 정답의 오류를 나타내기도 한다. 그러므로 다양한 교수 전략들이 필요하다.

과제분석에 의한 단계적 교수 전략은 수학이 어렵다고 생각하는 학생들을 위한 좋은 방법이 될 것이다. 즉 과제를 학습이 가능한 작은 단계로 나누어 교수하는 것을 의미한다(이소현, 박은혜, 2006). 이러한 방법은 적절한 시각화 전략을 함께 사용해야 효과적이다.

또 다른 교수전략으로는 자기교수법이 있다(전헌선 외, 2005). 〈두 자리 수×두 자리 수〉를 하는 데 있어서 풀이 과정을 화살표와 해결 순서를 번호를 사용하여 복잡한 계산을 쉽게 할 수 있는 방법을 시각적으로 제시해 줌으로써 복잡한 곱셈 문제를 순차적으로 처리할 수 있도록 하는 방법이다. 이러한 전략은 학생이 기억해야 할 내용을 줄여주고 잃어버린 기억을 회상할 수 있는 단서를 제공해 준다. 이 외의 전략으로 자릿값 지도를 활용하는 방법, 시간의 시각화 전략, 다양한 카운터 형태 제공 등이 있을 수 있으며(전헌선 외, 2005), 세 자리 끊어 읽기, 나눗셈 전략, 구구단 외우기 전략, 분수 계산 전략, 문제풀이 전략, 응용문제 풀이 전략 등이 있다(김윤옥, 2003).

2. 건강장애

1) 건강장애의 정의 및 원인

(1) 건강장애의 정의

건강장애 아동은 현재 진행 중인 의료적인 주의를 필요로 한다. 즉, 만성적이고 때로는 생명을 위협하는 상태의 질병으로 인해 집중적인 의학적 치료나 주기적인 치료 등 계속적인 의학적 관심이 요구된다. 잡는 것부터 인지하는 것까지 보호하여야 하는 이러한 아동들은 '그들은 다르다.'라는 것보다 그들의 또래와 비슷하다고 여겨야 한다. 그리고 오로지 장애 상태에 초점을 맞추기보다는 그들의 요구를 지원하려는 노력이 필요하다(Lehr & McDavid, 1999).

특수교육 대상자에 '만성질환으로 인한 건강장애'가 추가되면서 건강장애 아동에 대한 관심도 증가하고 있다. 「장애인 등에 대한 특수교육법」에서는 건강장애 아동을 "심장장애, 신장장애, 간장애 등 만성질환으로 인하여 3개월 이상의 장기입원 또는 통원치료 등 계속적인 의료적 지원이 필요하여 학교생활, 학업 수행 등에 있어서 교육적 지원을 지속적으로 받아야 하는 자"로 규정하고 있다.

IDEA의 정의는 '심장질환, 결핵, 신장염, 천식, 겸상적혈구 빈혈, 혈우병, 간질, 납중독, 백혈병 또는 아동의 교육에 악영향을 미치는 당뇨병과 같은 만성적 또는 급성 건강문제에 의한 제한된 근력, 지구력 등의 장애'를 포함하고 있다(Bigge, Best, & Heller, 2001).

(2) 건강장애의 원인

① 심장장애

심장장애는 선천성 기형이 많은 부분을 차지하며, 그 발병률도 높은 만성질환이다. 선천적으로 심장을 이루고 있는 혈관 모양이 정상과 다른데, 그 원인으로는 임신 중 질병이나 모체 감염 등이 가장 많은 부분을 차지하며, 염색체 이상과 유전자 결함 등이 다음으로 많은 부분을 차지한다. 그러나 어떤 심장장애는 그 원인을 알 수 없는 것도 있다. 선천성 심장질환의 대부분은 수술로 치료할 수 있지만, 경미한 경우 비수술적인 치료로 고칠 수도 있다(교육부, 2007b).

② 천식

천식은 알레르기 질환 중에서 대표적인 질환으로, 아토피 소인을 가진 사람이 특정 알레르기 원인 물질에 노출되어 기관지 내경이 좁아지면서 호흡이 곤란해지는 것이다. 즉, 기관지가 예민한 사람이 알레르기를 일으키는 물질(진드기, 꽃가루, 곰팡이, 동물의 털 등)에 노출되어 기관지 근육이 갑자기 수축되고 점막이 붓고 기관지 내에 분비물이 생김으로써 기관지가 좁아져서 숨이 차는 질환이다.

천식은 크게 내인성과 외인성으로 나누어진다. 내인성 천식은 감염성 천식이라고 하며 특수한 원인을 밝힐 수 없는 천식이 이에 속한다. 증상으로는 호흡곤란과 발작적인 기침, 쌕쌕거리는 거친 호흡음을 보인다. 이 천식은 상부나 하부 기도의 염증, 비강 용종, 부비강염 등이 나타나며 어느 나이에서나 일어날 수 있다. 외인성 천식은 알레르기성 천식이라고 하며 외부적인 요인에 의해 일어난다. 정상보다 기관지가 지나치게 예민해 있는 알레르기 상태를 말한다. 이 천식은 급성으로 나타나며 자연스럽게 낫기도 하지만 보통은 만성 기관지염으로 이어진다. 주요 원인으로는 먼지, 꽃가루, 음식, 합성약품, 동물 비듬 및 깃털 등이다.

③ 낭포성 섬유증

낭포성 섬유증은 상염색체성 열성으로 유전되며, 7번 염색체의 유전자 이상에 의해 발병된다고 알려져 있다. 이 유전자는 상피세포의 표면에 존재하는 나트륨과 염소 수송 단백질을 만드는데, 그 돌연변이로 인해 낭포성 섬유증이 발병하는 것이다.

이 질병은 과도한 점액, 만성적인 기침, 진행성 폐손상 그리고 신체의 무능력으로 특유한 단백질과 지방을 흡수하는 특성을 나타낸다. 아동들은 종종 과도한 식욕 때문에 늘어나는 체중으로 힘들어한다. 낭포성 섬유증 아동들은 배변에서 불결한 냄새를 풍기고 유별나게 땀이 심하고 자주 나는 경향이 있다.

④ 소아당뇨

소아당뇨는 신체적 또는 정신적 스트레스, 인슐린 결여 등의 원인으로 나타나며, 갈증, 피로, 오줌을 조금씩 자주 누게 되는 빈뇨, 복통 등의 증상이 나타난다. 또한 세포조직의 영양소 저장 부족 및 세포의 에너지원 결핍으로 지방조직이 분해되고 근육에 존재하는 단백질도 분해되어 체중이 감소되며, 세포의 활동 부족으로 인해 심한 피로를 느낀다. 당이 소변으로 배설될 때 수분도 함께 배설되기 때문에 많은 양의 물을 섭취하게 된다.

⑤ 백혈병

백혈병은 골수에서 생산되는 백혈구가 악성종양으로 증식을 하는 질환으로, 골수 내에서 암세포인 백혈병 세포가 증가하기 때문에 정상적인 적혈구, 백혈구 및 혈소판 생산이 감소되어 쉽게 감염되고 빈혈과 코피, 잇몸 출혈이 나타난다.

대표적인 백혈병으로는 소아에게 많은 급성림프성 백혈병과 성인에게 많은 만성골수성 백혈병이 있다. 급성인 경우에는 백혈병 세포가 미숙한 형태를 주로 보이고, 만성인 경우에는 성숙된 형태의 세포가 많이 보인다.

급성림프성 백혈병은 기운이 없고 창백하며 감기몸살 증상이 나타나고, 코피가 나거나 치과치료 후 지혈이 되지 않으며 피부에 점상출혈 등이 나타날 수 있다. 드물지만 백혈병 세포가 골수에서 증식하기 때문에 골반이나 대퇴부에 심한 통증을 호소하는 경우도 있다.

만성골수성 백혈병은 증상이 없이 우연히 진단되는 경우가 흔하다. 그러나 시간이 지나면 빈혈이 나타나고, 골수에서 만들어진 백혈병 세포가 혈액으로 나오기 때문에 백혈구가 증가하여 전신쇠약, 어지럼증 등이 나타난다.

⑥ 뇌전증

뇌전증 발작을 일으키는 촉발요인은 환경적 요인, 신체적 요인, 심리적 요인으로 구분할 수 있다(전헌선 외, 2005, 2006). 환경적 요인이란 신체에 영향을 주는 환경적 요소를 말한다. 예를 들면, 빛, 소리, 맛, 냄새, 촉각 등 여러 환경적 자극이 발작을 유발할 수 있다. 신체적 요인이란 몸과 뇌에 영향을 주는 신체적 요소를 말한다. 예를 들면, 질병, 약물, 알코올, 과음, 과식, 결식, 수면 부족 등의 허약하거나 피곤한 상태 등이 포함된다. 심리적 요인이란 부정적 느낌이나 생각을 일으키는 내외적 요소를 말한다. 예를 들면, 불안, 공포, 스트레스, 논쟁, 거부, 좌절, 낙심 등이 해당된다. 이러한 발작의 촉발요인을 잘 알고 있으면 뇌전증 발생 빈도를 낮출 수 있다(박성파, 1996; Turnbull et al., 1995).

⑦ 혈우병

혈우병은 유전성 질환으로 출생 직후부터 나타나며, 배꼽이나 포경수술 부위에서 출혈이 계속되거나 치아가 처음 나올 때 출혈을 잘 일으킨다. 대부분의 혈우병은 걷기 시작하는 1세 전후부터 특징적인 출혈증상이 나타나기 시작한다. 2세까지는 입 안의 출혈이 잘 발생하고, 3~4세부터는 관절이나 근육 등 체내 출혈이 일반적으로 나타난다. 또한 혈뇨를 일으키는 빈도도 높으며, 종종 두개강의 체내 출혈이 발생하여 생명이 위태로운 경우도 있다.

⑧ 겸상적혈구 빈혈

겸상적혈구 빈혈은 폐에서 산소를 받아 조직으로 운반하는 적혈구 성분인 헤모글로빈의 이상으로 발생한다. 비정상 헤모글로빈을 가진 적혈구는 산소 양이 감소하면 모양이 일그러지면서 길쭉한 낫(겸상) 모양으로 변한다. 이러한 낫 모양의 적혈구는 작은 혈관을 통과하지 못하고 혈관을 막아 혈류장애를 일으켜서 산소가 조직으로 충분히 공급되지 못하게 된다. 또한 겸상적혈구는 쉽게 파괴되는 특징이 있어 혈액 내의 적혈구가 부족해져서 빈혈을 유발한다.

⑨ 신장장애

신장장애는 말 그대로 신장기능이 제대로 이루어지지 않아 몸 안에 노폐물이 쌓여서 신체의 여러 기능이 제대로 수행되지 않는 상태를 말한다. 신장장애의 대표적인 신부전은 신장의 기능이 고도의 장애를 일으켜서 신체의 내부 환경을 정상적으로 유지하기 어려운 상태다.

발병에 따라 급성과 만성으로 나누어지는데, 우리나라는 만성 신부전만을 장애 범주에 포함하고 있다. 만성 신부전은 신장기능이 차차 저하되어 혈액 중에 요소가 상승하는 상태를 말한다. 신부전이 진행되면 요량이 감소하고, 신장에 있는 체액의 항상성을 일정하게 유지하는 것이 불가능해져서 요성분이 혈액 중에 쌓이게 된다. 이때 뇌 및 위장 증상을 시작으로 전신의 여러 장기의 기능장애에 의한 요독증이 나타난다. 그러므로 다뇨와 구갈(口渴)이 나타나며, 때로는 전신권태, 식욕부진, 구토, 피부 가려움증 등이 있을 수 있다.

만성 신부전증은 신장의 기능이 정상의 20~30% 이하로 저하된 상태를 말한다. 소아의 경우에는 사구체 신염, 만성 신우신염, 방광요관 역류 등이 주된 원인이 되어 만성 신부전증이 나타난다(교육부, 2007b).

2) 건강장애의 분류 및 특성

(1) 심장장애

심장장애(heart disease)는 「장애인복지법」에서 "심장의 기능 부전으로 인한 호흡곤란 등의 장애로 일상생활에 상당한 제약을 받는 사람"으로 정의한다(「장애인복지법 시행령」 제2조 1항).

심폐기능 체계에는 심장, 혈액 그리고 폐가 포함된다. 심장에 문제가 있을 때, 즉 아동이 호흡이나 심장에서 혈액이 순환하지 않는 문제를 가질 때 심폐기능 체계에 영향을 미친다(Kirk et al., 2006).

교사는 잘 아는 것처럼 모든 경우에 각 아동의 상태에 관한 정보를 받아서 알맞은 치료와 보조공학을 활용한 교수법을 개별화 건강관리 계획에 포함해야 한다. 그리고 교사들은 심폐질환아동을 위해 아동의 요구에 따른 적응교수와 학습환경을 만들어야 한다.

심장병 아동들은 호흡이 짧기 때문에 신체적인 활동에서 다른 학령전기 아동들보다 더 피로를 느낀다. 치아노제(산소 결핍으로 혈액이 검푸르게 되는 상태) 경험이 있는 아동은 혈액의 산소 결핍으로 피부가 푸르게 되며 그것은 입술과 손톱에 가장 두드러지게 나타난다.

따라서 건강장애 아동들은 태어날 때부터 병으로 인해 취약한 건강상태에 놓이게 되므로 정상적이고 활발한 학교생활을 하는 데 많은 어려움을 나타낸다. 그러나 건강상의 문제들로 인하여 학업 수행에는 어려움이 있지만 학습에 대한 열의와 욕구는 강하다고 할 수 있다.

(2) 천식

천식(asthma)은 기관지 천식이라고도 하는데, 기관지 평활근이 과민성으로 수축(경련)하여 기관지가 좁아지고 이로 인해 호흡곤란이 오는 상태를 말한다.

천식은 개인의 호흡에 영향을 미치는 질병으로 항상 세 가지 특징을 가진다. 즉, 폐는 팽창하고, 호흡은 어렵고, 기도는 항상 다양한 환경적 조건(먼지, 담배 연기, 찬 공기, 운동)

에서 부정적으로 반응한다. 그러므로 천식은 기관지의 급성 협색증의 원인이 될 수도 있다(Batshaw & Perret, 1992).

천식은 일시적인 경미한 기침을 할 수도 있고, 응급처치가 필요할 만큼 극도의 호흡곤란을 보이기도 한다(김진호 외, 2002). 천식아동들의 교사들이 가지는 주요 문제는 아동이 천식을 일상적으로 내포하지 않는다는 것이다. 그럼에도 불구하고 모든 교사들은 아동이 심한 발작을 하는 것을 가리켜 징후가 무엇인지, 그리고 심한 천식아동들의 빈번한 결석을 처리하는 요령을 요구한다. 어떤 교사들은 의사가 제안한 투약계획, 매일의 징후를 표시한 리스트, 비상시 의료적 주의사항, 위험한 운동과 교실 활동에 참여하는 아동의 징후 정도 등을 요구하기도 한다.

천식으로 인해 학교에 결석하거나 약물복용의 부작용으로 우울하거나 두려운 느낌 등으로 집중이 되지 않아 정보 습득에 어려움은 있지만, 천식 자체는 학습에 문제를 나타내지는 않는다.

(3) 낭포성 섬유증

낭포성 섬유증(cystic fibrosis)은 체내에서 점액의 과생산으로 인해 폐의 이상(infection)과 췌장의 이상을 유발하여 소화효소가 소장에 도달할 수 없게 만드는 것으로 주로 백인에게서 나타나는 유전성 질환이다.

백인종인 카프카스 아동들에게 낭포성 섬유증은 만성적인 질병으로 유전되는 공통점이 있다. 이 질병은 불치병이지만 30~40년 안에 이 장애를 가진 많은 사람들이 현대의학의 보호를 받을 것이다(Allen & Cowdery, 2005).

일반적으로 교사들은 아동이 알맞게 할 수 있는 신체활동으로 발달을 촉진해야 한다. 아동과 가족 모두는 분비물을 완화하기 위한 에어졸 치료와 호흡훈련으로 아동을 돕는 것을 포함하는 정서적 지원을 결정하는 것이 필요하다.

(4) 소아당뇨

당뇨병은 인슐린(insulin)을 만들거나 사용하는 데 신체의 능력이 제한되는 다양한 만성적인 조건이 주어지는 병명이다. 인슐린은 위 근처의 분비기관인 췌장(이자)에서 만들어지는 호르몬으로, 녹말과 당이 소화될 때 만들어지는 당 형태인 포도당이 연소하여 몸에서 사용된다. 당뇨병은 췌장에서 인슐린을 합성하여 분비시키는 능력이 감소되어 발생하는 질병으로, 식사 후 높아진 영양소들의 처리가 불가능해져 혈액 내에 높은 농도의 당, 지방 등의 영양소가 있어도 세포들이 이용할 수 없는 상태를 말한다.

당뇨병에는 두 가지 주요 유형이 있다. 1유형 당뇨병인 인슐린 의존성 당뇨병(insulin dependent diabetes mellitus: IDDM)은 신체에서 인슐린 생산이 정지되는 당뇨병으로서 초기 혹은 어린아이에게 발병하는 것으로 잘 알려져 있다. 의존성 당뇨란 인슐린의 절대량이 부족하여 발생하는 것이므로 반드시 인슐린 투여로 치료해야 하며, 흔히 소아 연령기에 많이 발생되기 때문에 소아당뇨(juvenile diabetes mellitus)라고 불린다. 이것은 아직까지 확실한 완치방법이 없을 뿐 아니라 적극적으로 관리하지 않으면 망막증, 신경병변 등의 합병증을 가져올 수도 있는 만성질환이다. 1유형 당뇨병인 사람들은 스스로 매일 인슐린을 주사해야 한다(Bowe, 2000).

2유형 당뇨병인 인슐린 비의존성 당뇨병(non-insulin dependent diabetes mellitus: NIDDM)은 어른이 되어서 발병하는 것으로 잘 알려져 있다. 신체에 인슐린이 계속해서 만들어지지만 인슐린이 적당히 사용되지 않는다. 대부분 40세 이후에 나타나고, 과체중이나 육체적으로 활동하지 않는 사람들에게서 일반적으로 나타난다.

당뇨를 가진 아동들은 질병으로 인한 이유 때문이 아니라 당뇨라는 결과로 인해 사회·정서적 문제로 학교생활이 불충분할 수 있다(Gallico & Lewis, 1992). 즉, 소아당뇨를 가진 아동들은 이 질병으로 인해 또래들과의 관계가 소원해질 수 있고, 사춘기나 정서적으로 민감한 시기에는 수치심이나 낮은 자존감이 생길 수 있으며, 학교의 모든 활동들이 소극적이게 될 수 있다.

(5) 백혈병

소아암의 공통점은 백혈병(leukemia)으로 미성숙한 림프세포의 성장과 증식으로 인해 적혈구 수가 감소하고 백혈구 수가 증가하는 혈액 형성조직의 질병이다. 진단기법이나 화학요법 등 의학의 발달로 완치될 수 있는 가능성이 높은 만성적 질병으로 인식되고 있다.

화학요법과 방사능과 같은 적극적인 치료로 인해 백혈병 아동들은 대부분 괴로워한다. 임상보고에 따르면, 백혈병 아동들은 병원에 반복해서 입원하여 고통을 참는 것보다 집에서 화학요법인 정맥주사를 맞는 것이 더 낫다고 한다(Allen & Cowdery, 2005). 그러므로 치료를 하는 곳은 어디서라도 도움을 주어야 한다.

(6) 뇌전증

뇌전증(epilepsy)이란 뇌의 신경세포 중 일부가 짧은 시간 동안 발작적으로 과도한 전기를 발생시킴으로써 일어나는 신경계 증상이다(이상도, 1995). 즉, 대뇌의 전기적 활동에 갑작스러운 이상이 발생하여 뇌세포가 정상적으로 작동하지 않게 됨으로써 의식 및 동작 등이 변하게 되는 신체적 증상이다(전헌선, 1999).

뇌전증은 국제적 분류체계에 따라 부분발작(partial seizure)과 전신발작(generalized seizure)으로 나누어진다(이상도, 1995; 전정숙, 2006).

부분발작은 의식장애가 있는 복합부분발작과 의식장애가 없는 단순부분발작으로 분류한다. 복합부분발작은 의식이 혼미해지며, 자신의 생각과 관계없이 자동증이 동반될 때가 많다. 많은 환자에게서 전구증상이 나타나기 때문에, 이 증상에 익숙한 환자는 발작증상 출현 전에 미리 알 수 있어서 발작에 대한 방어 자세를 취할 기회를 가질 수 있다. 단순부분발작은 간질의 병소나 위치에 따라 운동성, 감각성, 자율신경성 및 정신성으로 구분한다.

전신발작의 유형에는 결신성 발작과 긴장성-간대성 발작, 근간대성 발작, 실조성 발작이 있다. 결신성 발작(absence seizure)은 경련 전에 하던 행동이 중단되면서 멍하니 바라보고 짧은 기간 동안 눈동자가 약간 위로 올라가면서 회전하는 모양을 취하기도 한다. 주로 소아기 때 많으며 15세 이후에는 드물다.

긴장성-간대성 발작(tonic-clonic seizure)은 가장 흔한 전신성 발작의 형태며, 대부분은 아무런 전구증상 없이 의식을 잃는다. 갑작스러운 신체의 근긴장으로 신음소리 또는 비명을 지르며 환자가 바닥에 쓰러지게 되며, 사지가 뻣뻣해지고 호흡장애로 얼굴이 새파랗게 된다. 이때 호흡이 되돌아오지만 얼굴은 계속 푸르게 나타난다. 경련이 끝날 때쯤 근육이 이완되며 잠시 동안 의식을 잃고 수면 상태에 이르게 된다. 잠에서 깨면 환자는 전신통이나 두통을 느끼는 것 이외에 아무것도 기억하지 못한다.

근간대성 발작(myoclonic seizures)은 매우 짧은 기간 동안 마비와 같은 근육 경련을 일으키는 것으로 전신적으로 일어나기도 하고 얼굴이나 몸통에 국한되기도 한다. 실조성 발작은 신체의 근긴장이 갑자기 소실되어 급작스럽게 쓰러지게 되는 형태로 외상을 입을 가능성이 매우 높다.

뇌전증은 뇌성마비에게서 자주 나타난다. 실제로 323명의 뇌성마비 환자 가운데 뇌전증의 어떤 형태를 가지고 있는 환자가 41.8%나 된다고 보고되었다(Hadjipanayis, Hadjichristodoulou, & Youroukos, 1997). 따라서 뇌성마비 아동이 뇌전증을 수반할 가능성은 50%나 되며(문한구, 1996), 지체장애학교 재학생의 13.5%가 발작증세를 나타내었다(전헌선, 2000).

발작행동은 전구증상, 전조증상, 발작, 회복기로 진행된다(전헌선 외, 2006). 전구증상이 발견되면 조용하고 안전한 곳에서 생활할 수 있어야 한다. 전조증상은 당사자만이 알 수 있기 때문에 자신의 대처의식을 높여야 하며, 발작이 일어나면 신체적 손상이 가중되지 않도록 해야 한다. 회복기 행동에서는 의식이 완전히 회복되었는가를 재확인한 후 보호자와 함께 귀가 조치하여야 한다.

(7) 혈우병

혈우병(hemophilia)이란 선천적 및 유전적인 혈액응고 인자의 결핍에 의한 질환을 말한다. 혈우병은 선천적으로 출혈이 잘 되어 사소한 외상에 의해서도 쉽게 출혈되며 지혈이 잘 되지 않아 때로는 사망하는 경우도 있다. 혈우병은 오로지 남성에 의해 경험되는 또 다른 반성유전 질병이다.

주요한 위험은 우발적인 상처가 있어서 출혈로 죽는 것이 아니라 일상생활과 건강에서 중대한 징후를 보이는 체내 출혈이다. 출혈은 관절, 특히 무릎, 발목, 팔꿈치 속에서 심하고 지속적인 고통, 영구적인 심한 손상의 원인이라 할 수 있다. 특히, 아동들에게서 나타나는 체내 출혈 사례들은 사소한 충돌, 추락, 작은 상처들로 보이는 것에 의해 유발된다(Apgar & Beck, 1973).

혈우병을 가진 어린 아동들도 불필요한 위험에 그들 자신을 드러내지 않으면서 가능한 활동을 하도록 유도한다. 어떤 아동들은 모든 아동의 공통적인 부분인 추락에 의한 상처로부터 보호하기 위한 헬멧이나 무릎과 팔꿈치 보호대 착용이 필요하다.

(8) 겸상적혈구 빈혈

아프리카 미국 흑인 아동들 사이에서 발견되는 겸상적혈구 빈혈(sickle-cell anemia)은 상염색체 열성장애다. 아프리카에서 겸상적혈구 빈혈의 보균자는 말라리아로부터 보호를 받을 수 있는 이점이 있다. 즉, 겸상적혈구 빈혈은 말라리아에 대한 내성과도 관계가 있다. 아프리카 및 여타 나라의 보균자를 가진 무수한 아동들은 복부, 다리 그리고 팔에 심각한 고통과 같은 만성적인 건강문제를 이끄는 겸상 모양의 적혈구를 평생 간직한다(Jorde, Carey, & Whiter, 1995).

(9) 신장장애

신장장애는 신장의 기능 이상으로 우리 몸 속의 노폐물 제거와 수분 조절에 문제가 생기게 되는 것을 말한다. 신장은 신체의 항상성을 유지하는 기관으로 필수물질들과 수분을 보유하고 체액의 성분과 양을 조절하는 기관이다. 또한 해독을 하고 독성물질, 불필요한 물질들을 소변 형성과정을 통해 배출시키는 기능을 한다.

신장장애를 가지고 있는 어린 아동에게는 영양 공급 부족, 빈혈, 내분비장애 등으로 성장기 장애가 나타날 수 있으며, 연령이 높은 아동들에게는 호르몬 조절의 이상으로 사춘기의 성적인 성숙이 지연되어 신체 미성숙이 나타날 수 있다.

3) 교육적 지원

(1) 병원학교

건강장애 아동에 대한 교육지원은 병원학교를 통해서 이루어지고 있다. 병원학교란 장기 입원 또는 통원치료로 인해 잦은 결석과 휴학 등으로 학교교육을 받을 수 없는 학생들을 위해 병원 내에 설치된 파견학급 형태의 학교다. 병원 내의 특정한 장소에서 일반학교 초·중·고 학생 및 특수학교 학생들이 함께 공부하기 때문에 병원학교라고 부른다.

병원학교의 목적은 심장장애, 신장장애, 백혈병, 소아암 등 만성질환으로 인해 결석, 휴학 및 중퇴를 반복하는 건강장애 학생들에게 수업 결손이 생기지 않도록 병원에서 지속적으로 학업과 치료를 병행하여 차후 학교에 복귀해도 문제가 없도록 돕는다.

2020년 건강장애 학생 교육지원을 위해 설치 및 운영하는 병원학교는 33개교로, 이 중 서울, 전북지역의 11개 병원은 교육청과 협약을 토대로 하여 교육청에서 행·재정 지원을 제공하는 병원자체 체제이며, 22개 병원학교는 교육청 소속 특수학교 또는 일반학교의 파견학급으로 운영되고 있다.

2020년 병원학교에 44명의 담당교사가 배치되어 있으며, 전체 학생수 중 건강장애 학생은 1,785명이며 월평균 이용 학생수는 227명이다. 병원학교에 배치된 학생에게 교과교육, 체험활동, 방과후활동 등을 제공하여 지속적인 학교교육을 지원하고 있다.

또한 건강장애 학생의 학습지원을 위해 3개 기관에서 원격수업시스템을 운영 중이며 건강장애 학생은 1,427명이 이용하고 있다. 원격수업은 서울의 꿀맛무지개학교, 한국교육개발원, 경남의 꿈사랑학교에서 학습지원을 하고 있다.

병원학교에 소속되어 있지 않고 가정이나 시설에 있는 건강장애 학생들은 순회교육을 통해서 학습지원을 받을 수 있다. 순회교육 실시에 관한 결정은 특수교육운영위원회에서 하며, 반드시 부모의 동의를 얻어서 실시하여야 한다. 대부분 특수교사가 순회교육을 담당하고 있지만, 건강장애 아동의 소속 학교 일반교사도 담당 가능하다. 또한 지역교육청이나 특수교육지원센터 등에서 순회교육 담당교사를 지정하여 운영할 수도 있다.

(2) 교실상황

특수학교나 일반학교의 모든 교사들은 건강장애 아동과 관련해서 학교에서 일어나는 모든 일들에 관심을 가지고 기록을 통해 관리해야 한다. 교사들은 건강장애 아동에 대한 병력, 가족관계, 자주 이용하는 병원, 어떤 약물을 투약하는지에 대한 상세한 정보를 가지고 있어야 한다. 응급 상황이 발생하였을 경우 당황하지 않고 1차 처치를 할 수 있으려면, 아동의 질병에 관한 최소한의 정보를 알고 있어야 한다.

교사가 건강장애 아동에게 투약하는 것은 필수사항이 아니다. 그렇지만 교실에서 일어나는 상황에 대해 교사가 모르는 체하기 힘들 뿐더러, 미처 보건교사나 의료진을 부를 수 없을 만큼 위급한 상황이라면 별 도리가 없다. 건강장애 아동은 다양한 질병을 가지고 있으며 그 원인을 알 수 없는 질병도 많다. 그러므로 그들의 1차적인 장애에 대한 관심뿐만 아니라 교사나 또래 친구들이 학교에서 일어나는 모든 활동에 관심과 배려를 가지는 것이 매우 중요하다고 하겠다.

건강장애 아동에 대한 교육지원 방향을 제안하면 다음과 같다(박은혜, 2006). 첫째, 건강장애 아동의 개별적 특성에 따라 교육지원이 이루어져야 한다. 둘째, 건강장애 아동을 대하는 교사와 또래 친구들의 태도는 긍정적이어야 한다. 셋째, 일반학교로 복귀한 건강장애 아동을 위한 일반교사, 특수교사, 보건교사의 역할과 협력방법, 병원학교와의 연계방법 등이 체계화되어서 교육지원이 병원에서 학교로 잘 연결될 수 있어야 한다.

만성적인 질병으로 심신이 지쳐 있는 건강장애 아동이 특수교육 대상자로 포함되면서 더 나은 교육의 지원을 받게 되었다. 앞으로 다양한 프로그램 개발과 지원이 이루어져서 건강장애 아동이 어디에서나 학업에 충실할 수 있는 환경이 필요하겠다.

참고문헌

교육과학기술부(2007). 장애인 등에 대한 특수교육법. 서울: 교육부.

교육부(2007b). **건강장애학생 교육지원 관련 설명자료**. 세종: 교육부.

김영민, 한문식(1972). 선천성 고관절 탈구의 진단과 치료. **대한정형외과학회지,** 7(2), 177-188.

김윤옥(2003). **학습장애아동을 위한 교수-학습 전략**. 경기: 교육과학사.

김정희(2007). 중복지체부자유 학생의 듀센형 근 위축 증후에 관한 고찰. **重複·肢體不自由兒敎育,** 49, 333-348.

김진호, 박재국, 방명애, 안성우, 유은정, 윤치연, 이효신 역(2002). **특수교육학개론**. 서울: 시그마프레스.

대구대학교 1종도서편찬위원회(1999). **특수학교 치료교육활동 교사용지도서-물리치료**. 세종: 교육부.

문수백, 변창진(1997). **K-ABC 검사**. 서울: 학지사.

문한구(1996). 간질발작을 가진 장애학생에서의 문제점. **제2회 환자와 일반인을 위한 간질에 관한 교육**. 대구: 동산의료원 간질센터, 49-56.

박경숙, 윤점룡, 박효정(2001). **기초학습기능검사**. 서울: 한국교육개발원.

박성파(1996). 간질의 발생 원인과 기전. **제2회 환자와 일반인을 위한 간질에 관한 교육**. 대구: 동산의료원 간질센터.

박순길(2003). Luria의 뇌 모델과 K-ABC 분석 연구. **重複·肢體不自由兒敎育,** 41, 321-339.

박순길(2005a). 뇌성마비아의 음운처리능력과 읽기, 쓰기와의 관계 연구. **특수교육학연구,** 40(3), 145-169.

박순길(2005b). 뇌성마비아의 인지적 능력과 언어학습기능의 관계 분석. 대구대학교 대학원 박사학위 논문.

박순길(2006). 뇌성마비아의 시지각능력과 언어학습기능과의 관계 연구. **특수아동교육연구,** 8(1), 45-67.

박순길(2007). 지체부자유학교 초등부 뇌성마비 아동의 읽기를 예측하는 인지-언어적 변인 연구. **重複·肢體不自由兒敎育,** 50(2), 1-20

박은혜(2006). 건강장애학생 교육지언의 외국사례 소개 및 교육지원 모형 개발. 2006 건강장애학생의 학습권 보장을 위한 병원학교 운영 관련 워크숍 자료집.

서문자, 강현숙, 임난영, 오세영, 권혜정(2000). **재활의 이론과 실제(개정판)**. 서울: 서울대학교출판부.

신종호(1999). 교수전략이 초등학생의 읽기 능력 발달에 미치는 효과 연구. **초등교육연구,** 13(1), 85-101.

안병즙(1978). **지체부자유아교육**. 대구: 대구대학교출판부.

이상도(1995). 간질이란 무엇인가. **제2회 환자와 일반인을 위한 간질에 관한 교육**. 대구: 동산의료원 간질센터, 3-16.

이소현, 박은혜(2006). **특수아동교육**. 서울: 학지사.

임호찬(2004). K-레이븐검사(K-SPM). 서울: 한국가이던스.

전정숙(2006). 뇌성마비아 간질성 발작의 촉발 요인·전조·회복기 행동의 특성 연구. **重複肢體不自由兒教育**, 48, 105-129.

전헌선(1999). 간질성 발작아의 양상과 특성 고찰. **난청과 언어장애 연구**, 22(1). 99-114.

전헌선(2000). 뇌성마비아 간질의 특성 및 대처 전략 연구. **重複·肢體不自由兒教育**, 35.

전헌선 외(2003). **중복·지체부자유아교육**. 대구: 대구대학교출판부.

전헌선(2005). 지체부자유 학생 근 위축 증후의 양상 및 대처 자원 연구. **重複·肢體不自由兒教育**, 45, 21-39.

진헌선, 오세철, 박재국, 노선옥, 김영환, 한경임, 도성화(2005). **중복·지체부자유아 교수·학습론**. 대구: 대구대학교출판부

전헌선, 오세철, 박재국, 한경임, 노선옥, 박순길(2006). **중복·지체부자유아 치료교육**. 대구: 대구대학교출판부.

전헌선, 한경임, 노선옥(2004). **뇌성마비아의 언어치료교육**. 대구: 대구대학교출판부.

정재권, 안병즙(2001). **지체부자유아 심리이해**. 서울: 학지사.

주정빈(1989). 소아마비의 임상경험. **대한정형외과학회지**, 23(4), 1109-1126.

Allen,K. E., & Cowdery, G. E.(2005). *The Exceptional Child* (5th ed.). Thomson.

Batshaw, M., & Perret, Y.(1992). *Children with handicaps: A medical primer* (3rd ed.). Baltimore: Paul H. Brookes.

Bonifacci, P.(2004). Children with low motor ability have lower visual-motor integration ability but unaffected perceptual skills. *Human Movement Science, 23*(2), 157-168.

Bigge, J., Best, S., & Heller, K. (2001). *Teaching individuals with physical, health, or multiple disabilities* (4th ed.). Upper Saddle River, NJ: Merrill/Prentice-Hall.

Bowe, F. G.(2000). Physical, Sensory and Health Disabilities. Merrill.

Gallico, R., & Lewis, M. E. B. (1992) *Windows on Russia*. Washington, DC: U. S. Government Printing Office.

Gardner, M. F.(1996). *Test of Visual-Perceptual Skills(non-motor)-Revised Manual*. Academic Therapy Publication.

Hadjipanayis, A., Hadjichristodoulou, C., & Youroukos, S. (1997). Epilepsy in patients with cerebral palsy. *Developmental Medicine and Child Neurology, 39*, 659-663.

Jorde, L. B., Carey, J. C., & Whiter, R. W. (1995). *Medical genetics*. St. Louis, MO: C. V. Mosby

Kaufman, A. S., & Kaufman, N. I. (1983). *Assessment Battery for Children Circle Pines*. NY: American

Guidance Service.

Kirk, S. A., Gallagher, J. J., Anastasiow, N. J., & Coleman, M. R. (2006). *Educating Exceptional Children*. NY: Houghton Mifflin Company

Lehr, D., & McDavid, P. (1999). Opening the door further. *Focus on Exceptional children, 25*(6), 1-7.

March of Dimes.(1999). *Cerebral Palsy*. Public health information link. 1275 Mamaroneck Ave. White Plains, NY 10605.

Marilyn Sief Workinger (2005). *Cerebral Palsy: Resource Guide.* NY :Thomson Delmar Learning.

Mastropieri, M. A., & Scruggs, T. E.(1997). Best practices in promoting in reading comprehension in students with learning disabilities. *Remedial and Special Education, 18*, 197-213.

McNamara, T. P., Miller, D. L., & Bransford, J. D.(1996). Mental models and reading comprehension. In R. Barr., M. L. Kamil., P. Mosenthal., & P. D. Pearson(Eds), *Handbook of reading research: Volume Ⅱ*(p 490-511). Mahwah, NJ: Erlbaum.

Pearson, P., & Fielding, L.(1996). Comprehension instruction. In R. Barr., M. L. Kamil. P. Mosenthal., & P. D. Pearson(Eds), *Handbook of reading research: Volume Ⅱ*(p813-859). Mahwah, NJ: Erlbaum.

Stahl, S. A., & Fairbanks, M. M.(1986). The effects of vocabulary instruction: A model-based meta-analysis. *Review of Research, 56,* 72-110.

Turnbull, A., Turnbull, H., Shank, M., & Leal, D. (1995). *Exceptional lives: Special education in today's schools. Upper Saddle River*, NJ: Prentice-Hall.

United Cerebral Palsy of Washington.(1997). Cerebral Palsy fact sheet. www.wer.uwadhington.edu.

Watson, C., & Willows, D. M.(1995). Information-processing patterns in specific reading disability. *Journal of Learning Disabilities, 28*, 216-231.

익힘문제

1. 「장애인 등에 대한 특수교육법」에서 제시한 지체장애와 건강장애의 정의를 각각 설명하시오.
2. 지체장애 아동의 특성을 설명하시오.
3. 지체장애를 분류하고 각각 하위장애의 특성을 제시하시오.
4. 건강장애 아동을 위한 교육적 지원 방안을 제시하시오.

Chapter

11

특수아동의 가족지원

1. 가족지원의 필요성

가족은 부모와 자녀를 바탕으로 한 사회를 구성하는 가장 기본단위이다. 한 개인이 태어나면서 처음으로 접하는 사회환경인 가정에서 가족구성원들은 서로 영향을 주고받으면서 살아가고 있다. 가족은 서로 관계를 맺고 기능하기에 한 개인의 문제가 가족 전체에게 영향을 미치게 된다. 특히 자녀가 장애를 가지고 있는 경우에는 비장애자녀의 부모나 가족과는 다른 양육 스트레스, 가족 간 갈등, 가정경제, 대인관계 및 사회활동에까지 독특한 상황에 직면하게 된다(표윤희, 홍정숙, 2018; Kuo & Lach, 2012). 이는 가정 해체와 같은 심각한 상황을 초래하기도 한다. 실제로 장애를 가진 가족구성원을 수용하고 가족이 적응하는 데는 부단한 노력이 필요하다. 무엇보다 적응과정이 한 번으로 완성되는 것이 아니라 좌절하고 수용하기를 수없이 반복한다는 것이다.

장애아동을 위한 교육의 목적은 현재 장애를 최소화하여 장애로 인해 일어날 수 있는 2차적인 장애를 예방하는 데 있다(Neisworth & Bagnato, 1987). 가정은 장애아동이 일상에서 겪는 다양한 상황을 통해 자연스럽게 배우고 적응하기 좋은 환경이다. 그러나 장애아동의 발달을 촉진하고 사회에 건강하게 적응하도록 하도록 돕기 위해서는 가족 특히 부모의 건강한 장애인식과 수용, 양육 태도가 우선되어야 한다.

가족은 장애를 가진 자녀의 출생으로 충격과 좌절을 겪는다. 그러나 장애를 가진 자녀를 수용하고 양육하기 위해서는 부모의 역할뿐만 아니라 가족의 적응을 돕고 건강한 가족으로 기능하기 위한 지원과 교육이 필요하다. 이에 따라 「장애인 등에 대한 특수교육법」(2007) 제2조에서 특수교육 관련서비스로서 '가족지원'을 명시하고, 가족지원을 확대하여 가족 교육, 가족치료, 가족 상담 등 특수교육대상자의 가족을 보다 체계적으로 지원하도록 법률로 규정하고 있다. 따라서 특수교육전문가로서 장애아동뿐만 아니라 가족구성원들에 대한 이해와 지원에 관한 역량도 함께 키워나가야 한다(유영준 외, 2011).

2. 특수아동 가족의 이해

1) 장애아동 부모의 특성

자녀가 장애로 진단받은 시기와 관계없이 부모는 자녀의 장애로 인하여 가족구성원들의 삶 전반에 미치는 문제에 직면한다. 부모들은 자녀의 장애를 알게 되었을 때 다양한 반응을 보인다. 어떤 부모는 기대했던 아이를 잃었다는 상실감과 함께 아이에게 적절하지 않은 희망과 기대를 품을 수도 있다. 반면 어떤 부모는 충격과 불신에서 수용과 조절까지 정서발달 단계를 반복하며 자녀의 장애를 수용하고 장애를 가진 자녀를 건강하게 양육하고, 치료와 교육을 위하여 현실적으로 대처를 하게 된다(Simmerman, Blacher & Baker, 2001).

(1) 장애아동 부모의 심리적 단계

모든 부모가 자녀의 장애 진단에 같은 방식으로 반응하는 것은 아니다. 그러나 많은 부모들이 정서적인 발달과정을 경험한다. 일반적으로 슬픔의 단계라고 일컬어지는 단계는 충격과 불신과 부정, 분노와 분개, 타협, 우울과 좌절, 수용으로 분류된다. 〈표 11-1〉에서는 각 단계에 따라 전문가들의 제안을 설명하고 있다.

표 11-1 슬픔의 단계에 따른 전문가의 제안

슬픔의 단계와 특성	전문가 제안
충격, 불신, 부정 • 죄책감이나 수치심으로 실의에 빠질 수 있다. • 자녀의 장애를 부인하며 진단을 위해 여러 병원을 전전할 수 있다. • 자녀의 장애를 수용하거나 필요한 지원을 완전히 거부할 수 있다.	• 가족이 자신의 감정을 수용하고 표현하도록 지지하고 경청하라. • 장애자녀와 관련하여 가족이 함께할 수 있는 강점을 찾아라. • 가족이 준비되고 요청할 때 필요한 자원과 서비스를 제공하라.

슬픔의 단계와 특성	전문가 제안
분노와 분개 • 도움을 주려는 이들에게 화를 낼 수 있다. • 진단에 관하여 전문가와 논쟁할 수 있다. • 비장애 자녀를 키우는 친구들에게 분개할 수 있다.	• 주의 깊게 경청하고 공감하라. • 다른 부모에 대한 분노는 자연스러운 감정임을 인정하고 충분히 표현하도록 지지하라. • 가족들의 감정을 평가하거나 논쟁하지 마라. • 공격적인 말에 방어하지 마라.
타협 • 자녀의 장애가 없어질 수만 있다면 무엇이든 하려는 믿음을 갖는다. • 신과 "장애가 사라지게 해 준다면 무엇이든 하겠다."고 협상하려 한다.	• 적극적으로 경청하라. • 지지를 보여라. • 전문적인 견해를 부모들에게 강요하지 마라. • 비평하지 마라.
우울과 좌절 • 현실을 수용하기 시작하고 기대했던 아이를 잃어버렸다는 슬픔을 느낀다. • 장애자녀의 잠재력을 보지 못하고 단지 자녀의 결함만을 보려 할지 모른다.	• 적극적으로 반영하며 경청하라. • 부모 자조모임과 같은 자원을 제안하라. • 우울증이 만성적으로 나타난다면 상담을 받을 수 있도록 조언하라. • 장애자녀의 강점에 대해 지속적으로 의논하라.
수용 • 장애자녀의 결함에 초점을 맞추는 대신 장애자녀의 강점을 보기 시작한다. • 장애자녀의 삶을 향상하기 위해 긍정적이고 주도적인 태도를 보인다.	• 계속 경청하라. • 진보에 대해 격려하라. • 장애자녀의 강점에 대해 지속적으로 의논하라. • 가족에게 사례관리 역할을 양도하기 시작하라. • 가족의 역량강화를 위해 지원하라.

출처: 박지연 외(2006).

(2) 장애아동 부모의 요구와 지원방안

양육은 자녀의 장애 유무를 떠나 모든 부모에게 부담이다. 그러나 장애를 가진 자녀 양육은 더욱 심각하고 만성적인 스트레스를 준다. 장애를 가진 자녀 양육 스트레스는 부모의 직업적 성취, 가족과 사회의 삶, 우울의 정도뿐 아니라 부모 자신의 사적 인간관계, 자신의 신념, 동기에 심각한 영향을 미친다(Meltzer, 2011; Parish, Seltzer, 2004; Singer, 2006). 양육 스트레스는 이처럼 부모의 삶의 질에 가장 크게 영향을 미치는 요인이기도 하지만 장애아동의 삶의 질이 자신들의 부모에 의해 좌우되는 만큼 부모의 양육에 대한 부담감을 정확하게 파악하고 적절한 스트레스 대처방안을 마련하는 것이 중요하다(김경민, 2014).

최근까지 가족지원에서 부모에 관한 연구는 주로 어머니에게 초점이 맞추어져 있었는데, 장애를 가진 자녀를 둔 아버지의 참여는 장애 자녀뿐만 아니라 배우자 및 다른 가족구성원에게 역동적인 영향을 미치기 때문에 아버지의 역할을 강화하여 가족의 역량을 키우기 위한 가족지원이 필요하다(이규옥, 한성희, 박혜준, 2010; Fox, 2015). 이처럼 가족체계에 큰 역할을 하는 아버지의 역량 강화 방법 중 대표적인 것으로 아버지 자조모임이 있다. 자조모임을 통해 부모들은 상호 정보교환, 양육경험 공유, 정서적 지지, 장애인 인권과 권익 옹호, 문제해결 능력 등을 얻을 수 있고, 자신과 유사한 상황이나 동일한 문제를 가진 다른 사람들과 관계를 형성할 수 있다(홍은숙, 오세철, 2019).

장애를 가진 자녀 둔 아버지들은 구체적으로 양육에 참여할 방법을 몰라 고립감을 느끼며 장애 자녀의 양육과 교육에 소극적이고 장애 자녀로 인해 사회적 관계에 어려움을 겪고 있다. 장애자녀를 둔 아버지들은 자조모임을 통해 장애 자녀와의 관계가 매우 긍정적으로 변화되었는데, 이는 아버지들이 장애를 가진 자녀를 양육하는 아버지로서의 역할을 아버지 모임을 통해 서서히 배우기 시작한 데서 온 결과라 할 수 있다. 따라서 장애를 가진 자녀의 아버지들을 위해 아버지의 참여를 독려하는 지역사회 지원시스템이 필요하겠다(Elder et al., 2003). 아버지 자조모임을 결성하고 구축하는 초기 단계에서는 사회적 지원이 매우 필요하다. 장애를 가진 자녀의 아버지들은 자조모임을 통해 자연스럽게 만나 서로의 관심과 경험을 공유하는 기회를 통해 아버지들은 스스로 자조모임을 결성하고 그에 대한 책임감과 애착을 가질 수 있다. 또한 아버지들은 전문가의 자문과 지원을 받으면서 자조모임에 대한 확신을 얻을 수 있다. 따라서 아버지의 적극적인 참여와 효율적인 운영을 위해서는 아버지들의 목소리에 귀를 기울이고 자조활동을 촉진하는 전문가의 지원이 매우 필요하다(홍은숙, 오세철, 2019).

장애를 가진 자녀의 아버지 자조모임에 관한 연구들을 살펴보면 아버지 자조모임 프로그램은 아버지들만을 위한 활동이 아니라 아버지가 축이 되어 가족을 통합하는 프로그램으로 확장되었다. 이는 아버지들은 모든 가족구성원과 함께 포괄적인 활동에 참여함으로써 자녀의 미래를 계획하고 좋은 부모가 되는 것을 선호한다는 의미이다. 또한 아버지 자조모임의 운영은 온라인과 오프라인을 병행할 때 더 효과적이며 온라인을 통한 긴밀한 의사소통은 중요한 소통창구로서 아버지들에게 사회적 시스템으로 연결되는 계기가 되기도 하였다(김정연, 윤형준, 2013; Howard et al., 2010).

장애를 가진 자녀의 아버지 자조모임은 자발적으로 프로그램을 의논해서 결정하고 계획하기 때문에 실제 운영에서 만족감이 높고 이를 통해 아버지들의 양육 자신감을 증진할 수 있다. 따라서 장애를 가진 자녀의 아버지 자조모임을 통하여 아버지들에게 가정에서 자신의 역할 중요성을 인식할 수 있고 자신감을 고양하는 기회가 되도록 그 범위도 확대되어야 하겠다(홍은숙 외, 2019; 이경준, 2006).

2) 장애아동 비장애 형제의 특성

장애를 가진 형제를 둔 비장애 형제는 형제의 장애로 인해 심리·정서적으로 많은 영향을 받는다. 부모의 지나친 기대와 책임감, 엄격한 양육 태도로 인한 위축, 형제 관계에서 경험할 수 있는 정서적 교감의 부족으로 인한 고립감 등은 가족관계뿐 아니라 또래관계에까지 영향을 미친다. 특히 자아정체성을 확립하는 청소년기에는 장애 형제로 인한 가족의 기대와 요구로 정체성의 혼란을 겪기도 한다. 장애아동의 부모들은 비장애 형제에게 형제가 가진 장애에 대하여 언급하지 않거나 비밀로 하는 경우가 있다. 이런 경우 비장애 형제는 이에 관한 고민으로 또래관계에까지 영향을 미쳐 심리·사회적으로 약해질 수 있다(전혜인, 2008; Seligman & Darling, 2007).

장애를 가진 형제를 둔 비장애 형제는 비장애인들이 알 수 없는 사회·정서적 어려움을 겪고 있다. 그러나 장애 형제나 부모와 달리 관심과 지원의 사각지대에 놓여 있어 장애를 가진 아동 못지않게 특별한 관심과 지원이 절실하다(곽복희, 2017).

(1) 비장애 형제의 특성

장애를 가진 형제를 둔 비장애 형제는 형제가 가진 장애로 인하여 자아정체성이나 다른 사람들과의 관계에 많은 영향을 받는다. 비장애 형제는 또래들과 다르게 책임감이 강하고 예의가 바르거나, 타인에게 민감하고 관용을 보이는 등 사회적으로 성숙하게 보인다(김유리, 2015). 그러나 장애를 가진 형제를 둔 비장애 형제는 비장애아동의 형제에 비하여 외로움, 감정억제와 같은 스트레스를 더 많이 경험한다고 하였다(양지형, 전상신, 2020; 이미숙, 권회연, 2009; Fleming, 2004; Hutton & Caron, 2005).

비장애 형제는 장애형제에게 동정과 함께 분노와 같은 감정을 동시에 가지기도 한다. 또한 장애형제를 돌봐야 한다는 책임감으로 자신의 삶보다 장애 형제의 삶을 우선으로 하여 성장하는 경우가 많다(강성리, 이병인, 2011). 비장애 형제들은 장애 형제와 같은 장애를 가질 수 있다는 두려움, 자신은 장애를 갖지 않았다는 죄책감, 장애 형제 중심의 가족관계에서 부모의 관심 밖에 있다는 피해의식과 소외감, 장애 형제를 타인에게 쉽게 드러내지 못하는 외로움, 또래관계에서 장애 형제로 인해 놀림을 받는 괴로움과 수치심, 부모로부터 지나친 기대와 압박, 불평등한 태도, 부모 사후 장애 형제를 돌봐야 한다는 책임감 등 다양한 심리적 갈등뿐 아니라 가족관계에서 역할 혼란을 느낀다(노민희, 김은경, 2018; Alant & Opperman, 2003). 또한 비장애 형제들은 자신이 겪는 다양한 심리·정서적 어려움을 표현하지 못하고 문제 상황을 회피하거나 부적절하게 표현하는 등 정서표현에 어려움이 있다.

일반적으로 형제관계는 나이가 들면서 형제 역할이 평등해지고, 서로 지지하는 관계로 성장하지만, 장애 형제와 비장애 형제는 비장애 형제가 일방적으로 장애 형제를 돌보는 교사나 보호자 역할을 맡는 경우가 많다(Seltzer, Begun, Seltzer & Krauss, 1991). 국내 연구 대부분은 비장애 형제의 성별이나 출생순위, 장애 형제의 특성이 다름에도 불구하고 비장애 형제를 동일 집단으로 여긴다고 하였다(곽복희, 2017). 그러나 비장애 형제는 장애형제의 특성, 비장애 형제 개인의 발달단계에 따른 다양한 욕구를 가진 개인으로 지원이 이루어져야 한다(양지형 외, 2020).

(2) 비장애 형제의 요구와 지원 방안

장애를 가진 형제를 둔 비장애 형제에 대한 지원은 당사자인 비장애 형제와 함께 가족과 사회적 차원의 접근 등 다각적이고 구체적이어야 한다. 비장애 형제에 대한 지원은 우선 장애 형제와 관련된 정확한 정보를 제공하여 비장애 형제의 두려움이나 오해를 해결해 나갈 수 있도록 지원하고, 비장애 형제의 사회·정서적 어려움을 해결하기 위한 정서지원 프로그램, 생애주기에 따른 지원으로 이루어져야 한다(이미숙, 권회연, 2010).

① 개인적 차원의 지원

장애를 가진 형제를 둔 비장애 형제는 형제의 장애로 인하여 가족 내에서 그 자신으로 보다 비장애형제로서 자아정체성을 갖기 쉬우므로 비장애형제가 아닌 자신의 자아정체성을 형성하도록 지원이 필요하다. 또한 형제관계에서 느끼는 정서적 교감의 부족, 심리적 고립감을 해소해 나갈 수 있도록 심리·정서적 지원도 이루어져야 한다.

장애 형제와 비장애 형제 관계는 생애주기에 따라 차이를 보인다. 형제 관계에 의존하는 아동기와 정서적 혼란과 갈등을 겪는 청소년기 비장애 형제의 정서 및 심리적 특성은 차이가 있다. 이는 비장애 형제들 자신에 대한 지원은 그들의 생애주기에 따라 다르게 지원되어야 한다는 것을 의미한다(이미숙 외, 2010).

비장애형제들은 장애를 가진 형제를 타인에게 쉽게 드러내지 못하여 혼자만의 고민을 가진 것 같은 외로움이나 고립감으로 힘들어한다. 이런 경우 장애형제를 둔 비장애형제들끼리 모일 수 있는 장을 마련하고 지원할 필요가 있다. 다른 비장애형제들과 모임을 통하여 유대감을 형성하고 서로를 통해 위로를 얻으며 내면의 상처를 치유하는 등 건강한 자아로의 회복을 경험할 수 있다. 비장애형제들의 모임이 갖는 가치는 비슷한 상황에 처한 서로의 경험을 공유하는 기회에 그치는 것이 아니라 자신의 독특한 경험을 표현하는 기회를 얻는 것에 있다(Carther et al., 2016). 따라서 장애형제의 특성뿐 아니라 비장애형제의 연령과 개인이 겪고 있는 상황이나 정서적 특성 등을 고려하고 이를 반영한 다양한 자조모임 프로그램을 개발하고 지원할 필요가 있다.

② 가족 차원의 지원

장애를 가진 자녀를 둔 부모는 비장애 자녀에게 형제가 가진 장애에 대해 직접 언급하지 않거나 장애에 대한 낙인으로 형제가 가진 장애를 비밀로 하기도 한다. 이때 비장애 자녀는 장애 형제에 대하여 의문을 품고 고민한다(전혜인, 2008). 장애 형제와 비장애 형제 관계는 부모가 가지고 있는 장애에 대한 인식이나 장애수용 여부에 따른 양육 태도에 영향을 받는다. 자녀들은 부모의 생각과 감정에 영향을 받기 때문에 부모가 자녀의 장애를 온전히 수용하고, 그 과정에서 느끼는 심리적 어려움을 해결해 나갈 수 있도록 지원이 필요하다. 장애를 가진 자녀를 둔 부모는 장애 자녀뿐 아니라 비장애 자녀에게도 발달단계에 맞추어 교육하고 돌볼 수 있도록 가족 차원의 지원이 이루어져야 한다. 특히 자아정체성을 형성하는 청소년기는 장애 형제로 인한 가족의 기대와 요구로 정체성 혼란, 또래 친구들에게 장애를 가진 형제를 언급할 여부에 대한 갈등이 깊어지는 시기로 비장애 형제에게 특별한 관심이 필요하다(최민숙, 2002; Seligman & Darling, 2007). 비장애 형제는 장애 형제에게 성장기 동안 발달의 전반적 영역에서 롤모델 역할을 하고, 부모 다음으로 성인기까지 이어지는 관계이기 때문에 이들의 연령과 상황을 고려한 지원이 되어야 한다(정정은 외, 2020).

③ 사회적 차원의 지원

장애를 가진 형제를 둔 비장애 형제는 장애 형제로 인해 또래 친구들에게 놀림을 받은 경험이나 부정적인 사회인식으로 가족 단위 외부활동을 포기한다고 하였다. 마찬가지 이유로 자신의 연애나 결혼에 대해서도 제한이 따른다고 하였다(양지형, 전상신, 2020). 이와 같이 장애에 대한 주변 사람을 비롯하여 사회적 인식과 반응은 비장애 형제의 사회생활 전반에 영향을 미친다. 장애아동 가족지원에 관한 최근 연구들은 생애주기에 따른 지원, 특히 장애인의 지역사회 내 자립 생활을 시도하는 사회적 흐름에 따라 전환기 및 성인기 가족지원의 필요성을 주장하고 있다(정정은 외, 2020).

장애를 가진 자녀가 학령기를 지나 성인기 진입을 앞둔 시기에 있을 때 부모는 장애 자녀의 졸업 이후 진로, 직업, 주거, 여가 등의 문제로 부담이 가중되고, 성인기 이후 비장애 형제에게도 이러한 문제들이 발달과제로 작용한다(김성천, 심석순, 2011; Strohm, 2002). 이 시기는 장애 형제와 비장애 형제 모두 발달단계상 사회, 경제, 제도적 지원이 절실한 시기이다.

장애를 가진 형제를 둔 비장애 형제가 경험하는 주변 사람들의 반응과 사회적 인식이 어떠한지에 따라 그들의 정서적 경험이 긍정적일 수도 부정적일 수도 있으며, 생애주기에 따라 사회적 지원이 더욱 필요하기도 하다. 따라서 사회적으로 장애에 대한 이해를 높이고 부정적인 인식을 개선하여 사회제도 변화까지 이어져야 한다. 궁극적으로 장애인과 비장애 형제가 장애에 대하여 좀 더 수용적인 환경에서 긍정적인 정서 경험을 가질 수 있는 사회적 차원의 지원이 이루어져야 한다. 사회 전반의 인식 개선을 위해서는 특정 연령대에 국한되지 않고 모든 연령대를 대상으로 각 연령대의 발달과제와 이해수준에 맞는 장애 인식 개선 교육이 요구된다.

3. 특수아동 가족지원의 동향

1) 가족지원의 정의

장애아동의 가족지원이란 가족체계를 강화하고 가족 스스로 비공식적인 지원망 개발과 관련하여 하는 활동을 의미한다. 즉, 장애아동 가족이 건강하게 기능하고 유지하기 위하여 가족체계를 강화하고 가족 스스로 비공식적인 지원망을 개발하도록 돕는 것이 장애아동 가족지원의 목표이다(이병인, 2019). 앞으로 장애아동 가족지원은 장애아동 가족이 가지고 있는 고유한 강점과 자원에 초점을 두고 주관적인 행복을 찾을 수 있도록 도와야 할 필요가 있다(홍은숙, 오세철, 2019). 이러한 관점에서 장애아동 가족지원의 최근 동향은 특수교육 분야뿐 아니라 다양한 영역에서 협력하는 데 중점을 두고 있다.

2) 개별화가족지원계획(Individualized Family Service Plan: IFSP)

특수교육에서 개별화교육프로그램(Individualized Educational Programme: IEP 미국 공법 94-142)이 아동중심(child-focused) 교육프로그램이라면, 개별화가족지원계획(Individualized Family Service Plan: IFSP 미국 공법 99-457)은 가족중심(family-centered)의 조기 중재 프로그램이라 할 수 있다. IEP가 특수교육 요구 아동의 개인별 교육적 요구에 초점을 두는 반면, IFSP는 아동 개인 및 그 가족의 강점과 요구에 초점을 두고 있다. 즉, 아동이나 가족의 약점이나 문제를 강조하기보다 아동이나 가족의 강점과 자원을 최대한 활용하여 관련 정보와 지침을 제공하는 데 중점을 둔다(이영호, 김혜숙, 2015). IFSP는 가족과 다양한 영역의 전문가들이 발달지체 영·유아와 가족들과 함께 개발하고 시행되는 것으로, 초학문적 평가와 사정을 기초로 하고 있으며 가족의 요구를 만족시키는 것과 아동의 발달을 촉진하는 데 필요한 서비스를 포함하고 있다(박지연 외, 2006).

(1) IFSP의 원리와 구성요소

개별화 가족지원의 원리는 첫째, 가정중심 조기 개입(Home Based Early Intervention) 서비스이다. 가정은 장애아동이 자연스러운 환경에서 적절한 기술을 습득하고 일반화하는 데 매우 중요한 환경이다. 따라서 조기 중재 서비스는 가족 환경 내에서 제공하는 것이 효과적이다. 둘째, 가족은 저마다 고유한 문화와 가치를 가지고 있다. 이러한 가족의 독특한 문화와 다양성에 대한 이해는 IFSP 과정에서 매우 중요하며, 이러한 접근은 모든 가족이 강점과 자원을 갖고 있다는 것을 전제로 한다. 셋째, 가족은 서비스의 의사결정권을 가진다. 가족의 독립성과 결정권은 서비스의 수준과 종류를 결정한다. 따라서 가족구성원들의 가치, 신념, 강점, 요구 등을 고려하고 서비스의 영향을 파악하여 선택해야 한다. 넷째, IFSP 시행 시 가족과 전문가의 상호협력은 필수적인 요소이다. 가족은 자녀와 관련된 모든 사항에 대한 최종 의사결정자이다. 서비스 결정에 대한 가족의 권리와 기대가 전문가의 전문적 지식과 함께 조화를 이룰 때 진정한 협력이 이루어질 수 있다. 다섯째, 장애 영아 가족지원서비스는 융통성 있고, 접근 가능해야 하며 가족의 요구에 반응하여야 한다. 여섯째, 지역사회 내에 있는 아동과 가족의 통합을 도모하기 위한 서비스이다. 이러한 IFSP의 원리에 기반한 목표나 전략은 장애를 가진 자녀를 둔 가족들로 하여금 소속감이나 상호협력을 증진하고 가족의 능력을 강화한다(이영호, 김혜숙, 2015).

개별화 가족지원 서비스는 출생 직후부터 3세까지 장애영유아의 발달적 요구를 충족하고 가족과 전문가 간의 협력을 돕기 위하여 다음과 같은 요소를 포함하여 구성한다(박지연 외, 2006).

- **장애영아의 현재 발달 수준과 특성에 대한 서술**: 다학문적 진단에 기초한 장애아에 대한 인지, 신체, 정서, 사회성 등 전반적인 평가.
- **장애영아 발달과 관련된 가족의 역량**: 가족의 강점과 요구 등.

- **장애영아와 가족의 장기목표**: 측정가능하고 명확한 성취기준, 시기, 목표달성을 측정할 평가절차 등 명시
- **장애영아와 가족에게 제공되는 서비스에 대한 제반 정보**
- **서비스 제공 시점과 예상 지속 기간**
- **서비스 조정자의 법적 책임 및 제 정보**
- **장애영아의 전이를 보장하는 전환계획**

(2) IFSP의 과정

IFSP의 과정은 유아와 가족이 서비스를 받기 위해 전문가를 만나는 순간부터 시작되며, 가족과 전문가 간에 자료와 정보를 모으고, 공유하고, 교환하는 것으로 이루어진다(이병인, 2004).

표 11-2 IFSP 중재 절차와 내용

단계	절차	내용
1단계	만남 및 선별	• 가족과 전문가 간 긍정적 관계 형성 • 가족의 자원과 환경 파악 • 모든 의사결정에 가족 참여 • IFSP과정에 가족 관여에 대한 범위와 영역 결정 • 장애영아의 발달영역에 따라 서비스 적격성 결정
2단계	사정	• 가족의 자원과 관심, 우선순위 및 장애영아의 강점과 요구에 관한 사정 • 가족은 발달 욕구와 가족의 능력 강화에 필요한 지원과 서비스를 찾는 노력 • 가족은 전문가와 함께 IFSP 내에 포함될 주요 목표를 설정하고 정보 공유
3단계	프로그램 계획	• 프로그램은 IFSP 문서 개발 의뢰 후 45일 내 시작되도록 계획 • 사정 시 발견된 사항을 논의한 후 프로그램 계획 • 프로그램의 첫 회기는 가족이 편한 시간으로 정하고 주요 목표 결정 • 공식 비공식적 자원을 사용하는 서비스계획 개발 • 사정 작업에 참여한 부모 및 가족, 서비스 중재자와 전문가들은 모든 IFSP 모임과 검토 과정에 참여
4단계	시행 및 감독	• 장애영아와 가족에게 IFSP 서비스 적격성 판정 후 바로 서비스 제공 • 서비스 중재자는 적절한 서비스 전달 시기를 조정하고 감독

단계	절차	내용
5단계	검토, 평가 및 전환계획	• IFSP중재는 6개월마다 중재 과정을 검토하고 1년 주기로 중재 효과 평가 • 평가 내용은 가족의 관심, 우선순위 및 의미 있는 중재, 긍정적인 변화 등 • IFSP과정 평가는 서비스와 가족 모임 기록, 문서화된 중재 전략 분석, 목표 등급에 관련된 비공식적인 가족 질문지 등 • 목표 평가는 중재의 결과로 장애영아와 가족의 변화를 파악하기 위해 수행 • 장애영아 취학 전 프로그램 전환계획을 통하여 상급 기관 배치 및 전환 관련 부모훈련을 요구

3) 학교와 가족의 협력

통합교육이 확대될수록 장애 학생의 일반교육 참여전략이 중요하기 때문에 교사가 학생들을 효과적으로 교육하기 위하여 학생의 가정환경을 이해해야 한다. 가족은 학생의 미래와 생애 전반에 걸쳐 영향을 미치기 때문에 학생의 가족 문제와 학생의 요구에 대한 가족의 인식, 가족들의 견해를 이해하는 것은 매우 중요하다. 나아가 교사는 학생의 가족뿐 아니라 학생이 가진 문제와 해결방법에 대하여 다른 관점을 가진 사람들과도 함께 일해야 한다. 이와 같이 교사들이 가족 및 다른 전문가들과 교육적인 문제들을 함께 해결해 갈 때 장애 학생의 교육은 더욱 효과적이다.

교사들이 학생 가족을 이해하는 것은 가족과 협력관계를 형성하고 유지하는 데 매우 중요하다. 교사와 가정이 문제해결을 위하여 함께 노력하면 그 결과는 학생에게 더욱 유익할 것이다. 교사와 가족이 협력하기 위해서는 각각의 위치에서 중요성을 서로 이해하는 것이 우선되어야 한다(Turbiville & Marquis, 2001).

(1) 교사에게 가족의 중요성

가족은 교사에게 아동에 대한 배경정보와 의학적인 과거력 등 학생과 관련된 정보를 제공하는데, 이러한 정보는 교사에게 학생의 행동과 학습유형을 이해하는 데 도움을 준다. 또한 학생이 교실에서 보이는 행동에 대해 가족은 학생 개인의 정보를 제공할 수 있다. 가족은 학교 과제나 프로그램 적용 시 학생에게 강화를 제공하는 역할을 할 수 있으며, 어떤 유형의 훈육과 학습전략이 학생에게 가장 효과적인지에 대한 정보를 줄 수 있다. 가족은 학생 개인의 강점과 요구를 알아내는 데 도움을 주어 적절한 교수 목표를 세울 수 있으며 가정은 교사들이 학생의 장기교육 목표와 직업목표를 세울 때 학생의 관심사에 대한 정보를 제공하여 결정을 도울 수 있다.

(2) 가족에게 교사의 중요성

교사는 가족에게 아동의 향상과 성공 등 정보를 문서로 제공하고 가족이 보다 적극적으로 아동 교육에 참여할 수 있게 도와준다. 교사는 가족이 아동의 관심사를 파악하여 학교와 가정에 적절한 교육목표를 세우는 데 도움을 준다. 교사는 아동이 부적절한 행동을 보이거나 교실에서 학업 상의 어려움을 보일 때 가정과 논의하면서 학생과 가족이 사는 지역사회에 적응하도록 필요한 사회적 기술을 가르칠 수 있다. 교사는 아동에게 중요한 교육 및 지역사회 정보를 알아내어 가족에게 제공함으로써 아동에게 적용할 기회를 준다. 교사가 가족에게 언제든 도움의 손길을 줄 수 있고, 장애 자녀를 지원하는 가족의 태도를 경청하며, 가족에게 친근하게 다가가는 모습을 통하여 가족은 학교전문가를 신뢰하며 협력할 수 있다(Wang et al., 2006).

(3) 교사와 가족이 함께 일하기 위한 지식과 기술

교사들은 학생과 가족지원을 위해 가족에 대한 지식과 기술을 문제해결에 반영할 수 있어야 한다. 가족에게 적절한 전략과 기술을 개별화하여 적용함으로써 교사들은 가족 및 기타 전문가들과 전략적으로 일할 수 있다. 장애 학생에 따른 개별화 전략은 교사가 학생을 위해 부모와 다른 가족 구성원들과의 관계를 개발할 때 발생하는 문제해결에 도움이 된다.

교사들은 다양한 환경에서 장애 학생, 부모, 학교와 지역사회 관련인들과 협력하기 위하여 효과적인 의사소통을 촉진하고 협력하는 요소에 대한 지식을 가지고 있어야 한다. 교사는 장애아동 부모가 가진 문제에 적절한 전략에 대한 지식, 의사소통 및 상담 기술을 가지고 있어야 한다. 교사는 개별화 교육계획 수립 시 장애 학생, 부모, 학교전문가, 기타 학교 및 지역사회 관련인들의 역할에 대한 지식을 갖고 있어야 한다(박지연 외, 2006).

참고문헌

강성리, 이병인(2011). 효과적인 비장애형제지원의 실행요소 탐색: 문헌분석과 경험에 따른 심층면담 분석을 중심으로. **특수교육저널: 이론과 실천,** 12(4), 153-185.

곽복희(2017). 장애아동의 비장애 형제 관련 연구의 동향 분석: 국내 학술지 논문을 중심으로. **특수교육논총,** 33(1), 79-109.

김경민(2014). 자폐성 장애아동 아버지의 양육 경험과 적응에 관한 현상학적 연구. **정서·행동장애 연구,** 30(4), 93-132.

김성천, 심석순(2011). 장애아동 발달주기별 가족지원서비스 만족도와 서비스 욕구에 관한 연구. **한국가족복지학,** 34, 77-108.

김유리(2015). 장애인 형제자매에 대한 연구 동향 및 향후 과제 고찰. **지적장애연구,** 17(2), 275-298.

김정연, 윤형준(2013). 장애를 가진 자녀에 대한 아버지의 양육 경험 연구. **특수교육,** 12(3), 333-356.

노민희, 김은경(2018). 자폐성 장애인과 함께 살아가는 성인 형제자매의 삶과 지원요구에 관한 연구. **자폐성장애연구,** 18(1), 1-33.

박지연, 김은숙, 김정연, 김주혜, 나수현, 윤선아, 이금진, 이명희, 전혜인(2006). **장애인 가족 지원**. 서울: 학지사.

양지형, 전상신(2020). 발달장애인 형제를 둔 성인 비장애 형제자매의 정서적 경험과 지원요구에 대한 연구: 형제순위에 따른 포커스 그룹 인터뷰를 중심으로. **특수교육학연구,** 55(2), 31-60.

유영준, 이명희, 백은령, 최복천(2011). 장애 아동·청소년 가족의 양육 부담 및 가족지원 욕구에 관한 연구. **특수교육,** 10(1), 209-234.

이경준(2006). 한국과 독일의 장애인 자조모임 연구: 양국 참가자들의 지원 욕구와 인식비교 및 독일의 자조모임 지원 동향. **한국장애인복지학,** 4, 111-166.

이규옥, 한성희, 박혜준(2010). 장애자녀 양육에 대한 아버지와 어머니의 경험을 중심으로 살펴 본 가족의 성숙과 변화. **정서·행동 장애 연구,** 26(4), 137-163.

이미숙, 권회연(2010). 장애아동 형제자매의 대처·적응 및 자아개념. **특수교육학연구,** 45(1), 177-201.

이병인(2004). **장애아동 가족 지원의 이해.** 서울: 단국대학교출판부.

이병인(2019). 특수교육대상자 가족 관련 국내 · 외 연구 동향 분석. **유아특수교육연구,** 19(2), 1-33.

이영호, 김혜숙(2015). **장애아동 부모교육의 실제**. 경기: 공동체.

장애인 등에 대한 특수교육법(제정 2007.5.25. 법률 제 8483호).

장애인복지법(일부개정 2010.5.27. 법률 제 16733호).

전혜인(2008). 장애아동 형제자매의 삶에 대한 질적 연구. **특수교육저널: 이론과 실천,** 9(2), 159-179.

정정은, 조경현, 양지희, 박은혜(2020). 지체장애인의 가족지원에 관한 국내외 문헌고찰: 2010~2019년의 연구를 중심으로. **특수교육학연구,** 55(2), 163-185.

표윤희, 홍정숙(2018). 지체중복장애 자녀를 둔 어머니들의 양육 경험 및 지원 요구. **특수교육학연구,** 53(3), 257-285.

최민숙(2002). **장애아동 교육을 위한 가족참여와 지원**. 서울: 학지사.

홍은숙, 오세철(2019). 장애아동 아버지 자조모임 프로그램 운영 및 평가에 대한 연구. **통합교육연구,** 14(2), 171-196.

Alant, E., & Opperman, S.(2003). The coping response of the adolescent siblings of children with severe disabilities. *Disability and Rehabilitation, 25*(9), 441-454.

Carther, S., Cook, J., Sutton-Boulton, G., Ward, V., & Clarke, S.(2016). Social pedagogy as a model to provide support for siblings of children with intellectual disabilities: A report of the views of the children and young people using a sibling support group. *Journal of Intellectual Disabilities, 20*(1), 65-81.

Elder, J. H., Valcante, G., Won, D., & Zylis, R.(2003). Effects of in-home training for culturally diverse fathers of children with autism. *Issues in Mental Health Nursing, 24,* 273-295.

Fleming, A.(2004). My brother is autistic. *Scholastic Choices, 20*(2), 16-19.

Fox, G. L., Nordquist, V. M., Billen, R. M., & Savoca, E. F.(2015). Father involvement and early intervention: Effects of empowerment and father role identity. *Family Relations, 64*(4), 461-475.

Howard P. P., Meadan, H., & Doubet, S.(2010). Fathers of young children with disabilities in the United States: Current status and implications. *Childhood Education, 86*(6), 382-388.

Hutton, A. M., & Caron, S. I.(2005). Experience of families with children with autism in rural New England. *Focus on Autism and Other Developmental Disabilities, 20,* 180-189.

Kuo, Y., & Lach, L. M.(2012). Life decision of taiwanese women who care for a sibling with cerebral palsy. *Health Care for Women International, 33*(7), 646-665.

Meltzer, L. J.(2011). Factor associated with depressive symptoms in parents of children with autism spectrum disorders. *Research in Autism Spectrum Disorders, 5*(1), 361-367.

Neisworth, S., J., & Bagnato, S. K. J., T.(1987). Integrated Day Care as Special Education. *Topics in Early Childhood Special Educan*, 7(1), 28-47.

Parish, S., Seltzer, M., Greenberg, J., & Floyd, F.(2004). Economic implications of caregiving at midlife: Comparing parents with and without children who have developmental disabilities. *Mental Retardation, 42*(6), 413-426.

Seligman, M., & Darling, R. B.(2007). *Ordinary families, special children*. NY: Guilford.

Seltzer, G. B., Begun, A., Seltzer, M. M., & Krauss, M. W.(1991). Adults with mental retardation and their aging mothers: Impacts on siblings. *Family Relations, 40*, 310-317.

Simmerman, S., Blacher, J., & Baker, B.(2001). Fathers' and mothers' perceptions of father involvement with young children with a disability. *Journal of Intellectual & Developmental Disability, 26*, 325-338.

Singer, G. H. S.(2006). Meta-analysis of comparative studies of depression in mothers of children with and without developmental disabilities. *American Journal on Mental Retardation, 111*(3), 155-169.

Strohm, K. E.(2002). *Sibling: Brothers and sisters of children with special needs.* Adelaide: Wakefield Press.

Turbiville, V. P., & Marquis, J. G.(2001). Father participation in early education programs. *Topics in Early Childhood Special Education, 21*, 223-231.

Wang, M., Summers, J. A., Little, T., Turnbull, A., Poston, D., & Mannan, H.(2006). Perspectives of fathers and mothers of children in early intervention programmes in assessing family quality of life. *Journal of Intellectual Disability Research, 50*, 977-988.

익힘문제

1. 장애아동을 위한 가족지원의 필요성을 설명하시오.
2. 장애아동 부모의 심리적 단계를 제시하시오.
3. 개별화가족지원계획의 개념과 구성요소를 제시하시오.

Chapter 12

특수교육 이슈

본 장은 마지막 장으로, 특수교육 관련 이슈에 대한 내용으로 영재교육, 다문화교육, 특수교육과 중독, 특수교육대상자를 위한 긍정적 행동지원에 대해 기술하였다.

1. 영재교육

역사적으로 모차르트, 아인슈타인, 레오나르도 다빈치 등 특정 분야에서 매우 뛰어난 능력을 나타내는 사람들을 우리는 '영재', '천재', '신동' 등으로 부른다. 그런데 영재라고 불리는 사람들을 살펴보면, 자신이 나타내는 특정 분야의 매우 뛰어난 능력 외에도 다양한 특성을 보이는 경우가 있다. 대표적으로 서번트 증후군(savant syndrome)이라고 불리는 자폐성장애나 지적장애가 있는 사람들 중에서 음악, 미술 등의 분야에 매우 뛰어난 능력을 나타내는 경우가 있다. 특수교육대상자 중에서도 뛰어난 영재성을 나타내는 이른바 '장애영재아동' 역시 존재하기에 영재에 대한 특성과 영재교육에 대한 내용을 다루고자 한다.

1) 영재의 정의

영재아동(Gifted and talented child)은 과거에는 지적 능력에 따라 분류하는 경향이 있었다. 즉 지능지수 130 이상이 영재로 분류되었던 것이다. 하지만 최근에는 사회문화적 환경의 변화에 근거하여 영재에 대한 정의도 바뀌고 있다.

영재를 판별 및 정의하는 데 고려되는 요인으로 지능 외에도 창의성과 재능을 함께 제시할 수 있다. 영재에 대한 정의는 다음과 같이 제시한다.

먼저 한국의 「영재교육진흥법」 제2조에서 "영재라 함은 재능이 뛰어난 사람으로서 타고난 잠재력을 개발하기 위하여 특별한 교육을 필요로 하는 자를 말한다"라고 제시되어 있다. 그리고 영재교육 대상자 선정과 관련하여 지능, 특수목적성, 창의적 사고능력, 예술적 재능, 신체적 재능, 기타 특별한 재능이 있는 자로 제시되어 있다.

미국 교육부에서는 영재아동의 정의를 다음과 같이 제시한다. "영재는 동일한 연령, 경험, 환경을 가진 다른 사람들에 비해 뛰어나게 높은 수준의 성취를 보이거나 보일 가능성을 나타내는 아동 및 청소년을 말한다. 이들은 지적, 창의적 또는 예술적 영역에서 높은 능력을 보이며, 리더십이 뛰어나고 특정한 학업 영역에서 우수함을 보인다. 이들은 학교에서 일반적으로 제공되지 않는 서비스나 활동을 필요로 한다. 우수한 재능은 모든 문화와 경제적 계층에서 나타난다(U.S. Department of Education, 1993; 이소현, 박은혜, 2011 재인용).

이러한 법적 정의 외에 학문적 관점에서 영재에 대한 정의를 Renzulli(1986)는 "영재는 평균 이상의 높은 지적 능력, 창의성, 과제 집중력의 세 요인을 갖추고 있거나, 장차 발달시킬 가능성이 있는 아동으로서 인간이 수행하는 잠재적으로 가치 있는 분야에 이러한 특성들을 적용하는 아동"으로 제시하였다.

2) 영재의 판별

영재아동을 판별하기 위해서 다양한 검사가 요구된다. 장애의 판별에 신중함이 필요하듯 영재의 판별 역시 단일한 절차와 검사가 아닌, 다양한 검사와 절차를 통해 이루어진다. 지능검사 외에 창의성검사, 교육과정 중심 평가, 예체능에 대한 실기평가, 아동의 포트폴리오 평가, 아동에 대한 직접관찰, 부모 및 교사면담 등이 해당된다. 객관성을 보장하기 위해 지능검사나 창의성검사의 경우 표준화된 검사를 사용해야 한다. 한국에서는 영재의 판별을 위해 3차에 걸친 다단계를 적용하고 있다. 1차는 영재성 검사, 2차 학문적성검사, 3차 면담의 순으로 이루어진다.

영재의 판별과 관련하여 유의해야 할 점은 다음과 같이 제시할 수 있다(김동일 외, 2010; 강대옥 외, 2012 재인용).

첫째, 영재의 판별을 위해 대상 아동에 대한 다양한 자료의 수집 및 다양한 검사와 방법 등이 적용되어야 한다. 그러기 위해서는 한 번에 모든 것을 판별하는 것이 아닌, 여러 단계에 걸쳐 판별이 이루어질 수 있도록 해야 한다.

둘째, 영재의 판별을 위해 전문가 집단 내에서 영재성에 대한 정의가 분명하게 이루어져야 한다. 영재성에 대한 정의가 분명히 이루어지지 못하면, 영재 판별 과정과 검사 및 타당도와 신뢰도 모두 제대로 보장되지 않을 수밖에 없다.

셋째, 아동의 특성에 따라 적절한 방법이 적용되어야 한다. 예를 들어, 서번트 증후군이 있는 자폐성장애 아동의 경우에 낯선 환경에서 예기치 않는 문제행동이 나타날 수 있으므로 아동에게 익숙한 장소에서 검사를 진행할 수 있어야 한다.

넷째, 영재성이 있는 아동의 경우에는 일반아동과 다른 검사도구가 아닌, 좀 더 수준 높은 검사도구를 사용하여야 한다.

다섯째, 아동의 연령에 따라 판별의 초점이 다르게 적용되어야 한다. 연령이 낮을수록 타고난 능력에 초점을 두어야 한다면, 연령이 높을수록 분야별 특수한 재능을 발견하는데 초점을 맞추어야 하는 것이다.

3) 영재의 특성

영재에 대한 정의 및 관점이 다양하듯이 영재아동에 대한 특성 역시 다양하게 제시될 수 있다. 영재아동은 다른 성별, 언어, 문화, 국가 등 다양한 집단에서 출현할 수 있기 때문이다. 영재아동의 특성은 다음과 같다.

(1) 인지 및 학습 특성

김명환(2011)은 다양한 학자들을 통해 제시된 영재아동의 인지 및 학습 관련 특성을 다음과 같이 제시하였다(강대옥 외, 2012 재인용).

첫째, 영재아동은 어휘 수준이 또래보다 높다. 풍부하고 유창한 어휘 표현 및 정확한 어휘를 사용한다.

둘째, 영재아동은 또래보다 주의집중 시간과 수준이 훨씬 높다. 장시간 동안 주의집중이 가능할 뿐 아니라, 주의집중 시간 동안 제시되는 정보에 대한 빠른 습득 및 기억이 가능하다.

셋째, 또래아동보다 독서량이 풍부할 뿐 아니라, 조기에 독서력이 발달한다는 점을 제시할 수 있다. 뛰어난 읽기능력과 뛰어난 요점파악능력도 함께 나타날 수 있다.

넷째, 높은 호기심과 이를 해결하기 위해 관찰력, 논리적인 분석능력이 또래에 비해 높게 나타날 수 있다. 그리고 문제해결에 대한 높은 창의성도 영재아동의 인지 관련 대표적 특성이라고 볼 수 있다.

(2) 정의적 및 행동 특성

영재아동에게 일반적으로 나타나는 정의적 및 행동 특성은 긍정적인 특성과 부정적인 특성으로 나누어 살펴볼 수 있다.

① 긍정적인 특성

- 높은 모험심과 열정 및 도전성
- 높은 자기통제력과 자기효능감
- 높은 도덕성과 옳고 그름에 대한 분명한 기준
- 유머감각이 뛰어남
- 독립적 및 자율적인 성향이 강함
- 리더십이 뛰어남

② 부정적인 특성

- 지나친 완벽주의 및 과민반응과 예민함
- 타인에 대한 배려가 부족함
- 자신에 대한 비판에 대한 좌절
- 타인에게 무관심
- 권위에 저항
- 무리한 일 욕심
- 또래와 관계형성 곤란

4) 영재의 요인

장애의 원인 혹은 요인을 한 마디로 정의하는 것이 어려운 것처럼 영재의 요인도 마찬가지이다. 일반적으로 영재의 요인은 〈표 12-1〉과 같이 생물학적 요인과 환경적 요인으로 분류할 수 있다.

표 12-1 영재의 요인

구분	내용
생물학적 요인	유전자적 요인
	영양학적 요인
환경적 요인	호기심을 자극하고 잠재력을 개발하기 위한 가정환경 (예: 아동에게 적절한 자극 제시 및 긍정적 피드백)

5) 영재교육

(1) 영재아동의 교육적 배치

2020년 영재아동 교육기관의 숫자는 총 1,756개이며 영재교육기관은 영재학급, 영재교육원, 영재학교 및 과학고가 있다. 구체적인 현황은 〈표 12-2〉, [그림 12-1]과 같다. 영재교육의 분야는 수학 및 과학 분야가 다수를 차지하고 있었다. 영재교육을 담당하는 교원의 현황과 관련하여, 지역별로 편차가 크게 나타났으며, 주로 서울에 다수가 집중되어 있음을 볼 수 있었다.

표 12-2 영재교육기관 유형

영재교육기관 유형	영재학교, 과학고	영재교육원		영재학급	계
		교육청	대학부설		
전국 영재교육기관 수	28	255	82	1,391	1,756

구분	수학	과학	수·과학	정보과학	인문사회	외국어	발명	음악	미술	체육	기타	계
학생수	9,839	12,189	31,588	4,514	3,531	1,462	4,076	1,699	1,691	444	1,742	82,012
비율	12%	14.9%	38.5%	5.5%	4.3%	1.8%	5%	2.1%	2.1%	0.5%	2.1%	100%
	65.4%			23.4%								

출처: 영재교육종합데이터베이스(ged.kedi.re.kr)

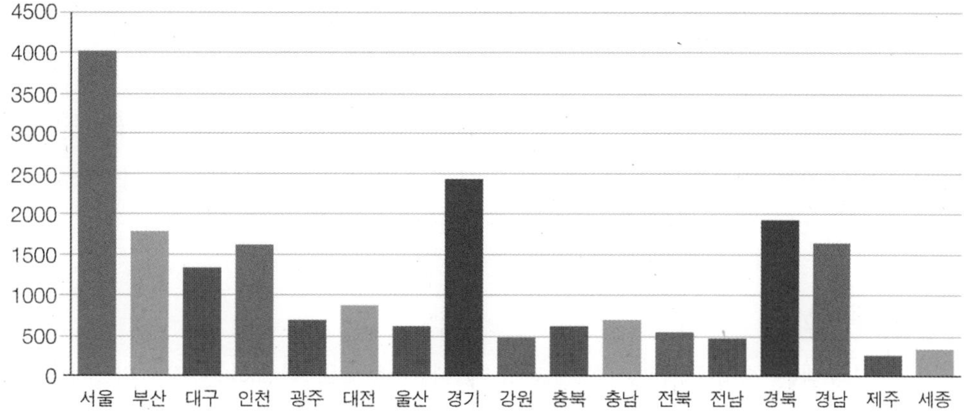

그림 12-1 영재교육 담당 교원 수 현황

출처: 영재교육종합데이터베이스(ged.kedi.re.kr)

(2) 영재교육의 의의

영재교육에 대해 엘리트 우대 중심의 교육이라는 비판적 인식이 강하지만, 영재교육이 필요한 의의는 다음과 같이 세 가지로 제시할 수 있다(도명애 외, 2016).

첫째, 모든 교육의 목적인 자아실현과 관련이 된다. 영재아동 역시 본인의 능력에 적합한 교육을 받을 받음으로써 자신의 잠재력을 최대한 개발하고 원하는 자아실현을 이룰 권리가 있는 것이다.

둘째, 급변하는 현대사회에서 영재아동에 대한 선별과 교육을 통해 뛰어난 능력을 가진 영재들을 국가 발전에 도움이 될 수 있는 국가적 측면에서 교육하는 의의가 있다.

셋째, 인류 발전의 측면이다. 역사상 인류 발전에 큰 업적을 남긴 에디슨, 아인슈타인, 레오나르도 다빈치 같은 위인들의 업적이 인류 발전에 도움이 되었음을 기억해야 한다. 그러므로 영재아동의 교육이 필요한 의의에 인류 발전을 위한 차원이 있음을 제시할 수 있다.

(3) 영재교육방법

앞에서 제시한 대로, 영재아동을 위한 교육환경은 다양한 기관으로 분류된다. 하지만 영재아동 역시 일반학급에서 교육받는 경우도 있으므로, 교사는 영재아동의 교육에서 필요한 지침들을 고려해야 한다. 일반적으로 교사는 영재아동에 대한 특성을 이해하고, 영재아동이 능력을 최대한 발휘할 수 있는 학급 분위기를 형성하는 것이 중요하다. 특히 영재아동은 또래와 달리, 문제를 바라보는 관점이나 문제풀이 과정에서 다른 의견을 제시할 가능성이 높은데, 이 경우에 영재아동의 의견을 존중해야 한다. 영재아동을 위한 교육방법 역시 다양한 측면에서 제시할 수 있다.

① 속진과 심화

속진 프로그램은 정규교육과정을 또래보다 빠른 속도로 학습하는 것이다. 이른바 학습속도가 빠른 학생이 상급학년으로 올라가는 '월반'이 속진의 유형 중 하나이다. 그 외에도 속진에는 이수과정 압축, 과목별 속진 등을 제시할 수 있다. 이수과정 압축은 중학교 3년 과정을 1년 만에 모두 학습하게 하는 것이 예에 해당될 수 있고, 과목별 속진은 아동이 뛰어난 능력을 보이는 특정 교과를 상위 학년 교육과정으로 공부할 수 있게 하는 것이다.

심화 프로그램은 영재아동이 상위 학년으로 가지 않고 더 폭넓은 내용을 학습하는 것을 의미한다. 정규교육과정의 학습주제를 보다 확장하여 가르치거나, 정규교육과정의 학습주제와 관련된 보다 더 어려운 내용을 가르치는 것, 정규교육과정과 다른 영재아동의 교육적 요구에 적합한 교육자료를 제시하는 것 등이 해당될 수 있다. 이러한 심화 프로그램은 속진 프로그램과 함께 사용될 수 있다.

② 문제중심학습

문제중심학습(Problem Based Learning: PBL)은 주어진 문제 상황에 대한 해결전략을 기르기 위한 학습방법이다. 실제로 겪을 수 있는 학습문제를 제시한 후, 집단별로 협력학습을 통해 문제해결방안을 찾아 제시할 수 있다. 문제중심학습은 비판적 분석능력 및 문제해결능력, 사고력 등을 촉진할 수 있는 학습방법으로, 영재아동뿐 아니라 일반아동들에게도 많이 적용되고 있다. 영재아동의 경우에는 영재아동 개인이 가진 높은 호기심을 충족하고, 창의성 및 문제해결능력 등을 발휘하여 문제해결방안을 제시하도록 유도할 수 있다.

③ 창의성 개발 및 촉진

창의성의 개발과 촉진은 영재교육에서 중요한 영역에 속한다. 영재아동이 창의성을 발휘하여 주어진 문제를 해결하고, 학습을 촉진하기 위해서 창의성 발달을 촉진하는 교수방법이 적용되어야 한다. 제시된 문제의 해결을 위해 여러 관점에서 생각할 수 있는 유연성을 촉진하는 능력을 기르도록 해야 한다. 또한 사고의 유창성을 발전시킬 수 있는데, 대표적인 방법으로 브레인스토밍을 들 수 있다.

④ Renzulli 심화교육 모델

Renzulli는 심화교육 모델에서 다음의 3단계를 제시하였다(김문섭, 김진숙, 박선희, 2016; 도명애 외, 2016).

첫째, 1단계 심화교육으로 일반적 탐색 활동에 해당된다. 정규교육에서 잘 다루지 않는 다양한 분야를 접하도록 함으로써 폭넓은 분야를 경험하는 데 의의가 있다. 탐색 활동을 위해서 다양한 학습자료를 제공하거나 견학 및 체험학습, 연사 특강, 동영상 감상, 실험, 토론 등이 이루어질 수 있다.

둘째, 2단계 심화학습인 소집단으로 이루어지는 훈련이 있다. 이 단계에서는 사고력 향상을 목적으로 실제 생활에서 일어나는 여러 과제를 처리할 수 있는 기능을 습득할 수 있다. 예를 들면 요약하기, 도구의 조작 등이 있다.

셋째, 3단계 심화학습으로 개인 혹은 소집단 단위의 탐구활동이 이루어지는 단계이다. 아동이 실제 전문가처럼 자신이 선택한 주제에 대한 탐구활동을 통해 결론을 도출할 수 있도록 한다. 3단계에서 일반 아동과 달리 영재아동으로서의 창의성, 재능 등이 나타나게 된다.

⑤ 영재아동상담

많은 영재아동들이 뛰어난 재능에 비해 정의적·신체적 영역의 발달에서 불균형이 나타나는 것으로 인해 다양한 스트레스와 어려움을 나타낼 수 있다. 무엇보다 영재아동들이 나타내는 뛰어난 재능 및 그로 인한 높은 성취도로 인해 교사나 부모 등 주변 사람들이 여러 어려움을 겪을 수 있음도 간과할 가능성이 크다.

하지만 많은 영재아동들이 다양한 이유로 갈등과 어려움을 겪을 수 있는데, 대표적인 요인을 다음과 같이 제시한다.

- 영재아동 주변 사람들이 영재아동임을 알지 못하고 영재아동이 하는 말이나 행동, 특별한 관심사 등을 이해하지 못함
- 영재아동 자신이 가진 영재성으로 인해 또래와 함께 학습하기를 힘들어 하는 경우 (주어진 학교수업이 영재아동에게 너무 쉬워서 지겹게 느껴짐)
- 영재아동의 성향 중, 과도한 완벽주의 및 열정으로 인해 과제 수행 시에 불안, 우울 등의 부정적인 정서문제가 나타날 수 있음
- 영재아동이 가진 지나친 예민함 혹은 민감함(sensitivity)이 타인과 함께 과업을 수행 시에 때로는 타인과 갈등을 유발할 수 있음
- 영재아동 중에서 과도한 동기와 집착적인 성향이 주변에서 문제를 일으킬 수도 있음

2. 다문화교육 및 다문화아동에 대한 지원

다문화아동은 성인기 이전에 있는 다문화가족의 자녀를 의미한다. 우리가 살아가는 현 시대는 세계화 시대 혹은 국제화 시대로 불리는 만큼 대한민국 국적을 가진 사람과 외국인과의 결혼이 증가하고 있다. 그 외에도 유학, 취업, 등 다양한 이유로 국내에 거주하는 외국인들의 숫자가 증가하고 있으며, 다문화아동 역시 증가하고 있다. 한국인과 외국인의 결혼으로 인한 경우 외에도 국내에 거주하는 외국인 유학생 및 외국인 근로자의 자녀, 새터민이라고 불리는 탈북가족의 자녀, 국내에 체류하는 난민 가족의 자녀 모두 다문화아동에 속한다.

국내의 다문화아동의 숫자는 2013년 55,780명에서 2020년 146,945명으로 두 배가 넘게 증가하였다(http://kess.kedi.re.kr). 이러한 증가 추세에 따라 앞으로도 다문화가족 및 다문화아동이 증가할 것으로 예측할 수 있다. 그러므로 다문화교육을 통해 다문화아동에 대한 이해와 배려 및 편견 감소를 실천할 수 있어야 하고, 다문화아동의 학교 적응을

위한 지원 역시 필요함을 제시한다.

1) 다문화교육

다문화교육은 모든 학생을 위한 교육의 측면에서 통합교육과 같은 맥락임을 알 수 있다. 즉 모든 학생을 위한 교육이라는 점이다. 다문화사회가 도래하면서 다문화교육은 필수적으로 요구되고 있다. 신진숙(2014)은 다문화교육의 목적을 학생들에게 다문화사회를 살아가기 위해 필요한 다양한 능력을 갖추도록 하는 것으로 제시하였다. 다시 말해서 학생들에게 다양한 사람들과 문화가 있음을 인식시키고 서로 존중하며 살아갈 수 있도록 하는 교육이 바로 다문화교육인 것이다.

(1) 다문화교육의 필요성

다문화교육의 필요성을 다음의 두 가지로 제시할 수 있다(최충옥 외, 2010).

첫째, 다문화교육은 민주시민 양성을 위해 필요한 자질의 함양에 그 필요성을 제시할 수 있다. 다문화가정의 자녀들 역시 우리 사회의 구성원으로서 함께 공존할 수 있어야 한다. 다문화교육을 통해 다문화에 대한 존중과 더불어 다문화가정의 자녀들이 민주사회 적응을 촉진할 수 있다. 다문화교육은 오늘날 민주사회에 적합한 자유와 평등, 반 편견, 다양성에 대한 존중 등을 다룸으로써 민주사회에 적절한 민주시민으로서의 삶을 살 수 있도록 지원한다.

둘째, 교육소외계층에 대한 배려의 차원에서 다문화교육이 필요하다. 한국 사회에 유입된 외국인들은 편견 및 차별을 경험하고 있으며, 그 자녀들 역시 학교생활에 어려움을 겪고 있다. 특히 학령기 다문화가정 아동의 경우에 한국어 구사 능력의 부족, 또래와 다른 외모, 부모의 갈등 등의 이유로 따돌림을 당하는 경우도 많다(조영달 외, 2006). 결국 다문화가정 아동은 학교현장에서 소외계층으로 전락할 가능성이 높은 것이다. 따라서 다문화교육을 통해 인종, 민족, 문화, 언어 등의 다양성을 이해하고 존중하는 태도를 함양함으로써 다문화가정 아동을 배려해야 한다.

(2) 다문화교육을 위한 교수원리

다문화교육의 실천을 위해서 필요한 교수원리를 다음과 같이 제시한다(신진숙, 2014).

첫째, 교사의 태도와 행동이 영향을 끼칠 수 있으므로 다문화아동에 대한 다양성을 인정하는 태도를 먼저 학생들에게 교사가 보여주어야 한다. 즉 다양성에 대한 교사의 긍정적 태도를 제시하는 것이다.

둘째, 학급 게시판 구성에 있어 다문화와 관련된 신문기사나 사진 등을 전시한다. 다문화 관련 요인들을 학급 게시판에 제시함으로써, 다문화가정 아동이 재학 중인 학급의 학생들에게 다문화가정 아동을 이해하는 데 도움이 될 수 있다.

셋째, 다양한 교과 교육과정에 다문화 관련 내용을 포함시키고 교과수업을 통해서 다문화에 대한 존중과 다문화 아동을 이해하고 공감할 수 있도록 해야 한다. 다문화교육을 위한 주요 방법으로 역할극, 놀이, 문학작품, 영상, 신문 등을 활용할 수 있다.

넷째, 차별과 편견에 대한 내용을 학생들에게 가르침으로써, 다문화가정 아동에 대한 괴롭힘이나 차별적 발언 등이 용납될 수 없도록 학급 분위기를 조성한다. 이를 위해 관련 교과 시간에 역할놀이나 집단토론 등의 방법을 활용할 수 있다. 그리고 다문화가정 아동에 대한 편견적 행동은 절대 허용되지 않음을 명확히 학생들에게 제시해야 한다.

2) 다문화아동에 대한 지원

(1) 다문화아동의 학교 부적응

다문화아동 학교과정별 학생비율을 [그림 12-2]에 제시하였다. 초등학교, 중학교, 고등학교 순으로 나타나고 있는데, 매년 계속 증가추세에 있음을 확인할 수 있다. 특히 매년 학령기 인구 감소추세임을 볼 때, 다문화가정 아동이 증가하고 있음을 주목할 필요가 있다.

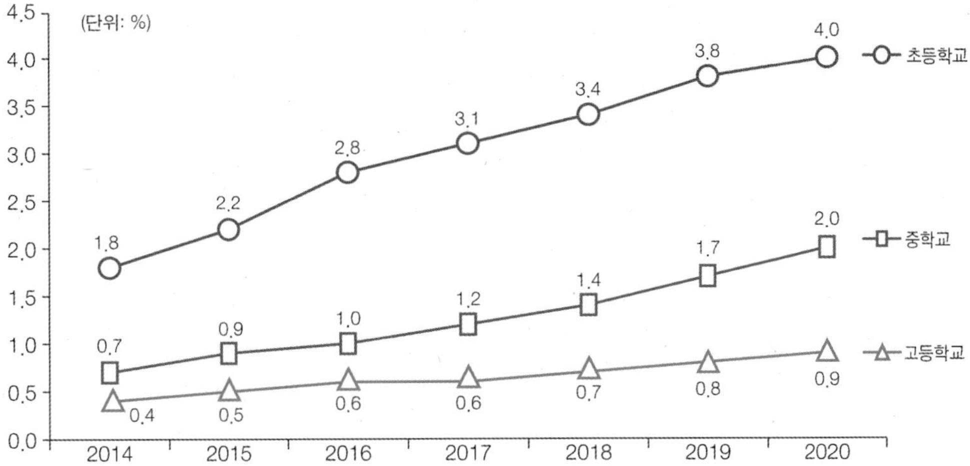

그림 12-2 2020 다문화가정 학생 비율

출처: 교육통계서비스(KESS)

이렇게 다문화가정 아동의 증가추세를 볼 수 있지만, 다수의 아동들이 학교생활에 어려움을 겪는 것으로 나타났다. 이와 관련된 내용은 다음과 같이 제시할 수 있다(김은미, 양옥경, 이해영, 2009; 박채진 외, 2013).

첫째, 많은 다문화아동이 학교공부를 이해하고 따라가는 데 어려움이 큰 것으로 나타났다. 학습곤란으로 인해 학업을 중도 포기하기도 했다. 교과별 어려움으로는 읽기 및 쓰기의 곤란, 수학적 문제해결의 곤란, 한국의 문화 및 역사와 관련된 사회과학학습의 어려움 등으로 나타났다.

둘째, 다문화가정 아동은 의사소통의 어려움이 큰 것으로 나타났다(이필상, 2009). 다수의 다문화가정 아동의 어머니가 이주 여성인 것을 고려할 때, 아동들의 언어발달과정에서 한국어를 익히는 것에 어려움이 나타나서 이후의 언어습득에 어려움을 겪을 수 있다.

셋째, 다문화가정 아동은 자신의 외모와 의사소통 기능의 어려움으로 인해 대인관계에 곤란이 나타나기도 한다. 심한 경우는 따돌림을 당하거나 학교폭력의 피해자가 되기도 한다. 김은미와 양옥경, 이해영(2009)은 다문화 아동들이 학교에서 놀림을 받거나 따돌림을 당하는 이유로 다문화아동들의 부모가 외국인이라서, 외모가 달라서, 언어가 통하지 않아서 등을 제시하였다.

넷째, 다문화가정 아동은 정서적 어려움을 겪는 경우도 많이 있었다. 자신의 외모나 언어의 어려움과 관련하여 정체성에 대한 혼란을 겪기도 했으며, 학교생활의 어려움으로 인한 심리적 위축 혹은 우울, 불안 등의 정서장애를 나타낼 수도 있다(도명애 외, 2016).

(2) 다문화아동을 위한 특수교육 지원

이필상(2009)은 다문화아동에 대한 특수교육적 지원이 필요한 이유에 대해 다음과 같이 제시하였다.

첫째, 다수의 다문화가정 아동은 의사소통에 어려움을 겪고 있다. 언어발달 과정에서 주양육자와의 상호작용과 가정에서의 다양한 언어경험 및 피드백이 아동의 언어습득에 중요한 영향을 끼치는데, 특히 주양육자와의 상호작용이 아동의 어휘발달을 촉진하는 요인이 된다(박상희, 2006; 석동일, 이은경, 2006). 그런데 다수의 다문화가정 아동이 어머니로부터 받는 언어적 자극이나 피드백이 부족한데, 여성 결혼이민자들의 경우에 한국어 구사의 어려움이 많기 때문이다. 특히 여성 결혼이민자들은 서툰 한국어로 인해 자녀와의 상호작용이 원활하지 못해서 아동들은 언어발달능력이 또래 아동에 비해 현저히 낮을 가능성이 높다. 다수의 다문화가정 아동이 또래 아동들보다 수용언어와 표현언어 및 어휘력이 유의미하게 낮으며, 언어발달장애를 보이고 있으므로, 이에 대한 특수교육적 지원이 요구되는 것이다.

둘째, 다수의 다문화가정 아동이 정서 및 행동장애 위험을 보인다. 다문화가정 아동 다수는 또래 아동과 의사소통의 어려움과 다른 외모로 인해 자신의 정체성에 대한 갈등을 보일 수 있다. 다문화가정 아동에 대한 배타적인 시선으로 인해 집단따돌림을 당하는 등, 여러 문제를 경험하면서 학교부적응 문제를 보이고 있다. 특히 언어적 어려움으로 인한 또래와의 소통의 곤란이 사회적 고립을 초래할 수 있으며, 우울, 불안, 등의 내재적 문제와 적대적 반항장애, 품행장애 등의 외현적 문제도 나타낼 수 있다. 그러므로 정서 및 행동장애 위험을 보이거나 관련 문제를 보이는 다문화아동을 대상으로 다양한 중재가 시도되어야 한다.

셋째, 다문화가정 아동이 보이는 학습 성취도 저하의 문제에 대한 지원 역시 필요하다. 특히 결혼 이주 여성들은 다문화가정 아동의 학교에서 이루어지는 수업내용이나 교과에 대해 이해가 부족한 경우가 많아서 학습을 도와주기가 힘들다. 앞에서 제시한 대로 언어능력의 어려움이 읽기 및 쓰기, 독해 등과 같은 도구적 학습기능의 문제로 나타날 뿐 아니라, 전반적인 교과학습의 낮은 성취도로 확대될 수 있다. 그러므로 다문화가정 아동을 위한 다양한 학업적 지원 프로그램이 제시되어야 하며, 특수교육적 관점에서 전문성을 가진 지원이 이루어질 필요가 있다.

3. 특수아동과 중독

1) 중독의 개념 및 특성

중독을 뜻하는 영어 단어 'addiction'은 라틴어 'addicere'에 어원을 두고 있다. 이를 번역하면 '노예' 혹은 '사로잡히다' 등의 의미가 있다. 중독이란 결국 특정한 행위나 물질에 사로잡혀 자신의 행동을 조절하지 못해 일상생활에 어려움을 초래하는 상태를 의미한다(박상규 외, 2017; 박채진, 서석진, 도명애, 2017). 중독은 특정 행위나 물질에 집착함으로 말미암아 자신의 힘과 의지로는 벗어날 수 없는 상태에 이른 것으로 볼 수 있다.

현대사회는 다양한 요인에 의해 중독 관련 문제가 증가하고 있다. 중독은 단일한 조건에 의해서 발생되기보다, 여러 복합적인 요인을 통해 발생하게 된다. 대표적으로 다음과 같다.

첫째, 집단의 영향으로 인해 중독이 발생할 수 있다. 이것을 사회적 역할모델 혹은 준거집단모델로 설명할 수 있다. 예를 들어 청소년들의 경우, 자신이 속한 집단에서 또래가 나타내는 게임중독 혹은 스마트폰중독 행위를 모방함으로써 중독에 노출되는 것이다.

둘째, 신경학적 모델을 제시할 수 있다. 알코올중독, 약물중독의 경우에 개인의 중추 신경계 반응에 영향을 주는 선천적인 효소의 결핍 및 다양성으로 인해 발생할 가능성이 있다(강영배 외, 2018).

셋째, 심리적 모델로 중독에 빠지기 쉬운 개인의 심리적 취약성을 들 수 있다. 예를 들어 자아존중감이 낮거나 열등감이 심한 경우에 스트레스로 인해 특정한 행위나 물질에 집착할 가능성이 높을 수 있다.

넷째, 생태학적 모델로 개인의 성장과 발달에 영향을 끼치는 주변 환경체계와의 상호작용을 들 수 있다. Bronfenbrenner에 의해 제시된 생태학적 발달원리에 근거를 두고 있는 이론으로, 중독 외에 정서·행동장애를 제시하는 모델로도 이 내용을 설명할 수 있다. 즉 중독문제를 보이는 대상자의 주변 환경체계의 문제가 결국 중독의 요인이 되는 것이다. 미시체계에 속하는 중독자의 가정문제(예: 부모의 이혼, 부모로부터 받은 학대, 가족 간의 갈등, 경제적 문제 등), 학교문제(예: 집단 따돌림, 또래와의 갈등, 일탈집단의 권유, 교사와의 갈등, 학업문제 등) 외에도 중간체계(미시체계 요소들 간의 상호작용), 외체계, 거시체계 등의 모든 환경체계의 영향이 중독을 일으키는 것으로 중독의 요인을 제시한다.

중독의 특성 역시 다양하게 제시할 수 있는데, 대표적인 특성은 다음과 같다.

첫째, 내성을 제시할 수 있다. 내성은 더욱 큰 만족감을 얻기 위해 이미 중독된 물질이나 행위에 강도를 계속 높이는 것을 의미한다. 예를 들어 알코올중독자가 처음에는 술을 1~2병 마시게 되면 만족을 얻지만, 알코올에 집착이 계속될수록 더 많은 양의 술을 마셔야 만족감을 얻게 되기에 술을 마시는 양이 계속 증가하게 된다. 대표적인 행위중독인 스마트폰중독 역시 마찬가지이다. 처음에는 하루에 스마트폰 사용시간이 3시간이면 만족을 하였지만 스마트폰에 대한 집착이 증가할수록 더 많은 시간을 투자해야 만족감을 느끼게 되므로 계속 스마트폰 사용시간이 늘어나는 것이다.

둘째, 중독의 주된 특성에 통제능력 상실이 있다. 즉 자신이 중독된 물질이나 행위에 대한 조절 및 통제가 불가능하다. 물질중독 및 행위중독 모두 관련된 중독자들이 나쁘다는 것을 알면서도 조절이 되지 않고 통제할 수가 없어서 중독문제가 계속되는 것이다.

셋째, 중독된 물질이나 행위를 강제로 금지하게 되면 발생하는 금단현상을 중독의 주된 특성으로 제시한다. 대표적으로 니코틴중독 즉 담배에 중독된 사람들이 건강상의 이유로 담배를 끊고 싶어도 금단현상으로 인해 실패하는 경우가 많다. 금단현상은 중독된 행동이나 물질을 중단하게 될 때에 불안과 같은 심리적 문제나 두통 같은 신체적 문제로 나타날 수 있다.

넷째, 중독으로 말미암아 일상생활에서의 주의력 부족 및 일상생활의 불가능함을 제시할 수 있다. 예를 들어 도박중독자의 경우에 자신의 재산을 모두 탕진하고도 도박장에서 돌아오지 않아 가정생활에 파탄을 가져오거나, 게임중독자의 경우에는 수면 및 식사 등을 거르고 며칠씩 게임에 집착하면서 학업, 직장생활, 등에 심각한 결손을 일으킬 수 있다.

다섯째, 중독을 지속시키기 위해 계속 거짓말로 합리화를 하는 자기기만이 중독의 특성이다. 예를 들어 알코올중독자가 술은 나쁜 것이 아니고 자신의 스트레스를 풀어주기에 계속 술을 마신다는 것, 스마트폰중독자는 스마트폰이 일상생활을 하는 데 반드시 필요하기에 집착하게 된다는 것으로 자신의 중독행위를 합리화시키는 것이 바로 자기기만이 된다.

2) 중독의 분류

일반적으로 중독은 물질중독과 행위중독으로 분류한다. 물질중독은 알코올중독, 니코틴중독, 약물중독 등이 있으며, 행위중독은 스마트폰중독, 게임중독, 도박중독 등이 있다.

물질중독은 특정 물질에 대한 집착이 주된 특성이다. 대표적으로 위에서 제시된 알코올중독의 경우, 습관적인 음주로 인해 건강 및 일상생활에 계속되는 어려움에도 불구하고 술을 끊지 못하고 집착하는 경우이다.

행위중독은 특정 행위에 대한 집착을 의미한다. 오늘날 증가하고 있는 게임중독, 스마트폰중독, 도박중독, 쇼핑중독 등이 모두 행위중독에 포함된다. 행위중독은 처음에 몰두하는 행위보다 더 많은 시간을 사용해야 만족감을 느낄 뿐 아니라, 가상과 현실을 구분하지 못해 일상생활에서 범죄로 이어질 수도 있다. 대표적으로 게임중독을 예로 들 수 있다. 지나친 게임에 대한 집착으로 인한 몰입이 결국 게임과 관련된 가상세계와 실제 현실을 구분하지 못하고 결국 범죄를 저지를 수 있는 것이다.

3) 특수아동의 중독 문제

중독과 관련된 문제에는 특수아동도 예외가 될 수 없다. 즉 특수아동 역시 위에서 제시한 물질중독이나 행위중독에 노출될 뿐 아니라, 중독문제를 나타낼 가능성이 있는 것이다. 특히 다수의 특수아동은 학교에서 학업, 대인관계, 등의 여러 영역에 자신의 장애로 인해 어려움을 겪는 경우가 많다. 이러한 갈등과 스트레스 및 자기통제력 부족 등으로 인해 자신에게 만족감을 줄 수 있는 중독에 노출될 가능성이 높다.

김유미(2014)는 자폐스펙트럼장애 아동의 경우, 시각적 매체에 대한 높은 선호도와 반복되는 과제에 집착하는 특성으로 인해 인터넷중독에 빠질 가능성이 높음을 제시하였다. 그리고 시각장애 학생의 경우에 문자, 보행, 공간지각 등 스마트폰을 이용한 다양한 프로그램을 이용하면서 인터넷 및 스마트폰에 대한 사용 빈도가 높아지게 되면서 자연스럽게 과다사용에 대한 위험이 있음도 알 수 있다(박중휘, 이효자, 2005; 서석진, 이신영, 한동일, 2018). 감소영과 김은경(2010)의 연구에서도 지적장애 청소년이 자기통제력 부족으로 온라인게임에 과다몰입하여 중독의 위험이 있음을 제시하였다. 이승훈과 이효자(2014)는 청각장애학생의 인터넷중독 위험군이 비장애학생에 비해 2배 이상 높은 것으로 제시하였다. 또한 스마트폰중독 문제의 원인으로 우울, 불안 같은 정서·행동장애의 영향이 있을 뿐 아니라, 중독의 결과로 인해 정서·행동장애를 유발할 수 있음도 확인할 수 있다(도명애, 서석진, 박채진, 2017).

그러므로 특수아동 역시 중독예방교육 및 중독에 대한 철저한 관리가 이루어져야 함을 알 수 있다. 특수아동의 중독예방 및 중독문제의 감소를 위한 지원방안으로 특수아동과 특수교사 및 학부모를 대상으로 한 중독예방교육을 철저히 실행하고, 특수아동이 노출될 수 있는 중독요인을 확인하고 사전에 차단할 수 있도록 해야 한다. 중독으로 인한 문제는 특수아동에게도 예외가 될 수 없으므로 초기에 중독 요인에 노출되지 않도록 하는 것이 중요하다. 특히 게임, 스마트폰, 인터넷 사용 등에 대해서는 정해진 시간을 넘어 집착하지 않도록 해야 한다. 중독의 문제를 보이는 특수아동의 경우에는 반드시 중독 관련 전문가와 협력하여 중독 문제를 감소시키도록 해야 할 것이다.

4. 특수아동의 행동지원

1) 행동의 이해

특수교육 현장에서 교사들은 한번쯤 학생의 장애 유무 정도와 상관없이 문제행동과 관련한 어려움을 겪은 경험이 있을 것이다. 지난 반세기 동안 학생의 문제행동을 효율적으로 관리하고 설명하기 위하여 생물학적 이론, 정신역동적 이론, 행동주의 이론, 인지이론, 체계이론 등이 나타났고 Skinner와 다른 행동주의 학자들의 연구에 근거한 행동주의 모델은 구조화된 학습 환경과 교수자료를 아동들에게 제공하였다. 이론의 발달 적용과 더불어 아동의 행동은 관찰, 측정이 되고 효과적인 중재계획은 표적 행동을 증진시키거나 감소시키기 위해 설계되고 목표점에 도달하는 과정이 체계적으로 측정되도록 설계되었다.

행동이라는 용어는 활동, 행위, 수행, 대응, 반응 등을 포함하여 개인이 말하거나 행하는 것을 의미하는데, 행동수정이론에서는 아동이 하게 되는 읽기, 쓰기, 셈하기 등의 학습활동을 포함한 상황에서 일어날 수 있는 모든 행동을 의미한다. 그러므로 행동에 대한 정의를 함에 있어 스키너는 행동을 수동행동과 작동행동으로 분류하였는데 모든 행동은 사람의 마음에 근원을 두고 환경 속에서 학습으로 형성된다. 학습된 행동에는 적응행동이 있고 문제가 되는 부적응행동이 있으며, 이들은 특히 행동수정 및 중재의 대상이 된다.

2) 행동의 특성과 측정

행동이란 인간이 행하고 말하는 것으로 개인의 행위를 포함하고 있다. 물리적으로 관찰 및 측정할 수 있는 차원이 있고 행동을 보는 사람은 현장에서 행동이 나타나는 빈도, 강도, 지속기간으로 그 발생을 기록할 수 있다. 행동은 물리적·사회적 환경에서 주체와 객체 간 상호 영향을 미치게 된다. 예를 들어, 목표행동을 하고 싶은 욕구 혹은 하고 싶지 않은 동기가 발생한 경우에 나타나는 행동의 결과는 대부분 다르며, 행동이 발생한 경우를 살펴보면 환경사건의 이전으로부터 영향을 받았으며 이후 환경사건에 영향을 미치는 등 체계적으로 상호 영향을 받는다. 그러므로 행동수정을 위해 환경사건을 이해하는 것이 행동변화와 환경 속의 사건 변화를 이루도록 하기 위해 중요하며, 기능평가와 기능분석이라는 차원에서 설명된다. 즉, 행동이 발생하도록 만드는 환경사건을 이해한다면 행동을 변화시키기 위해 환경 속 사건을 변화시킬 수 있다.

3) 행동기능평가

행동기능평가(functional behavioral assessment: FBA)라는 용어는 응용행동분석의 기능평가와 기능분석에서 유래되었다. 행동기능평가는 중재를 개발하기 전 행동의 원인(기능)을 결정하는 과정이라는 의미로 사용된다. 기능평가는 자료를 수집하는 과정을 말하며, 기능을 추출한 다음 어떤 결론에 도달하는 것이다. 기능분석은 전형적으로 문제행동의 전(선행사건)과 후(후속결과)를 조작하여 추측한 기능을 입증하는 과정을 의미한다.

미국의 경우 2004년 IDEA가 개정됨에 따라 학교는 장애학생의 배치를 위해 행동기능평가(FBA)를 수행하고 행동중재계획(behavioral intervention plan: BIP)을 이행하였다. 행동기능평가는 문제행동을 분명하게 확인하고 행동을 촉진하는 선행사건을 파악하며 행동을 유지하는 강화적 후속결과를 밝혀내는 목적이 있다. 행동중재 팀은 특수교육교사, 일반교육교사, 행정가, 학교 상담가, 학교심리학자, 행동전문가, 학생의 부모 등을 포함한 전문가들로 구성된다. 행동기능평가의 일반적인 6단계는 다음과 같다.

첫째, 표적행동을 명백하게 정의한다.
둘째, 표적행동과 관련된 관찰 가능한 자료를 수집한다.
셋째, 행동에 관한 가설을 설정한다.
넷째, 대체행동을 개발한다.
다섯째, 행동중재계획을 만든다.
여섯째, 행동중재계획을 이행하고 그 효과를 평가한다.

4) 문제행동의 기능

문제행동에 영향을 줄 수 있는 자극들은 수없이 많다. 한 문제행동이 여러 기능을 나타낼 수도 있으며, 여러 형태의 문제행동이 하나의 기능을 나타낼 수도 있다. 대부분의 문제행동은 학습된 행동이며 개인의 사회적·물리적 환경과의 상호작용을 통하여 획득된다고 본다. 또한 같은 문제행동이라도 행동의 기능과 아동의 특성에 따라 효과적인 중재방법은 다를 수 있다. 따라서 행동지원계획을 수립하기 위해서 아동의 문제행동의 목적과 기능을 분석한 후 분석결과에 근거해 중재전략을 세우도록 한다.

5) 긍정적 행동지원

긍정적 행동지원(positive behavior support: PBS)은 아동이 주로 보이는 문제행동을 감소시키고 예방하는 목적뿐만 아니라 더 나아가 친사회적 행동을 형성하여 이를 일상생활에서 일반화할 수 있도록 지원하는 모든 종합적인 접근법이다. 긍정적 행동은 학업, 일, 사회, 휴식, 공동체, 가족 환경에서 성공의 가능성과 개인적 만족을 증대시켜 주는 행동이며, 지원은 모든 교육적 방법과 기회의 증진과 관련된 모든 체제의 변화와 방법을 포함한다. 그러므로 긍정적 행동지원은 문제행동을 보이는 개인의 생활양식을 개선하도록 도와주어 자신을 포함한 주변인 모두에게 향상된 삶의 질을 즐길 수 있는 기회를 제공한다. 긍정적 행동지원은 행동기능평가(functional behavior assessment)를 통해 문제행동의 기능을 결정하고, 그 기능을 대신하는 긍정적 행동을 지원하는 중재를 고안한다. 특히 긍정적 행동지원은 벌을 통해 문제행동을 억압하는 행동수정이 비인도적이라고 가정한다. 즉, 문제행동을 대신하는 적절한 행동을 가르치는 접근법으로 응용행동분석(applied behavioral analysis: ABA), 정상화(Normalization)와 통합 운동(Full inclusion), 사람 중심의 가치라는 세 가지 중요한 근원을 토대로 한다. 초창기 행동주의 이론가들의 관리는 문제행동의 빈도, 강도, 지속시간 등의 증감을 목표로 삼고 혐오처치를 사용하기도 했던 데 반해, 긍정적 행동지원은 선행사건 조정, 대체행동 교수, 후속결과 조정 등을 통한 긍정적인 절차를 강조하고, 환경에서 행동에 영향을 미치는 환경적·맥락적 변인을 강조한다. 또한 긍정적 행동지원은 특정 행동의 변화를 넘어서 그 행동지원이 교육, 주거, 직업, 사회적 성과 면에서 긍정적 영향을 미치는지 보아야 한다고 강조한다. 기능적 행동평가에 기초하여 행동지원계획이 수립되어야 하므로 기능적 행동평가와 짝을 이루고 있다. 이때 긍정적 행동지원계획은 개인의 행동 문제를 제거하기보다는 바람직하고 적절한 행동을 보일 가능성을 최대화시키도록 환경을 조정하는 데 초점을 둔다. 더욱이 행동 문제를 감소 내지 제거하기는 하지만, 바람직한 행동을 격려함으로써 해결한다.

긍정적 행동지원은 1997년 미국의 「장애인 교육법(Individuals with Disabilities Education Act, IDEA)」에 '행동기능평가(functional behavioral assessment, FBA)'와 함께 소개되었다. 긍정적 행동지원은 사회적으로 의미 있는 행동의 변화를 이루기 위해 긍정적인 개입전략과 시스템을 적용하는 것으로, 단순히 문제행동을 감소시키는 것만이 아니라 사회적으로 바람직한 행동을 증가시켜 궁극적으로 삶의 질을 향상시키는 것을 목적으로 한다. 초창기에 긍정적 행동지원은 벌 기법을 이용한 전통적 행동수정 기법의 혐오적이고 처벌적인 개입을 사용하여 장애아동의 문제행동을 다루던 기존 실무를 대체하기 위해 개발되었으나, 최근에는 장애아동을 포함한 모든 학생을 대상으로 다양한 맥락에서 성공적으로 적용되고 있다. 학교 차원의 긍정적 행동지원은 이러한 긍정적 행동지원을 학교 전체 시스템으로 확대 적용한 예라고 할 수 있다. 즉, 행동이론과 응용행동분석의 원리에 기초하며, 기능적 행동평가는 이와 밀접하게 관련되고, 모든 행동은 그것이 적절하든 부적절하든 동일한 행동원리를 따르며, 행동에는 목적(기능)이 있고, 환경은 행동에 영향을 미친다.

응용행동분석에서는 행동의 형태보다는 행동의 기능(function)에 더 관심을 두는데, 예를 들어, 머리를 계속해서 벽에 박는 자해행동과 물건을 던지고 부수는 공격적 행동은 겉모습은 달라도 주변 사람들의 주의를 끌기 위한 것이라는 점에서 동일한 기능을 지녔을 수 있다. 이 두 가지 문제행동이 상당히 달라 보이긴 하지만, 필요한 개입방법은 동일하다. 기능적 행동평가는 행동의 기능을 결정하기 위해 선행사건(antecedents), 행동(behavior), 후속결과(consequences)에 대한 정보를 수집하는 체계적 방법으로, 먼저 문제행동을 조작적으로 정의하고, 문제행동의 발생 및 미발생을 예측하는 선행사건과 문제행동을 유지하는 후속결과를 기술하여 가능한 가설을 도출한 다음, 가설을 지지하기 위해 다양한 자료를 수집하는데, 학교 장면에서는 흔히 학생기록, 행동적 인터뷰, 행동평정척도 등의 간접적 평가와 직접 행동관찰을 통해 수집한다. 이러한 자료들을 분석하여 문제행동의 기능을 확인하고, 문제행동을 둘러싼 선행사건과 후속결과 등 환경적 조건을 변화시켜 문제행동을 제거할 뿐 아니라 이러한 기능을 만족시키는 긍정적 대체행동을 고안하여 이를 강화하는 행동지원계획(behavioral support plan: BSP)을 개발한다.

기능적 행동평가의 예를 좀 더 살펴보면 학생의 문제행동이 학생 개인만의 잘못이 아니라, 교사의 잘못된 훈육 때문일 수 있음을 분명히 한다. 예를 들어, 수학이 너무 어려워서 피하고만 싶은 학생의 경우에 수학시간만 되면 이 학생은 옆의 친구와 계속해서 떠들거나 교사에게 무례하게 대들곤 한다. 이러한 행동을 발견할 때마다 교사는 이 학생에게 뒤쪽에 가서 손을 들고 서 있게 한다. 그러나 이러한 처벌은 오히려 수학시간을 피하고 싶은 학생의 바람을 만족시키기 때문에 학생의 문제행동은 계속된다. 즉, 학생의 산만하고 반항적인 행동은 문제행동의 기능을 이해하지 못한 교사에 의해 강화된 결과를 초래한다. 기능적 행동평가는 학생의 환경을 구성하는 교사의 훈육방법을 변화시키지 않고는 학생의 문제행동을 변화시킬 수 없음을 보여주며, 긍정적 행동지원은 교사들에게 효과적인 행동관리 기술을 가르쳐 잘못된 훈육을 바로잡는 것에 초점을 둔다. 이러한 교사의 행동변화에는 학습 환경의 개선을 포함하도록 수업 커리큘럼을 조정하고 새로운 교수방법을 적용하는 것을 강조한다. 장애학생이 보이는 문제행동은 많은 경우 학습의 문제와 밀접한 관련이 있기 때문이다.

한편, 긍정적 행동지원은 문제행동의 징후가 발견될 때마다 즉각적으로 반응하여 더 악화되는 것을 막거나 바람직한 행동을 할 수 있는 다양한 기술과 방법을 가르치고 이를 적극적으로 강화함으로써 문제행동의 발생 자체를 막는 예방적 접근을 사용한다. 이는 문제행동이 심각해진 후에야 비로소 반응하는 처벌적 훈육과 대비된다. 문제행동이 기술부족 때문이라는 긍정적 행동지원의 기본가정은 바람직한 행동을 할 수 있도록 다양한 사회 정서적 기술과 절차를 직접 가르치는 교육적 접근을 가능케 하며, 이러한 예방적 노력은 문제행동의 심각성에 따라 1차, 2차, 3차 예방의 다단계적 모델을 통해 구현된다.

긍정적 행동지원의 또 다른 핵심특성은 자료에 근거한 의사결정 과정이다. 문제행동을 감소시키기 위해 기능적 행동평가를 통해 개별화된 행동개입 계획을 마련하는 것이 그 예이다. 문제행동의 기능을 파악하기 위해 다양한 방법과 출처를 사용하여, 학생의 교실 내 행동특징, 지각, 결석, 훈육실 의뢰, 학업성적 등 다양한 정보를 수집하고, 이러한 자료를 분석하여 문제행동의 기능에 맞는 가장 효과적인 개입을 개발한다. 그 결과, 평가와 개입을 연결하고 학생이 놓인 환경적 맥락을 가장 잘 반영한 사회적으로 타당한 개입이 도출된다. 즉, 긍정적 행동지원은 문제행동과 문제행동이 발생하는 환경, 개입 방법 간에 맥락적 일치를 강조하는 실용적 전략으로, 이러한 특성은 학생이나 가족들로 하여금 개입을 더 쉽게 수용하고 따르게 한다.

(1) 긍정적 행동지원 방법

긍정적 행동지원은 환경적·맥락적 변인 조정과 대체 행동 교수로 나누어 설명할 수 있다. 첫째, 환경적·맥락적 변인은 기능적 행동평가를 통하여 문제행동이 발생할 가능성이 높은 상황을 파악하여 환경을 조정해 주는 것을 말한다.

둘째, 대체행동교수는 기능적 행동평가에 기반하여 행동의 기능을 먼저 파악하고 난 후에, 그 기능을 효율적이고 효과적으로 대체해 줄 수 있는, 바람직한 행동을 찾아서 가르치는 것을 말한다. 대체 행동을 가르칠 때에는 바람직한 행동을 하는 것과 문제행동을 하지 않는 것을 강화하는데, 강화 방법에는 문제행동이 아닌 다른 행동에 대한 차별 강화, 병립 불가능한 행동에 대한 차별 강화, 행동을 적게 보일 때 차별 강화하는 방법 등이 있다.

(2) 긍정적 행동지원의 과정

첫째, 긍정적 행동지원팀 구성이다. 구성원은 친구, 가족, 치료사, 행정가 및 기타 관련 전문가가 포함되어 문제행동의 이유를 이해하고 지도방법이해 및 문제해결 능력을 향상시키기 위해 팀접근방식을 사용한다.

둘째, 인간중심에 가치를 둔다.

셋째, 행동기능평가를 한다.

넷째, 가설설정을 한다. 행동기능평가의 결과를 토대로 행동의 유발 요인, 행동, 결과 유지 등과 관련된 기능적 관계를 기술하고 계획수립에 필요한 가설을 세운다.

다섯째, 행동지원계획을 수립한다. 기능평가 결과에 근거한 행동지원계획을 수립하기 위해 기능에 따른 환경중재, 물리적 환경변화, 정보제공, 적응전략 제공 등이 포함된 예방전략과 기능에 따른 강화의 제공과 철회가 포함된 결과전략을 세운다.

여섯째, 결과점검에 따라 행동지원계획의 효과성을 측정하고 문제행동 변화여부 확인, 새로운 기능의 학습성취 여부를 확인한다.

(3) 대체행동교수

대체행동을 가르칠 때 유의할 점은 문제행동이 발생하기 전 또는 문제행동의 부재 시기에 가르쳐야 한다는 점이다. 보통의 경우, 문제행동이 일어나는 중이거나 직후에 가르치는데, 이것은 적절하지 않다. 이때 아이는 배울 준비가 되어 있지 않고, 교사도 마찬가지로 화가 나 있거나 좌절되어 있어서 긍정적이고 인내심 많은 교사가 되기 쉽지 않다. 기능평가를 통해 문제행동이 발생될 가능성이 높은 상황을 파악하고, 그러한 상황이 나타나기 이전에 대체행동을 가르쳐야 한다. 이를 통해 학생은 대체행동을 잘 배울 수 있고, 그 결과 잘못된 행동을 즉시 정정할 때 일어날 수 있는 오류를 미리 예방할 수 있다. 다시 말해서, 긍정적 행동지원에서는 문제행동이 발생하기 전에 조처를 취하는 사전 대처 전략이 매우 중요하다. 이것을 사전교정(precorrection)이라고도 한다.

(4) 문제행동 중재 시 주의점

다수의 행동주의 중재가 문제행동 제거나 감소를 중재 목표로 삼고 이를 우선으로 대처하는 경우가 많지만 문제를 다 해결하는 것은 아니다. 예를 들면, 좌절 상황에서 뺨을 때리는 아이의 경우, 뺨을 때리는 행위를 중단시키는 것만이 충분한 문제해결은 아니다. 아이에게 좌절 상황에 대처하는 방법을 가르치지 않으면, 다른 문제행동, 심한 경우에 머리를 벽에 부딪치기 등의 자해 행동이 대신 나타날 수도 있다. 따라서 행동지원 계획은 기능적 행동평가에 기반하여 행동의 기능을 먼저 파악한 후 그 기능을 효과적으로 대체해 줄 수 있는 바람직한 행동을 찾아 가르치는 긍정적 지원계획이어야 한다.

(5) 긍정적 행동계획 수립 절차

첫째, 특정 문제가 발생할 가능성이 높은 상황이나 맥락을 판별해낸다.

둘째, 문제가 덜 발생하도록 맥락을 조정한다.

셋째, 적절한 행동을 연습한다.

넷째, 결과에 따른 강화와 필요한 때에 적절한 행동을 하도록 촉구를 하며, 행동의 진보를 점검한다.

(6) 긍정적 행동계획 수립 절차 시 고려할 사항

첫째, 행동지원 계획은 교사, 가족 및 지원인력이 아동의 행동을 어떻게 변화시킬 것인지에 대해 초점을 맞추어야 한다.

둘째, 계획은 기능평가 정보에 기초하여 작성되어야 한다.

셋째, 계획은 기술적으로 견고해야 한다. 행동계획은 경험적으로 확립된 응용행동분석의 원칙과 절차에 기초해야 한다.

넷째, 계획은 실시할 책임이 있는 인사의 가치, 자료 및 기술에 적합하도록 작성되어야 한다.

6) 응용행동분석

응용행동분석(applied behavior analysis: ABA)은 행동분석 절차를 활용하여 행동 전체과정을 검증하는 분석방법이다. 즉, 어떤 특정행동의 향상을 위해 가설적인 행동원리를 적용해보고, 동시에 그러한 적용이 행동의 변화를 가져오는지, 변화가 있다면 어떤 부분 때문에 변화가 있었는지를 평가하는 과정이다. 응용행동분석은 환경에 적응하는 인간 행동의 기본 원리를 이용하여 바람직한 행동을 향상시키거나 문제행동을 감소시키기 위해 사용되는 중재전략이기도 하며 직접관찰, 측정, 환경과 행동 사이의 기능적 관계 분석을 포함한다.

(1) 응용행동분석의 원리(행동수정)

전통적인 행동수정은 A－B－C모델에 근거를 두고 있다. 선행조건(A: Antecedent)은 행동 직전에 일어난 사건, 명령이나 부탁 등의 언어 또는 신체적으로 주는 자극이다. 이러한 자극은 주변 환경이나 다른 사람으로부터 올 수도 있고, 치료대상으로부터 비롯될 수도 있다. 행동(B: behavior)은 실제적인 행동이다. 치료대상이 선행자극에 대해 보이는 반응이며 무반응을 보일 수 있다. 결과(C: Consequence)는 행동의 결과로 원하는 행동을 보였을 경우에 주는 긍정적 보상 또는 틀린 행동을 보였을 때 무반응을 보이는 것 등이 있다.

(2) 행동주의적 이론 근거

행동주의적 이론에 따르면 인간의 행동은 적응적이든 부적응적이든 주로 학습된 것이라고 주장한다. 학습은 행동에 대한 후속반응의 성과이며 유쾌한 반응에 뒤따르는 행동은 반복되는 경향이 있어서 학습되며, 불쾌한 반응에 뒤따르는 행동은 반복되지 않는 경향이 있어서 학습되지 않는다고 본다.

첫째, 정적 강화(positive reinforcement)는 두 가지 환경사건－행동(관찰 가능한 어떤 동작)과 후속반응(그 동작의 결과)－간의 기능적 관계를 기술하는 용어다. 행동의 발생비율을 증가시키는 결과가 뒤따를 때 정적강화가 일어난다. 물질강화제/감각관련강화제, 사회적 강화제, 자연강화제 등 강화제의 종류는 아주 다양하며 칭찬·보상 등과 같이 바람직한 행동에 대해 바람직한 결과를 제공함으로써 행동의 빈도를 높이는 것을 말한다.

둘째, 부적 강화(negative reinforcement)는 원하지 않는 어떤 특정한 것(주로 혐오하는 상황이나 사물 등)을 제거해 줌으로써 바람직한 행동의 강도와 빈도를 증가시키는 강화이다. 부적 강화와 정적 강화는 모두 행동의 발생 빈도를 증가시킨다는 점에서 동일하다. 다른 점은 정적 강화는 바람직한 행동을 함으로써 원하는 것(예: 휴식·칭찬·음식·돈 등)을 얻게 되는 것이고, 부적 강화는 바람직한 행동을 함으로써 원하지 않는 것(예: 꾸지람·화장실 청소 등)을 피할 수 있다는 점이다.

셋째, 벌(punishment)은 관계를 기술하는 것으로서 어떤 행동 바로 뒤에 일어나서 미래의 비슷한 상황에서 그 행동을 감소하는 것으로 문제행동의 미래 발생비율을 감소시키는 결과를 가져온다. 즉 이전 행동의 발생비율이 감소되는 사건에 대해서만 벌이라고 한다, 만약 교실 구석에 세우는 벌을 주었는데 그 행동이 줄어들지 않는다면 그 학생에게 그것은 벌이 아니다. 벌의 종류에는 꾸짖기, 반응차단, 타임아웃, 수반운동, 과잉교정, 반응대가 등이 있다. 행동주의 학자들은 벌이라는 용어를 특별한 관계를 기술하기 위한 전문용어로 사용한다. 이 용어는 사람들의 행동을 변화시키기 위해서 그들에게 행해지는 불쾌한 일을 묘사하는 단어로 사용되기 때문에 혼돈의 여지가 있지만 행동주의 학자의 입장에서는 이전 행동이 감소될 때만 일어나는 것이다.

넷째, 소거(extinction)는 이전에는 보상을 받아 강화된 행동이지만 그 정도가 지나쳐 이제 바람직하지 않게 된 행동에 대해 바람직한 결과를 소거시킴으로써 그 행동의 발생을 억제시키는 것을 말한다. 즉, 지금껏 주던 강화를 더 이상 주지 않음으로써 행동의 기능을 상실하게 하여 행동을 감소시키는 것이다. 예를 들어 "과자 주세요"라고 말할 때마다 과자를 주었으나 더 이상을 과자를 강화물로 사용하지 않는 계획이다. 이로 인해 따라다니며 큰 소리치며 달라고 하거나 엎어져 울고불고 바닥에 구를 수도 있다. 이것은 소거의 특징으로 일시적으로 그 행동이 증가하는 것인데 소거 격발(extinction burst)이라고 한다. 소거와 벌의 차이점은 소거는 소거격발로 인해 일시적으로 행동이 증가하는 경향이 있는 반면 벌은 바로 행동이 줄어든다. 그러나 벌은 앞에서 말한 부작용이 있으므로 꼭 필요한 경우에만 사용하도록 권장한다.

(3) 응용행동분석의 특성

첫째, 응용적이란 의미에서 응용행동분석은 사람의 삶을 향상시키고 증진시키기 위해 사회적으로 의미 있는 행동 증진에 기여함을 목적으로 둔다. 그러나 개인에게 개념적이기 보다 실제적으로 의미 있는 행동은 우리의 통상적인 생각과는 다를 수도 있다. 예를 들어 우리는 통상적으로 구두로 하는 의사소통이 의미 있다고 생각하지만 그것이 불가능한 대상에게는 그것이 사회적으로 의미 있는 행동이 아니다. 따라서 개개인에 따라 다른 접근 방식을 선택하여 그 대상에 맞는 것을 추구해야 하며 삶의 질을 향상시켜 주어야 한다.

둘째, 행동적이란 의미에서 연구에 선택된 행동은 반드시 향상시킬 필요가 있는 행동, 타인에 의해 관찰, 측정 가능한 행동이어야 하고, 행동 변화가 과연 정말 그 대상의 변화인지, 아니면 관찰자 혹은 그 외의 것의 변화인지를 잘 구분하여야 한다. 우리는 대부분 행동을 개념적이고 추상적으로 공부해왔는데 '화'라는 것은 행동이 아니다. "우리 아이는 화를 너무 잘내요"를 행동에 해당되게 표현하면, "얼굴이 빨개지고, 숨을 거칠게 내쉬고, 주먹질을 하고 발을 구르며 땅바닥을 뒹굴거나 벽을 머리를 부딪친다" 등으로 구분하여 표현한다.

셋째, 분석적인 응용행동분석은 측정 가능한 범위 안에서 조작된 사건과 목표 행동의 신뢰로운 변화 간의 기능적 관계를 설명하는 것이다. 이를 위해 기능적 관계의 파악에 방해가 되는 요소들은 충분히 통제해야 한다.

넷째, 기술적으로 연구의 모든 실행 절차가 충분히 구체적이고 분명하게 제시되어야 하고, 연구를 읽은 사람이 똑같은 결과를 낼 수 있어야 한다. 연구 방법이 효과적이었을지라도 임상가가 이를 반복할 수 없다면 가치가 없다. 이것은 절차의 구체적 제시, 명시를 이야기하는 것이다.

다섯째, 개념적으로 체계적이어야 한다. 행동을 변화시키는 대부분의 방법과 절차들은 기본적인 행동 법칙들을 모방하거나 결합한 것이므로, 행동변화에 대한 절차와 어떻게, 왜 그 절차들이 효과적인지에 대한 해석이 해당 절차들의 배경이 되는 관련 이론에 의해 설명되어야 한다.

여섯째, 효과적이어야 하며 실제 상황(임상적, 사회적)에서 구체적이고 유의미한 행동의 변화가 있고 이를 관찰, 측정 가능해야 한다.

일곱째, 일반성과 관련하여 치료가 끝난 후에도 치료 효과가 유지가 되고, 목표행동 변화가 치료 외적 환경이나 상황에까지 지속될 때, 그리고 목표 행동 외에 다른 행동에도 변화가 일어날 때 일반화가 되었다고 할 수 있다.

결론적으로 응용행동분석은 일반화와 유지를 매우 강조한다. 즉, ABA는 목표 행동과 비슷한 기능을 가진 행동에까지 영향을 주는 것이 목표이다. 행동이 다른 환경, 다른 대상, 다른 시간에도 맥락적 일반화가 되어야 한다.

참고문헌

감소영, 김은경(2010). 온라인게임 과몰입 예방 프로그램이 경도 지적장애 청소년의 온라인게임 과몰입과 자기통제력에 미치는 영향. **특수교육학연구,** 44(4), 215-236.

강대옥, 강병일, 김기주, 김남진, 김창평(2012). **특수교육학개론**. 서울: 학지사.

강영배, 김양미, 김문섭, 김성범, 김진숙, 박기쁨, 박선희, 서석진, 이길호, 조상희(2018). **중독측정과 평가**. 경북: 대구한의대학교 출판부.

김동일, 손승현, 전병운, 한경근(2010). **특수교육학개론**. 서울: 학지사.

김문섭, 박선희, 김진숙(2016). **특수교육학개론**. 경기: 양서원.

김유미(2014). 자폐스펙트럼장애 아동의 인터넷중독과 양육자의 양육태도에 관한 연구. 대구대학교 대학원 석사학위논문.

김은미, 양옥경, 이해영(2009). **다문화 사회, 한국**. 경기: 나남.

도명애, 서석진, 최성욱, 김성화, 박순길, 윤치연, 양경애, 조규영(2016). **특수아동의 이해**. 서울: 창지사.

박상규, 강성군, 김교헌, 서경현, 신성만, 이형초, 전영민(2017). **중독의 이해와 상담실제**. 서울: 학지사.

박상희(2006). 이중언어환경 아동의 조음과 음운패턴 연구. **특수교육저널: 이론과 실천**, 7(4), 143-152.

박중휘, 이효자(2004). 시각장애학생의 인터넷사용 및 중독실태. **특수교육저널: 이론과 실천,** 6(3), 1-24.

박채진, 이효신, 김창걸, 서석진, 진미영(2013). 다문화가정 아동의 의사소통 지원을 위한 초등학교 교사의 컨텐츠 요구도 조사-대구시 중심으로. **특수교육재활과학연구,** 52(3), 401-417.

박채진, 서석진, 도명애(2017). 초·중·고등학생의 스마트폰 중독 국내연구의 동향: 스마트폰 중독의 원인과 결과 요인을 중심으로. **정서·행동장애연구,** 33(3), 271-296.

서석진, 이신영, 한동일(2018). 시각장애 청소년의 스마트폰 중독사용에 대한 경험 분석. **특수교육재활과학연구,** 57(1), 85-105.

석동일, 이은경(2006). 부모참여 유형별 언어장애아동 부모교육 내용 고찰. **언어치료연구,** 15, 33-48.

신진숙(2014). **통합교육**. 경기: 양서원.

이소현, 박은혜(2011). **특수아동교육(3판)**. 서울: 학지사.

이승훈, 이효자(2014). 청각장애학생의 인터넷중독 실태 연구. **특수아동교육연구,** 16(3), 193-208.

이필상(2009). 특수교육적 관점에서 본 다문화가정 아동. **재활심리연구,** 16(3), 189-210.

최충옥, 모경환, 김연권, 박성혁, 오은순, 한용택, 임은미, 우희숙, 이수미, 임정수(2010). **다문화교육의 이해.** 경기: 양서원.

영재교육종합데이터베이스 www.ged.kedi.re.kr

익힘문제

1. 영재의 정의와 영재의 특성을 설명하시오.
2. 영재교육의 의의와 영재교육 방법을 설명하시오.
3. 다문화가정 아동에 대한 특수교육지원이 필요한 이유를 제시하시오.
4. 긍정적 행동지원의 정의와 과정을 제시하시오.

찾아보기

저자소개

도명애 (계명문화대학교 아동보육과 교수)

김성화 (계명문화대학교 유아교육과 교수)

박순길 (남부대학교 초등특수교육과 교수)

박채진 (다솔아동발달연구소 심리행동적응지도사)

서석진 (대구한의대학교 중등특수교육과 교수)

서영란 (경신청각언어연구소 소장)

이수진 (건국대학교 예술디자인대학원 미술치료전공 초빙교수)

임은주 (강남대학교 특수교육·재활연구소 학술연구교수)

정훈영 (한국육영학교 교사)

조재규 (경동대학교 중등특수교육과 교수)

최성욱 (부산광역시 북부교육지원청 장학사)

▌특수교육학▐

1판 1쇄 인쇄 2021년 8월 5일
1판 1쇄 발행 2021년 8월 10일

저 자 | 도명애 김성화 박순길 박채진 서석진
서영란 이수진 임은주 정훈영 조재규 최성욱
발 행 인 | 박철용
발 행 처 | 양서원
주 소 | 경기도 파주시 직지길 522 파주출판도시
전 화 | 031-955-8000(代)
팩 스 | 031-955-8005
홈페이지 | www.yswpub.co.kr
이 메 일 | yswgroup@naver.com
출판등록 | 1987년 11월 24일 제 406-2003-037 호

ISBN 978-89-994-1170-0

정가 20,000원

※ 저자와 협의하여 인지는 생략합니다.